二

智慧

대불정여래밀인수증료의
제보살만행수능엄경

바라밀제 譯 계환 解

千 明

神鍼蓮灸素

釋迦牟尼佛

智 의 藏

달 달 무슨달 쟁반 같이 둥근달
어디 어디 떴나 머리 위에 떴지
달 달 무슨달 낮과 같이 둥근달
어디 어디 떴나 남산 위에 떴지

나는 한 때 단을 수련코자 했다. 웬지 신비학에 심취하여, 온갖 기세간의 지식 서적을 탐독하고, 스스로 사주를 공부하고, 명리 풍수 육효 육임 구성 기문둔갑 침술도 공부하다, 언젠가 내가 접해 간직하고 있었으나, 읽어도 그 모양이 생소하여, 덮어두었던 대불정여래밀인수증료의제보살만행수능엄경이, 마치 소용돌이 같아서, 되풀이 읽다보니, 우주삼라만상의 원리가 있음을 보게되어, 그 의미를 완전히 알고 싶어 천방지축 요동하였다.

심이 있으면 필히 만남이 있으니, 선지자들의 지식을 참조하다가, 개운의 유가심인 정본수능엄경을 만나 단숨에 읽고. 다시, 한자 한자, 구결, 점, 하나 까지 미세 하게 보아 비로소 불 정 광명이 보이기 시작했다.

그 진의미가 보여지자 비로소 그 분들의 경지가 보고 눈만 감으면 보이고, 또한 많은 사상가들과 교회나 절의 실상이 보이기도 하고, 급기야 개운의 편에서 조차 변형을 보게 되어 마침내, 직소 하고자 고희를 앞두고 보물찾기 래고 처럼 전자기기를 두드리게 되었다. 그렇게 사설 중에, 아이러니하게도 미진했던 부분들이 환 해지며, 아울러 전에 읽었던 책들도 펴보기만 하면 새롭게 볼 수 가 있었다.

그러나, 책들이 다 같이 글자로 되어있다해도, 형체는 다르다.
고로, 본다고 보는 것이 아니며, 같다고 같은 것만이 아니다.
이들은 다 원본을 아는 방편에 불과하지만, 하나 더 보태어
直正으로 원음을 깨칠 수만 있다면 또한 기쁨이 아니겠는가

그러나 필요한건 수행이라, 먼저 七八九十을 一修로 세상에 내보냈고, 이번에 一二三四를 二智惠로 이어 내보내어 금생에 모두 可 아난을 나누어사 문수 관음으로 지장보살 세존을 친견 할 수 있도록 하였다. 허나, 이또한 마가 될까 두려우나, 그는 보는자의 몫이며 疎소하는 자의 몫은 아니라 하시니 기꺼이 진행형이지만 만남이 급하기에 서둘러 내 보내는 바 이니, 수행자는 무릇 장막에 덮인 치장 된 그물에서 빠져나오라.

달은 원각이요
달맞이는 삼마지 였다

간혹 삼마 삼마지 사마다 라 하기도 하지만
그것이 그것이요 저것이 저것이라 하시지는 않아도
이것이 그것이요 그것이 저것이요 저것이 이것임을 보게 되리라

달을 찾아 동해로 서해로 남해로 가 보았지만
달은 뜨는 것도 아니고 지는 것도 아니며
다만 나타나 있어 드러나는 것이라
머리위에 고개 들어 보면
때에 따라 있었다

태양은 보기가 좀 쉽지만
떠있는 달보기도 쉽지 않으니
노력도 있어야하고 운도 있어야한다

각은 본디 밝으나
한꺼번에 두루아니 원각이요
원각은 여래장이니 묘각이다
본각은 명묘하고 시각은 묘명하다
중추에 또한번 달맞이 가리라

2566. 6. 18.

千 明 疎

二智惠 대불정여래밀인수증료의제보살만행수능엄경

釋迦牟尼佛

智 의 藏

목차

卷 第二

卷 第四 完

癸卯 甲寅 甲午 甲子 千明 

首楞嚴經 一

初一次揀真妄以為二因 三明心見失生沉妄 七徵破 二正次擇真心生見

見多分三 二一擇真心 後手開合示有真心 二擇真見 後客塵現真伴無動此分

一夏大音 第二發明覺性直使迷悟 三 初經家叙意 二問答發明 十一 初

初即身變異明不滅生 即幻明真

二依手倒正明元遍失 現覺性無倒正

三[illegible]作擇認甄別淨性 即[illegible]懷心生滅來視生性常住 十 即諸根塵視[illegible]差 即十二處十八界

四依八境示見性無還 現示生性不涉少塵也

五即諸物像涉擇生性 現示生性不因諸物也

六明見生性體無絶隔 明無見性大小舒縮

七明見與緣同一妙體 文殊問答現絶對生妄 此上現對妄妄生

八顯真既甄別斷疑 示明因緣自然不[illegible]

九 辰明清妄重閒恵目[illegible] 見明正[illegible]淨

餘塵覺心明淨 自初發[illegible]此全收中今義也

滿同一體 因示藏性

十一 辰合七大 因示藏性 四大乎空[illegible]

自此科至下一科即二過現中道也

三因示藏性

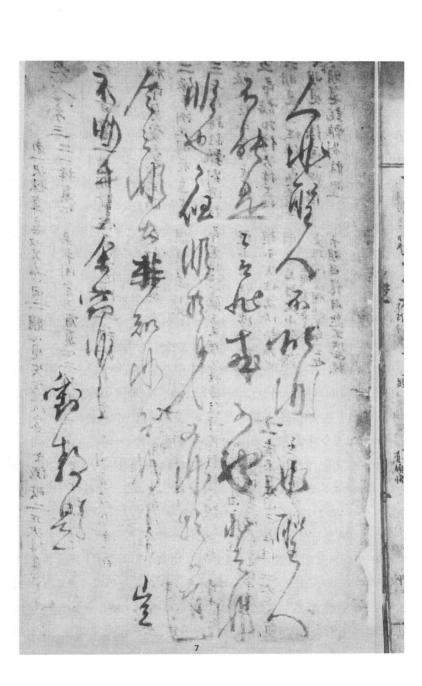

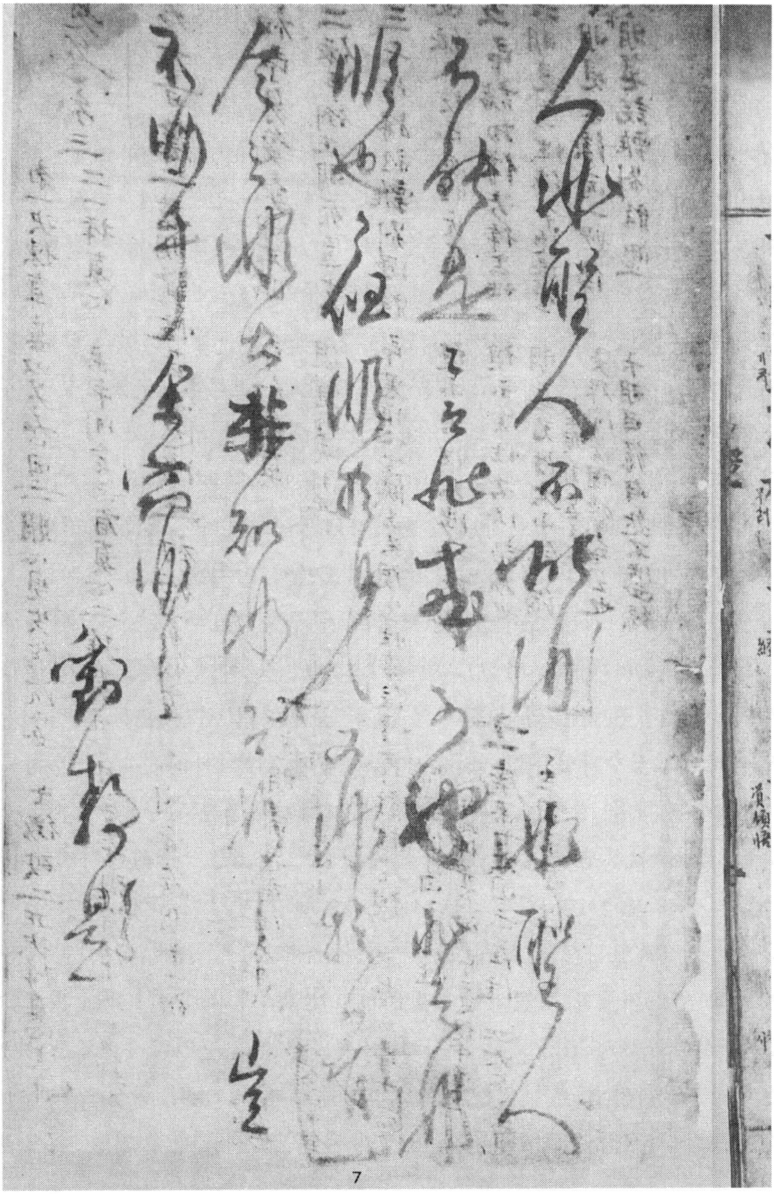

수능엄경 요해 서

전오복주상선원사조사문　내남 찬

상계이환하는(모양과 계절을 바꾼다는) 도술法也이, 이미 분열하여,
선비의 밝은 심마음이, 망리를 인정하는 티끌을 인연하여, 물질이라
하는, 뒤바뀐 것을 옳다고 배우는 무리가, 허망하고 교묘한 것을 많이
들어서, 완전한 도력이 아니어서, 기재 무기(기이한 재주가 무성한
그릇이라)하여, 개류위증사미객(대개 흐르는 모래를 찐 것으로 객을
미혹)하고, 설식기부(굶주린 범부에게 밥을 설하)므로, 수능엄왕이
그러한 것을 현격하게 알으사, 비전을 탄부(펼쳐 탄생)하사,
력구도망(힘써 전도된 허망을 구)하사, 도태교적하사(쌀을 일어
메마른 땅에 나아가시어사), 순순지자(타이르고 타이르신 자비)로,
마소부지(하지 마소 해도 이르지 못하, 미처 미치지 못하)시거늘,
말세에 초학의 기가, 한능구진(드물게 궁구를 다)하고, 온릉 환사가,
一생을 엄폐ソ口(문을 닫고), 여세이호(세간과 함께 다른 것도 좋아)
하여, 독배황권성현 하여(성현의 금빛 두루말이 권을 홀로 뵈알해
모시어서), 명수박방(어둠을 수사하고 넓리 탐방)하여, 자기전벌하여
(통발과 뗏목을 깔아놓고서), 이탐여래장(여래장을 탐구)하여, 8
유편지해하여(두루 헤엄쳐 바다를 알아서), 이조호一체필경지지하여
(일체 필경 地땅이라 불러 지어서), 사여동지(생각이 똑같은 지사)
들이, 공口齊인위시해(함께 입을 맞추어 원인하여 옳게 풀이)하니라.
옛날에 월개비구가 상문약왕여래七吡曰(약왕여래가 칠한 것을 맛보고
물어 질타하신), 법공양의 뜻이라하건대. 약왕이 고언하사, 모든 불이
설한바, 믿기어렵고 심오한 경은, 청정무염하여, 능히 중생으로하여금
성최정각(최정각을 성취)하여, 이중마사(무리에게 마의 일을 떼어낸)

거라하느니. 만약 이 경에 방편으로 해설하대, 뜻에 의지하고, 말에 의지하지 않고, 지혜에 의지하고, 식에 의지하지않고, 료의에 의지하고, 불료의에 의지하지 않고, 법을 의지하고, 사람에 의지하지 않아서, 곧바로 무명의 생사로 하여금, 필경 멸진(멸하여 다)하대, 멸이 다한 상도 없다 하리라. 이것이 명 최상의 법공양 이라하대, 월개가 몽교(가르침을 받음)하사아, 통달묘도하여, 득 무애변(걸림없이 말씀함을 득)하여, 곧즉 약왕소에, 법륜을 굴리어서, 수순분포하여, 百萬億인을 변화하여, 무상각에 불퇴전을 세우시느니다. 9

환사가 이미 통달 묘도하여, 앙희 월개하여(덮인 달을 우러러 올려보아), 석가여래七{께서 칠하신} 소전법륜(법륜을 굴리신 바) 하니, 최초 화엄과 최후 법화와 내차(그리고 이) 능엄 무상보인 에, 개이방편 건상분별又(다 방편으로 굳세게 서로 분별로), 형탈어언하고(언어로 부터 멀리 벗어나고), 이 심의식하여(심의식을 떠나서), 유의소재立(오직 뜻만 있게 세워서), 승불의인하여(조금刀 거듭 사람에 의지하지 않아서), 각생견병 확 무섬예하여(적생병을 깨달음이 확열려 백태낀눈의 가는 깃이 없어져서), 청정한 경에는, 능불염오하여(물들거나 더러울 수 없어서), 아원 이차(아나의 원은 이것)으로, 류포무궁(흘러서 폭포처럼 무궁함<세상에 널리 퍼뜨려 퍼짐)이라하니, 기소화인이 하시億萬(그 변화한 사람이 어찌 억만 뿐)이리오, 직여一등(곧은 하나의 등과 같음)이, 百千등을 밝히어서, 사명자개명(어두운 놈으로 하여금 다 밝아지게)하대, 이 명이 종부진하니(이 밝음이 마침내 다함이 없으니), 고로 술서인하니(처음에 끌어 펴노니), 익분류통(삼씨처럼 날아 유통)하여, 어진묵겁(먹물을 떨어뜨려 겁이 다할 시간속)에, 작 법공양ソ又이(법을 함께 가꾸어 짓는다 하러이).

건염이원 중추 길일 선집당 서 10

대불정여래밀인수증료의제보살만행수능엄경

卷第一 온능개원연사비구 계환 해

개석과 三

初. 통석경제(경의 제목을 통털어 해석함)

여래七 과位체(여래가 칠한 과위의 체)는, 그 체가 본래 그러하니, 어찌 밀인(여래가 알려주는 은밀한 본성)을 빌릴 것인가. 보살의 도의 작용은, 그 쓰임이 무작(인연에 의한 것이 아닌 생멸변화를 초월한 것)이니, 숙위만행이리오(누가 만행이라 하겠는가). 무인(인도 없고) 무수(닦음도 없고) 무행(행도 없고) 무증(증득도 없다)하고 무료(없음이 완료이고) 불료(아님이 완료라)하여, 대소명상(크고 작은 이름과 상)이, 一체불립이未, 이것이, 진 수능엄 이오, 필경 견고한 자다. 특히 중생 에게는 여래가 은어장심(장심에 은밀히 숨어 있다)하니, 비밀인이면(밀인이 아니면), 불현할새라(나타나지 않을새라), 중생에게는 보살이 七취에 빠져있으니, 비萬행(萬행이 아니)면, 닦을 수 없으리니, 각황이 이에, 시지이대법하사(대법으로 보이시사), 사불미어소도(작은 도에 미혹하지 않게)하시어, 이묵득호무외지체 케 하시구(침묵으로 외부의 체가 없어 투명하게 부르는 것을 득하게 하시구 *영혼이나 중음신은 외부체가 없어 투명함), 유지이불정(불정으로 깨우친다 *부처의 정수리 즉 불지)하사, 사 불체어상견(상을 보는데 막힘이 없게)하여, 이묘극 호무상지치(무상이라 부르는 묘한 극에 이르)게 하시구, 여래밀인을 가리키사, 본묘심을

밝히게 하시어, 三세제불이 다 이에 의지하여, 처음 원인으로 알게
하셨고, 명수증료의(료의를 닦아 증득하는 것을 밝혔다)하사,
사오구경법(구경의 법을 깨닫게)하시어서, 一체 성인이 다 이에
의지하여, 과를 증득하심을 알게 하시고, 내지 구족보살七(다 갖춘
보살이 칠해 이르게)한, 청정 萬행하여, 一체 일과 법이, 구경이
아닌것이 없어서, 실상에 이르러 견고하고 붕괴하지 않게 하니다.
고로, 명 대불정 여래 밀인수증료의 제보살만행 수능엄이라. 경이
五명이름으로 통하고 있거늘, 지금 제목을 三가지만 언말씀한 것은,
이약又(줄이므로), 해박야(넓게 갖춘 것이라 한다)하니다. 만약 소위
편지혜와 묘연화왕十방불모 는 곧 나머지 二(둘)이다. 소위 12
실달다반다라무상보인청정해안 과 권정장구 는 앞의 三을 통連 했다.
실달다반다라 는 백산개 를 이름(운)이니, 곧즉 여래장심이 광대무염
하여(넓고 크고 물듦이 없어서), 주복법계의 체(법계를 두루 덮는 몸)
이라 한다. 이 경은 곧즉 이로하여, 심지 인(마음의 도장)이고, 이는
심지안(마음의 눈)이다. 이는 보인 으로, 인하여(도장을 찍어서), 사
七대이니 萬법으로 사용하게 하니, 함계본심하고(근본 마음을 다 묶고),
이 해안바다의눈으로 조료한(분명하게 비춘) 음입처계가, 다 여래장임을
료달하게하여, (요시)이로 보리심을 증득하여, 입불지해(불의 지혜의
바다에 들었다)하고, 묘연화왕을 지어서, 염정萬경(물들거나 청정한
萬가지 경계)에. 자재하여 개부하고(열어 펴고), 十방地位 불모가
되어서, 어 진모(티끌과 터럭같이 많은) 국토에, 수연 강탄(연을 따라
내려와 탄생)하고, 내지 성취 과덕하여, 수관정위木覺 하면(정수리에
물을 대어 나무로 깎아진것을 깨달음을 받게되면), 칙즉 一체 필경
견고한 일이, 개비어아의(다 나에게서 준비됨)이니. 수능엄은 차운
一체사가 필경 견고이久(일체의 일이 필경 굳고 단단하게 정해져 있다 13

이르고), 역시 운건상분별(굳세어 서로 분별함을 일러 말함) 이니, 一체필경은 이미 앞에 해석했거니와, 여칭(달리 칭)하면, 금강관찰로 각명을 분석ソ二(한 둘이니), 시 어징심 변견(심을 징집하여불러서 봄을 분별해 말하는 것부터 시작)하사, 종 어파음 치마 ソ사來(마침내 음을 파하여 마를 빼앗아 벗기는데 까지 오게하사), 무비 건상 분별 사야(상을 건강하게하고 분별하는 일이 아님이 없다)이리니다. 경은 곧즉 능 전지문 이이(경은 곧 능히 설명하는 글월 일 뿐)이니, 전은 유 전야(설명함은 오히려 통발이라), 지경 위 전하면(경을 앎이 통발이 되는 것이면), 칙종이석자(석가를{풀어서} 따르는 자)가 다 전(통발) 이라. 비어야(고기가 아니다<비워야 고기니라 吏讀). 학자가 신물만 집전하여(배우는 놈이 통발에만 집착함을 삼가하여), 고기가 된 연후에 수능진경乙 가득의 (가히 얻어{가득채울 수 있으}리라.

{科구디오 判깨야 分디리오 과를 구하대 판을 깨야 나누리오)

二. 통서과판(과를 판단함을 통털어 서술함)

능엄이, 당에서 송까지, 과목을 판단하고, 소통하도록 풀어서, 十여가(열군데 정도 전문가)가 있으니, 우둔하나 본 놈은, 약장수선사(오래 물을 관찰한 스승)와 고산智원사(고산의 지혜원만한 스승)와 민중도사(민중의 길을 알려주는 스승)와 장경法한사(오랜 경사스런 법을 헌납하는 스승)와 록담曉월사(글씨와 말로 깨달음을 주는 스승)와 서왕(펼치는 왕이란 형태의 공)이 장관문지설이五(길고 볼만한 설<하늘을 베풀어 보인 글월을 설한 다섯이오). 기미급견자(그외 보지 못한 놈)刀, 방불 유의 의矣(비슷하게 떠도는거도 뜻이 넘쳐音 있었다). 연그러나, 그 과와 경이勿乙 14다 닉왕이 잡아, 유리가, 이대(시대를 달리)하여, 위비一회돈설이라하고(한번에 돌연 설한 것은 아니라하고), 기판교(그 판단하고 가르친것)

이勿乙이므로, 개국(국지적)으로, 지지와 야수 등의 일이라 하여. 단절 되어, 법화 후에, 우절의언하러니(우연히 절도된 것으로 의심 되는 데). 청선질지(먼저 질문을 청함)이리라, 부야예에(부야경 - 범부가 밤에 성현의 말씀을 이야기 해주는것에), 부추 이未(지고 달아나기가 < 붙이고 건너 띄고함이), 속어반장(빠르기가 손바닥 뒤집듯)하니, 닉왕대사(닉왕대에 와서야), 가유단모(오직 아침저녁에만 가)하여, 이 능엄법회를, 자하조동(하지부터 동지까지만) 하니, 이는 불응집이왕하여(다른 왕들이 집착하여 응하지 않아서), 의이회야(다른 모임인가 의심했음)이리니. 법화가 자등명이환乙又(스스로 이미 돌아와 등을 밝힐것으로), 제불이 무시불설하고(언제든지 말하지 않았고), 보살도 무시부증하리니(수시로 증명하지 않았으니). 지지가 기왈(이미 말)하사, 문 제여래가(모든 여래가 들은것이), 선묘연화(묘연화를 펼친거라)할새, 기 지 석가여(석가에 와서 어찌 멈춘단 말이여). 경칭(경을 칭)하사, 마등이, 유신주력하여(신주의 힘으로 말미암아서), 소기애욕(그 애욕을 사라지게)하고, 야수와, 동오숙인하여(똑같이 과거의 원인을 깨달아서), 혹또 득출전하고(얽힘에서 나옴을 득하고), 혹몽수기하리니(또 수기를 입어리니), 만약 수기에 집착하여, 법화의 일이라하면, 칙즉 영산회상하여, 당연히 마등이 있었겠지만, 내하언동하리오(이에 어찌 15
똑같다고 말할 수 있겠는가). 차(또) 왈, 유신주력(신주의 힘으로 말미암음)이라하二니, 착비법화이才乙(명백히 법화가 아닐새), 황 유도기와 과기지이(하물며 도의 기록이 있다는 것과 과의 기록이 다르다)하사, 의심하여, 금경소언(지금 경에 말한 것)은, 도기이(도의 기록의 귀)이니, 비법화과 기 야(법화과가 아닌 기록이라)하리라. 차이는, 우또 불응국수기(수기에만 국한 하여 응한 것이 아니라)하여, 이정선 후야(먼저 선정하므로 후다). 경에 말하사 최후수범자는, 피 내 결변마문

(저것은 이에 결론적으로 마를 말한 글월)이니, 당연 제十권 말끝에, 실능엄법회 최후로 位자리하니 비임멸지최후야(실로 능엄법회를 최후로 했다는 것은 임하여 최후로 멸한 것이 아니다. *마를 끝낸것이지 능엄법회를 최후로-마지막으로 한다는 것이 아님.) 구인다설(옛날에 많이 인용하여 설한 것)은, 불가루소(실같이 하나하나 상세하게 소통할 수 없음) 이니, 개 미 족위과판이니(다 만족할만한 과를 판단함이 아니니), 준승으로 과판은 실준하고(노끈처럼 법을 계승함에 준함으로 과를 판단함은 기준을 잃었고), 칙즉 리의는 자차하리니(이치와 뜻은 저절로 다르리니), 금 준 吾 불 설교지서去ㄴ大 미지기가야 (1 지금 내가 불님이 설하신 가르침의 순서를 맞추건대 옳은 것인지는 알 수 없다 2 지금 깨달은 기준을 불님이 설하신 가르침의 순서를 맞추건대 아직은 가히 알 수가 없다)이라 사니. 청진관견(청진기의 관을 따라 보듯)하리다. 무릇 법왕의 설법은, 유조불문하리니(가지는 있으나 어지럽지 않으리니), 초설一승돈교하사 이립본하리니(처음 一승돈교를 설하사 본을세우시리니), 곧즉 화엄이라 하고, 차(다음에) 설 三승 점교로, 이두기ㅅ二니(근기에 맞게 둘을 두게하리니), 곧즉 아함 방등 반야 이리고, 후 설 一승원교 하사 16
(뒤에 一승의 원만한 가르침을 설하사), 이현실ㅅ二니(나타난 두개의 열매라 하리니), 곧즉 법화也이二ㅁ{둘이리고}, 능엄은 곧즉 반야 법화의 중이니 실대승종극지교 이二니, 고로 여래밀인보살萬행수증지법 이, 一체 필경하여(일체를 마침내 다하셨으니), 자차이왕에(이로부터 이미 감에), 무복진수ㅅㅁ(또 나아가 닦을 일이 없고), 직조 一승 원묘지도 하리사ㅣ(직바로 一승 원만하고 묘한 길道를 짓는다할새), 고로(때문에) 법화회상에 갱 무지위지설(법화모임 위에 다시 지위가 없는 둘을 설)하리고. 순담묘법(순수한 묘법을 담말씀)하사, 수근인가하사 수기작불

이이 二니(근기에 따라 인가하사 불 둘을 지었다 기록을 주었을 뿐이니),
개 출여 대사가(다 함께 나온 큰 일이), 어법화에 지의진의(법화에서
지극함을 다 함)이라, 불가유가의 二니다(더 할 것이 둘다 있을 수
없음이다). 법화의 후에, 편(바로) 열반을 설하사, 부율하리고(율을
더하리고), 담상하사 이종언(일반적으로 항상 말씀하사 끝냈다)하리니.
그 부율자는, 소이 촉후사 二이고(다음 일을 둘다 부탁 함 때문)이고,
담상자는 소이 시 진적 이二니(참 고요함 = 죽다)둘을 보임)이니, 차
독임멸 유부지사이니 비유가어 법화 야 이二니다(이에 홀로 임멸하시니
남겨 줄 일이 법화 둘에 더하는 것이 있지 아니 하였다)이니다. 17
설자는 불 본래 부율의(설한 것은 본래 계율을 돕는 뜻은 아니고),
첩판(문득 판단)컨대, 능엄이 법화후에 재있다하구, 역시 칭부율 담상
(계율을 더하여 항상 말씀함)이라 하느니, 연(그러나), 칙즉 진수기필
(닦음으로 나아감을 먼저 마쳐야 한다)하여文(하므로), 이우진수하고
(또 닦아 나가고), 부율지후에 이우부율은(계율을 더한 후에 또 율을
더함은), 전칙가어법화하고 후칙췌어열반하니(앞에 즉 법화에 더하고
후에 즉 열반에 혹을 달았으니 군더더기를 붙였으니), 시내도치 지
병扶律又冾(이에 도치된 나란한 율령이란 가지)라서, 문어법왕지법의
(법왕의 법에 문란케한 것으)로, 부진수지사(무릇 닦아 나가는 일)乙,
비 가색(심고 거둠을 비유)하건대, 유 운누하고(오히려 북을 돋우고
호미질로 김을 매고), 비 부거컨대(비유하면 연꽃 이라하는데),
유부화하니(오히려 꽃을 피우니, *敷花 孵化 浮華 附和 富華 夫化
吏讀), 기호컨대 법화(이미 부르건대 법화)는, 추획(가을에 거둠)이五,
열반은 군습(주움)이면, 칙즉 불응 획습지중(응당 거두지 않고 줍는
중)에, 우 운누야(또 북돋우고 김맴이라). 기호 법화(이미 법화를
부름)乙, 폐권(버릴 것을 권유)하고, 립실(열매를 세움)이未,

여화락할새 연현하면(꽃이 떨어짐 같을새 연밥을 보는 것과 같다하면), 칙즉 불응폐락지후하여 우 부화야(떨어져 버림에 응하지 않은 후에 또 펴진 꽃이라)하니라, 이경乂 증지(이경으로 증거)컨대, 령병지자가 (염병맞을비실하여 비틀거리는 아들이), 기령보장하여니 복하소구하고 (이미 보장을 받았거니 다시 어찌 구할 것이고! < 보배를 받아 장복하였으니 어찌 구하릿고 吏讀), 화성지인이(법화경에 화성유품의 성에 간 사람이), 기도보소(이미 보물이 있는곳에 도착) 했으니, 복하전진하리午(또 어찌 전진하겠는가!) 燈明(등명)(등을 밝힘)이 淨明(정명)은 유마의 호), 설법화이 ソ二口(법화를 이미 둘다 설하고), 18 편어중야(밤중에 편들었다죽었다)하여, 열반이라ソ二久(둘이라 하고). 석존이 법화를 이미 설ソ二口(둘을 말하니), 편어(죽음에), 四중이 창멸 ソ二니(사부 대중이 둘을 불러 멸했다 절규하리니), 복하지만에 어능엄재 二리午(다시 어찌 가지와 덩굴이 능엄에 둘이 있재 리오)! 여 필능엄이 거후이면(마치 필히 능엄이 후세에 있으면), 곧 아난이, 기어법화(이미 법화)에서, 제누가(모든 흘러 빠질것이), 이진(다)하대, 또다시 능엄에서, 미진제누하고(모든 누를 아직 다하지 못하고), 이미 법화에서, 불의 수기를 감임할새(견디어 담임 했을새), 이복어능엄(또다시 능엄)에서, 미전도력하고(아직 완전한 도력을 못하고), 기선령오묘법하대 (이미 먼저 묘한 법의 깨달음을 받았다 하대), 이복 부지진제 소지하고 (또다시 가리킨바 참경계를 알지 못하고), 기이안주불도하대(이미 불도에 안주하였으대), 이복위피 소전(또다시 저가 되어 구르는 바) 하여, 음사(음탕한 집)에 닉(빠)지니, 이것이 즉 도치라, 이자불연할새 (이치가 저절로 그렇지 아니할새), 고로 능엄을 판단하면, 반야 후에 존재하러니. 합(어찌) 반야 의 후라 하러이. 혜학이 방성(지혜를 배움이 비록 융성)하고, 정력이 미전(선정의 힘이 아직은 완전하지 못)하여,

사람이 혹 다문에 빠져, 실어정수할새(바른 받음을 잃었다 할새),
어시에 시수능지대정하사(이에 수능의 대 선정을 보이사), 반야의
대혜를 자산하사, 사정혜균등(선정의 지혜로 하여금 균등하게) 하고,
학 행이 양(둘)다 완전히 구경하여, 一승 실상 둘에 취케 하니, 19
차 능엄 소이작야(이 능엄이 그런이유로 지어졌다) 한다. 논三경대치
(三경의 큰 이치를 논하)건대, 무비위一대사 인연이리니(하나의 큰
인연의 일이라 하지 않을 수 없으리니), 필선자 반야하사(필히 먼저
반야를 깔아 의지하사, 발명ソ二ㅁ(둘을 말씀해 밝히셨고), 다음에
능엄으로 말미암아 수증ソ二ㅁ(둘을 닦아 증득하게 말하사), 종(마지막)
에, 법화에 이르러사 인가 ソ二은(둘을 인가 하신), 연후에야,
진제불능사하二七(모든 부처님의 일을 다해 둘을 칠하니), 서(처음)에,
고여시야(이와같이 확고하다)하니다, 그러나 도달 선 승 하고(선정에
도달하여 타고), 결택정견(바른 견을 택하여 결정)한놈은, 무상능엄의
(능엄이상 없다) 니다.
기과를 준상하여(그 과목을 통예를 기준하여), 태분위 三(셋)하러니,
초는 서분이午, 二는 정종이五, 三은 유통이다.
서분은 문 二에, 처음에 시(때) 처(장소) 주반(주체와 객체)을
나열하여, 이증신하고(믿음을 증하게 하고), 다음에 진아난시적
(아난이 보인 행적을 나열)하여, 이발기(일으키셨다) 하니다.
정종은 문 五이니,
一은 견도분이니, 초 유七징하사(처음 일곱을 부름)으로 말미암아사,
이顯현 상 주 진 심 성 정 명 체ソ二ㅁ(항상 머무르는 참 마음 성의
청정 하고 밝은 체를 둘로 드러냈다 하고) (곧즉 제一권). 다음은
유八환으로 말미암아사, 묘정 견정을 변설하사 여래장을 顯현ソ二ㅁ 둘을
드러냈고 (제二 제三). 후에 곧즉 산 하 萬상의 수승한 뜻 중에七 20

(칠하사) 참 수승한 성품을 선포하사 (四초에서 중간까지) 다 사행인乂 (사람을 행하게 하므로), 명심견성(심을 밝혀 성을 보도록)하여, 수증밀인ソ二土丨(둘사이의 은밀한 원인을 닦아 증득케 하사이다). 고로 명 견도분 이라 하니다.

二는 수도분匕(길을 닦아 나누어 칠함)이니, 首는 시초심에칠 二결정의하사 (머리는 처음 마음에 칠한 두가지 결정한 뜻을 보이사), 령심인심 과각 ソ久(마음으로 인함을 세심히 살피게 하여 결과인 둘을 깨닫게 하고), 또 번뇌의 근본을 세심하게 살피건대, 수행의 진기(참터)를 ソ二口{둘이라 하고} (四 중에서 말). 다음은 시六乙 근에서 결륜하사 (여섯가지를 뿌리에서 펼치고 맺는 윤리를 차례로 보이사), 령해결심(맺힌 심마음을 풀도록) 하여, 묘원통을 득하게 하사, 수행의 진요로 하리니 (五에서 六 중간). 이는, 근을 이롭게(이근)하여 닦아 나가서 一(하나)로 종(끝)낸다. 고로 아난이, 이에 이르러서, 명了보리소귀도로(보리로 돌아 가는 도로를 분명하게 료달)하여, 자위 (스스로 이른다)하대, 이미 불의 법의 문의 이룸을 깨달았다하여, 말세 제도를 원하여, 다시 도장을 안립함을 청하여, 섭심乙 궤칙(마음을 섭렵할 것을 축의 법칙으로)하사아, 드디어(수), 三무루학과 四종률의 와 및 대신주하사오니 (六중에서 七말). 총 수행방편이라 ソ二土丨 (둘이라 할 사이라), 고로 명 수도분{길을 닦아 나눔}이라 하니다.

三은 증과분匕(결과를 증거해 나눔에 칠함)이니, 시작은 범부로 부터 21 마지막 대열반 까지 하사, 역시 五十五위의 증진을 (따라서 보이시어) 하여, 묘각을 다함에 이르러, 무상도를 성취하는 고로, 명 증과분이니 (七말에서 八중간).

四는 결경분이니, 五(다섯)가지 이름으로 열거해 보이사, 매듭짓고 큰 성지 를 나타내신 ソ二(둘이라 하)니다 (八중간).

五는 조도분이니, 초명천 옥 七취(처음에 밝힌 하늘과 지옥 일곱가지 모임)가, 一又 唯心造하고(일우 유심조한가지로 오직 심에서 만들어지고), 다음에 밝힌 것은 奢摩他(사마타) 중에七칠한 미세해진 마사(마의 일)라, 두려워진 모든 수행인이, 씻고도 심이 바르지 아니하여, 실착 추락 하을 ソ二士丨(잘못 어긋나 낙하물에 맞거나 떨어질 둘이라 할새), 고로 명 조도라 하니 (八중간 十말). 무릇 견도(길을 본) 연후에야, 수도 하고(길을 닦고), 수도 연후에야 증과(과를 증득)하느니, 수증사필할새 (닦고 증득하는 일를 마쳤으므로), 이에 경을 맺었다 하리니. 능엄의 법요는, 지차이이才乙(이같이 그칠 뿐인 사이일새), 세존이 대자하사, 복욕지계중생이(다시 계를 지킴을 바라 무리로 태어남이), 근결 무범 하고(삼가고 청결하여 범하지 않고), 진(참된) 수행자는, 부조지지 ソ二乙士丨(갈림 길을 만나지 않아야 둘을 이을 사이라 할새), 고로 조도지법을 설하사, 최후 수범하사(최후의 모범을 드린다 하사), 축입유통종회언ソ二니(비로소 유통으로 들어가 모임을 마친 둘이라 하니). 내 一의 경에 륜관이 련환부단(이에 하나의 경에 이어 꿴 22 것이 잇닿아 연결한 고리가 끊어지지 않음)이니, 불 가판 위이회 ソ久 과 위 이-의 야 이니(다른 모임이라 하여 판단하고 과목과정이 다른 뜻이라 할 수 없다 하시니), 이것이 그 대략이니라. 수문과석(글월을 따라 과를 풀이)하여야, 내진기상(이에 그 상세를 다함)이리라.

연(그러나), 이금시석(지금 옛날 과거를 보)건대, 초다위려하니(다소 어긋나고 어그러지니<도리어 칠함이 많아 엉글어 떡칠하니), 전문구학 (오직 옛날 학문만 전문)해서야, 불면모순하시니와(모순을 면할 수 없으니와), 유통인고지(오직 사람을 통하여 서로 생각하고 살피라) 하니라.

天竺沙門 般剌蜜諦 譯 천축사문 바라밀제 역

初. 서분 二

一. 六성증신(여섯을 이루어 믿음을 증함) 제一

六성이란 놈은 六종(여섯가지 종류)을 성취함이니, 이를테면 신(믿음) 문(들음) 시(때) 주(주체) 처(장소) 중(중생)을 이른다. 여시는 신(믿음)야, 아문…야. 一시…야. 불주 야. 재모처…야. 여 모중 구중 야. 六종에 궐一대교불여(한가지만 빠뜨려도 대교와 같지 않은) 고로, 운성취언 증신자 (성취했다 이르는 것은 믿음을 증했다고 말하는 것)이며, 위표기주반 (이를테면 주체와 객체동반자를 표기하여), 지설 (설함을 가리켜), 시방 (때와 방향), 증법 (법을 증하여), 유소수 (받는 곳이 있어), 금인생신 (지금 사람은 믿음으로 생기니), 차 一체 경 수 통칭지사야 (이는 일체 경의 머리에 통칭의 말이라).

여시 아문 하사오니, 一일시, 불이 재 실라벌성 기항정사 하사.

여시지법(이와같은 법)을, 아종불문(나는 불로부터 들었다). 하사오이 하니 {합첨. 여시는 제법을 가리키는 말이니, 아문이란 말詞은 아난이 친히 들음이라 이른다謂}. 차 집자는 의불 립언하니(이 모인 사람들은 불을 의지하여 말씀으로 선 것이니. 者追昔之詞 諸方正建不同), 증법(법을 증거함)이, 유소수야 (가르침을 줄 곳이 있다) 라, 이이 불필타설(다른 것을 말할 필요가 없을 뿐)이다. 一시란 말刀, 역시 불로 인하여 세운 제(모든)경에 통용하는 고로, 부정지야(정함이 없음을 가리킨다).

실라벌은 역시 왈 사위(집을 지킴)다 {중인도국 도성인데, 기항림 이라 부른다. 오히려 기수 라 하는데, 기다 태자가 시설한 곳이다. 정사는 곧즉 급고원이니 수달장자가 건립했다. 기다는 닉왕태자 다. 수달다는 급고독장자의 이름이다. 원림은 태자에 속하고, 급고장자가 포함하여 금매(금으로 매입)하여, 불께서 설법한 원이니, 태자가 감사하여 림을 시설한 고로 운하여 기수급고독원이라.}
{佛은 梵語로 具라 하는데 佛陀 此云 覺者라 하니 指 釋迦也를 가리킴이다}

二. 법회청중 二

一. 상수중 三

一. 총표

여 대비구중 千二百五十人 구 하叱加二니(갖추어 함께 하시니).

{합첨. 大 는 간유학(가려뽑은 유학)이라. 비구는 三의(세가지뜻)을 포함하니, 걸사(걸식먹는것을 빌고 걸법법을 빌어 자익신심자산으로하여 스스로 신심을 이익되게하는 선비), 파악(파견봄을 깨뜨림 파사생각을 깨뜨림 척제제악모든 악을 씻어 없앰), 포마(열등한 집과 열등한 계로 마가 당을 잃을까 두려워 한다)라 하느니.}
千二百은 곧 교진여와 三가섭과 추자와 목련 의 도(무리)이다. {차 상수중야(이 六은 항상 따르는 무리다. 교진등 五다섯인 三가섭겸). 三가섭은 一빈나 二가야 三나제 형제 공히 一놈당 五百인이라. 사리 목건이 각 一百제자라, 추자의 제자가 五十이라. 경에 열거한 것은 大數인 고로, 약 五인의 차등이 있는데(실제는 교진여 목련 三가섭 추자 사리 七이니 약五라 함), 다 오래동안 이(다른) 도를 닦았으나,

공무소득 하였으나, 우불득도(불을 만나 득도)하여, 은혜에 감사 하여, 항상 따라다닌 고로, 편열 기수(五는 치우쳐 나열한 그 수)이다.}

二.탄덕(덕을 찬탄 함)

개 시(다 이들)은 무루 대 아라한이 이니. 불자又주지하여(불의 아들로 지킴에 머물러서), 선초제유(모든 유를 잘 초월)하고, 능어국토에 성취 위의 하久(능히 국토에서 위의를 성취 할 수 있고), 종불전륜하여(불을 따라 법륜을 굴리)어서, 묘감유촉(죽은뒤의 일을 부탁 하신 것을 감당할 만큼 묘)하구, 엄정비니하여(엄숙하고 청정하기를 비니>돕는 승이 되어서), 홍범三계하구(三계에 널리 모범이 되고), 응신(중생들의 부름에 몸을 응하여 나타남)이, 무량하여, 도탈중생하구(중생을 제도하여 벗어나게 하고) 발제미래(미래에서 뽑아 구제)하여, 월제진루하느니 戶니(모든 티끌같은 찰진흙이 쌓인 거를 넘어 지킨다 하느니).

* 유는 중생의 과보의 인과가 있어 유라고 함. 三계는 욕 색 무색계.

지수 가 묘잠 하여(지혜의 물인 육신의 정액이 묘하고 맑아서), 불수 욕과 유와 무명과로 혹 업이출勿乙(욕망과 있는것과 없는-밝음을 따르지 않고 혹업으로 나오므로) 명 무루 라. 이분단생하여(나눔을 여위어 끊어 태어나서), 응인천공(사람과 하늘에 응하여 공양)하고, 살무명적(무명이라는 도적을 살해)하니 명 아라한 이라 하니,

{要解 합첨, 루에 三루가 있으니, 욕루(욕계의 번뇌), 유루(上 二계의 번뇌) 무명루(三계의 무명)다. 이를 다 갖춘 놈은 루기(새는 그릇)와

같아서 심하지 않아야 사용하니, 이 중생은 이미 끊었기 때문에 고로 무루대자(놈)의 간정성(선정을 가리는 성질)이라. 아라한도 역시 三의(세가지 뜻)가 있으니, 응공(응인천공 즉 걸사과), 살적(무명이란 적을 살해함이니 즉 악한 과를 파함), 무생(영원히 끊은 후에 있음)이니. 즉 포 마果(마를 두려워하는과), 이것이 지위를 밝힘이다.

외로는 현 성문이고, 내로는 비밀한 보살인 고로 칭 불자 라 하니, 중생이, 소법을 즐기는 것을 앎으로, 대지를 경외하기 때문에, 시고로 제 보살이 성문과 연각을 지으니, 이에 흔적을 발한다는 문(글)이다. 이것이 덕을 찬탄하는 탄덕이다. 要解 見本 註}

화엄에서 탄중(중생을 찬탄)하여, 주一체보살七(하나를 끊은 보살에 칠해 머무르는), 지소주경(지혜가 머무르는 곳의 경지)이라하여. 호지제불七 정법지륜이라 하니(모든 제불을 칠해 보호하고 가지는 바른 법의 바퀴라 부르니), 소위 불자로 주지라. 법화에서 탄중하여, 진제유결(모든 있는 맺힘을 다)하여, 심득자재하니, 소위 선초제유(모든 유를 잘 초월함)이라. 능어국토에 성취위의자는(능히 국토에서 위엄있는 법도를 성취한 놈은), 수찰현신하여(찰=찰진 뻘흙를 따라 몸을 나타내어서), 정용오물(바른모습으로 사물을 깨닫게함<오물을 바르게 사용함 吏讀) 이라. 종불전륜(불을 따라 바퀴를 굴리어서) 하여, 묘감유촉자(남긴 부탁을 묘하게 감당하는 놈)는, 도능조화하고(도로서 능히 도와서 변화할 수 있고), {遺命 成佛 囑累 度生 명령을 남겨 불을 이루어 중생을 제도하라고 거듭 부탁 하심}. 이又또 엄비니(비니를 장엄, 엄숙하게 빌어서)하여, 덕족이생야(덕을 충족하여 중생을 이롭게 함이라). 이작범하고(모범을 지어서), 시응신 이 도생(몸이 응함을 보임이 제도하려 태어났다)하니, 의가 비 이 피 一시다(뜻은 한때만 저들을 이롭게 함이 아니다), 직욕발제미래하여(직바로 미래를 뽑아 구제하기 바라서), 사 개 초

제-유의 진-누 이(모든 있는 진흙이 쌓인 귀를 초월하게 함)이니, 25
차이는 아난七 동렬지덕야 (어렵게 난 싹을 칠해 똑같이 나란한 덕이라) 다. 무릇 경에서, 서중이(중생의 순서가), 다 수연기(연이 일어남에 따른다) 하느니, 이 경은 아난으로, 기교하사대 시추음실하니 (가르침을 일으키게하사 음실에 추락함을 보였다 하니), 의 약 미능 주지 불법하여 선초제유하고 휴위의하고 오계율하여 불감유촉도생 하여 (만약 불법을 머물러 지킬 수가 없어서, 모든 유있음를 잘 넘기고, 위엄있는 거동을 저버리고, 더럽힘을 경계하는 율하여, 중생을 제도 하라 유언으로 부탁하신일을 감당하지 못할 까 의심 하여), 발제미래 (뽑아서 미래를 구제하신) 고로, 인탄동례지덕(찬탄한 화답으로 원인 하여 똑같은 예를 덕으로)하여, 이현아난 시적이(아난을 드러내어 보여 준 자취가), 실 무 휴오하여(실제로 위의를 저버리거나 계율을 더럽힘이 없어서), 의가 재 발제야(뜻이 뽑아서 구제함에 있었던 것)이었다.

三. 열명(이름을 나열함)

그 이름이 왈 대지사리불, 마하목건련, 마하구치라, 부루나미다라니자, 수보리, 우파니시타 등이 상수라 하구,

사리불은 지혜무쌍하여 결료제一 이五, 대목련은 원명통달하여 신통제一이午, 구치라는 근성이 총민하여 박학제一이午, 부루나는 26
대변재를 갖추어(구) 설법제一이午, 수보리는 종광겁래(오랜 겁을 따라와서 < 오랜 겁을 여래를 좇아 비우므로)하여 공성을 증득하고, 파니사타는 六진중에 (색성향미촉법) 색성을 깨달아 완료(了오색성) 하니, 중생이 千二재주가 있을 새. 특히 六명이름을 거론한 것은, 표

입법대지야(큰 법의 뜻에 들어감을 표시함이라). 부(무릇 대저 대체로) 一체(하나로 끊는)일에 바랄것은(욕), 필경 견고하대, 지위선도(지혜로서 선도)하여, 결了제법(모든 법을 결정 료달)하여, 사원명통달(원만 밝음을 통달 하도록)하고, 우 박학이 관지 하고(또 박학으로 꿰고), 변설이 명지 하여(요리조리 말함이 밝아서), 了공(공을 료달)하고, 了색(색을 료달)하여, 원융자재하면, 칙즉 수능엄왕의 최초 방편이, 여차이이(이와 같을 뿐이다).

二. 래집중(집회에 온 대중) 二

一. 성문중(성문대중)

또 무량의 벽지와 무학과 아울러 초심이 똑같이 불난 처소에 오대, 촉 제 비구(때마침 모든 비구)이면 휴하자자하아(하안거로 스스로 27 마음데로 쉬고 있었사아), 十방 보살이면 자결심의(심의 의심을 물어 스스로 해결 하려) 하여, 흠봉자엄 하사(자비롭고 엄정하심을 흠모 하고 받들어사), 장구밀의하± 니(비밀한 뜻을 바라고 구하사니).

벽지는 차이 운 독각(혼자서 깨달음을 이름)이다, 무학은 곧즉 나한이다, 초심은 곧즉 유학이라. 자유건실才入(제가 허물과 과실의 사이에 들어가서), 자임승거ソ乙土乙(마음대로 승단을 맡아 들어 갈 사이를), 日말하니, 자자(스스로 맡김)는, 구순(九아흔살, 九十일)을 금족(발을 금)하여, 막유근불고乂(마지못해 불을 뵙는것으로 말미암기 때문으로), 휴하자결심의(휴하에 마음의 의심을 물어 해결) 하리니, 자자와 결의는, 개 소이 고相 구순匕 덕업야(다 구순을 칠한 덕업을 살피려고한 상을 서로 고려한 까닭이라), 흠봉여래하사오니. 칭 자엄자는, 자는 은혜를

말하고 또 엄은 위엄을 말한다 하니다. {休夏 녀름安居, 初心者 初心起人}
{九旬 天干 10 x 9 = 90 九十 也, 地支 12 x 9 = 108 百八 也 千明}

즉시(곧때) 여래 부좌연안(자리를 펴고 편안히 宴연좌)하사, 모든 모인 이들을 위하사, 선시심오ソ二大(깊고 오묘한 두가지를 펴서 보이시대), 법연청중(법연에 참석한 조용한 무리들)이, 미증유를 득하리니, 가릉선음이, 편十방계(시방세계에 두루) 하사二니.

선시심오는, 소이 위 능엄발기(능엄을 일으켜 발하신 까닭이 되)니, 여 법화 이무량의8 위발기야(법화의 무량의를 나눠 발하게하여 그릇에 담은것 같다) 하니다. 가릉빈가는 선금(선계의 영조, 두루미)이니, 그 음이 화아하니 불음과 같다 하니다. {사과를 능금이라 한다 千明}

28

二. 보살중(보살대중)

항사보살이 래취도장 하二니(와서 모임), 문수사리가 상수 이리다.

문수는 이곳 말로는 묘덕이니, 근본 지혜를 표한다(나타낸다).
능엄회상(능엄의 집회의 위)에서, 위택법하乙 안고로(법안을 선택한 것을 눈으로 보기 때문에), 거상수(머리 위에 거주)한다 하二니다.

二. 발기서(발하여 일으킨 서문) 八

初. 불부왕명(부처님이 왕명으로 가심)

그때, 파사닉왕이, 그 부왕의 휘일을 위하여, 영제하고(제사를 지내고), 청불궁액(궁액에 부처님을 초청)하士아, 자영여래(스스로 여래를 영접)하士口, 광설진찬무상묘미하고(무상묘미한 진지한 반찬을 두루 베풀고), 겸복친정제대보살ソ士入(겸하여 또 모든 보살을 친히 불러들이사니)다,

닉왕은 사위국의 왕이다. 궁액은 왕七칠한 내정(안정원)이다. 내정에 연불(부처님을 불러들임)은 恭경지지야(공경의 지극함이다). 29

二. 성중분응(성인과 중생을 나누어 응함)

성중에, 또 장자와 거사가 있어서, 동시에 반승(이바지한스님에게 음식을 대접)하려하여, 저불래응(불이 응해 오시기를 기다리라)거늘, 불이 칙 문수하사 분령 보살 아라한(부처님이 칙령으로 글월을 특별히 하사 보살피는 놈과 아는 놈을 나누도록)하여, 응제제주(모든 제사 주인에 응)하라 하리다,

三. 아난독이(아난이 홀로 다른데 있음)

오직 아난만이, 선수來별청하여(먼저 받아온 특별한 청이 있어), 원유미환하여(멀리 나갔다가 돌아오지 못하여), 불황승차하리니 (승차할 겨를이 無없었으니), 이미 상좌와 아사리도 없고, 도중에 독귀ソ入니(도중에 홀로 돌아오니다), 기일에 무공去乙(그날에 공양이 없거늘), 고 때 아난이 집지응기하여(발우를 잡아가지고), 어서유성에 (성을 돌아다님에), 차례로 순걸하대, 심중에, 처음에 최후七한 단월을 구하여, 제주로 하리라고, 찰리존성과 전다라라 하여, 무문정예 하여 (청정과 더러움을 묻지 않고서), 방행(사방으로 다니며), 등자하여

(똑같은 자비를 베풀어서), 불택미천하여(미천을 택함이 없이), 발의(뜻을 발함)는, 원만하여 一切(일체) 중생(하나를 끊은 일체 무리가 생겨), 무량공덕ソ入하사(무량공덕에 들도록 하사) 다.
{先受別請 涅槃 云 阿難 初爲侍者하여, 先求世尊커니, 與我三願하니, 一. 如來 古衣 賜, 我 聽 我不從하고, 二. 如來 設受檀越새 別讀 聽我出入 無有時卽, 佛讚阿難 有今智慧하여 預見敗湛}

30

이는, 그 음실로 잘못 떨어지게 된 이유를 폈다 하니다, 율제(율의 제한)에, 승은 멀리 나가대, 여 수 三인(짝으로 세사람이 붙어야) 하느니, 一은 상수午, 一은 궤法범奉사(법을 받드는 스승)이니, 엄정한 행으로 止(지 멈추)고, 오실을 방지한다. 발을 응기라 한다. 최후단월은 승려에게 음식을 미반승자(아직 대접하지 못한 사람)를 이른다.
평등지자(자비로 평등함)는, 어기등심이화(자기가 평등심으로 변화)하여, 사피등심이시(저사람으로 하여금 평등심으로 보시하)게 하니, 어 식에 등자(먹을것밥 에 평등한 놈것)는, 어법에 역등ソ乙士丨(법에도 평등할 사이라 할새), 소이(까닭에) 능성무량공덕(무량공덕을 성취할 수 있다) 다. 마등자는 곧 더럽고(예) 미-천才乙 둘사이거늘, 아난이 이미 무간택 ソ乙二 소七이(없는 사이를 택하여 둘을 칠한 까닭에), 오추야(잘못 떨어졌다). 찰제리는 왕족이고, 전다라는 살자이니, 곧즉 도회 음주지가(짐승을 잡아 회를 치는 음탕한 술집)이다. 31

아난이 이미 여래세존이 수보리와 대가섭을 꾸짖음(하)을 알고 있었다 하사대, 아라이우대(알아서도) 나한의 심이 불균이라하고 평土하게 둘을

들어가게한 거를. 흠앙(흠모하여 우러러 보았다)하사아五, 여래가 七칠해, 개-천 무차하사(열어샤 밝혀 가림이 없어사), 度도제의방(모든 의심과 비방을 제도)하사아, 경피성황하여(저 성의 해자를 지나서), 서보곽문 하여(성곽의 문으로 서서히 걸어가서), 엄정위의(장엄하고 정돈되어 위엄있는 거동)하여, 숙공제법ソ入니(정숙하고 공손하게 법에 나란히 들어갔다 하니).

이는 평등하게 자비를 행하는 뜻을 펼친 것이다. 공생(공으로 생긴 수보리)은 사탐하고(탐을 버리고), 음광(빛을 마신 대가섭)은 사부(부유함을 버림)하니, 一(하나)은 위 부자 역시(부자는 보시하기 쉽다 말)하고, 一(하나)은 위빈자 식인(가난은 원인을 심게 된다)이니, 여래가지(여래가 꾸짖은) 허勿로 욕(바란 것)은, 기심이 무차한하여(그 마음이 차별이나 제한이 없어서), 이식불균지의방ソ二니(의심과 비방의 두가지 불균등을 없애고자함이니, 고로 아난이 흠앙하사아, 이숙공제법(엄숙하고 공손함으로 법에 나란히)하니다. 제모든 법자는, 제정장중(정돈이 나란하고 장엄하고 정중)하여, 차제(차례)로 행걸(걸식함)을 말한것위 이다. 혹 국 유마경(유마경 편)에서, 위 비여래 呵책(여래가 꾸짖어 책망하지 않았다)하느니, 안지여래불呵가 ソ二口(어찌 여래가 둘을 꾸짖지 않았음을 안다 하리고), 독 정명이 재 이리午(홀로 정명이 訶꾸짖었재 이리오 < 맑음을 지칭했으리오).
{유마경에서 꾸짖지 않은 것은 유마힐 뿐임. 정명은 유마의 호.}

四. 시우악연(우연히 악연을 만남을 보임)

이시(너들) 때에 아난이, 걸식으로 인하여 차례로 음실을 지나하여서,
대환술을 하는 마등가녀를 만나니, 사비가라선범천주로, 섭입요석하여
(잡아 요석에 들여와서), 음궁으로 무마하여 장훼계체戶니(장차 경계를
훼손한 몸체의 호집이라 하니).

마등가는 기녀라, 사비가라는 차운(여기 말로) 황발외도이니, 환주를
전한 바, 이름은 선범천이나, 실은 발술이(여자발로 귀에하는 술수)니,
음궁으로 무마하여, 장훼계체자는, 몸이 핍근(가까이 근접)하여,
욕염정계지체야(청정한 계의 몸을 물들이려 하였다). 후에 말하사,
심 청정고 상미륜닉ソ二니(심은 청정했기 때문으로 오히려 아직은
돌아 둘에 빠지지는 아니하니), 칙장훼이이(장차 훼손 될 뿐)으로.
아난이 공왕불소에서, 동불발심(불과 똑같이 발심)하여, 공행이 고-이
모불(공부와 수행이 이미 고정된 모부처와 같다)하거니, 단 본來 원이
상락다문(본래 바람이 항상 많이 들음을 즐겨)하여, 호지법장하여 33
(법장을 보호하고 지켜서), 불과를 취하지 아니하니, 칙즉 금지시적이
(지금 이같은 자취를 보임이), 내소이호지야(이에 바로 보호하고
지켰을 뿐이라). 대개 반야이후에, 혜학이 방성(지혜를 배우려함이
바야흐로 왕성) 하여, 미기지류(자기를 모르는 종류)가, 一향다문하고
(한결같이 많이 듣기만 지향 하고), 불수정정 하여(바른 선정을 닦지
않아서), 위물소전(물질만을 위하여 구르는 바)하여, 역조사염 하여
(간사한 물듦을 쉽게 만나서), 완전영락 하니(완전히 보잘것 없이
떨어지니), 칙즉 불지법장(불의 법장)을, 태무이획지 이士이(획득하고
가짐이 거의 없다는 사이라), 고로 가다문지인(많이 들음에만 의지하는
사람)의, 사염지사(간사하게 물들게 하는 일이라)하사, 기교(가르침을
일으)키사, 이수능지태-정(수능의 큰 선정)으로, 자반야지태혜(반야의

큰 지혜를 자산으로)하사, 사정혜(선정과 지혜로 하여금), 균등하고 학행(배움과 행)이, 쌍명(둘다 밝)게 하二니, 칙즉 도망(전도된 허망)을 가소이고(사라지게 할 수 있음이고), 묘심을 가득(득할 수 있음)이라. 불위물전하여(물질로 굴러전환되지 않아서), 이능전물함이(능히 물질을 굴려바꿀 수 있음이), 동여래의(오는 것과 똑같다)하리라. 당지(당연 알아라), 아난이 방편진자로(참된 자비라는 방편으로), 부위말학으로 (말학을 구부려 숙이게 하므로), 후경철遠적(뒤에 지나는 바퀴 자국의 먼흔적)이, 무비책려야(채찍과 숫돌이 아님이 없다) 이니다.

34

五. 불자수구(부처님이 자비를 드리워 구함)

여래가 저것이 음술에, 소가(속아)든 것곳을 아시사(吏讀), 제필 ソ二口 (제를 마치시고), 선귀才二乙(돌아서 복귀하여 둘을 이어시거늘), 왕과 대신 장자 거사가 구래수불 하皃(모두 부처님을 따라와서), 원문법요 하皃色入니(법요를 듣기를 원 하아 색으로 들어가니 < 아이처럼 색동옷을 입어시리니 < 색음으로 들어가시리니 < 투명에서 색을 입혀보이게 하심 千明).

불이 항상 제를 필ソ二口(둘을 마치고), 베푼자를 위하여, 설법ソ二니 (둘을 설법하니), 지금은, 거귀(급히 가시는)고로, 왕木과 신下가, 수지ソ皃 이원 문ソ皃午니다(일렬로따른다 하아 듣기를 원 하아오니다).

촉시(그를 때)에, 세존이 頂放百寶無畏光明 ソ二니(정수리에서 백가지 보물인 두려움없는 무외광명을 둘에 방사하니), 광중에, 천엽보련이출생 才二乙(나와 생겨 둘을 잇거늘), 유불七 화-신(있는 칠한부처님이 화한-몸)

이, 결가부좌하사, 선설신주 하리垂을(신비한 주문을 설하여 펴서 내리시 거늘), 칙문수사리하사(에게 령을 내리사), 장주하여 왕호ソ二니 (주문을 가지고 가서 둘을 구호하라)하니. 악주가 소멸커늘, 제장(잡아 뽑아서), 아난과 급(미친) 마등가 하사, 귀래불明소ソ二니다(불의 밝은 처소로 둘과 돌아오니다).

정문(정수리의 문)은 무상과(위없는 과)니, 광이 백보색 ソ二둘이니다.
무외자라 말함은, 능섭마외(능히 외마를 두렵게 할 수 있다)하사, 35
물이 무이승야(물질이 이길 수 없었다). 세존이, 부자설주ソ二口 (스스로 주문을 둘에 설하지 않고), 이어 정-광 화-불이 설한 것은, 이 주가 무위심불七(무위의 마음의 불이 칠)의 무상심법을 보였다 하사.

{어둠이 빛에 물러감과 같다 하리다 千明}

六. 아난반성

아난이 견불(부처님을 보)하사고, 정례비읍하여, 한이 무시래 하여, 一 향 다-문하고, 미전 도-력(도력이 아직 완전하지 못)하여,

다-문의 지혜는, 필득정정(필히 바른 선정을 득)해야지. 도력이 이에 완전하다 하여, 이 불위 사하여 섭(이에 간사한 놈을 다스려 잡은 것은 아니다) 하리다.

七. 인구금법(원인하여 지금 법을 구함)

은근히 十방여래께서 菩提보리하사, 묘 奢摩他사마타 三摩삼마 禪那선나
의 최초방편을 계청(일깨워주시기를 청) 하兒入니(하아드니). 36

奢摩他사마타는 운(이르기를) 止(멈춤) 이午. {止一切惡法也}

三摩鉢提사마발제는 운 觀 이午,

禪那선나는 운 靜慮(고요히 생각함)이니, 원각에七한 靜 幻 寂 三觀이라.

靜觀은 依覺滅塵 ㅅ乙二니 소이處己 이午. {觀反照灵源也}

정관은 각에 의지하여 멸진ㅅ乙二니{진액 티끌 찰진흙}을 멸해 둘을 이으리니 자기의 처한 것곳일 뿐이오.

幻觀은 從定하여 發行ㅅ乙二니 소이應物 이오.

환관은 선정을 따라 행을 발해 둘을 이으리니 물에 응할 뿐이오.

寂觀은 雙 忘 幻起 牙滅靜ㅅ乙二니 소이 泯迹민적 이라.

적관은 둘다 잊어 환이 일고 {아가(싹이 아싸리)吏讀} 없어져 고요해 둘을 이으리니 흔적이 없어짐(无)이라.

三자(놈)를 제운하여(나란히 옮겨다녀) 비三 비一(셋도 아니고 하나도 아닌) 고로, 묘라 칭하니, 즉 수능 정정(바른선정)의 초문(첫문)이라.

十방 여래가 득성보리하사대 범자시어차 ㅅ二니다. (시방의 여래께서 보리를 이루사 득하심이 무릇 이로부터 도우샤 비롯된 둘이라 하니다).

{禪 融心也 那 調食也 선은 마음을 녹임이요 나는 숨을 쉬어 고름이라}

{牛引 久 人口 違止 소구인日 曽只 어ㅈㅈㅈㅈㅈㅈㅈㅈ 지지지지지지지 千明}

八. 시중낙문(때에 대중이 즐겨들음)

어시(그때) 복(다시), 항사보살 과 제十방 대 아라한 과 벽지불 등이 있어, 구원낙문 하皃아(다 즐겨 듣기를 원하사), 퇴자(자리를 물러나) 묵연하여(잠잠히), 승수성지 하皃加니(성서러운 뜻을 받들어 해나가니).

상서분경(이상 서분이 마침내 끝났다).

二. 정종분 五

一. 견도분 三

初. 결택진망이위밀인(참과 허망을 밀인으로하여 결택함) 二

初. 명심견실진침망(심을 봄에 참을 잃고 망에 빠짐을 밝힘) 二

初. 현대요인애염기(애를 원인하여 염이 일어나는 대요를 나타냄)

불 고 아난하사, 너와 내가 똑같은 氣라, 정이 천륜으로 균등하건만, 당 초발심하여, 아나의 법중에서, 견하승상하고(어떤 수승한 상을 보고), 홀연히 세간七칠한 심중한(깊고 무거운) 은애(애정)를 버렸느냐.

{倫次弟兄第次第天化生 天倫}

애(사랑)를 버린 원인을 물어, 아래의 글을 일으킨 것이다. 아난은 곡반왕자니, 동기공본(똑같은 기의 공통의 근본)이오, 천륜은 형제다.

아난이 백불하사대, 아가 본 여래七칠은, 三十二상과 수승한 묘가 수절
(특수하게 절묘純極奇起也)하사, 형체가 영철(투영하여 통)하舍未, 38
유여 유리ソ晃口(가희 유리와 같고), 상자사유(항상 스스로 생각)컨대, 차상은 비시욕애소생이(이런 상은 이러한 욕애로 생긴 바는 아니)리니, 하이왜그런고五, 욕기는 추함 탁함 성조(비리고 누림)가 교구하고(서로 만나고), 농혈(고름과 피)이 잡난하여, 불능발생 승정묘명 자금광취(수승하고 청정묘명한 자금광 덩어리를 발생할 수 없다)하여, 시이(이

같이) 갈앙ソ兒아(목마르게 우러르사아), 투불 체락 이니다(불을 의탁하자<불에 뛰어들자 머리털이 떨어졌읍니다).

답 사애지인(애정을 버린 원인을 답한 것)이오니, 생각컨데 욕루는 추악하여 능장묘명하느니(능히 묘명을 막을 수 있느니), 욕복진정이大(참 청정한 회복을 원할진대), 당離애염야(당연히 애정으로 물듦을 여위었다)라, 또 기탁염ソ口(혼탁하고 물듦을 버리고), 묘명을 발함이, 바로 이 경의 연기(일어난 인연)이니, 여설(나머지 말)도 칙즉 소의(그러한 것이)니. 三十二상은 시아족하안평(시작)하여, 종어정상고원하二니(마치는 둘이라 하니)다.　　{離여읨 者 僞妄也}

불언하사대, 선재, 아난아, 너희들은 당지하라. 一체중생이, 종무시래에(시작이 없음을 따라옴에), 생사가 상속함이未, 다 유부지상주진심하면 성정명체 하口(상주하는 진심을 알지 못하므로 말미암으면 성이 청정한 체라 하고 < 불생불멸하는 진심과 성이 청정하고 밝은 여래 직심원융한 三체세가지 살핌임을 알지못함으로 말미암아), 용제 망-상ソ乙士이니(모든 망한 생각을 사용할 사이니), 차 상이 부진할새(이런 생각이 39 참이 아니라할새), 고로 유전륜하니다(윤회로 구름이 있다 하니다).
{靈鑑不昧曰真心 三德具之爲一切法之所故 止故云性淨明体}

중생이, 생사 윤전이勿(윤회로 구름으로), 상심묘체임을 알지못함으로 말미암아서, 망전애상七(망에 얽혀 칠한 생각을 사랑하니), 지금 아난이, 독능지성 (홀로 알 수 있어 반성)하여, 염사ソ乙士이(싫어서 버려 둘을 이을사이라 할새), 소이 칭선이니다(좋다 라고 둘을 칭함이니다).

二. 명도망인우심목(심과 눈으로 인한 전도한 망을 밝힘) 二

初. 징현망본(허망한 근본을 불러내 나타냄)

너가 지금, 욕연 무상보리의 진발 명 성이대(무상보리의 참으로 밝음을 발하는 성을 연구하기를 바라대), 응당 직심으로, 수아소문 (아가 묻는 바에 대답)하라. 十방 여래는 동一도(똑같은 하나의 길)인 고로, 출이 생-사ソ二느니(나와 생-사 둘을 여위었다 하느니), 개이진심 二니다(다 이 참 마음의 둘이니다). 심언직고(심과 말은 곧기 때문)으로, 여시 내지 종시 지위 하여(이와 같이 내지 끝妙覺 처음軌慧 의 지위가), 중간에, 영무제위곡상(영원히 모든 굽어진 상이 없다) 하니다.

{諸佛證하사 無上正覺本 真發現하여 明淨한 性이라}

도는 고탄직(길은 굳고 평탄하고 곧)거늘, 망으로 인하여 굽어 지느니, 장여연궁정도(장차 함께 바른 길을 연마하고 궁구)하여, 혁거도망 40 (전도 된 망의 가죽껍질을 제거)할새, 고로 칙령하사, 이직답(직답하라) ソ二니다. 심木 언木 지직 칙 도(심과 말이 곧으면 즉 도길)에, 가경조의(지름길을 지음이 가능)하니라. 一도 위 개이직심야(하나의 도길는 다 정직한 마음을 말한다) 이리니다.

아난아, 아가 지금 너에게 물으니, 당연 너가 발심함이, 여래 三十二상에 연했다 거니, 장하소견(장차 본바가 어떤것)인고?
수위애락이五(누가 좋아서 즐겼느뇨)?
아난이 백불언 하대. 세존하, 이와같은 애락은, 아의 심과 목(눈)을 사용했나니, 유목하여(눈으로 말미암아), 觀견여래七승상(여래가 칠한 수승하게 나타난 상을 보見아 觀)하見고, 심에 애락이 생겼기 때문에 아나가 발심하여 원사생사(생사를 버리기를 원)했나이다.

문수애-락은(누가 애락했느냐고 물은 것은), 징기망본야(망의 근본을 불러서 일으킨 것이다). 답인심목은 정현망본야(심과 목눈을 인하여 답함은 망의 근본을 바르게 나타낸 것이다). 41

二. 추궁망체(망의 체를 추궁함) {初摠標}

불고 아난하사, 너가 말한 바와 같아서, 진소애락은 인우심목(참으로 좋아하고 즐기는 바(것)는 심마음木의 목눈으로 원인한 것이라)하느니라.

혹업전사(의혹과 업이 굴러 옮겨 지는 것)는, 一체유차(일체가 이로 말미암았다) 하느니다.

약불식지심木 목소재大(만약 마음이 아는 것을 인식하지 못하면 눈이 있는것을 보는것이면), 칙즉 불능득항복진노(번뇌를 항복 받을 수 없으)리니, 비유하면 여 국왕이 적이 침략한 곳에, 발병토제(병사를 내어 토벌하여 없앰과 같다)하대, 이 병사가 적이 있는 곳을 앎이 당연 필요하니, 사여유전 이眉(너로 하여금 흘러 구르게 함이미), 심목위구(심목이 허물이 되었음)이니. 오금문여 유심여목금하소재五(깨달은 오가 지금 너에게 묻노니 오직 심木 목눈木이 지금 어디 있다하오)?

{國王比真心也 賊比心目也 發兵討除比修於止觀也 除妄心也}

자차하여 유七중징파(이로부터 일곱번 거듭 불러 깨뜨림이 있었)으니, 다 나타나는(현) 망심 망견이, 본무실체하여, 유반연기(반연을 말미암아 일어난다)하리니, 시위무시생사七칠한 근본(이것이 시초가 없는 생사애

칠한 근본이라 이름)이니, 고로 수파단(필수로 파하여 끊어야) 하니다.

初. 재내 二　42

一. 징(부름)

아난이, 백불언하대, 세존하, 一체세간七한 十종 이생이(다르게 생긴 것이), 동장식심하여(한가지로 식심(심을 인식함)을 가져서), 거재신내 (몸둥이 안에 거주하고 있다) 하느니, 비록 여래七한 청연화안(푸른 연꽃 같은 눈)을 觀할새, 역시 부처님의 얼굴에 있고, 아가 지금 이런 떠 있는 근{뿌리}의 四진을 觀하여刀, 지재아면(다만 나의 얼굴에 있다) 하니, 이와같이 식심은 실로 신내(몸안)에 거주하느니다.

{十種異生 胎 卵 濕 化 有色 有想 非有色 非無色 非有想 非無想}

{四塵 色香味觸 聲은 非有非無也}

이르대 심마음은 내에 있다하고, 목눈은 외에 있다 함은, 중생으로부터 여래까지 아난도 다 그러하니, 문 호견야(글로는 서로 본다) 하니다. 이생이 유十二류(다르게 태어남이 열두종류가 있다)하니, 제 토목과 공은 산하니(없어지는 흙 나무와 공은 흩어지니), 심목과 안눈은 윤리가 아니라 하니다. 안근은 외로 뜨서, 지수화풍의 四진(네가지 티끌)을 빌어(가) 성립할새, 이에 산야(흩어진다) 하거든, 환귀어진 고(본래의 티끌로 돌아가기 때문에)로, 이에 진(티끌)이라 명이름하니다.

{目(목)은 눈종류를 말하고 眼(안)은 눈이라는 六根(육근)을 말한다}

二. 파 二

初. 인사변정(일을 인용하여 변정함)

불고 아난하사, 너가 지금 현좌여래七(나타나 여래가 칠한) 강당에 앉아 기다림(숲)을 觀 하느니, 금하소재午(지금 어느 것이 있다 하는 고)?

43

세존하, 이 태중각 청정 강당은 급고원에 있고, 지금, 기다림은 실로 당 외에 있읍니다. {祇陀林기타림은 숲이름이대 빽빽한 기다림의 意也 千明}

정내외경(내외 경계를 정한 것)은, 욕명재내지심(욕구가 내의 심에 있음을 밝힘)이니, 당차제견(당연 차례로 본다) 하사다.

아난아, 너가 지금, 당중에 선하소견口(먼저 어느 것을 보는 고)? 세존하, 아재당중하여(아는 당중에 있어서), 선견여래ソ見口(먼저 여래를 보고), 차觀대중(다음에 대중을 觀)하고, 여시외망방矚촉임원(이와같이 밖으로 바라보아 바야흐로 임원을 봅)니다.

정선후 견(먼저와 후를 정하고 봄)은, 욕파재내지심(심이 안에 존재함을 파하고자 바람이), 불선견내(먼저 내를 보는 것이 아니)숨삿다.

아난아, 너가 임원을 矚촉본다 하니, 인하유견(어떤 원인으로 보는고)? 세존하, 이 태강당이 호용개활할새(문과 창이 열려 뚫여있을새) 고로, 아재당(아는 당에 있다)하여立, 득원첨견(멀리 보는 견을 득)하려이. 44

개차인사변정ソ二口(모두 사물을 끌어당겨 분별하여 둘을 결정하고), 하내첩파 ソ二니다(아래에서 이에곧 첩(쪼개어)하여 둘을 깨뜨렸다 하리니다). {조리개로 조절하여 끌어당겼다 하리다 千明}

二. 정파비내(바른 깨뜨림은 안이 아니다) 二

初. 발령체청(자세히 듣도록 발하심)

이시(너들 때에), 세존이, 대중 가운데 있어사, 서금색비하사 마아난정하사(금색 팔을 펴서 아난의 정수리를 만지사), 아난과 모든 대중에게 고시하사대(알려서 보이사대).
유 三摩提(삼마제) 하니, 명이 대불정수능엄왕이니, 구족萬행하여, 十방여래가, 一문으로, 초 출하신, 묘장엄로이니, 너희들은, 지금 체청하라.
아난이 정례 하見고, 복수자지(앞드려 자비의 뜻을 받았다) 하見ㅅ다.

三摩提(삼마제)는 역시 三-摩-地 라하고, 역시 三-昧 라하니, 이는 운정정(바른 선정)이다, 수능三昧삼매로, 千聖이 공유 고로, 왈一門(하나의 문)이니, 묘장엄해에, 유차이지(이로 말미암아 이르는) 고로, 위지路
ソ二니다 (두가지 길이라) 하니다. 45

二. 섭전추파(앞으로 밟아나가며 밀어 깨뜨림)

불고 아난하사대, 너가 말한 바와 같이, 몸은 재강당才乙(사이에 있거늘), 호집木의 용창木이 개활할새, 원촉임원하느니(멀리 임원을 볼 수 있느니).
역시 유중생 재차당중ソ弓立(있는 중생이 이 당 중에 존재하고있어서), 불견여래立(서있는 여래를 보지 못)하고, 견당외자(당외를 보는 놈)인가.
아난이 답언하대(답하여 말하대).
세존하, 재당立(당에 있어서), 불견여래立(서있는 여래를 보지 못)하고, 능견임천이未(숲과 샘을 볼 수 있음이), 무유시처(이런 곳은 있을 수 없습니다) 하리다.

신재당중ㅅ乙士ㅣ(몸이 당 중 사이에 있다할새), 합선견내(먼저 안을 보는 것이 합당하다 < 먼저 합하고 내안을 본다).

아난아, 너도 역시 이와같아서, 너의 심령이, 一切明了(일체명료)하느니, 약여현전(만약 너의 앞에 나타나는), 소명了심(명료한 심)이, 실재신내(실로 몸안에 있다)면, 이 때에, 선합료지내신(먼저 안쪽 몸을 분명히 앎이 맞다)하리니, 파유중생이(어느로 있는 중생이), 선견신중하고(먼저 몸가운데를 보고), 후관외물(뒤에 밖의 물건을 보더)냐?

46

심재신내ㅅ乙士ㅣ(심이 몸 안에 사이에 있을새), 합견신중(몸속을 봄이 맞다)하니, 파유가야(자못 오히려 옳으리라). 인중이문하사(많은 것을 인용하여 물어사), 결불능야(그럴 수 없음을 결론내렸다).

종{비록} 불능견 심 간 비 위(를 볼 수 는 없으)나, 조생(손톱이 나고), 발장하고(머리카락이 길어지고), 근전맥요(힘줄이 구르고움직이고 맥이 흔들리는올라가는) 것은, 성합명료ォ乙(딱 맞는 것이 명료한 사이거늘), 여하부지午(어떻게 알지 못하리오). 필불내지컨대(필히 안을 알지 못하건대), 운하지외(어찌 밖을 안다) 하리오.

심 위 는 내장 이士ㅣ새, 종불능지이나(비록 알지 못하지만), 조생(손톱이 나고), 맥은 외로 부(뜬)것일새, 운하불효午(어찌 깨닫지 못하리오). 기불내지하니(이미 안이 아닌 것을 아니), 과 비재내의(결과가 안에 있는 것이 아니라) 이라.

시고로 응당 알아야 한다. 너가 말한 각了능지지심 이(깨달아 료달 했음을 알 수 있는 마음이), 주재신내(몸안에 머무르고 있다)는 것은, 무유시처(옳은 점이 없다) 하니다.

결파야ソ二니다(결론은 깨뜨려 둘이라 하니다).

47

二. 재외(밖에 있음) 二

一. 징

아난이 계수하士아(머리를 일깨웠다 하사), 백불에게 언하대, 아가 여래께서 이와같이 법음 하심을 듣고, 오-지 아 심이 실거신외(아를 아는 심이 몸밖에 있다는 것을 깨달았읍니다). 소이자하午(어찌 그런고), 비여등광(비유하면 등 같은 빛)이, 연어실중(실 가운데서 불탄다)하면, 시등(이등)은, 필능선조 실내 하고(필히 먼저 실내를 밝힐 수 있고), 종기실문하여(그 방의 문을 따라서), 후에 급정제하리니(후에 정원의 가에 이르리니), 一체 중생이, 불견신중(몸 가운데를 보지 못)하고, 독견신외(단지 몸밖을 볼 뿐이라는 것)이, 역여등광(역시 등 같은 빛)이, 거재실외하여서는(실외에 있어서는), 불능조실(방을 비출 수 가 없을)거니, 시의필명(이 뜻이 너무 분명)하여, 장무소혹 하여(무릇 의혹할 바가 없어서), 동불료의 하니(불의 분명한 뜻과 똑같으니) 득무망야(무망을 얻은건가 하리요). {了義는 한군데 다다른 뜻이라}

인파비내(안이 아님을 파함으로 인)하여, 복생망계하여(다시 허망한 계산을 내어서), 위 심재외이하여 要勿又(심이 밖에 있다는 요물로 말)하여, 위결료의(료의를 결정했다). {몸안의 화는 六근이다 千明}

二. 파(깨뜨림) 二

初. 인유변정(비유를 인용하여 변정함)

불고 아난하사, 이 모든 비구가, 적래에(알맞게 와서), 종아하여(나를 따라서), 실라벌성에서, 순걸박식(차례로 주먹밥을 걸)하여, 48
귀기다림하니(기다림으로 돌아오니), 아이숙제이니(나는 이미 잘자리를 깔았으니), 여觀비구하여(너가 비구를 보아서), 一인식시에 제인이 포? 불? (한사람이 먹을 때 모든 사람이 배부르더냐? 아니냐?)
아난이 답언, 불야(아닙니다). 세존하, 하이고오(어찌그런고하니), 이 모든 비구가 비록 아라한 이라刀, 구명(몸뚱이와 수명)이 부동하니, 운하 一인이 능령중으로 포(어찌 한사람이 대중으로 하여금 배부르게 할 수 있겠으리오).

피식이 불능포차(저가 먹음이 이놈이 배부를 수 없다)하면은, 칙즉 외심이 불능지신의라(밖의 심이 몸을 알 수 없으리라). 언걸식귀림(밥을 구걸해 숲으로 돌아왔다 말함)은, 내 거견전(이에 앞에 보이는 거를 들어), 방식지중하리니 고(중생이 밥먹는 것을 비교하기 때문에), 운 아이숙제(나는 묵을 준비를 했다) 하니, 숙(잠잘 묵을 준비)은 예야(미리 다). 식은 四종, 위 단(계단) 촉(접촉) 사(생각) 식(인식)이니, 박은 곧즉 단식(두드려잡음은 곧 끊어진 음식)이니, 유형단하여

(형태에 단이 있어서), 가박취니(뭉개어잡아 취함이 가능하니), 간은
비 사식 식식等야(가렸다 함은 사식이 아니라 식식 이다).
{思食사식은 생각하면 배부르고 識食식식은 음식인 줄만 인식하면 배부르다}

二. 정파비외(바른 깨뜨림은 밖이 아님)

불고 아난하사, 만약 너의, 각了지견지심(보는 것으로 앎을 깨달아
료달한 심)이, 실재외신이大(실제로 몸외에 있다면), 신심상외하여 49
(몸과 심은 서로 밖에 있어서), 자불상간하여(자연 서로 관계할 것이
아니어서), 칙즉 심이면 소지를 신이 불능각하리고(심이면 아는 바를
몸이 깨닫지를 못할 것이고), 각이 재신제이大 심이라ソ여刀 불능지
(깨달음이 몸의 변제에 있다면 심마음이라하여도 알 수 없으)리라.

변비외야(밖이 아님을 말한 것이다).

아가 지금, 너에게 도라면 손을 보이러니, 여안견시(너의 안근이 볼 때)
에, 심마음이 분 별(따로 나눔)이냐? 불(아님)이냐?
{*도라면 손은 물갈퀴처럼 솜같이 붙어있어 붙음도 떨어짐도 아님}
아난이 답언하대. 여시하니다(별 입니다). 세존하.
불고 아난하사, 약상지자이大(만약 서로 아는 놈이라면), 어찌 밖에
있다 하리오.

험비외야 이二니다 (밖이 아님을 증험하여 둘이니다). 도라면은 그
색이 여상하니(서리와 같으니), 불人수유연하숍未여지(불부처님의 손이
부드럽고 연하사미 이와같다)하리니다. {불과 불人은 같다 하리다 千明}

시고로 응지하라. 너가 말하대 각료능지지심이, 주재신외(몸밖에 머물러 있다) 하未, 무유시처하니다(옳은 점이 없느니다).

三. 잠근(잠재한 근) 二

一. 징(부름)

아난이, 백불에게 말하대, 세존하, 불이 말한 바와 같아사, 불견내(내를 보지 못하는) 고로, 불거신내(몸안에 있는 것도 아니)하고, 50 신심이 상지하여(몸과 심이 서로 알아서), 불상이(서로 떨어진 것도 아닌), 고로 부재신외(몸밖에 있는 것도 아니)하니, 아금사유(아 가 지금 오직 마음으로 생각함)이니, 지재一처ソ刀士이다(한 곳에 있음을 알겠다하사이다).

불언, 처가 금 하재午?(곳이 지금 어디에 있다 하는고?)

아난이 언하대, 차了지심이 기부지내하고 이능견외하느니, 여아사촌이새, 잠복근리하리새(이 깨달아 아는 심이, 이미 안을 알지 못하고, 밖을 볼 수 도 없느니, 아가 생각으로 헤아릴 같으면 {여아사촌컨대 〈여래와 나는 사촌이니 吏讀}, 근속에 잠재하여 엎드린듯) 합니다.

복계하대 심이 잠 안근지리하니 하 유 가명 하리다(다시 계산하대, 심이 잠재하여 안근의 속이라하니, 아래의 비유가 분명할 것이라 하리다).

유 여유인(오히려 어떤 사람)이, 유리 주발(완)을 취한 것 같아서, 합기양안하니(양눈에 맞대니), 수유물합(비록 물건이 맞대 있다)해刀, 이불유-애하여(걸림이 남아있지 않아서), 피근수견 하여(저 근이 견(봄)을 따라서), 수즉분별(따르면 곧 분별)하느니. 연(그러나) 아의 각了능지지심(나의 깨달아 능히 심을 알아 료달할 수 있음)이, 불견내자는(안을 보지 않는 놈인것은), 위재근 고午(근이 있다 할 수 있기 때문이고), 분-명촉외(외를 봄이 분명)하대, 무장애자(장애가 없는 놈)는, 잠근내고(근이 내에 잠재하기 때문) 이니다.
{義鮮云隨照一境心隨眼 眼分別也}

유리로 농안(눈을 가림)은, 유 안근 장심 야(안근에 비유하여 감춰진 심을 깨우쳤다)라, 이재근고(근에 있기 때문에), 불견장부하고(장부를 보지 못하고), 이견정고(근이 청정하기 때문에), 명견외경하느니(밖의 경계를 봄이 분명하느니), 고 설잠근(잠재된 안근이라 말)한다 하니라.
{六腑者 膽胃膀大腸小腸 五臟者 心肝脾肺腎 身內在者} 51

二. 파

불고아난하사, 너가 말한 바와 같이, 잠근내자(근내에 숨어있는 놈)가, 유리와 같다면, 저사람이 당이유리(당연 유리)로, 농안할새(눈을 덮었을새), 당견산하하여(당연 산하를 보아서), 유리를 보겠느냐? 못보겠느냐?
그렇습니다. 세존하. 이사람이, 당연 유리로 농안할새, 실견유리하리다.
불고아난하사, 너의 심이, 약동유리합자(만약 유리를 댄놈과 같을진)대, 당견산하하여, 하불견안(어찌 눈을 보지 못)하고, 약견안자(만약 눈을 보는 놈일진)대, 안은 곧즉 동경하여(눈은 곧 경계와 똑같다 하여), 부득성수하리고(얻지 않음을 이루어 따를 것이고). 약불능견(만약 볼 수 없을진)대, 운 하설언(어찌 말로 설한다) 하구, 이了지심이, 근내에 잠재하未, 유리를 댄 것과 같다 하리午.

{合流璃之人當見山河先見 流离後見山河　潜根之人當見山河不見共根彼見山河
右 事違 包呑万权九圍天地之心潜伏眼根　右理違}

사리가 구위하니 비잠근의(일의 이치가 모두 어그러지니 잠근이 아님이)라. 불성수자(따름을 이루지 않은 것)는, 전에 운하대(앞에서 이르대), 수(따름)는, 곧즉 분별 한거라 하고, 금 안이 위소견은 칙즉 수의土 불성 하리라(지금 안이 보는 바(곳=것)가 된다는 즉 뜻이란 흙을 따르는 것도 성립하지 않으리라).

{事理具違者 琉璃合眼不合事違 眼根合心不合理違}

52

시고로, 응지하라. 너가 말하대, 각료능지지심이 잠복근리 하未, 유리를 댄 것과 같다고 함은, 무유시처 하니라.

四. 장암(여래장은 어두움) 二

一. 징

아난이, 백불에게 말하대, 세존하, 아가 지금 또 이와같은 사유(마음으로 생각함)를 하였으니, 시중생신(이런 중생의 몸)이, 六부 五장은 중간에 있고, 규와 혈(나오는 구멍과 들어가는 구멍 = 두드려 찾는 구멍과 그냥 뚫린구멍)은, 거외하니(밖에 있으니), 유장칙즉암하고 (장이 있는곳은 어둡고), 유규칙즉명하니(규가 있는곳은 즉 밝으니), 금아대불(지금 아가 불을 대) 하사, 개안견명하勿(눈을 뜨고 밝음을 본다 함을), 명 위견외 이午(이름하여 밖을 본다 하고), 폐안 견암함을(눈을 감고 어둠을 보는 것을), 명 위 견내 이니(안을 본다 하니), 시의 운하(이러한 뜻은 어떠하오리까)?

다시 계산하여 심이 내안에 있다고 하고싶은 고로, 어두움을 보는 것으로, 장부를 본다고 하니다.

二. 파(깨뜨림) 三

一. 약외견(밖을 보는 것을 약술함)

불고아난하사, 여당폐안하여(너가 당연 눈을 감아서), 어둠을 볼 때,
이 어둠의 경계가, 위여안대(눈과 마주한 것이라 하느냐)? 53
위부대안(눈과 마주하지 않은 것이라 하느냐)? 약 여 안과 대이대 암이 재안전커니(만약 눈과 마주하대 어둠이 눈앞에 있거니), 운하성내(어찌 안이 성립되었다) 하리오. 약성내자이대 거암실중에 무일월등하면(만약 안을 이룬 놈이대 어두운 방안에 있어서 해 달 등이 없다면), 이 어두운 방안이 다 너의 三초와 부 일 것이고. 약부대자대 운하성견하리오(만약 마주하지 못한 놈이라면 어찌 본다는 것이 성립되리오).

선문하고(먼저 묻고 上徵文), 차난하고(다음에 어지럽히고 中三文), 후결하리니(후末文에 매듭지으니), 가명러이다(명백해졌느리이다. 不藏暗). 五신의 장과, 六화의 부가 있다하니다. 三초는 곧즉 六부의 一(하나)이다.

{五臟 肝心肺腎脾, 六腑 即 臟腑午, 胃는 脾의 府午, 膀胱은 腎의 府午, 三焦는 命의 府午, 膽은 肝의 府午, 대 소 장은 心府와 肺府이니, 府는 家라.}

二. 약내대(안을 마주함을 약술함)

만약 외(밖)의 보이는 것을 여위고, 내대소성(안을 마주하여 이루어짐)이면, 합안견암(눈을 감고 어둠을 보는 것)으로, 명 위신중이대(이름하여 몸의 속이라 할 것이대), 개안견명(눈을 뜨고 밝음을 볼적)에는, 하불견면(어찌 얼굴을 보지 못)하는고? 약불견면(만약 얼굴을 보지 못)하면, 내대불성(안을 마주대함이 이루어질 수 없다) 하리라.

안전지경이(눈앞의 경계가), 명 외견(밖을 보는 것)이午, 신내지경이
(몸안의 경계가), 명 내대(안을 마주대함)이니, 전이대안으로 54
(앞에 눈을 마주대하는 것으로), 위외(밖이라)하여, 부득성내(안이 이루어지지 못했다) 하니, 금 종 이외견□(지금 비록 밖으로 보이는 것을 여위고), 이성내대(안을 마주함이 이루어진다)하나, 곧즉 시이는 안이 능반觀(곧 이것은 눈이 반대로 觀 할 수 있는 것)이므로, 차(또) 합하여 능반觀신중하면(감아서 몸의 속을 반대로 觀할 수 있으면), 칙즉 개하여 응반觀기면이니(즉 떠서 응당 반대로 자기얼굴을 觀함이니), 약불이자이대(만약 그렇지 못하다 하는 놈이대), 의불성의(옳음이 이루어지지 않으)리라.

三. 종파(터짐, 파하여 풀어줌)

견면이 약성이대(얼굴을 보는 것이 만약 이루어진다면), 차료지심(이 깨닫고 아는 심)과 내여(아울러) 안근이 내재허공(이에 허공에 있어야) 할거시니, 하성재내(어찌 내에 있음이 이루어)지리오. 약재허공이면 자비여체할새(만약 허공에 있다면 자연 너의 체가 아닐새), 위응여래가 금견여면하여刀 역시여신(응당 여래라 하는 것이 지금 너의 얼굴을 보

아끼 역시 너의 몸)이다. 여안은 이지커니(1 너의 눈은 이미 아는거니, 2 기지커니-자기를 아는 거니), 신은 합비각(몸은 깨닫지 못한 것을 합함)으로, 필 여가 집언하대 신과 안과 양각이라하면(필히 너가 몸과 눈이라고 두개의 깨달음이라고 고집해서 말하면), 응유二지하리니 (응당 두개의 앎이 있으리니), 곧즉 여一신이 응성양불(너라는 한몸이 응당 양두쪽 불을 이룬다) 하리라.

{眼根在空塵同如來, 如來之身宅是汝身, 見汝面故汝心眼} 55

전전변명무반觀리야(펴고 굴려서 변설로 밝혀서 없는 것을 반대로 觀하는 이치라)하리니, 여안은 기지할거니 신은 합비각자는 기재허공할새(너의 눈은 자기가 안다할거니 몸은 깨닫지 못한놈과 합함은 이미 허공에 있다 할새), 자비여체야(저절로 너의 몸이 아니라)니다. 약집양개유지(만약 둘 다 앎이 있다고 고집)하면, 칙즉 성양체의리라 (두개의 몸이 성립하리라). 파망지문(망을 깨뜨린 글)을, 다섭곡변자 (다양하게 섭하여 완곡하게 변론하는 놈것)는, 유인자(사람으로 말미암은 놈것)이니. 심-견(마음과 봄)이, 실진침망지심 이라(참을 잃고 망령에 잠김이 심함이라), 一혹힐문하면(한가지 의혹에도 꾸짖어 따져 물어면), 칙즉 광 탕 실거하느니(미치고 방탕하여 근거{본정신}를 잃느니), 소위 허망한 부심(뜬 마음)은, 다제 교견이라하리니(다 모두 여러가지로 교묘하게 보는 거라 하리니), 고로 불 역 기망 교하사 곡 여변명야(불이 역으로그슬리어 그를 망령되이 솜씨있게하사 완곡하게 함께 변별하여 밝히셨다) 하리니다. {불이 나도 안탄 것이 있다 千明}

{狂蕩(광탕) 狂 미칠시오 蕩 헤쳐딜씨라}

{不言見明爲外者×見外爲成見內 正計詰也}

시고로 응지하라. 너가 말하기를, 견암乙 명 견내자 이라하未 무유시처라(어둠을 보는것을 내(속)를 본다 이름함이, 옳은 데가 없다) 하니다.

五. 수합(합을 따름) 二 {心與法合 處益心在}

一. 징

아난이 말하대, 아가 항상 부처님이 사부대중에게 열어 보이시는
것을 들었는데, 유심생고로 종종법이 생하고, 유법생고로 종종심이 생
(법으로 말미암기 때문에 종종심이 생)긴다 하거니, 아가 지금 사유하대,
곧즉 사유체가 실로 아나의 심성이리니, 수소합처하여(합처에 의해 56
따르게 되어서), 심칙수유(심은 칙즉 유(있다는 것)를 따르)리니, 역시
비 내(안) 외(바깥) 중간 三처가 아니라 ±사이다.
{사부대중 : 비구 비구니 선남(우바새) 선녀(우바이)}

이는 능가경의 뜻을 인용한 것이니다. 아리야식을 인하여 말미암아 말하면, 一념지망(한느낌이 망령)하여, 칙즉 변하여 근신기계 가 일어나니, 이것이 심이 생겨서 법이 생기는 것이다. 또 경계에 바람이 움직이면, 칙즉 식랑(의식의 물결)이 등기하리니, 이것이 법이 생겨서, 심이 생긴다 라. 이 심 법 이 서로 생기는 칙즉 경계에 따라 사유하未, 곧즉 이 심체가 심 법 합 처 라, 곧즉 위심재(심이 있다=존재한다) 라.

二. 파 二

一. 첩전기난(앞의 첩이 어려움을 일으킴)

불고아난하사, 너가 지금 설언하대, 유법생 고又(법으로 말미암아 생기기
때문에), 종종심이 생긴다 하여, 수소합처(합처에 의해 따라)하여,
심수유자이大(심이 유있음를 따르는 놈것이대), 이 심은 무체하여(체가
없어서), 칙즉 무소합이午(합하는 바가 없고), 만약 무유체이대
(유라는 체가 없음이대), 이능합자(합할 수 있다는 놈)이大, 칙즉 57
十九계가 七진으로 인하여 합이다. 이 뜻은 불연(그러하지 않다)
하리니. 만약 유체자이大(체가 있는 놈이대), 여여이수로 자질기체거라
하니(마치 너가 손으로 스스로 그 체를 찌르는 것과 같다 할거니).
여소지심이(너의 심을 아는 바가(것이)), 위복내출(다시 내에서 나온다
할 것)이냐? 위종외입(외를 따라 들어온다 할 것)이냐? 약복내출이大
(만약 다시 내에서 나온다면), 환견신중(돌아서 몸의 속을 보아야)
하리구, 약종외래이大(외를따라 들어간다면), 선합견면이才니소(먼저
닫는 얼굴 사이를 보러 옮김이 맞으리니).

이는 곧즉 사유라는 체로 심이라 함이未, 특부상이(특이한 뜬 생각의
귀)이니, 고로 난기체지유무야ソ二니다(그체의 유무 둘을 힐난(트집잡아
따짐)했다) 하니다. 설령 만약 무체라면 곧즉 공유기명(한갓 그 이름만
있)去니, 운하수합(무엇을 따라 합) 하리午. 여 十九계 七진과 같아서,
특공명이(다만 텅빈 이름의 귀)니, 설령 만약 유체이大 당하소재午하사
(당연 어느 곳에 있겠느뇨 하사). 령질신이험(몸을 찌르게하여 징험
하게)하사, 명 체가 실 무又재야(체는 실로 없음으로 존재함임을 밝혔다)
하리다.

{世間에는 오직 六塵과 十八과 合하느니, 이제 体가 없는 것을
잡아 合이라 하니, 七塵과 十九界는 合이라 할 수 없다}

{심에는 심이라는 체라는 놈과 무라는 두놈이 있음이라 千明}

아난이 말하대. 견은 시기안(봄은 이는 그 눈)이午, 심지는 비안 이土ㅣ (심이 앎은 눈이 아닌 사이선비) 이새, 위견이耒 비의又土이다(본다 함이 이미 옳지 않은 선비 같은 사이라 하러이다). 58

해상난야(위의 어려운힐난을 해명했다)하니, 위심이 단능지하乙二(심이 단지 능히 앎이라 이를 둘이라)할 것이니, 불가언견다하니(보는것이다 말할 수 없다)하니, 승불오능견은(승을 깨닫지 못하고 능히 볼 수 있는 것)은, 재심(마음에 있다)하고, 도안이 불견야ソ二니다(맨눈은한갖 눈 만으로는 {보는見 선비士} 둘을 보지 못한다 하니다).

{曾(승, 증)은 아승지 이미 이전에 일찍이 거듭 意也 千明}

불언하사, 만약 안이 능견이大(눈이 능히 볼 수 있을 진대),
여재실중(너가 방안에 있을 적에), 문이 능 견(볼 수 있느냐)이뉴?
불(못)이냐?
칙즉 제이기사刀 상유안존할새(모든 이미자기가 죽은 것도 오히려 눈이 존재한다 할새), 응개견물이又이(응당 다 물건을 본다하러이),
약견물자(만약 물건을 보는 놈)이大, 운하 명사(죽었다 이름하)리午.

문을 들어사, 유 능견이 재심ソ二口(비유하면 볼 수 있음이 심에 있음을 깨우친 둘이고), 사를 들어사 명 도안이 불견ソ二니다(맨눈이 보지 못하는 둘을 밝혔다 하니다). {根本見之心 仅根見}

{以門喩根 以人唯心 문은 근을 깨우치고 사람은 심을 비유함이니}

{根本見之心 付根見 근본은 심으로 봄이고 보는 근을 붙여주었다}

{士를 死로 언급함이다. 見(봄}에 눈이란 체와 士란 선비 둘이있음이다 千明)

二. 상변수합(합을 따름을 상세히 변설함)

아난아, 또 너의 각료능지지심(심을 알 수 았음을 료달하는 깨달음)
이, 만약 필히 체大가 있다면, 위복一체(또 하나의 체라 할 것이냐)?
위유다체(많은 체가 있는거라 할 것이냐)?. 금재여신(지금 너의 몸에
있다)하여, 위복편체(다시 두루한 체라 할 것이냐)?
위불편체(두루하지 않은 체라 할 것이냐)?. 59

먼저 四의네가지뜻를 세우고, 아래에 의를 따라서 상세히 변별하시니,
當知真心 非一 非多 非徧 非不徧也 당연참마음은 하나도 아니고, 많은것도
아니고, 두루한 것도 아니고, 두루하지 않은것도 아니라는 것을 알아야 한다.
{아님이 하나요 아님이 많음이오 아님이 두루하고 아님이 두루하지 않음이다}

만약 一체자이大(하나의 몸이라면), 칙즉 너가, 이수 지一지시(손으로
팔다리중 하나를 찌를 때)에, 四지가, 응당 깨달을 것이니, 약 함각자大
(다 느낀다면), 찌르는 것이, 응당 무재이ㅈ니人오(없음이 있다 할
사이로 들어감)이오. 만약 찌름이 유소(곳것이 있다)면, 칙즉 汝 一體
(너라는 하나의 몸)가, 自不能成(제가 하지 않아 이루어진다) 하리다.

변비일체야ソ二니다(一체가 아닌 둘을 변설했다 하니다). 무재는 위
무정처야(없음이 존재함은 없는 정해진 처다).
{在(재)는 위치하고 있음 수동 存(존)은 가지고 있음 능동 千明}

만약 다체자이大(많음이 몸이라면), 곧즉 성다인ソ리ㅈ니(많은 사람을
이루는 둘이)리니, 하체가 위여 하리午(어느 체가 너라 하리오).

변비다체야ソ二니다(아님이 다-체인 둘을 변설했다 하니다).

만약 편체자大 동전소지(두루한 몸이대 찌르는 것은 앞과 똑같)다. 60

비편체야하二니다(아님이 편체인 둘을 변설하니다). 동전자는 당지一 지 (당연 한번 찔러 지팔다리)하여, 四지가 응각(응당 깨닫는다) 하사니다.

만약 불편자(두루하지 않다)大, 당여촉두(당연 너가 머리를 만져서), 역촉기족(역시 그 발도 만지)면, 두유소각하고(머리는 아는 곳이 있고), 족응무지(발은 응당 앎이 없어야)하리才乙, 지금 너는 그렇지 않느니라.

변비불편야(아님이 두루하지 않은 둘을 변설함이다). 四의는, 기비 칙즉 불가(이미 아니면 즉 불가 하리니), 위수소합처(처에 합하는닿는 곳에 따른다고 말)하여, 심수유 야(심이 유를 따른다 한다) 로다.

시고로 응지하라. 수소합처(합처에 의하여 따른다)하여, 심이 칙즉 수유(유를 따른다)하未, 무유시처(없고 있음이 이런처라) 하니라.

六. 중간 二

一. 징

아난이, 백불언하대. 세존하, 아도 역시 들었는데 부처님이
문수사리등 제법왕자와 함께, 담실상시(실상을 담론하실 때)에, 61
세존이, 역시 말씀 하사대, 심부재내하고(심은 안에 있는 것도 아니고),
역부재외ソ二木니(역시 밖에 있는 것도 아닌 나무다 하니). 여아사추大
(아의 생각하여 추측 같아서는), 내무소견하고(안은 보이는 것이 없고),
외불상지(밖은 서로 알지 못)하리니, 내무지고(내는 앎이 없기 때문에),
재내가 불성하고(내에 있다는 것이 이뤄지지 않고), 신심이 상지 할새
(신 심이 서로 안다 할새), 재외비의(외에 있음도 옳지 않다)니,

금상지고(지금 서로 알기 때문)이고, 복내가 무견(또 안이 없음이 보인다) 할새, 당재중간이乂士이 (당연 중 간으로 사이)다.

이는 인大교(대를 끌어온 가르침)이대, 이오해야(잘못 해석한 것이다). 이위재내(안에 있다고 하자니) 칙즉 불견장부(장부를 보지 못)하고, 이위재외(밖에 있다고 하자니) 칙즉 신상부지하리니(몸이 서로 알지 못하리니), 二의가 불성(두가지 뜻이 이루지 못)할새, 당재 근木 경木 지 중 야(당연 근과 경계의 중간사이에 있다) 이러이.

二. 파 二

一. 변정중위(정해졌다는 중위를 변설함)

불언하사, 너가 중간이라 말하느니, 중필불미하여(중간은 필히 혼미한 것이 아니어서), 비무소재(없음이 있는 것곳이 아니)니, 지금 너가 추중하라(중간을 추측해보라). 중하위재午(중간이 어디에 있다하리오). 위복재처뇨(따로 처에 있다할 것이냐)?, 위당재신냐뉴(몸에 있다 할 것이뉴)? {若心在中 中應無感 必有所在 何者爲中] 62
선문ソ二口 하변ソ二니다(먼저 둘을 묻고 아래에서 둘을 변설하니다). 처는 유경야(처는 경계와 같다) 라.

만약 재신자이大(몸에 있는 놈이면), 재변이면(가에 있어면), 비중(중간이 아니)午. 재중이면 동내(안과 똑같다) 하리라.

신이 유 중木 변木 二의(몸이 중 변 두가지 뜻이 있다)하니, 재변이면 칙즉 부득위중(가에 있다면 즉 중간이라 함을 득하지 못할 것)이午,

재중 칙즉 동전人 재내하여 응견내의 리라(중간에 있다하면 즉 똑같은 앞의사람이 안에 있다하여 응당 안을 보는거 리라).

만약 재처자大(처가 있는 놈이면), 위유소표(표시한것이 있다할 것이냐)? 위무소표(표한 것이 없다할 것이냐)? 무표大 동무木 하고(표가 없으면 없음이고), 표는 칙즉 무정 하니(표는 정해짐이 아니니), 하이고午(어찌 그런고 하니), 사람 같이, 이표 표위중시(표로서 중간하여 표 할 때)에, 동간하면 칙즉 서(동쪽에서 보면 즉 서쪽이)오, 남觀하면 성북(남에서 觀하면 북을 이룬다)하여, 표체가 기즉 혼(표라는 체가 이미 혼란)하니, 심은 응잡란(심은 응당 뒤섞여 어지러울 것) 이러이.

중위(중간이라는 위치)가, 무정(없음이 정해짐정함)을 밝힌 것이다. 표는 표물(물건을 손짓)하여, 표현 야(겉을 나타낸다). 혼란(섞여 어지러움) 은, 칙즉 무소취 중야(잡을 것곳도 없는 가운데속)니다.

{無表 同龜毛兎角 有表 四堂不宅}

63

아난이 말하대, 아가 설한 바(것) 중은 비차二종이니(이런 두 종류가 아니니), 여 세존이 말씀하사, 안-색이 위연 생어안식이다ソ二니(눈의 색이 연이 되어 안식에서 생긴 둘과 같다)하니, 눈은 분별이 있고, 색진은 앎이 없거든, 식이 중(속)에서 생기느니, 칙즉 위심재(심이 있다 하리)니다.

위 비 신木 처人 지중이다 내근木 진火 중 야(이르사 신나무과 처사람의 중간이 아니다. 근나무 진불의 중간이라) 다.

二. 정파비중(바른 깨뜨림은 복판이 아님)

불언하사, 너의 심이, 약재근진지중 이大. 차지심체가 위복겸二냐? 위불겸二냐? (만약 근과 진의 복판에 있다면, 이것은 심의 체가 다시 둘을 겸했다는 것이냐? 둘을 겸하지 않았다는 것이냐?)

선립의 ソ二ロ 하추파 ソ二니다(먼저 둘의 뜻을 세우고, 아래에 추정하여 둘을 깨뜨렸다하니다). {知與不知 兼立故成}

약겸二자大(만약 둘을 겸했다면), 물체잡난(물과 체가 섞여 혼란)하리니, 물비체(물이 체가 아니면), 지 성 적하여(지가 적을 이루어), 양립할才 사이니, 운하위중(어찌 복판이라 말)하리午. {知與不知 兼立故成}

파겸二하여, 부득위중야(둘을 겸했다는 것을 깨뜨림으로, 복판이라 하는 것을 득하지 못했다). 물은 근진이다. 체는 심체다. 물은 비체 (아님과 체)다. 지자(앎이라는 놈)는, 물이 부동체야 지유지ソ乙二니 (물이 아님이 체이기에 있음으로 둘을 안다하리니), 칙즉 근진木과 심木 이 양립하여, 무중위의(없음이 복판이라는 지위) 라. 64

겸二 불성이大(둘을 겸함이 성립하지 않으면), 비 지와 부지 果 (안것도 알지 못한 것도 아닌과) 니, 곧즉 무체성(체라는 성이 없다)하거니, 중이 하위상(복판이 어찌 상相서로라 하)리午.

파 불겸하면(깨뜨려 겸하지 않으면), 부득위중야ソ二니다(복판이라 하는 것을 얻지 못하는 둘이라)하리다. 불겸근은(근을 겸하지 않으면) 칙즉 비지(아는것이 아니)午, 불겸경(경계를 겸하지 않으면) 칙즉

비부지(알지 못한것도 아니)니, 二의가 기비ㅊ니(두가지 뜻이 즉이미 아닌 사이니), 중乙 운하 정(복판을 어찌 정한다 말)하리午.

{海云非知者去眼也 非不知者無境也 根境旣無自無中位 云何分中位仅鮮云非不知非字無也}

시고로 응지하라(응당 알아라). 당재중간(당연 중간이 있음)이未
무유시처(없음이 있음이 이런 처라) 하니라.

七. 무착(착이 없음) 二

一. 징

아난이, 백불언하대. 세존하, 아가 옛날에 보니 부처님이, 대목련
수보리 부루나 사리불 四대제자으로 공전법륜(모다 법륜을 굴리)사,
상언(항상 말씀)하사대, 각지분별(깨닫고 알고 분별)하는, 심성이, 65
기즉(이미) 부재내하고(속에 있지 않고), 부재외하고(밖에도 있지 않고),
부재중간이다(중간에 있는 것도 아니다). 구무소재하여(다 있는 곳이
없어서), 一체의 무착을 명 지 위심이라 하리니(집착 없음을 이름하여
심이라 하셨읍니다). 칙즉 아는 무착(착이 없음)으로, 명 위심ㄷ
(마음이라 칠하리요)? 불이ㄷ(칠하지 아니하리유<아님이 칠하리유)?

불ㄷ의(불이 칠한 뜻)는, 현심이 본무재ソ乙士ㅣ(나타난 심이 본 없음과
존재함 사이라 할새), 불응유착이ㅊ二乙(아님과 응함의 둘사이를 착해
이을 사이라), 지금 아난이, 또 무착에 착하니, 정하여 반-연 망-정
야(바로 반연의 망정이라).

二. 파

불고아난하사대, 너가 말하대, 각지분별심성(심을 분별하여 깨달아 아는 성)이, 구무재자(다 없음이 있다는 놈)이라하느니, 세간의 허공 수(물) 육(육지) 비(날고) 행(다니는) 제소(모든것) 물상(만물의 모양)을, 명이름이 위 一체(일체 = 하나를 끊음이라 말)하니, 너는 불착자를 (집착하지 않는다라는 놈을), 위재(있다 하느냐)? 위무(없다 하느냐)? 무면 칙즉 동어 구모 토각(없다면 즉 거북이 털 이요 토끼 뿔)이니, 운하불착(어찌 착이 없음)이리午. 유불착자이大(불착하는 놈이 있다면), 불가명 무(무라고 이름할 수 없다) 니다.

첩상난문하사(첩위에 어렵게 아난이 물어사), 의(뜻)는, 명 재유 각 지 하면 불능무착야ソ二니다(조금 있는 것을 아는 각이면 집착이 없을 수 있지 않는<아님이 집착을 없을 수 있는 둘을 밝힌 것이라)하니다.
위재(있다) 위무(없다)란자는 66
문 여 심이 불착하나(묻는다는 너의 마음이 착이 아니나), 이피 물상은, 위 존재야 위공무야(저 물의 상은 존재라 하느냐 공무라 하느냐).
약피공무이大(만약 저 공이 없다면), 칙즉 동구모(거북이 털과 같다) 할새, 운하 가착이설불착 口(어찌 착으로 불착을 설 할 수 있을 고).
약유 불착자이대(만약 불착이 있다면), 칙즉 위유물고로(물이 있다 할 수 있기 때문에), 왈 불가명무(무라 이름 할 수 없다) 이니다. 차 개 첩난ソ二口(이는 다 첩의 어려운 둘 이고), 하는 내 결파ソ二니다(아래는 이에 깨뜨림으로 둘을 결론 지었다) 하니다.

무상하고는 칙즉 무이五, 비무면 곧즉 상이니, 상이 유면 칙즉 재才니,
운하 무착 이리午(없음이 상이고는 즉 없음이오, 아님이 없어면 곧
서로상이니. 서로상이 있으면 즉 在사이거니, 어찌 없음이 집착이리오).
물이, 결과가 무상하면(없음이 상이면), 칙즉 동구모하고, 물이 결과가
비무하면(아님이 없으면), 곧즉 자기가 유상(있는 상이라)하리니,
지상하면(상을 알면) 유한건(있는건), 칙즉 심이 있다하는 在(재)이리니,
운-하 득위무착야(어찌 무착이라 하는것을 얻는다) 이리오.

시고로 응지하라. 一체 무착乙 명 각지심이라하未 무유시처 하니라.

결론지어 둘을 깨뜨렸다 하니다. 위의 七징파 하사(일곱번 불러
깨뜨리사), 곡-진 계집(집착을 헤아려 완곡하게 다)하리니, 망정을
기유(망령이란 정을 이미 버리)면, 망의 경계가 자무(저절로 없어
진다)하여, 이진심 진견 가명의(참심으로 참견을 밝힐 수 있으)리라.

67

二. 정결택진심진견(참심과 참견을 바르게 결정하여 택함 二

初. 택진심(참심을 택함) 二

初. 아난애청

이시, 아난이, 대중 가운데 있다가, 즉종좌기하여, 편단우견하고,
우슬착지하여, 합장공경하사아, 이백불언하대, 아는 바로 여래七한
최소(제일 젊은)의 아우러니, 몽불자애하사아, 비록 지금 따라서

출가하나, 유시교린(오히려 어여삐여김을 믿고 교만)하여, 소이(까닭에) 다문하고, 무루를 얻지못할새, 불능절복 사비라주하여(사비라주를 꺾어 엎드리게 할 수 없어서), 위피소전(저편에 의해 전전)되어, 음사에 빠졌나니, 당 유 부지 진-제 소 지(응당 참-경계를 알지 못함으로 말미암아 가리킨 것)이라사이다. 68

앞의 징발로 인하여, 내지미망하여(비로소 미혹한 망령을 알게되어서), 이책궁청교(몸뚱이를 책하여꾸짖고 가르침을 청)하사아, 구지진제(참 경계를 가리켜 구)하니, 소-서지의(펼쳐 가리킨 뜻)는, 개경후류야(다 뒤의 흐름(후세)을 경계함이다). 진제는 진実한{極盡心源也} 심의 실제(실경계)이다.

오직 원하사이러니 세존께서, 대자애민하사, 우리들에게, 奢摩他 路하사 (사마타로를 개시해(열어보여)주사), 령제천제(모든 천제들로 하여금), 휴미폐거(폐차를 끝내 무너뜨리)게하小立소서. 작시어이하고(이같이 말을 마치고), 五체 투지하여, 급제대중(이에 모든 대중들)이, 경갈교저하여(갈증을 풀려고 고개를 숙인 것이 저수지에 꽁무니를 든 두루미 같이), 흠문시회(가르침을 듣고 보기를 흠모)하사드니.

심감은 여수하여(마음의 거울은 물과 같아서), 비지하면 불명(멈추지 않으면 밝아지지 못)하는 고로. 奢摩他(사마타)路(로)를 구하여, 이지진제하니(진실로 없앨 것을 가리키니), 진제기현하면(진제가 이미 드러나면), 망구자무고乂(허망한 때는 저절로 없어 지기 때문에), 령 천제로 하여금 휴미폐거야 하리라. 一천제의 {날개짓에}, 의번하여(옳은 의가 뒤집히어서) 단선근이다(좋은 뿌리가 끊어진다). 미폐차(끝낼

폐할 차)는, 차이는 운 낙구예인(때밀기를 즐기는 더러운 사람을 말함)
이니, 휴는 괴야(무너뜨림은 붕괴시키라) 다.

{空色不二 一念頓現止 日} 69

二. 세존답시(세존께서 답을 보이심) 三

初. 광서개발(상서로운 빛이 열리어 발함) {學者回光返照處}

이시세존, 종기면문하사, 放種種光하二니, 기광황요하여(그 빛이 밝고 빛나서), 여百千일하이구(百千태양과 같구), 보불세계가, 六종으로 진동하여, 여시(이와같은) 十방미진국토가, 一시개현커늘(한꺼번에 드러나거늘), 불의 위신이, 령제세계(모든 세계로 하여금)으로, 합성一계하二니, 기세계중에七한, 소유一체제대보살이, 개주본국(다 본국에 계시면서), 합장승청하二入니(합장하고 받들어 들으시니).

장현본명(대저 본래 밝음을 드러내는) 고로, 선현차서(먼저 이 서광을 드러내셨다)하二니다. 언면문에 방종종광은, 곧즉 구 안 이 비 미간에七 지광을 병방(빛으로 다 방사)하二乙二니, 시차본명(이 보이신 본래 밝음)이, 모든 근의 문에, 무소불현야(나타내지않는 곳이 없다)라. 이무소불현 고로, 제장병조하사未(모두 드러나서 나란히 비치시미), 여百千일(百千 = 十만 태양과 같다)하二니다. 보불계는 곧즉 법계라. 六진자는 표장파 六식무명의 감결 망경 야(六진동한 것은 六식 무명을 겉으로 나타나게하여 느끼어 맺힌 망령의 경계를 파함이라), 70
미진국토가 一시개현자(한꺼번에 다드러난 놈것)는, 본명이 洞조하여 (본來의 광명이 통해 비치어서), 망진(망령의 티끌)이, 불격야(막히지 않음이라). 十방세계 합성 一계 자는 지혜의 경계가 원현(원만하게 나타나서)하여, 정량 불애야(정의 량이 걸리지 않음이라). 보살청중이 개주본국 자는 심량본주(마음의 량이 본래 두루)하여, 심문이 본洞야(심으로 들음이 본래 통함이라).
了자광서하면(무상한 빛의 상서를 깨달아 완료하면), 칙즉 보리열반의 원청정체(청정체의 근원)를 득의 리다. {動振吼擊乎}

二. 총시소미(미혹한 바를 다 보임)

불고아난하사, 一切(일체)중생이, 종무시래(시초가 없음으로부터 옴)에, 종종전도 하여, 업종(업의 종자씨앗)이, 자연히, 여 악차취(악이 교차해 모인취) 같고, 모든 수행인이, 불능득성 무상보리하고(위없는 보리를 얻음을 이루지 못하고), 내지(마침내) 별各 성 성문 연각 하고(별도로 각자 성문과 연각을 이루고), 급 성 외도와 제천마왕을(이룸에 미치고), 급 마의 권속에 (미치는)것은, 개 유 부지 이종근본하여(다 二종 근본을 알지 못함으로 말미암아서), 착난수습이니(뒤섞여 어지럽게 닦아 익혔음이니), 유 여 (마치), 자사 하여(모래를 삶아서), 욕성가찬土七하여(맛있는 음식을 만들기를 바라나 흙칠함과 같아서), 71 종경진겁(비록 티끌같은 겁이 지난다)하여끼, 종불능득하느니다. 운하 二종인口. 아난아, 一자는 무없음 시생사근본이니, 칙즉 여금자(너라는 지금의 놈이), 여제중생과(모든 중생과 함께), 반연심을 사용하여, 위자성자(자성 이란 놈으로 함)이午. 二자는 무시보리열반의 원청정체이니. 칙즉 여금자(너를 지금의 놈이라) 하여, 식정원명이(의식의 정밀함의 원래 밝음이), 능생제연(능히 모든 연을 생기게 할 수)있거니, 연소유자(유전으로 남겨준 인연이라는 놈 > 잃어버림으로 인연한 놈)가, 유 제중생이 유차본명할새(모든 중생이 이런 본래 밝음을 잃어버림으로 말미암을새), 수종일행(비록 날이 끝날 때까지 행)하여刀, 이불자각하여 (스스로 깨닫지 못함으로서), 왕입제취하느니다(제취에 잘못 들어가게 된다) 하느니라. {果報} {不覺爲緣 本覺爲因}

{終日圓覺而未常圓覺者衆生也
未證圓覺而來證圓覺者菩薩也
具足圓覺而住持圓覺者如來也}

중생의 업과 종이 취(모임)를 이루고, 행인이, 바른 과를 이루지 못함은, 다 二 根本源을 알지 못하고, 착난(뒤섞여 어지럽게) 수습할새, 고로 수결택야(모름지기 선택판단하여 결정한다). 업과 종이란 놈은 전도된 망령난 의혹이라. 악차과는 一지에 三자니(한가지에 세놈이니), 생겨 필동과(필히 똑같은 과)니, 비유하면 혹 업 고 셋이 생김을 깨우쳐, 필히 동취야(똑같이 모인다)하느니다. 72
반연심은 곧즉 앞의 七한 처에 망인자(망령되게 인식하는 놈)이고, 청정체는 곧즉 지금의 정여결택자(바르게 결정하여 택한 놈)이니, 불염번뇌함(번뇌에 물들지 않음)이 명 보리午. 불섭생사 함(생사에 간섭않음)이, 명 열반이니, 불염불섭 고로, 원래 청정체라 부른다(호). 식정은 타나성식(성을 타는, 나타나는 인식 吏讀) 이午, 원명은 본각묘명이다. 근신기계와 一체연법이 이에 의지하여 생기느니(의차而생), 而(그리고) 인자(사람 이란 놈)가, 認緣(연을 인정)하여, 실진(진실을 잃은)고로, 운 연소유자(유전해남겨준것을 인연한 놈)이라 하느니, 유유차(이것을 유전(남겨전함)으로 말미암은) 고로, 무명 불각(밝음도 없고 깨닫지도 못)하여, 왕입제취(굽어서 모든 취에 들어간다)하느니다. 원체(원래 몸)는 원명(원래 밝은)한것으로 말한다. 또 본명자(본래 밝은 놈)

이라 말함은, 자본而출(根源(근원)인 본으로부터 나오기에), 왈 원 이午,
직지당체(당연 몸을 직접 가리킴)으로 왈 본 이라.

三. 정여결택(바르게 결정하여 택함) 九

初. 거권발문(주먹을 들어 질문하심)

아난아, 너가 지금, 奢摩他(사마타)路(로길)를 알기를 바라서, 생사에서
나오기를 원 하는大, 지금 다시 너에게 묻겠노라. 73
{答~~~即出生死到涅般之道路也)
곧즉 시(바로 그때)에, 여래가, 금색비(팔)을 들어舍, 五륜지를 굽히사,
어 아난 언하사(아난이 말하라고 말씀하사).
여 금 견(너가 지금 보느냐)? 불(보지 못 하느냐)?
아난 언(말하사대). 견(보입니다)ソ士又이.
불언(불님이 말)하舍. 여 하소견하느냐(너는 어떤 것을 보느냐)?
아난이 말하대. 아견여래 거비굴지(아가 보는것은 여래가 팔을 들어
굴지)하사, 위광명권하사, 요아심목하이우(아의 심과 눈에 비춤입니다).
불님이 말하사. 여장수견하느냐(너는 무엇으로 보느냐)?
아난이 말하대. 아 여대중(과 같이), 동장안견(같이 눈으로 본다)하사우이.
불고 아난하사, 여금답아(너가 지금 아에게 답)하대, 여래가 굴지하사 위
광명권하여 요 여심목이라하니, 너의 목(눈)은 가견(볼 수 있)이才니와,
이하위심(어찌 심이라)하여, 당아권요(나의 광명권을 비춘다 하느냐)?

불五지단에 각유윤상(불의 다섯 가리킴 끝에 각 윤상이 있다)하二니다.

二. 순망이답(망령을 따라 대답함)

아난이 말하대. 여래께서 현금(지금 나타나시어), 징심소재 𠂤二乙
(심이 있는 곳을 징(소환)하여 둘을 이을재), 이아이심하사 추궁 심축
(아가 심으로, 추궁하고 찾아서 쫓는 것을), 곧즉 능추자을 아장위심
(능히 추측하는 놈을, 아가 장차 심이라) 하리니. 74

금권거처(금색 주먹을 든 곳)의 직하(바로 아래)에 요식土(필요한 것을 아는 것)이 본명이𠂤乙(본래 밝음을 이을새), 진상(티끌같은 생각)이 미제丷乙土丨(아직 없어지지 않을 사이)라, 의구(친구에 의지)하여 인적(도적을 인정)하여 위자(자식으로 삼았구나) 하리午.

三. 몽질경악(질책을 받고꿈속의 질책에 경악하다)

불언 돌(불님이 꾸짖어 말씀하사).
아난아 차는 비여심(이는 너의 심이 아니다.)
아난이 확연(놀라 두리번 거리며) 피좌합장(자리를 피하며 합장)하여, 기립 백불하대, 차비아심(이가 아심이 아닐진大), 당명하등이리七口
(당연 이름하여 무슨거로 칠함이리구)?

矍확 驚愕皃경악모야 (확은 경악의 얼굴모양이라).

四. 척시비진(참 아님을 보이어 물리침)

불고아난, 차 시 전진허망상상(이는 바로 앞의 티끌같은 허망한 상의 생각)이다. 혹여진성(너의 참성을 혹하는 것)이니, 유 여가 무시又로 지우금생(너가 무시로 부터, 금생에 까지), 인적 위자息하여(도적을 자식이라 인정함으로 말미암아), 실여원상 丷乙土丨(너의 원래 항상함을 잃을새) 고로 윤전하느니다(때문에 바퀴처럼 구른다하느니다). 75

五. 아난망조(아난 어쩔줄을 모름)

아난이, 백불언하대. 세존하, 아는 불이七한 총애하는 아우라. 심마음은 불을 사랑했으므로, 아로 하여금 출가하게 하二니, 아의 심이 어찌 유독 여래께만 공양해七하오릿고. 항사 국토를 두루 다니며, 제불과 선지식을 받드는 일(승사)을 하여, 큰용맹을 발하여, 모든 一체 난행의 법사(법의 일)를 행함이未, 다 이 심을 사용함이久, 비록 법을 헐뜯어훼, 선근을 영퇴하여刀, 역시 이심으로 인함이니, 만약 이 발명(밝음을 발함)이, 불시심자(이심이라는 놈이 아니)大, 아는 이에 무심이未 (심이 없어서), 제모든 토 목 과 똑같아서, 이 각지(깨달아 앎)를 여위고, 다시 무소유(있는 것이 없으리니<없음이 있는 것이다) 하리니, 운하어찌 여래께서 설하사대 아심이 七함이아니라하리닛고. 아는 실로 경포하고(놀라 두렵고), 겸차대중(또 이 대중)刀, 무불의혹(의혹이 없지 않으)리니, 유수대비하사 개시미오 ソ小立(오직 대자비를 드리우사 깨닫지 못함을 열어 보여 주게 하소서).

무시망인(시작없는 망령을 인정했던 것)乙, 사문비척고(잠깐 물어 비난하고 배척했기 때문으)로, 실착경포 이중청개시(몸둘바를 잃고 놀랍고 두려워하여 거듭 열어보여 주시기를 청원)하사오니다.

六. 시유진심(참심이 있음을 보이심)

이시 세존이, 아난과 모든 대중들에 열어보이사(개시), 욕령심으로 입 무생법인하사(심으로 하여금 무생법인에 들고자 바라사), 사자좌에서, 마아난정하사(아난의 이마를 만지사), 고하여 말하사대.

여래가 상설컨대, 제법소생이 唯心의 소현이고(모든법이 생긴 것이 오직 심마음의 나타내는 것)이고, 一체 원인과 결과와, 세계 미진이, 심으로 인하여, 체를 이루러니. 아난아, 만약 모든 세계에서, 一체 소유(있는 것)가, 그 중에, 내지 풀 잎 루(실) 결(맺힘) 이라끼, 그 근원을 따져보大, 다 체성이 있고, 종령허공이(마침내 허공까지)라끼, 역시 이름과 모양이 있거니, 하물며 청정 묘정 명심이, 성一체심이대 (성품이 심을 끊어 하나)대, 이자무체하리오(제가 체가 없다하리오).

(獅子座佛座師子 衆生等은皆恐怖故 比佛威德하리니 佛坐地比師子云~~ 하니라}

인기포위무심고(그 무서움으로 인하여 무심이라 말하는 때문 < 그 두려움으로 인한다고 말함이 없음이 심이기 때문에)으로, 항상 설한
바를 들어사, 사물을 인용하여 증명하사, 참심이 있음을 보이사, 77
사지소조야(둘 곳을 알게하셨다)하리니. 심입 무생법인자(마음이 생김이 없는 법에 들도록 새긴 놈<없음이 생긴법이라 새긴놈)는, 령오실상 불생멸심야(실제 형상은 생멸이 아닌 심이라는 것을 깨닫게 하신것이라). 三계는 唯心(오직 심마음임을 깨달음)이고, 萬법이 唯識고(오직 의식임을 깨달았기 때문에)로, 왈 제법소생은 유심소현 이라하니, 一체의 인과 는(원인과 결과는), 十계의 정보{바른보}를 가리킴이라 하고, 세계미진은 十계의 의보{보에 의지함}를 가리킴이라 하리니. 기측 무불인심하여(이미 심으로 인하지 않은 것이 없어서) 성체(체를 이룬)거니, 안득위지무심(어찌 심이 없다고 말)하未, 토 목 (흙과 나무)과 똑같재 하리오. 이본자무염(본래 저절로 물들지 않음)을 왈 청정이오, 염이불염(물들어도 물들지않음)을 왈 묘정 이니, 一체 망령된 심까지도, 개 수 성 어차(다 이에서 성을 받는다)하리라.

*正報정보(과거에 지은 業因에 의해 얻어지는 果報의 正體)

*依報의보(중생의 심신에 따라 존재하는 국토 가옥 의복 음식물 등)
*十界(십계)=十法界 佛法界 菩薩法界 緣覺法界 聲聞法界 天法界 人法界 阿修羅法界 鬼法界 畜生法界 地獄法界 즉 마음으로 만드는 모든세계 (一切有心造 < 一切唯心造 일체유심조 < 一又唯心造 p22)를 이름

七. 변척망집(망령된 집착을 변설하여 배척함)

만약 너가 집착하고집 아끼고린 분별하여 각觀소료지성(깨닫고 觀하여 끝내 아는 성품)을 필히 심이라 하면, 이 심은 곧즉 응당 모든 一체 색 성 향 미 촉 모든 진 사 업을 떠나고도, 별도로 완전성이 있으야 ソ去니扌니入오(하거니 태우면 재사이로 들어가오). 78

분별각관은 곧즉 추심할 수 있음이라. 이 심은, 진(티끌 = 물질)을 여위면, 무성(성이 없으)니, 불응집이 위진(응당 집착이 없음이 참) 이니다. {思推心性}

마치 너라는 지금의 놈에, 아의 법을 받들어 듣는다ソ要刀하여도, 이 칙즉 소리로 인하여, 분별이 있는 것과 같으니, 비록 일체 견 문 각 지 가 멸하고, 내(안)으로 그윽하고 한가함(유한)이 유지된다(수)해도, 오히려 법이라 하여 진(물질)을 분별한 영사(비춘영화같은 일)이니다.

이는 六진에 의지하여, 변무자성야(자성이 없다고 변설한다). 아는(지) 각이 멸하면(없어지면), 칙즉 의(생각)가 유한(그윽하고 한가)하거니와, 그러나(연), 피(저) 유한자(유한이란 놈)刀, 오히려 이 법진의 영사 (영화의 비춘 그림자 같은 일)이니, 역시 무자성야(자성이 없다)하니다.

아가 너에게 심이 아닌것으로 된다고(위) 집착하라고 칙령하는 것은 아니다. 단 너가 심에, 미세췌마하라(미세하게 마를 헤아려 다듬어라). 약이전진하고(만약 앞에 티끌을 여위고), 분별성이大(있다면), 곧즉 참 너의 심이라 하거니와, 만약 분별성이 진(티끌)을 여위어서, 무체(체가 없음)가 된다면, 이(사)는 칙즉 전진(앞의 티끌을 七한것)의 영사(화면 에 그림자같이 비춘 일)를 분별한다 하니다. 79

진비상주(티끌은 상주하는 것이 아니라<아님이 상주한다)할새, 만약 변하여 멸할 때에, 이 심은 칙즉 동 구모토각 이라하리니. 칙즉 너의 법신이, 똑같이 단멸 (끊어져 없어진다)하리니, 그 누가 무생법인을 수증(없음이 생긴 법임을 새기어 닦아서 증득)하리午.

령 세췌마하여(미세하게 헤아려 다듬어서), 사지비진야(참이 아님을 알도록 하라)하二니다. 법신이 곧즉 진심야(법신이 곧 참 마음이라).

八. 아난자실(아난이 자신을 잃음)

즉시(그때) 아난과 모든 대중도 묵연자실(스스로 자기를 잃고 묵묵히 넋이 나가 멍해) 하니다.

매집망심하다가(매일 망령된 생각만 잡고 있다가), 사몽변척(잠깐 배척하라는 변설을 입고 = 잠깐 꿈속에 물리치라는 말씀에), 무소거의하여(의지하여 근거할 곳이 없어서 = 거의 곳이 없어서 吏讀 < 없음이 근거라는 것으로 의지한다 하여), 소이 자실(까닭에 스스로자기를 잃었다) 다.

九. 결성망오

불고아난 하사대, 세간에 一체 제수학인이, 현전에(앞에 나타남에),
비록 九차제 정(아홉번이나 차례로 선정을)하나, 부득 누진하여 80
성 아라한(새는 것을 다함을 얻지 못하여 아라한을 이룬)것은, 다
이러한 생사라는 허망한 생각에 집착하므로 말미암아서, 誤(그르쳐서)
진실 하을二니(참으로 둘이 실재한다고 오인하기 때문이라 하니).
시고로 너는 지금 비록 다문은 득했으나, 聖果(성과)는 이루지
못했느니라.

四선과 四공과 二승인 멸진정{멸을 다한 선정}이 九(아홉)이라하여,
종一선(마지막에 一선을 따라)하여, 입一선하여(一선으로 들어가서),
차제이수(차례로 닦는 것이라) 하느니라.
{색계四禪 초선 이선 삼선 사선 正見 正思惟 正語 正業行
무색계四禪定 空無邊處定 識無邊處定 無所有處定 非想非非想處定}

상택진심경(위는 참심의 경계를 택하는 것이다).

二. 택진견(참견을 택함)
심위체午(심은 체가 되고), 견위용이久(보는것은 용이 되구),
심위법원午(심은 법의 근원이 되고), 견 위 도안(보는 것은 도의 눈)인
고로, 차제로 결택하여, 밀인으로 한 것이라 하니라. 글월 二

初. 아난 애청 二

初. 감개전실(앞에서 잃은것을 감응하여 슬프함)

아난이, 문이 하사고(듣고 나서), 중복비루(거듭 자비에 눈물을 흘리며), 五체투지하여, 장궤(두 무릎을 대고 몸을 세운채 꿇어앉아), 81
합장하여, 이백불언하대. 자아종불하사(아로 부터 불님을 따르사) 발심출가하여, 시불匕 위신하사아(불님이 칠한 위엄과 신통을 믿어사), 상자사유(항상 스스로 사유)하구, 무노아수하여丌(아가 닦는 노력은 없었어도), 장위여래 혜아三삼매(장차 여래께서 아에게 三매의 은혜를 말씀해주시리라)하고, 부지 신심 본 불상대(신심이 본래 서로 대하지 않음을 알지 못)하여, 실 아 본 심하니(아의 본래의 심을 잃었다하니), 수신출가(비록 몸은 출가)하나, 심불입도(심은 도에 들어가지 못한것)이未, 비여궁자가 사부도서하리사이다(비유하면 궁자가 아버지를 버리고 도망간 것과 같나이다). {*법화경 信解品}

감불匕소발(불님이칠해 발하신바에 감응)하士口, 개전지실야(앞에서 잃은 것을 슬퍼하였다)하니. 세존의 三매를 가섭이 알지 못한고로, 불가상혜이士(서로 베풀 수 가 없었다하사), 당궁수어신하여(오로지 몸뚱이로 몸에 닦아서), 자증어심(자기가 심에 증)하니, 미오재기하여(혼미함과 깨달음은 자기에게 있어서), 불용상대야(서로 대신해 줄 수 없다) 하니다.
금일에야 내지(오늘에야 알게 되어), 비록 다문하여丌, 만약 수행하지 않으면, 여불문등(듣지 않은 것 들과 같)으未, 여 인이 설식하여(마치 사람이 먹었다고 말하는 것과 같아서), 종불능포(마침내 배부를 수 없다) 할거라 하사이다. 82

학도지요(배우는 길의 요지)는, 종문사수하여(들음을 따라 생각하고 닦아서), 입三摩地(삼마지에 들어가는 것이)거늘, 도문하고 불수 하면

(단지 듣기만 하고 닦음이 없으면), 졸무이치고(마침이 없는 이치기 때문)에, 여불문등 유설식야(듣지않은것 등과 같아 오히려 먹었다고 말하는 것과 같다). 후세 말학은, 허교다문하여(헛되이 교만하게 많이 들어서), 경상행실하여(가벼이 행실을 잃어서), 실진배도 하여(참을 잃고 도를 등져서), 부자기회자가(스스로 알지 못하고 뉘우치는 놈이), 다의(많다). 아난이, 비회하未 실로 유경발야 (슬프고 뉘우침이 실로 깨우침을 발함이 있다) 하니다.

二. 중청개시(열어 보여주시기를 거듭 청함)

세존하, 아등(우리들)이, 금자(지금), 二장소전(두가지 장애에 얽힌 것)은, 량-유 부지 적상 심-성(진실로 고요하고 항상한 심의 성품을 알지못했기 말미암음)이니. 유원하사오니(오직 원하사오니), 여래께서 애민궁로하사(궁색히 들어난 것을 가엾고 불쌍히 여기시사), 묘명심을 발하게하사, 개아도안하小立(아의 도의 눈을 열개 하소서).

중술미인(미혹해진 원인을 거듭 서술)하여, 구개시야(열어 보여주기를 구한 것이라)하士午니. 二장애는 곧즉 번뇌 와 소지(아는것)라. 소지는 애 정지견 하고(걸림을 바르게 알고 < 아는 것은 보는 것을 바르게 아는 것에 장애 하고). 번뇌는 모든 생사에 연속하여, 이위 망전(망령이 얽힘)이라 하느니, 만약 지적상하면(고요하고 항상함을 알면), 칙즉 83
번뇌가 불기(일어나지 못)하고, 생사가 막변하여(변화가 없어서), 망전(망에 얽힘)이, 자석의(저절로 풀리어 지)리라. 도안(도의 눈)은, 곧즉 진견이라 하니, 묘명심으로 말미암아 발하느니라.

二. 세존답시(세존이 답을 보이심) 三

初. 광서개발(상서로운 빛을 발하심)

즉시 여래가 종흉(가슴을 따라) 卍자하사, 湧出寶光(용출보광)하리니, 그 빛이 황욱(휘황 찬란)하사, 有 百千색하리니, 十방미진보불세계에 一시에 주변(두루 퍼지게)하사, 편관十방소유보찰 제여래정하리고(퍼져 十방곳에 퍼져 넘쳐 보찰에 있는 모든 여래 정수리에 넘치리고), 선지아난급제대중(돌아서 아난과 모든 대중에게 이르렀)느니다.

{身心不動衆茫然眉齒舒光演一乘}

장명진견(장차 참되게 보는 것을 밝)히戶호하사, 가슴의 卍자를 따라 방보광자는, 보 명 묘 심으로 말미암아, 정 지견을 발함을 표시함이라. 불의 가슴에 卍자가 있는 것은, 길 상 萬 덕이 모인 곳(소집)을 표시함이니, 그 빛이 황연명하고(환하게 밝고), 욱연성(빛나고 왕성)하여, 84 百千의 색이 있어㉪로, 묘 심 조 용(묘심의 비추는 작용)이, 萬덕을 구족 함을 표시하니라. 광이 편 불계자(빛이 불계에 두루 비친 것)는 청정하여 본연을 보임이라. 편관불정은 표 극과 소동야(지극한 결과가 똑같은 것을 표시함이다). 선급대중(돌아서 대중에 이름)은, 시 군-령 공유(무리의 영혼을 공유 하고있음을 보임)이다. 차이는 곧즉 묘-심한, 도안의 진광(길을 보는 눈의 참 빛)이리니, 재성해刀 불증하고 처범해刀 불감커든(성인의 지위에 있다하여도 늘지않고 범부라하여도 줄지않커든), 단 수량 응 현이라(량에 따라 응함이 나타남이라).

{群靈參性이 靈할새 靈이라. 心}

二. 허종소청(청하는 데 따라 허락하심)

고 아난 언하사(아난에게 말로 알리사), 吾내가, 지금, 너를 위하여, 건태법당하고(큰 법의 깃발을 세우고), 역시 十방 一체 중생으로 하여금, 획 묘미밀 성의 정 명 심하여(묘하고 미세 하며 비밀스런 성의 청정하고 밝은 심을 가져서), 득 청정 안(맑고 청정한 눈을 얻)게 하리다. {巽은 正道와 異也 손은 바른 길과 다르다}

당은 표최사입정야(깃발은 간사함을 깨뜨리고 바름을 세움을 표함이라). 하에서 명 묘심이 정안(눈을 청정하게) 하사, 사최복사이하여(간사하고 85 다름을 꺾어 항복 시켜서), 득정지견(바른 지견을 얻)게 하리니, 이것이 위 건 태법당(큰 법당을 걸립함을 이름)이다, 사이기최하여(간사함과 다름이 이미 꺾여서), 지-견이 기정하면(보아 앎이 이미 바르면), 칙즉 묘심을 가획하고(획득할 수 있고), 정안을 가득의(청정한 눈을 얻을 수 있으)리다. 생삶 과 불부처 등이 있으대, 불가측지(측량하여 알 수 없음 =아님이 측량하여 알 수 있음)를, 왈 묘미밀(묘하고 미세하고 빽빽함)이午, 구불능염하고(때가 물들일 수 없고), 암불능혼(어둠이 어둡게 할 수 없음)을 왈 성정명(성이 청정하게 밝음)이午, 견이 눈병을 떠나서 확연히 비침을 了달함을 왈 청정안 이라 한다.

三. 정여결택(바르게 결정하여 택함) 四

初. 문답립의(묻고 답하여 옳은의를 세움)

아난아, 너가 先(선)먼저, 아에게 답하기를, 광명권을 본다고 하였거니 이 권광명은, 어떤 원인으로 있게 되었으며, 어떻게 권을 이루었으며, 너는 장차 누구의 것을 보았느냐?

아난이 말하대, 불七칠한 전체七칠함이 염부단금이사, 혁해(붉어), 보산과 같아서, 청정소생 고로, 유광-명(빛이 있는거시 밝은)거임을, 아가 실로 눈으로 觀하고, 五륜지 단끝을 굴十악시인(구부려十으로 편 것을 쥐고 사람에게 보인) 고로, 권상이 있게 하리사이다. 86

{움직임도 의미와 數(수)가 있으므로 함부로 움직이지 않음이라 千明}

염부단수(나무)의, 과즙이 입수(물에 들어가)면, 사석(모래와 돌)이, 금을 이루나니, 붉음(혁)은 적염야(붉은 불빛이다).

불고 아난하사, 여래가 실언(실제 말)으로, 너에게 고 하(알리)리니, 모든 지혜가 있는 자(놈)는, 요이(반드시) 비유로, 득개오(깨달음이 열림을 얻어)리라. 아난아, 비유하면, 같은 아권(나의 주먹)이, 만약 아수(나의 손)가 없으면, 불성아권(나의 주먹을 이루지 못)하고, 만약 너의 안(눈)이 없으면, 불성여견(너가 보는 것도 이루지 못하리)니, 너의 안근으로, 아권의 이치를 예로 들건대, 그 의미가 균(같것냐)? 불(안같것냐)?

아난이 말했다. 유연 세존하, 기이미 我안(눈)이 없으면, 불성아견(나의 보는것도 이루어지지 않으)리니, 여래권의 예이대, 사의(일의 의미)가, 상류(서로 비슷한 종류라 유사하다)사료됩니다.

안근으로 권(주먹)을 예로 하신것이, 의(뜻)가 실은 불류(류가 아닌) 것을, 아난이, 시동 미오고(똑같이 보니 아직 깨닫지 못했기 때문에), 답언류(비슷하다는 말로 답)하니다. 87

二. 정택진견(참되게 보는것을 바르게 택함)

불고아난하사, 너가 상류(서로 비슷하다)라 말하未, 이 의(뜻)는 그렇지 아니하다. 하이고午(어찌 그런고), 여무수인은(손이 없는 사람 같으면), 필경 멸(없는)거니와, 피 무안자(저 눈이 없는 놈)는, 비견이 전무하니 (아닌 것이 봄도 전연 없는 것이니), 소이자하(어찌 그런것인가 하)午, 여시어도(너가 시험삼아 길)에서, 순문 맹인에게 여하소견이면 (맹인에게 여는 보이는 것이 어떻읍니까하고 방문해 물어면), 저 모든 맹인이, 필히 와서 너에게 답하대, 아는 지금 눈앞에, 유견흑암하고 (오직 흑암이 보이고), 갱무타촉(다시 다른 보이는 것은 없읍니다) 이라하리니. 이 시의로 觀(이 뜻으로 觀)하대, 전진이 자암(앞에 티끌이 자기가 어두움)일새, 견이 하휴손(봄이 어찌 이지러지고 손실)하리午.

견암은 곧즉 견의(어둠을 보는것은 곧 봄이)니. 시 지맹(이것은 눈먼맹을 아는 거이니)은, 비무土 견(아님이 없는 흙을 봄)이니, 특무안이 (다만 눈이 없는 것이다). {안눈이 없음이지 견봄이 없음이 아님}

아난이 말하대. 모든 맹인의 눈앞에 오직 흑암만 보일거니, 운하성견 (어찌 견봄을 이루리까) 하리닛고? 88
불고아난, 모든 맹인이, 무안하여(눈이 없어), 오직 흑암만 觀함이, 여유안인이 처어암실(마찬가지로 눈이 있는 사람이 암실에 있는 것)과, 二흑이, 유별(차이가 있느냐)? 무유별(차이가 있는것이 없느냐)?
여시(그렇읍니다) 세존하, 이 암중인과 여피군맹(마찬가지 저 군맹)과 二흑을 교량(비교하여 헤아리)건대, 승무유이(조간도 다름이 없)사이다.

二암은 무별하니 칙즉 암비유근(어둠은 근으로 말미암은것이 아니라), 특진암이다(다만특별히 티끌이 어두웠을 뿐이다).

아난아, 만약 무안인(눈이 없는 사람)이, 전견전흑可(앞에 검은것만 전부 보다가=앞에 보이는 것이 전부 검다가), 홀득안광하면(홀연히 안광을 얻어면), 환어전진하여(앞의 티끌에 돌아와서), 종종 색을(견) 보리니, 명 안견자(눈으로 본다는 놈)이大. 피암중인(저 암실가운데 사람)이, 전견전흑(앞에 검은것만 전부보다)可, 홀획등광(홀연 등빛을 가지)면, 역어전진(역시 앞에 있는 티끌)에서, 견종종색하리니(가지가지 색을 보리니), 응명등견(응당 등이 본다 이름)하리라.

족지견 재심하고, 부재안야로다(보는 것을 갖추는 것은 심에 있다하고, 눈에 있는 것이 아니로다).

만약 등견자(등이 보는 놈)이大, 등능유견(등이 견이 있다 할 수 있음)이, 자불명등(저절로 등이라 이름하지 못)하고, 또 칙즉 등이大 觀할새, 하관여사(어찌 너의 일에 관여)하리오.

시고로 당지하라. 등능현색(등은 색을 드러낼 뿐이)才丁, 여시견자는(이와 같이 보는 놈은), 시안은 비등이고(이 눈은 등이 아니고), 안은 능현색(눈은 능히 색을 드러낼 수 있을)才丁, 여시 견의 성은, 시심이 비안이니라(이 심마음이 눈이 아니니라<아님이 눈이니라).

{才丁재정, 정으로 쪼을 때 나는 빛처럼 사이에 은은하게 보이게 하는 빛 千明}

첩상(위의 첩)하사, 결론으로 밝힌 견(봄)은, 불유안야하리다(눈으로 말미암은 것이 아니다 하리다). 지견(봄을 앎)은, 불유안하면(눈으로 말미암은것이 아니면), 칙즉 직오견성하여(견의 성을 바로 깨달아서), 초월형누하여(층층이 쌓인 형태를 뛰어 넘어 벗어나서), 득청정안의리라(청정한 눈을 얻어리라).

三. 아난미유(아난이 아직 깨닫지 못함)

아난이, 수복득문(비록 다시 들어바도), 시언(옳은 말)일세, 모든 대중과 같이, 구이묵연하니와(입이 이미 다물어 잠잠하니와), 심미개오하여(심이 아직 깨달음이 열리지 않아서), 유 기 여래 자음선시(오히려 여래가 자비로운 소리로 펴 보여주기를 바라)하사아, 합장청심하여(합장하고 심을 밝히어서), 저불자회(부처님의 자비로운 가르침을 기다렸다) 하사오니.

초명심견고(심으로 보는 것이 조금 밝아졌기 때문에)로, 구이묵연하려니와, 상유여의고(오히려 의심이 남아있기 때문)으로, 심미개오(마음이 아직 깨달음이 열리지 않았다) 하다라.

四. 견불객진(손님같은 티끌을 떨쳐 버림) 四

初. 추문발기(추궁하여 캐물어 일으키게 함)

이시 세존이, 서 도라면 망상광수(그물같이 서로 빛나는 손을 펴)사, 개五륜지하사(오륜지를 열여 펴시고), 회-칙 아난 급제대중하사(아난과 모든 대중들을 가르치며 단단히 타일러 경계로 칙령 하사).
아가 처음 성도하여, 녹원 중에서, 아야다 五비구들과 너희들 四중을 위하여 말했거든, 一체 중생이 보리하여 아라한을 이루지 못한 것은, 다 객진 번뇌로 말미암아, 소오(오해한 것)이라 했는데, 너희들은, 당시에, 인하개오하여(어떤 원인으로 깨처서), 금 성성과 한건가(지금 성인의 결과를 이루게 되었느냐)?

아난이 소이 심미개오자(심이 아직 열려 깨닫지 못했다하는 까닭)는,
상(오히려) 객진이 되어(위객진), 미혹하고 장애 고(막았기 때문)으로,
특위견불(특별히 떨쳐 버리게) 하여, 부 객진(무릇 손님이라는 티끌)
이, 장(걸림)이 되어, 大면 칙즉 불성보리(크게는 보리를 이루지 못)
하고, 小면 칙즉 불성무학(작게는 무학을 이루지 못)하느니,
성자심민(성인이 자비롭고 심히 애처로워 하신) 고로, 녹야의 연을
캐물어사(추문), 사중(중생으로 하여금), 개오야(깨달음을 열었다)
하리니. 서장의(손바닥을 펼친 뜻)은, 견후문(뒷글에 보인다) 하니다.
五비구자(놈)는 교린여와 마하남八을 나눈 알비와 바제와 바부 야(라).
처음 설산에서, 시불하사(부처님을 모시사), 뒤에 녹원에서, 외도법을
익혔거늘(습), 불초도지(부처님이 처음 제도하셨다) 하리니. 91

二. 교진명의(교진이 뜻을 밝힘<교만하게 베푼 이름이 밝힌 의미 吏讀 千明)

때에, 교진나가, 기립하여, 백불하대, 아는 지금 장로(上)하여,
대중중에 홀로(독) 해 라는 이름을 얻은 것은, 인오객진二字(손님과
티끌 두 글자로서 깨달음을 원인)하여, 과를 이루었읍니다. 세존하,
비유하면, 여행객이, 두기여정하여(여인숙에 이르러 머물러서),
자거나, 먹거나하고, 식숙일 을 마치고(필), 숙장(보따리를 정돈)하여,
전도하여 불황 안주커대(앞길로 가서 편안히 머무를 겨를이 없지만 >
뒤집어져 두려워 편히 살 수 없지만<불황이라 안주를 바꾸지만 吏讀),
만약 실제 주인이면, 자 무유왕하니(자기가 갈뒤집힐 곳이 없으니),
이와같이 사유컨대, 부주(머무르지 않음)가 명 객이午, 주(머무름)가
명 주인이니, 이 부주자를 명 객의(나그네라는 의미)라 합니다. 신 제
하여(새로이 비가 개여서), 청양승천하여(맑은 양기가 하늘로 올라가서),

광입 극중하여(빛이 틈사이로 들어와서), 발명공중하면(공중에 밝음을 발하면), 제 유 진상(모든 있는 티끌의 상)과 진질(티끌의 성질)은 요동커ㅅ들어, 허공이 적연하니, 이와같이 사유컨대, 징적(맑고 고요함)은 명 공 이오, 요동은 명 진 이니, 이 요동치는 놈을, 명진의 라 하리니(티끌이라는 의미라 이름 하겠읍니다).
불님이 말씀하시기를 여시라 하시니라. 92

교진나 는 차운(이곳 말로는) 해(풀다)이니, 최초 오-해하여(깨달음을 풀어서<처음에는 잘못오해하여 吏讀), 이름을 얻었다. 객진의 비유는 유통하고(통함이 있고), 유별하니(분별이 있으니) {*以經通意也}. 통은 번뇌와 소지의 二장(두가지 막힘) 과 분별과 구생(함께 생기는 것)의 二혹(두가지 의혹)이니, 수경 생멸(경계에 따라 생멸살고 없어져) 하여, 비진상성(참된 항상성이 아닌 것)은, 다 객이라. 염-오 묘명하여 골란 징적은 다 진이라(묘명을 물들이고-더럽혀서 맑고 고요함을 콸콸 흐트리는 것은 다 티끌이라). 분별은 칙즉 객이니, 비유하면 분별의 추(거침)이고, 진은 비유하면 구생지세(함께 생기는 것의 미세함)이니. 생멸이 부정하여(멈추지 않아서), 잠탁五음구려(五음의 주막에 잠깐 의탁)하여, 이지고(머물러 있기 때문)으로. 비유하면 행객이 투기여정(여인숙에 의지하기도)하고, 기혹조업하여(의혹을 일어키어 업을 만들어서), 거고(가기 때문)으로, 취신고(새로운 것을 취하기 때문)으로, 비유하면 식숙사필하고(먹고 자고 일하고 마치고), 숙장전도하니(보따리를 챙겨 앞으로 길을 가니). 진성(참된 성품)은 상적(항상 고요)하여, 초무사시고(잠깐도 이런일이 없기 때문)으로, 비유하여 주인은 무유왕 야(갈 곳이 없다) 하니라. 추장은 易견ㅎ니와(거친 장애는 역바꾸어버리기 이쉬운사이지만), 세혹난명이니(미세한 의혹은

밝히기 어려우니), 필유성천(필히 성품으로 말미암은 하늘)은, 징제하고(맑아져 비가 개고), 지惠日는 日 서광하여(지혜의 해는 왈빛이 드러나서), 승 五-음-극하여(五음의 틈을 타서), 조본來공성하여(본래의 공의 성품을 비추어서), 방각어중(비로소 그중에 깨달은), 망자요동(망령이 저절로 요동)하느니, 차 칙즉 여신 구생 여심 동사(이는 즉 몸과 함께 다 생기고, 심과 함께 같이 일)하여, 세미유은고(가늘고 미세하여 그윽하게 숨었기 때문에), 비유하면 유극지진야(그윽한 틈의 티끌이라)하니라. 여정지객(여관의 손님은) 견지하미 칙즉 易(이 보내는 것이 즉 쉽)거니와, 유 극 지진(그윽한 틈의 티끌)은, 불지乎未 차 난하니(불어떨치기 또한 어려우니), 직수파개음극(곧바로 음의 틈을 빠개어서 吏讀), 사 활연통달연후(환하게 터져 통달연후吏讀)에야, 산멸하리니(흩어져 없어지리니), 소이(까닭에) 구생번뇌(함께 생긴 번뇌)는, 지五-음진하여야(五음이 다함에 이르러서야), 방득탕절야(비로소 삶은 나물처럼 끊어진다)이니다. {相心无明同了} {依境示麁者以客塵俱爲麁也}

三. 석존시상(석존께서 亦合坐의상을 보이심) 二

初. 의경시추(경仙子계에 의지하여 거침을 보임)

[2022. 6.30. 06:40 세존께서 빨리하지않고 자고 있느냐고하시어 깨다 千明]

즉시, 여래가, 대중중에, 굴굽힌五륜지를, 굴이복개하二久(이미 굽힌 것을 다시 펴시고), 개이우굴하二口(이미 편 것을 다시 굽히시고), 아난에게 말씀으로 이르시사謂. 여금하견口(너는 지금 어떻게 보는고)? 아난이 말하대. 아가 본 여래가 백보륜장乙 중중에 개합ソ土又하사러이.

불고아난, 너가, 본 아수(손)가, 중중에, 개합하느니, 이것이 아수라서, 개펴서 열림가 있으며, 합이 있느뉴? 다시 너가 봄으로서, 개가 있고, 합이 있느뉴? 94

아난이 말하대. 세존이 보수乙, 중중에, 개합去二乙, 아가 본 여래七칠한, 수가, 저절로 개합才가丁, 아가 아닌 견성이, 유가 열고 합가 합함니다.
불언 하사대. 누가 동이고 누가 정인고?
아난이 말하대. 불수가, 부주才二丁, 아의 견성은, 오히려 무유정才니 (없고 있는 고요의 사이재니), 누구를 무주七口(머무르지 않는다칠하릿고).
불님이 말했다. 여시 하니라. {此六麁結大文}

추혹은 경계에 따라서 기멸하는 고로, 불수를 대심지경에 비유로 깨쳤다 하二니다. {對心之境者對真心生滅之境也 生滅客芒麁惑}
처음에 개합을 물어사, 요동하는 진(티끌)을 밝힘二고, 다음에 동정을 물어사, 명부주지객(머무르지 않는 객을 밝힌 것이다 < 밝지 않으면 머무르는 객이다 = 어두우면 숙박함이 객이다 吏讀 千明) 하二니, 개재경(다 경계가 있다)하여, 부재土 심十人 고又(흙에 있지 않는 심인 열 사람이기 때문에), 왈 성이 비개木 합木이고(성이 아님이 열고 닫힘이고), 성이(2 無静位무정위 고요하고 잠잠하여 깨끗한 자리가 없다 < 1 무정주無静住 없음이 고요하게 산다) 하니다.
{即身示細者而客塵俱爲細也} 95

二. 즉신시세(곧 몸細相의 미세한 상을 보이심)

여래가 이에, 종륜장중에(손바닥가운데 도는 륜을 따라), 一보광을 날리사, 아난의 우측에 있게ソ二大, 곧즉시, 아난이, 회수우혜(머리를 우측으로

돌려 흘겨보)거늘, 또 방一광을 날리사, 아난의 좌측에 있게ソ二大,
아난이 또 칙즉 회수좌혜(머리를 좌측으로 돌려 흘겨보)거늘,
불고 아난하사. 너의 머리가 금일에, 어떤 원인으로 요동하는口?
아난이 말하대, 아가, 본 여래가, 묘보광을 출하사, 아의 좌우에 오는
고로, 좌우又로 觀하여, 머리가, 저절로 요동하느니다.
아난아, 너가, 혜불광하여(불광을 흘겨보아), 좌우로 머리가 동하느니,
너의 머리가, 동하느뉴? 다시 견이라 하는 것이, 동하느뉴?

{亦應添一同日誰住誰不住呈(정現客義今略之}

{對性之相者對真性細惑之相也此中取通喩之意故於麁細中皆明客塵也}

세존하, 아의 머리가, 제스스로 움직일才了, 아의 견성은, 상 무유지
(오히려 없고 있음이 멈추어 가마니)去니, 누가 요동이리七口칠하리고.
불님이 말했다. 여시 하니라. {此三細或結}

세혹은, 여신과 구 생(너의 몸과 함께다 생긴) 고로, 곧즉, 아난이면
(싹이 어렵게 나면) 기두(자기 머리라<머리를 든다 吏讀)하사, 비유하면
대성지상야(성의 상과 마주한다)ソ二니다. 역시 요동하는 진과 부주지객
(머무르지 않는 손님)을 밝힘이니, 개재상ソ口(다 상에 있다하고), 96
부재성인(성에 있는것이 아닌<아님이 성에 있는), 고로 왈 성이
무유지 本(본래 가만히 있는 것이 아니니<없고 있고 가마니가 본)
이니, 수위요동이리七口(누가 흔들어서 칠하겠읍니까) 하니.
不問(불문) 부주자는(머무르지 않는 놈을 묻지 않은 것은<아님이
머무르지 않는 놈을 물은 것은 = {佛門(불문) 부주자는(불이 문에
머무르지 않는 것은) 吏讀 千明}), 섭전고로 약지 ソ二니다(앞에서 밝은
고로 생략한다<신고=태우고 지나가나 섭이 앞에 있기 때문에 불이 다
탈동안 약탈하고 머무르는 둘이라 하니다 吏讀 千明).

四. 결책경중(결론으로 책하여 대중을 경계함)

어시, 여래가, 보고 대중하사, 만약 다시 중생이, 이요동자(요동하는 놈)으로, 명지 진(티끌이라 이름)하고, 이부주자(머무르지 않는 놈)으로, 명 지 위객(객이라 이름)하大, 너가, 아난을 觀하니, 머리가, 스스로 동요할새, 견은 무소동하구(견보는것은 움직인 바가 없고<없음이 움직이는 것이고), 또 너가 我를 觀한 손이 스스로 개합하거정, 견무서권하니(봄은 펴고 말림이 없으니), 운하 너가 지금, 동움직임을 몸이라하고, 동움직임을 경계라하여, 종시자종하면(끝나면 시작하고 끝남에 이르러면), 념념생멸하여, 유실진성하여(참성을 잃어서), 전도행사(전도된 일을 행)하여, 성심(성인 심)을 실진하고(참을 잃고), 인물 위기(물을 인정하여 자기라)하여, 이렇게 윤회하는 중에 자취유전(스스로 흘러 구르는 것을 취)하느니.

{普幻 云 但以衆生 認着根境 搖動之妄 迷失本性
寂常之真故 以佛乎開合 令悟 搖動在境 不在於心
又令頭動 覺搖動 在根 不在於性 然後分境 揀之語爲淨
以驚責曰 云何汝今 以動爲身 以動爲境
從始自 終念 ~~ 生滅責 凡夫也
遣失真性 顚到行事 責二乘也 性心失真 認物爲己 乃結也
보환 운 단이중생 인착근경 요동지망 미실본성
적상지진고 이불호 개합령오 요동재경 부재어심
우령두동각요동재근부재어성 연후분 경간지어위정
이경책왈운하여금 이동위신이동위경
종시자 종념 ~~ 생멸 책 범부야
견실진성 전도행사 책 二乘야 성심실진 인물위기 내결야}

아난으로 인하사, 이고중(대중에게 알리사), 책기인객진하고 유자성야(그 객진을 인정하고 자성을 잃은것을 꾸짖은 것이다)하리다. 97

전에 독명심하二口(앞에 단지 심만 밝혔고), 차겸명경하二니(여기서는 겸하여 경계를 밝혔으니), 심 경 萬법이, 개유본적지체하니(다 본래 고요한 체가 있으니), 자본人지외 개위 객진又土(자기의 근본의 외밖는 다 객진인 흙)이라도, 여수지개합하고(손의 개합과 같고), 머리가 요동하니다. 급기지야(미치어 그 머무른다). 본체가 자적(본래 체가 제가 고요)하여, 타무소유하면(다른 있는 곳것이 없으면), 칙즉 범제망동(무릇 모든 망령의 움직임)乙, 본불가득才乙(본래 얻을 수 없는 사이를), 이여중생(너라는 중생)이, 이동으로 위신하고(움직임으로 몸이라 하고), 이동으로 위경 하느니(움직임으로 경계라 하느니), 시도인객진ソ口(이것이 모두 다 객진을 인정하는 것이고), 유실진성하여(참성을 잃어버리고), 전도人 행사이七(전도된 사람이 칠하는 일을 하여), 차윤회유전지소야(이것이 윤회의 흐름에 구름을 부르는 것이라).

언시중(이말씀중)에, 자취자는(스스로 취한다는 놈은), 진성지중에 본무류동去乙(참성중에 본래 흘러움직임이 없거늘), 함기자취이(다 스스로 취한다) 하二니. 욕기 곧즉 미처 이오야 二니다(그를 바람이 곧처에 미혹하여 둘을 깨닫는 것이오 *미처 있는 것이오 吏讀).

희(한숨)란, 군미(미혹의 무리)가, 본어애염(본래 물듦을 좋아)하고, 인우심목(심과 눈으로 인)하여, 수축객진하여 (객진을 좇아 따라서), 자취유전이 구의니 (스스로 흘러 구름을 취함이 오래됨이니), 진자又 선구하여(참자비로 잘 구하여), 종횡격발이 亦지의才二乙(종횡으로 격발하여 겨드랑이 사이를 도달해 이을 사이거늘), 幾能 即迷處而悟而哉이才了기능즉미처 이오재이才了 (얼마나 미처야 깨달어지료<거의 미쳐 깨닫지 못할 수 있다 吏讀). {夢中於明了 悟然后未了 千明} 98

대불정여래밀인수증료의제보살만행수능엄경

卷第一

大佛頂如来密因修證了義諸菩薩萬行首楞嚴經

卷苐一

範音范法也規模曰範屬音燭會也欽袪音反敬也內曰恭外曰敬諱許貴反誋也生曰名死曰諱掖夷益反宮
掖宮旁舍也一曰門旁小門也羞音修膳也致滋味爲羞又食也佇丈呂反久立也遑音皇暇也不遑暇食循音旬循亦沿也又循
次序皃隍音皇城池也有水曰池無水曰隍城復于隍整之郢反齊也又飾也趺風無反足也正作跗奬子兩反勸也率
勵也縱臾之也腥音星犬豕肉臭也臊蘇曹反犬豕膏臭也遘居候反猶結構也理當相對研倪堅反窮究也牖音酉
穿壁以木爲交窓也古者一室一戶一牕摶徒官反以手圜之也竅詰弔反空也挃陟栗反肢章移反四肢也暢於四支
與支通翹祈堯反企也矍居縛反左右驚顧皃咄當沒反呵也悋良刃切鄙也又慳也揣楚委切量也度高下曰揣

赩迄力切大赤也 俶昌六切始也令終有俶 裝音莊裹也又齎也 攸夷周反所也 暘音楊 隙乞逆反壁際孔也若白駒過隙 盼匹莧切目好流視皃盻下礼反恨視也使民盻盻然是也眄莫見切隸省作眄皆衺視也眄睞以適意也盖此三字筆畫相近易於殽亂令經雖無有然學者亦不可不知故併及焉

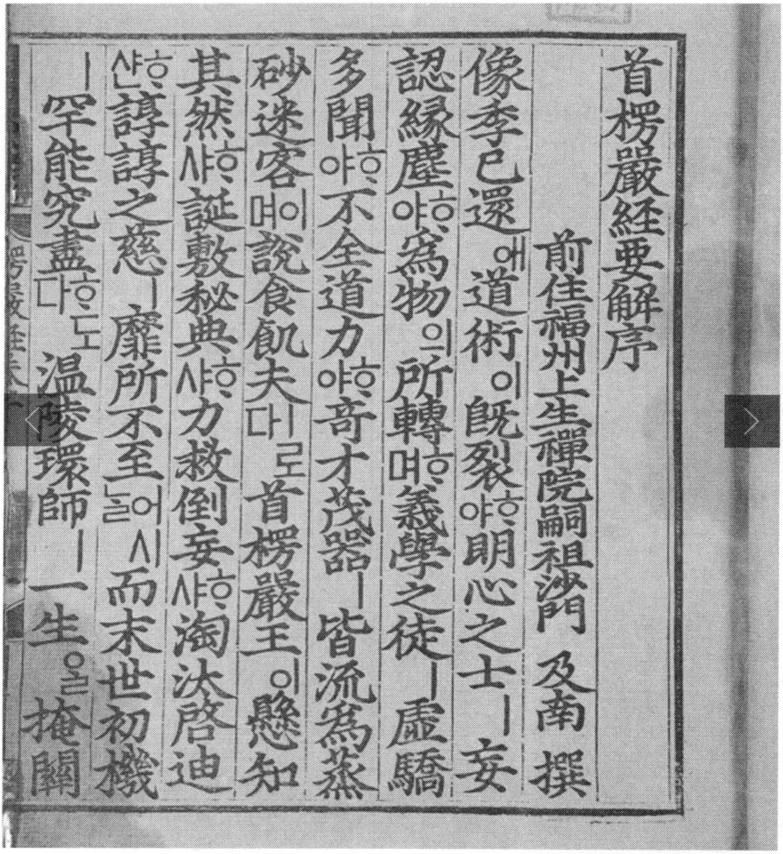
首楞嚴經要解序
前住福州上生禪院嗣祖沙門 及南 撰
像季已還예 道術이 旣裂ᄒᆞ야 明心之士ㅣ 妄
認緣塵ᄒᆞ야 爲物의 所轉ᄒᆞ며 義學之徒ㅣ 虛驕
多聞ᄒᆞ야 不全道力ᄒᆞ야 奇才茂器ㅣ 皆流爲蒸
砂迷客ᄒᆞ며 說食飢夫다ㅣ로 首楞嚴王이 懸知
其然ᄒᆞ샤 誕敷秘典ᄒᆞ샤 力救倒妄ᄒᆞ샤 淘汰啓迪
ᄒᆞ샨 諄諄之慈ㅣ 靡所不至어시ᄂᆞᆯ 而末世初機
ㅣ 罕能究盡다ᄒᆞ도 溫陵環師ㅣ 一生ᄋᆞᆯ 掩關

국보 제212호 대불정여래밀인수증요의제보살만행수능엄경(언해)(2014년 국보 동산 앱사진)

국보 212 호

首楞嚴經要解序

前住福州上生禪院嗣祖沙門 及南 撰

[illegible]遂道術既裂明心之士妄認緣塵爲物所轉義學之徒虛驕多聞不全道力奇才茂器皆流爲蒸砂之說客食飢夫首楞嚴王懸知其然誕敷秘典力救倒妄淘汰啓迪諄諄之慈靡所不至而末世初禪罕能究盡溫陵環師一生掩關與世異好獨陪黃卷聖賢冥搜博訪藉其筌筏以採如來藏海徧知海而

8

二 智惠 부분 8

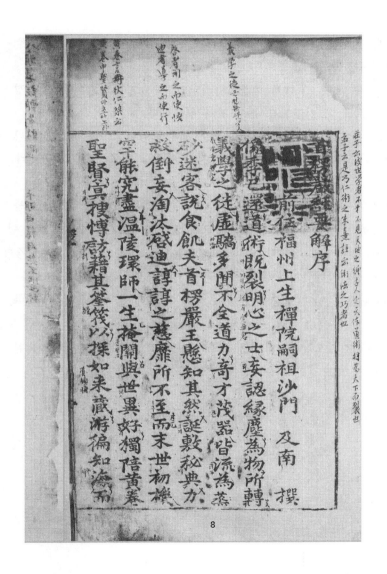

좌는 간경도감에서 바라밀제가 역한 대불정을 1462 년에 간행한
간경도감 본이며,
우는 본 疎한 二 智惠 대불정여래밀인수증료의제보살만행수능엄경
의 8 쪽으로, 간경도감 본 이전의 원본이다.
좌의 간경도감본은 구결을 한글말로 하여 이미 그 본 의를 잃었다
하리다. 우의 원래 본 을 봄으로서만 불의 의미를 알 수 있음이라.

많은 사람들이 중국을 가서 경을 공부 하였다 하나 중국의 선사들
이라하는 이들이 구결을 없애었으니 불의 참의를 알 수 는 없었 던
거라. 신라왕자 김교각이 지장보살이 된 것도 산스크리트로 된 경이
바로 신라말이었기애 해하여 증득할 수 있었기 때문이며, 원효가
해골解首로 인해 도중에 돌아 온것도 그를 풀었기 때문이었으리다.

다행히 간경도감 본 이전의 원본이 아도 모르게 여래하여 여시 된
것은 참으로 석존의 은혜라 아니할 수 없으리로다.

오호 불이 칠한 팔을 깨침이니 오매불망 불혜로다.

2023. 1. 25. 巳時

千 明

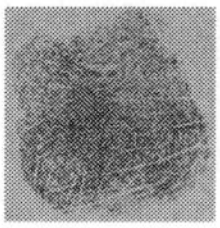

대불정여래밀인수증료의제보살만행수능엄경

卷第二　　　　　　　　　　　　온능개원연사비구　　계환 해

二. 발명각성직사조오(각성을 밝히사 곧바로 깨닫게 함) 三

初. 경가서의(경집의 뜻을 펼침)

너들 때에, 아난과 모든 대중들이, 문불시회하旧巴口(부처님이 보이신 가르침을 듣구파고), 몸과 마음은 태연하나, 념무시래함이(한없이 먼 과거로부터 온것을 느낌이), 실각본人 심하呂(본사람의 마음을 잃어서), 망인 연진 분별 영사(망령되게 인정하여 티끌을 연해 영화의 그림자 같은 일만 분별)하리니, 금일才(지금해 사이에) 개오하未, 마치 잃어버린 유아가 홀연히 자모를 만난것 같아서, 합장예불하四아, 여래께 듣기를 원하니, 신심에 나타나는, 진-망(참과 허망) 허-실과, 현-전(앞에 나타난) 생-멸과 불 생-멸하사 二(두)가지 발-명 성(밝혀 주신다)하끼니.

서중심이 감오하여(펼친 무리의 마음이 깊이느껴 깨달아서), 불이七칠해 밝혀 주시기를 기대하여바람을 서술한 것이다. 앞에서 책(꾸짖음)하사. 동(움직임)으로 몸이라하고, 동으로 경계라 하二니, 칙즉 몸과 심의 102 진망을 아직은 허실로 변별하거나 꾸짖지 못하사, 념념히(느낄 때마다) 생멸하여, 진성을 잃어버리니, 칙즉 불생멸자를 역시 아직은 변별할 수 없는 고로, 二(두가지) 뜻을 나타내 주시기를 서기발명야(밝혀주시기를 바랬다) 하니다.

{뮬질로 뒤덮인 속세는 불이 타서 재가 되어야 토가 드러난다 千明}

二. 문답 발명 十一

初. 즉신변이 명불생멸(몸은 변이하나 생멸이 아님을 밝힘) 二

初. 닉왕 청문

그 때, 파사닉왕이, 기립 백불하고, 아는 옛날에, 모든 부처님의 회칙을 받들지는 못ソ士二乙只나, 가전연과 비라지자를 보니見, 함언(다 말하기를), 이 몸은, 사후에 단멸乎未 명 열반이라하刀니, 아가 비록 불을 만났ソ士午乃, 지금 오히려 호의(여우같은 의혹)ソ又니 같더니, 어떻게 발휘하여야, 이 심이 불생멸지를 알아 증하리七口칠할고, 지금 이 대중과 모든 유루자刀 함개(함께) 원문하나이다. {匿王第四地和悅菩薩}

{狐(호) 여위니 그性(성)이 의심하니라. 發揮내야현이라.}

신심의 불생멸지를 밝혀주시기를 바라서(욕), 닉왕으로 인하여, 발기한 것(자)은, 불생멸성은, 재전 개구 이 세-속(얽힘은 세상의 속인에게는 다 갖추고 있으나), 단 물질의 변화에 따른다ソ乙士丨할새, 수거지귀(비록 귀함이 극에 이르도록 살아)하여刀, 종종변멸(변화를 따라서 마침내 멸)하거늘, 승부자지(일찍이 스스로 알지 못해 < 거듭된것을 스스로 알지 못)하二니. 칙즉 닉왕의 발기는, 다 경계하는 바가 있다하사. 가전연과 비라지자는 집단견하는외도야(단{끊음}에 집착함을 보이는 밖의 길이다) 라.

二. 불여발명(불이 밝힘을 주심) 二

初. 문답변환(문답으로 환을 변별함)

불고 대왕하사, 여시 너의 몸이, 七한것이 나타나 있으나, 지금 다시 너에게 물으니, 너의 이 육신은 금강과 같다하여 상주불후(항상 썩지않고 머무르느냐)? 위복변괴(다시 변하여 붕괴되느냐)?
세존下, 아의 지금 이 몸은 종종변멸하리라(변화를 따라 마침내 없어지리이다).

세간은 실로 위취(위태하고 연약)하여, 무뢰강자(굳어 강한 것은 없다) 하니다.

104

불언하사, 대왕아, 너는 미승멸하여立(멸하여 승해 거듭나서보지 않고), 운하지멸하느니(어찌 멸을 안다 하는가)?
세존下, 아의 이 무상하여 변괴하는 몸은, 비록 미승멸하나, 아가 앞에 나타나는 것을 觀해, 념념천사하여(느낌 느낌 변천하여 시들어서), 신신부주(새록새록 살지 않)乎未, 여화성재土七하여(마치 불이 재를 이루어 칠함과 같아서), 점점 소운하여(사라져 죽을운이어서), 운망(죽어서 없어져) 불식하니(쉬지 않을 것이니 < 죽은상태 그대로일 것이니), 결지차신(결론으로 이곳것을 아는 몸)이, 당종멸진하러이다(당연 멸을 따라 없어질 것입니다).

여양이 입도사하여(마치 양이 도살장에 들어가서), 보보이 추사지土七하니다(걸음걸음 사지로 재촉하여 칠하는 같다 하니다).

{土는 선비저승사자 土는 흙으로 七은 투명하게칠해 사라지게 함이라 千明}

불언하사, 여시(그러)하니다. 대왕이여, 너가 지금, 생령이(산 나이가), 이종쇠노하니(쇠하여 늙어지니), 안모(얼굴모습)가, 하 여 동자지시午 (어찌 동자 때와 같으리오).

세존하, 아가, 석(예날) 해유(어린아이 젖먹이)땐, 부주(살갗과 살결)가 윤택하고, 년지장성(나이가 장성에 이르렀을 때)은, 혈기충만하ㅅ니, 지금에는 퇴령하여, 박어쇠모(핍박하여 쇠한 늙은이)하니, 형색이 고췌(마르고 파리)하여, 정신이 혼미하여, 발백면추(백발에 얼굴은 주름)하여, 체장불구(지팡이로도 오래 못하)거니, 여하 견비충성지시 하리七口(어찌 충만 왕성 할 때를 칠해 비교해 보리잇고).

105

장색(장성할 때의 색)이, 부정하여(머무르지 않아서), 유여분마(오히려 달리는 말과 같은) 고로, 불가비야(비교할 수 없다). 해(어린아이)는 재성해자(겨우 뼈만 이룬놈)이니, 유七 수인 이양자 (젖을 주는 사람이 유모가 칠해 길러야 할 놈)이라. 피표는 왈 부(피부)午. 문리(글의 이치)는 왈 주(살결)라, 되(기움)는 여일되(해가 기우는 것 같)으니, 만모(늦은 저녁, 늙어막)이라.

불언, 대왕아, 너의 형용(형태와 용모)이, 불돈후(갑자기 기운것은 아니)니다.

왕언하대, 세존下, 변화는 밀이(세밀하게 이동)하거정, 아성불각(아는 진실로 깨닫지 못)하니, 한서(추위와 더위)가 천류하여, 점지어차 (점차 이렇게 이르게)되었읍니다. 하이고(어찌 그런고 하니), 아의 나이가, 二十은 비록 호년소이乃(나이 작다고 불렀으나), 안모(얼굴모습)가 이미 초十세 때 보다는 늙었고(노), 三十살 때는 또

二十보다는 쇠하여, 지금 六十이오, 또 二가 지났으니(과), 五十쉰 때 볼(觀)컨대, 완연 강장(강한 장사) 할새, 세존하, 아견밀이하야(아 가 세밀히 변이하는 것을 보아서), 수차운락 하나(비록 이같이 죽을운 으로 떨어졌으나), 기간류역(그 사이에 흐르는 易변화)을, 차한十년 (또 십년을 한)했으나, 만약 다시 아로 하여금 미세하게 사유하게 하면, 그 변화가 어찌 오직 一기 二기 하릿고, 실은 해마다 변하였고, 106 어찌 오직 년의 변화 뿐이리잇고, 역시 월변화도 겸했고, 어찌 오직 월 변화릿고, 겸 또 일 변천 하리니, 심사체觀하대, 찰나찰나 념념지간에 부득정주(머물러 삶을 얻지 못)할새, 고로, 아의 몸이, 마침내 변하여 멸할 것을 아는 것입니다.

세觀환리(허깨비같이 변하는 이치를 觀)하去大, 암촉질경하여(어둠을 재촉하여 다시 번갈아 들어서), 취추어진야(달리고 달아나서 다한다) 이又러이. 둘을 지나면 육십이라 이르니, 차한 十년이 관용의 수又로, 조잡하게 觀함이라, 스스로 재촉하여 세觀去大컨대, 실념념부정土의又 (실로 념념히 아니 머무르는 흙이) 로이다.

二. 즉환명진(곧 환으로 진을 밝힘)

불고하사. 대왕아, 너가 변화를 보아서, 천개부정ソ口(옮기고 고쳐짐이 머무르지 않는다 하고), 너가 멸하는 것을 안다하느니. 역시 멸시에, 몸중에 불멸이 있다는 것을 아느뇨?
파사닉왕이 합장백불하대, 아는, 실부지하러이다(실로 알지 못하나이다).

불언하사, 아가 지금 너에게 불생멸성을 보이겠느니(시), 대왕下, 너 년 기시에(너의 나이 몇살에), 항하수를 보았느냐?
왕언, 아, 생 三세에, 자모가, 휴아(나를 데리고), 기파천을 뵈러(알), 경과차류(이흐름을 경과)하니, 이 때, 곧즉 이항하수를 알았읍니다.
불언하사, 대왕아, 여여서설(너가 말한바와같이), 二十지시에는 十세보다 쇠하고, 내지 六十이면. 일월세시로, 념념하여, 변천하니, 칙즉 여너가, 三세에, 견차하시(이강을 보았을 때)와 지년十三에, 그 수(물)가 운하하入了(어떻습니까요)?
왕언, 三세시와 같아서(여), 완연 무이(다른것이 없읍니다)하고. 내지 우금년 六十二에도, 역무유이하이다(다름이 있을리 없다하이다).

유년 장년 노년 기(늙은이)가, 종종 변이하나, 이견(보는것)은, 무유이하니(없음이 다름이 있으니), 차 이것은, 곧즉 생멸중에, 불생멸자 라.
기파는 차운(이는 말하건데), 장수긴수명 천신이니, 휴자알지音쒸 구장수야(아들을 데리고 뵈음으로 장수를 구함이라). 108

불언하사, 너가 지금, 자 상 발백 면추(스스로 백발과 얼굴의 추함을 슬퍼) 하느니, 그 면(얼굴)은, 필정추어동년(반드시 어린 시절 보다는 추해졌) 거니와, 칙즉 너가, 금시 觀차항하(오늘 이항하를 觀한 것)과, 여함께 석 동시에 觀하지견(옛날 아동 때 항하를 觀했던 견봄)과는, 유 동 기(어리고 늙음이 있느)냐? 불(아니)냐?
왕언, 불야(없습니다). 세존하.
불언하사, 대왕아, 여네 면얼굴이 수비록 추하나, 이차견정은 성이(이 보는 정기는 본래성이), 미승추(거듭해도 조금도 주름지지 아니)하니. 추자위변하才(주름이란 놈이 변하는 사이)니와, 불추는 비변(주름이 아닌 것은 변하지 않음)이라. 변자수멸(변하는 놈은 멸을 받)거니와, 피불변자(저 변하지 않는 놈)는, 원무생멸(원來 생멸이 없다)하니, 운하 어중에, 수 여 생사하여立(너가 생사를 받았으리). 이유 인 피 말가리등(오히려 저 말가리 들을 인용)하여, 도언(모두들 말)하대, 차신이 사후에 전멸(이 몸이 죽은후에 완전 없어진다)하느냐.

기즉 무생사 할새(이미 나고 죽음이 없을새, 곧즉 너는, 진상(참으로 항상)이니, 불응혹피단멸이론야 니다(응당 저 끊어져 멸한다는 이론에 의혹당하지 마라니다). 말가리는 곧즉 가전비라지도(가전비라의 무리)다.

109

왕 문시언하士口(이말을 들으시고), 신지 신후에 사생 취생하여(몸이 죽은 뒤에 생을 버리고 생을 취함을 알고 믿어서), 여제대중과(모든 대중과 함께), 용약환희하여 득미증유 하사라.

기이미 몽발명하사아(꿈같은 몽롱한 어리석음을 밝혀줌을 입어 받았사아), 돈오진상하여(참되고 항상함을 단박에 깨달아서), 불집단멸야(끊어져 없어짐에 집착하지 않더라) 하니다.

二. 의수정도명무유실(손을 바르고 거꾸로하여 무유실을 밝힘) 二

初. 아난청문

아난이, 즉종좌기하여, 예불합장하여, 장궤백불하고, 세존하, 차견문은 (이 봄과 들음은), 필불생멸(반드시 생멸하지 않음)이大, 운하 세존이,

명 아등배(우리)乙, 유실진성(참성을 잃어버리)고, 전도행사 ソ二니七口
(뒤바뀐 거꾸로 행을 둘에 칠해 일삼을 사이라하는고)? 원여자비하사
세아진구하小立소서(원컨대 자비를 주사 아의 티끌과 때를 씻게 하소서).

110

왕을 원인하여 문답하여, 반(도로) 의혹의 티끌(의진)이 (동)일어나서,
(위)이른 것이대. 성이, 유생멸이大(생멸이 있으대), 가설유실才니와
(잃었다고 말할 수 있을 사이)니와, 이미 무생멸이大, 운하 능유하리午
(어찌 잃을 수 있으리오 < 유전할 수 있다 하리오) 하니다.

二. 불여개시(부처님이 열어서 보여주심) 二

初. 비류(비슷한 종류)

그 때, 여래가, 수금색비하사(금색 팔을 드리우사), 륜수하지(지문이
보이게 손을 아래로 가리켜)하사, 시 아난 언(보이며 아난에게 말)하사.
너가 지금, 견 아 모다라수(아의 모다라수를 보)라, 위정(바로)이냐?
위도(거꾸로)냐?
아난이 말하대. 세간중생이, 차이를 위 도커건(이것이 거꾸로라) 하나,
이아 부지수정수도(아로서는 누가 바르고 누가 거꾸론지 알지못합니다).

이는 명 제불木 중생木이, 동一체성하여 고무유실去乙(하나의 체라는
성은 똑같아서 고정으로 갖고있던것을 잃어버림이 없는것을 밝힐새),
특의도견(오직 거꾸로 보는데 의지)하여, 언유실야(유실이라 말했다).
여 비 순수乎未 위정才乙(팔을 순하게 드리운 것과 같음이 바로라 할사이

를), 반이위도(도리어 거꾸로라) 하고, 역수이未 위도才乙 반이위정士七 (역으로 세운것이 거꾸로인 사이를 도리어 바르다 칠)하니, 시 실진야 (이것은 참을 잃은 것이라). 자본觀지 ソ去大(근본으로부터 觀하건대), 초무유실하고(잠깐도 잃은 것이 없고), 초무 정-도 고又(잠깐도 바름과 거꾸로가 없기 때문으로), 111

왈 수정 수도(누가 바르고 누가 거꾸로냐) 라 말하니라. 모다라는 운인수(손도장)이니, 곧즉 三十二 상지 一(三十二상의 하나) 다.

불고아난하사, 만약 세간 사람이, 이차 위도(이것으로 거꾸로라) 이大, 곧즉 세간 사람은, 장하위정口(어느것을 가지고 바르다 하는고)? 아난이 말하대. 여래가 수비(팔을 세워)하여, 도라금수가, 상지어공(위의 공을 가리키)二면, 칙즉 명위정하느니(바로라 이름 하겠읍니다). 불 곧즉 수비ソ二口(팔을 세우고), 고 아난하사 약차 전도(만약 이것이 전도)면, 수미 상환(머리와 꼬리를 서로 바꿈)이니, 모든 세간인이 一배첨시(한가지를 곱으로 보는것을 본다 = 또 거꾸로 본다)하느니라.

{見無倒中倒故倍云}

이수로 위정(세운것으로 바르다)하니, 진人 전도야(참사람이 엎어 거꾸로라). 그러나, 이 전도는 단 이 수미를 상환(서로 바꿈)이니, 자根근본하여 觀지(근본으로부터 觀)하건대, 초무유실거늘(조금도 잃어버리고 남음이 없거늘<조금도 잃어버리지 않았거늘), 이 세인이 一齊(하나를 나란히)하고, 배가담시하여(곱절로 배로 더하여 본것을 휘둘러 보고서), 강생분별하느니(우겨서 분별하려고 해대니), 족견기망야(충분히 그 망령함을 보리라).

칙즉 지(알아야할 것은) 여신(너의 몸)을, 제여래 청정 법신과 함께 비류발명(비슷한 종류를 밝혀보)건大, 여래지신은 명 정편지 午, 여등지신은 호하여 성이 전도니다(성전도라 부르니다).

비체는 본一才乙(팔과 몸은<체를 비유하면 吏讀 본래 하나의 사이일새), 유정집(정으로 말미암아 집착)하여, 망변(망령을 변설)하구, 법신이 본동이才乙(본래 똑 같은 사이일새), 유정도(바르고 거꾸로로 말미암아) 하여, 성이(다름을 이루었다)하니느다. 만약 부망정집하고(범부가 정에 집착함을 잊고), 유 정도하면(바르고 거꾸로를 잊으면), 칙즉 비체는 자여(팔 과 몸 은 자기가 그러)하고, 법신이 불二의(법신이 둘이 아니라) 리다.

二. 원미(근원이 미함)

수여체관(따라서 너는 세밀히 觀)하라. 너의 몸과 불신에, 칭전도자 (전도라 일컫는 놈)는, 명자하처하여(어느곳을 이름과 글자를 지어서), 호위전도(전도 되었다 부르)리午!
우시에(이때부터), 아난과, 모든 대중들이 함께, 등몽담불하사아 (바라보기 아득한 불을 바라보사), 목청이 불순 하여(눈동자가 조금도 깜빡이지 않아서), 부지신심의 전도소재ソㅅ니(알지 못하는 신심의 전도된 곳것에 들었다 하니). {然不知 三大衆ソ旧然}

{普幻云隨汝諦觀汝身 보환이 이르기를 너를따라 너의몸을 체관하고
佛身稱顚倒者意之推 불신은 칭 전도자의 의미를 추심하네
然佛身名正遍知汝等 그러나 불신은 정편지요 너희들의 몸은
之身號性顚倒若隨順 전도의 성이라 부르네 만약 너의 전도심을

汝顚倒心觀非旦汝身	따라 다만 네몸의 전도뿐만 아니라 전도를	
顚倒佛身乘顚倒	탄 불신도 觀한다면 유루로서 변하여	
以有漏識所變起	일어나는 곳을 알 수 있는 고로	
故 興稱顚倒也	전도라하는 것이 일어나느니라}	113

장여원궁 전도지본(장차 전도의 본래의 근원을 推尋하고 궁구하여),
서기반오オ二乙(되돌려 깨닫을 사이로 잇기를 바랬거늘), 이대중이,
미몽하여, 부지소재(있는 곳을 알지 못한다) 라.

불여자비하사(불님이 자비를 일으키시사), 아난과 모든 대중을
애민하시사, 해조음을 발하사 동회(같은 모임)에 두루 고하사대.
모든 선남자야, 아가 항상 말씀으로 설한, 색심제연(물질과 심의 모든
인연) 과 심소사(마음먹은대로 하는것) 과 제소연법(모든 반연되는
현상(법))이 唯心所現유심소현(오직 마음이 나타내는 바)이라하러니,
여신(너의 몸)과 여심(너의 마음)이 다 이 묘명 진정 묘심 중에七하여
소현물이オ乙(나타난 물질이란 것의 사일새), 운하 너희들이 본래 묘한
원묘명심과 보명묘성乙 유실하고, 미혹중에 깨달음을 인정하려하느냐.

시도무별처야 전도를 보임은 특별한 처가 없다 하여
유심소현일새 오직 심이 나타나는 바 것일새
사즉심이오야 심을 시켜서 깨닫게 했다 하二니다
색은 총거오근육진야午 색은 다 오근 육진을 들었다 이오
심은 총거육식팔식야 심은 다 육식 팔식을 들었다 하리니 114
제연은 곧즉 오근 육식 소연제법야 반연하는 제현상들이라
심소사 심의 부림을 당함은 곧즉 선악업행과 정이 작한 사상야 이라
제소연법이 광거널리들어 산하대지 명암색공 진망성상 사정인과하니

실무자체하여 유심소현로서 다 스스로 체가 없어 오직 심에 나타난 것으로
여경중상이 전체시경이니 거울속의 상이 전체가 거울인 것과 같으니
연즉여금환망신심이 개시묘명심경에 심의 거울에 소현 나타나는 바
전체가 이심일새 직불직접아닌 곧즉 환망이환망으로 오묘체묘체를깨닫고
반내유본묘 도리어 근본 묘함을 잃고 이집환망 환망에 집착하느니
시인오중지미 이것이 미혹중에 깨달음을 인정하여
곧즉전도소재야 곧 전도가 있는 곳이라
묘심즉一 묘심은 곧 하나일새
이칭위다이 다 다른놈이라 말함은 의법 법에 의지하여
수용지이야 작용에 따라 다르네.
차명심소현물이 여경 고로 칭묘명진정야 묘하고 밝은 참정이라 하고
우 명미 본축미고 또 밝음을 미혹하여 근본 말(끝)을 따르기 때문에
칭본묘명심야 본래 묘하고 밝은 심 마음이라 이르니라 115
소위본묘자는 본래자묘하여 불가수위야 닦는다고 거짓말 마라
심지여성심은 성과 함께 하니 내 체용으로 호칭야 이에 체와용이라 호칭한다
심즉종묘기명심은묘로부터 밝음을일어키니 원융조료 원만하게녹아 비춤을료달했다
여경지광 마치거울의 빛과 같아서 고로 왈원명묘심이라 한다
성칙즉명이묘 성은 밝음으로 묘하여 응연적심 응겼으나 고요하고 맑음이未
여경지체고 마치 거울의 체와같기 때문애 왈보명성성 이루었다 하二니다

晦昧(회매)(해뜰때나 해질때나 能變無明무명을 바꿀 수 있다)하여도,
위공(可變虛空을 따른다) 하여, 공과 회가 암七(어둠)중에, (想澄成國土 생각이 맑아져 국토를 이룬다). 결암하여(국토에서 굳어져서) 위색(물질인 색이 된다)하니, 색이 잡망상하여(물질이 망령된 생각과 섞이어서), 상상(서로知覺乃衆生를 생각)하므로, 위신하여(몸이 되어서計名),

취연이 내로 요하口(모여진 인연이 안으로 흔들리고), 취외하여(외를 취하려고 하여), 분일하리니(바쁘게 쫓아다니리니), 요요상乙 이위심성하니(서로 돌고도는 상을 심성이라하니), 一미위심(하나의 미혹을 심이라) 하거니, 결정혹위색신지내ソ口(맺혀 굳어진 의혹을 물질의 몸인 안이라 하고), 부지색신(색신을 알지못함)과, 외계 산 하(외로 스며든 산과 바다와), 허공 대지라 하여, 함시명진심중물이라(다함께 이 묘명진심중의 물질을 이룬다)하느니, 비 여청정하여(비유하면 청정함으로서), 百千대해를 기지ソ口(百千대해를 포기하고), 유인一부구체(오직 한방울 떠있는 물거품의 몸체만 인정)하고, 116 목위전조(보이는 것을 전체 바다물 이라)하고, 궁진영발 土七하니(모든넓은 바다를 궁구를 다한 거라 훑칠하니), 너희들이 곧즉 이 미혹 중에 배를 더한 사람일새, 마치 아가 수수로(손을 드리어), 등무차별하니(가지가지에 차별이 없음과 같으니), 여래가 설하기를 가련민자라 하니라.

정원미도지유야(바른 근원을 전도로 말미암아 미혹한 것이라)ソ二니다. 원묘명심은 본래 공색이 아니다(비). 완전한 하나의 진각일 뿐이거늘, 망진으로 말미암아, 별기(반짝별이 일어나듯 갑자기)하여, 成晦昧相(성회매상<성매매상)하여(성을 서로 사고팔듯암수가 서로를 이루어서), 어시전각체하여(이것이 각체로 전환하여), 위완공(芎 sex)완고한 허공이라)하구, 晦(회)묘명(숫놈은 묘하게 밝혀, 밝히니) 위망색(망령된 색이라하니, 망령되이 암놈을 밝히니), 공색기립하니(암수가 서니 intercorse), 상상(생각의 상이 서로 생각)하여, 경생하고(경쟁이 생기고), 색상이 잡화하여(색을 생각함이 잡다하게 섞여서), 축 위 신상하여(마침내 몸이라 하는 상<서로라 하는 몸이되어서), 망유연기

(망령에 있는 인연이라는 기)가, 어중에 적취하여(가운데 쌓이고 모아져), 내수상 요탕외(안으로 생각에 따라 방탕하게 요분질)하고, 외칙축경 분일하니(밖으로 경계를 따라 분주하게 돌아다니니), 차 특 잡망연진 혼 요 지상(이것이 오직 망령된 인연의 티끌이 섞여 어둠속에서 시끄럽게 요동치는 서로의 모양)일새, 이인 이위자 심체성 하느니(사람이 자기라 하여 심과 체라는 성이 되느니), 득비미재아(어찌 미혹을 얻지 않겠는가)! 기一미 차 칙즉 결정이심(이미 하나의 미혹인 이것이 즉 맺혀 굳어짐이 심)으로, 117
위재 환질 지내 ソ口(허깨비같은 성질이 있는곳을 안이라 하고), 승 부지 묘하여 명 진-심(승쌓임을 알지못하는 묘한 참마음을 밝힘)이, 범위천지하고(천지를 애워싸고), 포탄 萬-상 하거늘(萬상을 삼켜 싸고 있거늘), 내 인 지어 촬-이 신중(이에 너의 아주작은 모양을 너의 몸속이라 인정) 하느니, 하 이 기 피 무변 찰해(어찌 저 경계없는 육지와 바다를 버린것과 다르지 않겠는가)하고, 一부구하여 이위전조지체(한방울 떠다니는 물거품으로서 전체 바닷물의 몸체)와 명발지량(아득한 바다 물의 량)이라 하니, {別識 緣攀了刹 반연한 찰해를 료달했다 구별인식하여}, 곧즉 이정위도야(곧 바름을 거꾸로라)하여, 一배 담시지인고(한배나 더 보는 사람이 되기 때문으로), 인수수지사하사 결지하리니(손을 드리운 일을 인용하사 매듭 지으리니), 명이이정위도야(바름을 거꾸로라 하는 것을 밝히셨다) 하니다.

{회매 색공을 비유로 미혹으로 전도된 人(사람)이 됨을 밝힘 千明}

三. 변척연영와별혼의 二

(반연의 그림자를 배척해 혼탁한 의심을 가려내어 분별함을 변설함)

初. 청문혼의(혼탁한 의심을 청하여 물음)

아난이 승불자구심회하사아(불의 깊은 가르침으로 구해주는 자비를 받들어사), 수읍차수하여(손을 깍지끼고 눈물을 흘리며), 이백불언하대, 아가, 비록 승불匕의 여시묘음하사아(불이 칠한 이와 같은 묘한 소리를 받들어 타사), 오 묘명심이 원 소원만한 상주 심지하나(묘명심이 원래 원만한 것이 심의 땅에 항상 머무름을 깨달으나), 이 아가 오 불匕현설 법음刀(아가 불이 칠한 현재 설하시는 법음을 깨달음도), 현이연심하고 (반연심으로 나타나는 것이고), 윤소담앙(진실로 우르러보는 것)刀, 도획차심(오직 이 심으로 획득한 것)이니, 미감인 위 본人 원根 118 심지하러니(아직은 본래 사람의 원래 뿌리가 마음이란 땅이라는 것을 감히 인정하지 못하겠으니), 원하옵기는 佛이 애민하사, 선시원음하사 (원음을 베풀어 보여주시사), 발아의근하사(아의 의심의 뿌리를 뽑아주시사<뿌리에 싹 나게 하사 吏讀), 귀무상도去ソ小立(위없는 길로 돌아 가게하소서).

법음을 들음으로 인하여, 깨달은 묘한 밝은 심이, 본래 원편(원만 두루)하여, 了무유실(잃어버림이 없음을 료달)하니, 고로 왈 상주심지 (항상 마음의 땅에 머무른다 말)한다. 연이나 정이 유초망(그러나 정이 오히려 거친족두리풀처럼 어리석고아둔) 하여, 견미정명(봄이 아직은 정밀하고 밝지 못)할새, 상 이능문 연심又(오히려 들을 수 있는 반연심으로), 위 소오 본성(깨닫는 것이 본래의 성이라) 하니, 차 고 상 정 의 혼(이것은 고정된 항상한 정의 의혹과 혼란함)이, 근어심하여(심에 뿌리라 하여), 이난 발 자 고(뽑기 어려운 놈것이기 때문)으로, 원 불여발지하니다(불이 뽑아 주시기를 원 하니다).

二. 불여선시(불이 베풀어 보여주심) 二

初. 인연실진(반연을 인정하여 참을 잃음)

불고 아난하사, 여등이, 상이연심(아직도 반연심)으로, 청법하느니, 이 법刀, 역 연 비득 법성(역시 반연이지, 법성을 얻은 것이 아)니다.

인성이유분별자(소리로 인해 분별이 있는 놈)은, 연심耳土位(반연심의 귀란 흙이지), 비심지진야(심의 참이 아니다). 인경이유망견자 119
(경계로 인하여 망령이 있음을 보는 놈)는, 연법耳土位(반연 법이란 귀란 흙이지), 비법지성야(법의 성이 아니다).

여 인이 이수로 지월 시인(마치 사람이 손으로 사람이 달을 가리키는 사람을 보라) 하여刀, 피인이 인지하여 당응 간월才乙(저사람이 가리킴으로 인하여 당연 달을 볼려고 응할새), 약복觀지(만약 다시 가리킴을 觀)하여, 달의 몸체라 하거니, 차인이 개 유 망실 월륜(이사람이 어찌 달의 동그라미만 잃었으)리오. 역망기지 하리니(역시 그 가리킴도 잃었다 하리니). 하이고(왜그런고하니), 이소표지로 위명월고 (손가락으로 표시한 것으로 밝은 달이라 하기 때문)으로, 기유망지 (어찌 가리킨것만 잃어버리)리오. 역복불식土 명지여암(역시 또 어둠과 함께 밝음을 인식하는것도 못)하리니, 하이고, 곧즉 이 지체로 위월명성(곧 이 가리킨 체暗空를 달의 밝은 성이라 한다)하여, 명木 암木 二성이, 무소了고(없는 곳으로 완료 되는 때문)이니, 여역여시하니라(너도 역시 이와 같다 하니라).
{百千如指月文字 人比如來指比敎目 比真理 指人比敎化敎 言真理하사 理 众生心耳敎自可見거니와 心難指能見月하리라}

경계{音과 容}로 인하여, 망을 인정하면{思惟心乙사유심을 부른다하리라}, 칙즉 전전 미연하여(펴고 굴러 반연을 미혹하여), 사사乙 실진야 (일마다 참을 잃는다) 하리다. 120

二. 변연무성(반연은 성이 없음을 변설함)

약이분별 아설 법-음하乎勿又 위여심자대(만약 아의 설을 분별하여 법음 하여 부름으로 너의 심이라는 놈것으로 한다 말한다면), 차심은 자응 리 분별음하고(이 심은 자기가 응당 소리를 분별하여 떨어지고), 유분별성하여刀 하리才入니(분별이 있는 성이라하여도 사이로 들어가리니), {심{마음} 자체가 소리를 분별하는 성이 되어} 비 여 유 객이 기숙여정하여 잠지하다가 편거하고 종불상주去入(비유하면 어떤 객이 여정에 기숙하여 잠시 있다가 다시 가버리고 마침내 들어가 상주하지 않는 것과 같)거니와, 이장정인(정을 맡아관리하는 사람)은, 도무소거하리才乙 (도무지 갈곳이 없다할 사이라), 명 정주라하여士七하니, 이역여시하여 (이도 역시 이와 같아서), 만약 진여심(참 너의 심)이大, 칙즉 무소거 (갈 곳이 없어)리니, 운하 리성ソ여木은 무분별성口(어찌 소리를 떠난 나무는 분별성이 없다 말 하는고).

{분별하는 놈이 주인이오 소리가 객이다}

분별연심(분별하는 반연심)이, 리진무성(티끌을 여위어 성이 없다)하는 土니, 약과객이하여(마치 지나가는 손님인 귀와 같아서), 상주하는 진심은, 칙즉 무소거(갈 곳이 없다)하리니, 약 정주야(정의 주인과 같다) 하니다.

사칙(上大文分別하는 이와같은 법칙)은, 기 유 성 분-별 심(어찌 오직 소리만 분별하는 심만이)리오. 분별아용하要音刀(아의 모양을 분별하려는 소리도), 이제색상 하면(모든 색상을 여위면), 무분별성ソ口(분별성이 없다하고), 여시내지(이와 같이하여), 분별이 도무하여 비색 비공일새 (분별이 모두 없어서 색도 아니고 공도 아닐새), 구사리등이, 매위명체 (잡고 버리고 떠남 등이 어둑하여 어둠을 살핀다) 하느니다.

121

섭아난지의하여(아난의 뜻을 밟아서), 광명야(널리 밝힌 것이라).
성분별심(소리를 분별한 심)은, 지성상에七 연심 ソ二니(소리 위에 칠한것을 가리키어 둘을 반연하는심이라 하니), 곧즉 오불七 법음자야 (불이 칠한 법음을 깨달은 놈 이라). 분별아용은(아를 분별한 모양은), 위색상하여 연심 ソ二니(위의 색이라 말하여 두 연심이라하니), 곧즉 윤소 담-앙 자야(진실로 우러러 보는 것이 마땅한 놈이라).
여시내지등(이와같이 등등)은, 즉 六진과 연의 그림자를 겸해서 들면, 다 무자성 ソ二니(없는 자기의 두 성이라 하니), 一체가 다 없는 고로, 색이 아니午. 연에 대하여 망이 있는 고로 공이 아니니, 이미 색刀 공刀 아니다. 명연막真변(어둠은 그러나 덮어막은 참이라 말)하니, 비유외도(비적 같은 외도)가, 매하여 위명체니(어둑하여 어둠을 살핀다 말하니), 말학이 이에 이르러서, 다 명명연야(캄캄하다) 하느니라.
구사리는 곧즉 말가리乙 이칭야(끝에 가야 배인것을 달리 칭한다).

모든 법의 연을 여위면, 없음이 분별하는 성이면, 즉 너의 심 성이, 각 유소 환하리才니(각각 있는 곳으로 돌아가는 사이니), 운하 위 주인 이리午(어찌 주인이라 하리오). {此文은 大道也}

122

결전ソ口 기후야ソ二니다(앞을 결론 짓고, 뒤에 둘을 일으켰다하니다).

四. 의八경시견성무환(八경계에 의지하여 견성이 무환임을 보임) 二

初. 아난청문(아난이 질문을 청함)

아난이 말하대. 만약 아 심의 성이, 각 돌아갈 곳이 있을진大, 칙즉 여래가 설한 둘이라는 묘한 명 本來원人심(밝고 본래 으뜸인 사람의 마음)은, 운하 무환(어찌하여 돌아가지 못)하는고? 유수애민하사 위아선설 하小立(하소서).

묘 명 本來원人심 은 곧즉 견정야(보는 정기 라) {始覺}.

二. 불여선시(불이 함께 베풀어 보임)

불고아난하사, 또 여너가, 아나를 보는 견정二月(보는정기)의 밝은 根원의 {으뜸}源은, 이 본다는견이, 비록 묘한 정밀한 명밝은 심{真月}은 아니나, 제二月이라 하土니, 비시월영이다(이것이 달그림자는 아니다), 너가 응당 체청하라. 금당 시여 무소환 지하리라(지금 당장 너에게 돌아갈 곳이 없는 땅을 보여주리라).

{真月比妙精明心 第二月比見精明元 月影比緣坐分別}

또 여너가 아나를 본다 하는 견정의 밝은 根원{으뜸}源은, 전부 아난이 경계를 대하여 보는 둘을 지적한 것이다{ソ二니다}. 이 보는견의 根元이 묘정 명심 출(묘한 정기라는 밝은 마음으로부터 나오는) 고로, 운하대 비록 묘심이 아니라하나, 여제二月이ソ二니(두번째 달과 같은 둘이라 하니), 123 개 제二 지 월(덮힌 두 번째의 달은), 실 칙즉 一體거늘(실제로는 즉

하나의 몸이거늘), 인열하여 성이하니(비비므로 인하여 다름이 이루어지니), 비유하면 견정과 묘심이 본무二상이才乙(정밀하게 보는 것과 묘한 심이 본래 두개의 상이 없는 사이 일새), 유인 二하여 지야이入乙ソ二니다(사람으로 말미암아 둘이라 하여 들어갈 둘이라 하니다). 월영 칙즉 단하여 유 二상인 고(달 그림자는 즉 끊어져끝이 두개가 있는 상이기 때문)으로, 비시完月ソ二니다(옳은완전한 달은 아닌 둘이라 하니다.

{달그림자는 달자체의 그림자이니 또다른 상이고, 二月은 눈을 부벼 눈에 보이는 것이지, 달자체가 두개는 아니고, 초승달이나 그믐달은 보름달이 아니다 千明}

아난아, 이 대강당이 통개동방(통하여 동쪽이 열렸다)하여, 일륜이 승천하면(해무리가 하늘에 오르면), 칙즉 유명요(밝은 비춤이 있다)하고, 중야흑월(밤중에 어두운 달)에, 운무가 매명하면(구름과 안개가 어스름이 어두우면), 칙즉 복 혼암(다시 어둑해 캄캄하다)하고, 호용지극(문과 창의 틈)에, 칙즉 복견통(다시 봄이 통)하고, 장우지간(담장과 집 사이)에, 칙즉 복觀옹(다시 觀이 막힌다)하고, 분별지처(분별한 곳)에, 칙즉 복견연(다시 보아야 연이라)하고, 완허지중은(완전히 비어있는 가운데는), 편시공성(두루한 이 허공의 성)이午. 울발지상은 칙즉 (답답해 뽑아진 상들은< 울창하도록 뽑아놓은 꼴들은<침울한 징조는), 우혼진(얽힌 어두운 티끌)이午. 징제하여 염氛분하면(비가개어 맑아져서 기운을 거두면), {鬱悖塵起울패진기는 양이라 氛妖氣分분요기분이니 = 울창하고 어지러이 거스리는 티끌이 일어남은 양이라 요사스런} 기운이니), 우 觀청정 하리니(또 청정을 보리(觀)하리니). 아난아, 여 함간 차 제변화상(너가 이 모든 변화한 상을 모두 자세히看 관찰)하라. 吾 금 각환 본소인처(오가 지금 각각 돌려보내어(돌아와서) 본래의 원인한 곳이라) 하리라.

운하 본인口(어찌 본래의 원인이라 이르는(말하는)고)?
아난아, 이런 모든 변화가, 1 명은 환일륜(밝음은 해무리로 돌려보낸다) 하느니. 하이고(어찌 그런고)午, 무일이면 불명ソ乙士丨(해가 없으면 124 밝지 아니)할새, 명인은 속촉일하니 시고로 환일(밝은 원인은 해에 속봄 하니 이 때문에 해로 돌아 走간다)하느니다, 2 암환흑월하고(어둠은 검은 달로 돌려보내고), 3 통환호용하고(통함은 문창으로 돌려 보내고), 4 옹환장우하고(막힘은 담 기슭에 돌려보내고), 5 연환분별하고(인연은 분별로 돌려보내고), 6 완허는 환공하고(완전히 빈것은 공으로 돌려 보내고), 7 울발은 환진 하고(울창한 꼴은 티끌로 돌려보내고), 8 청명은 환제 하느니(맑고 밝음은 개임으로 돌려보내니), 칙즉 제세간一체소유가(모든 세간의 일체 있는 것이), 불출사류(이러한 종류에서 나오지 못)하니다. 여견八종하는 견-정 명 성은 당욕수환 하느냐(너가 八종을 본다하는 보는-정기의 밝은 성은 당연 누가 돌려보내고저 하느냐)!

명 암 통 색 연 공 울 청이, 각환八인하느니(각각 여덟가지 원인으로 돌려보내느니), 능觀八종(여덟종류를 觀할 수 있다)하러이. 견정명성은 당환하소 午ソ二니다(보는정기의 밝은 성은 당연 어느 곳으로 돌을 돌려보내리오) 하리니다. 칙즉 복견연자(다시 연을 본다고 하는 놈)는, 분별심이 생기면, 칙즉 견木 색木과 심의 제연야ソ乙二다(색 과 심의 모든 연을 보는 둘이라)하리다. {色即五根六塵也 心即六識七識也}

하이고午, 약환어명하면(만약 밝음으로 돌아가면 = 돌아가라고 어명을 내리면 吏讀), 칙즉 불명시엔卽 무복견암 하戶니入은(밝지 않을 때는 즉 다시 어둠을 보는 집에 들어감은 없지만), 수 명암등으로 종종차별ソ乃

(비록 밝음 어둠 등으로 가지가지로 차이있게 구별하나),
견무차별하니라(보는견은 차별이 없다 하니라). 125

징석무환야(돌려보냄이 없음을 불러서증명하여 해석하였다. 1 석가를 불렀으나 돌아옴이 없으니 2 풀어 놓고 불러봐야 돌아갈리 없음이라), 약유소환(만약 돌아갈 곳이 있으)면, 칙즉 수경거하여(경계를 따라 가서), 무복능견의(다시 볼 수 없으)리라. 경자유차할새(경계는 자연 다름이 있다할새), 견성은 무별하니(보는 성품은 나눔이 없으니), 칙즉 불수경이 명의(경계를 따르지 않음이 명백하다) 라.

제가환자(모든 돌려보낼 수 있는 놈)는, 자연비여(자연 너가 아닐 새). 불여환자니(너는 돌려보낼 놈이 아니니=환자 같은 놈이 아니니 吏讀), 비여이수하리午(너가 아니고 누구라 하리오).

결시무환함이(결론으로 보인것은 돌려보낼것이 없음이), 실여진성 (실로 너의 진성)이라하니, 소위 만상지중에, 독로신자야(오직 나타난 몸 이라). {唯我爲尊 > 唯我獨存 長阿含經장아함경 劵第一 p 四}

칙즉 너를 아는 심이, 본 묘 명 정(본래 묘하고 밝고 맑음)일새, 여자 미민(너가 스스로 미혹으로 답답)하여, 상본根源수륜(본래 근원을 잃고 윤회를 받아서)하여, 생사 중에, 상피표익하니(항상 떠다니다 빠짐을 입는다 하니), 시고로, 여래가, 이름하여 가린민(불쌍하고 가엾다) 이니다.

결책하사 경오야 하二니다(결론으로 꾸짖어사 깨우쳐 깨닫게 했다)하니다.

五. 즉제물상결택진성(곧 모든 물상은 진성을 결정해 택함) 二

初. 아난섭문(아난이 이어 질문함)

아난이 말하대. 아가, 수 식 차견성에 무환ソ乃(비록 이 보는 성에 돌려보냄이 없는것은 알겠으나), 운하 득 지 시 아하면 진성日하리七口 (어떻게 이 아를 앎을 득하면 참성인 해에 칠 하리잇고).

비록 지 견정 무환(아는 정기가 돌아감이 없음을 알았)으나, 이현見性이 여물과 잡할새(나타난 견성이 물건과 함께 섞였다 할새), 미능견변(아직은 가려서 변설 할 수 없다) 하니다.

二. 불여결택(불님이 결정하여 택하여 주심) 五

初. 범서견용(보는 작용을 널리 펴심)

불고아난하사, 깨달은吾오가, 지금에 너에게 묻겠다. 지금 너가 미득무루청정ソ乃(아직 무루 청정을 얻지 못하나), 승불신력하여 (불의 신력을 타서), 견어初禪(초선)하대 득무장애하고(처음 선에서 보건대 걸림이 없음을 얻고), 아나율이 염부제를 보대 여관장중에匕 암마라과(마치 손바닥 안에 칠한 암마라과를 觀 하듯)하고, 제보살등은 百千계를 보고, 十방여래가, 궁진미진 청정국토하여 무소불촉 去二乙 (청정국토의 미세한 티끌까지 궁구를 다 하여 보지 못하는 것이 없는 둘이 거늘), 중생은 통시가 불과 분촌하니다(통하여 보는것이 분촌을 넘지 못한다 하니다).

차서(이 편)이, 유五(다섯이 있으)니, 一성문五, 二나한五, 三보살二口, 四여래二口, 五중생이니. 의명(뜻을 밝히면), 四성六범이, 견량수異하나 (보는 량이 비록 같은다르나), 견정불殊하니(보는 정기는 속은다르지않다 하니). 개가(다 하든가), 곧즉(혹은) 물상하여 이결하여 택야(물질의 상으로 결정해 택해야 한다). 아난 견 미이욕고로(아난이 보는 것이 아직 욕계를 여위지 못했기에), 왈 미득무루청정(무루청정을 득하지 못했다)하二니다. 초선은 즉 색계의 머리에 七칠함이니, 이욕천야(욕계 하늘을 떠남이다). 나율은 곧즉 무루나한이니, 수득천안하여 능견대천 (닦아서 천안을 얻어서 대천을 볼 수 있는), 고又로 觀 염부하대 여 一과 이 ソ二니다(염부를 觀하대 하나의 과낱알갱이 처럼하는 두 귀라 하니다). 중생이 불과분촌 자는. 병유지격 하여刀 곧즉 불능급야(병풍과 휘장만 막혀도 곧 미칠 수 없다)하느니다.

二. 즉물결택(곧 물질로 결정하여 택함)

아난아, 또 깨달은吾내가, 너와 함께, 觀四천왕 소주궁전ソ乙土ㅣ (사천왕이 머무르는 궁전을 觀할새), 중간에 편람 수 육 공에 행(물 육지 공중에 다니는, 대열이 두루 널린 것을 보)거니, 수유 혼夂 명한 종종형상이乃(비록 어둡고 밝은 갖가지 형상이 있었으나), 무비전진 (앞에 티끌이 아님이 없다) 하여, 분별하여 유애니(나눠지고 떨어져서 머무르고 방해하니), 여 응어차에 분별자타(너가 응지어 차제에 자기와 남을 분별)하면. 금 吾가 장여(지금 깨달은오내가 너와 함께 데리고), 택어견중(본것 중에서 택)하러니, 수시아체(무엇이누가 바로 아의 몸체)이고, 수위물상口(무엇누구을 물질의 상이라 하는)고?

선표물상ソ二口 차령결택(먼저 물상 둘을 표하고 다음에 결정짓게 택)하니다.

아난아, 극여견원(너가 보는 극장의 根원을 끝까지 다)하라.
종일월궁(일월궁에 이르렀다)하여刀, 시가 물이 비여久(이는 물이지 너가 아니구), 지下七금산(아래로 七금산에 이르기)까丁, 주변체觀(두루걸쳐 자세히 觀)하라. 수종종광이라刀(비록 가지가지 빛이라도), 역물이 비여久(역시 물이 너가 아니고), 점점갱觀(점점 다시 觀)하라. 운이 등(구름이 오름)과 조비(새가 날고)와 풍동하여(바람이 움직여서) 진기하는(먼지가 일어나는), 수 목 산 천 초(곡)개(영귀)와 인(사람) 축생이, 함 물이지 비여이니다(다 물질이지 너는 아니이니다).

극여견원은 령궁력체觀야二니다(궁극적인 너가 근원을 보는 것은 궁력체관야二니다(궁구히 힘을 다하여 세밀히 둘을 觀하도록 하라니다). 상극일월하고, 하극륜원하고, 중극만물까丁, 령一一상택야(위로 해와 달까지, 아래로 에워싼 둥근테까지, 가운데 만물의 극까정, 하나하나 상세하게 가려 보도록 하라) 하사니다.

三. 정시견성(보는 성품을 바로보이심)

아난아, 이 모든 근가깝고 원먼, 제유물성(모든 있는 물건의 성품)이, 수복차수하나(비록 다시 차이가 있고 속이 다르나), 동여견정이 129
청정하면 소촉이니(똑같이 너의 보는 정기가 맑고 깨끗하면 보이는 것이니), 칙즉 제물류는 자 유 차별オ丁(모든 물건의 종류는 제가 스스로 차별이 있을지언정), 견성은 무수하니(보는 성품은 다름이 없으니), 이 정묘명(정밀하고 묘한 밝음)이, 성 여 견성(진실로 너의 보는성)이다.

앞에서 물어사, 운하 득 지 시 아 진성日이七只乙士丨(어떻게 이 아를 앎을 득하면 진성인 해가 칠할지할 사이냐) 하였을새, 차에 시 萬경이 차별 (이에 보인 萬가지 경계가 차별) 하여刀, 견(봄)은 무차별하二니 (차와 별이 없는 둘이라 하니), 무차별이란놈이 곧즉 너의 진성이라하니, 차지진성(이러한 참성)이, 람刀 추탁 이불잡音勿은 정야(추하고 탁함을 보여도 섞이지 않음으로 정이야)이午. 섭萬殊走 이불이이音物은 묘야午 (萬가지 속이다른것을 지나도 다르지 않음므로 묘함이오), 극 원근 이동촉이音物은 명야(지극히 멀고 가까움이 똑같게 보임므로는 밝음 이라) 다. {海해바다는 無差別也 明也 千明} {미분과 적분의 개념}.

四. 변견비물(봄은 물이 아님을 변설함)

약견시물大(만약 견이 이런 물질이건대), 칙즉 (여 역 가 견 吾 지 견)

1 너가 역시 내가 보는 {所對대한거를} 것을 볼 수 있어야 하리다

2 너도 역시 吾나의 견이라는 놈을 볼 수 있어야 하리다.

물 칙즉 가견(물은 볼 수 있는 것)이니다. 이는 섭상에七(이것은 섭렵한 위에 칠한), 함물비여지언(모든 것은 다 물질이지 너가 아니다 라고 말)하여, 중변야 하二니다(거듭 변설했다 하니다). {唯物論} 130

약동견자又로(1 만약 一時한번에 보는 2 만약 똑같이 보는 3 만약 똑같이 견과 것놈으로), 명위 견吾대(깨달은 오나를 본다 이름 하건대) 는. 吾불견시에는 하불견吾가 불견土 지처五(깨달은 오내가 보지 못할 때는 어찌 보지 못하는 깨달은오내가 보지 못하는 흙도 곳처소이오).

동一時 견자는 의물지적야(똑같이 한번에 본 놈은, 물에 의지한 자취라) 하고. 불견자는 이물지체야(1 보지 못한다는 놈은 물건을 여윈 체라 2 견이 놈이(같은것이) 아니라 함은 물건을 떠난 몸체라). 약 위이를테면, 吾와 여가 동 견一물이彻乂(오나와 너가, 똑같이 하나의 물건을 보므로), 시견吾지견니(1 이것이 나를 보므로 견이라 하니 2 이(물질)를 보는 것을 나의 견 이라 하니), 특역이이니(다만 자취일 뿐이니). 당 吾가 이물하여(당연히 오나가 물을 여위어서), 불견지시(보지 않을 때)에는, 기체가 하재立(그 몸이 어디에 있으리). 이미 없는 처가 볼 수 있음 이고는, 定비시물의(1 확정적으로 이것은 물건이 아니다 2 확정적으로 이것이 아닌 것이 물건이다) 乂라.

약견불견이乙士ㅣ대 자연 비피불견지상이니라(1 만약 견이 보지 못하는 이을 사이대 자연히 저것이 아니면 보지못하는 상이니다虛妄相. 2 만약 견이 보지못한다할새 자연 저것이 본다는 상은 아니다' 3 만약 견이 보지 못하면 자연 저것이 아니면 보지 못하는 상이다.

종변야하이니다(따라서 둘을 변설하였다)하니다. 종사망의乂(비록 망령된 생각을 따르게 하므로), 위능견니 吾불견자大(볼 수 있다 하니 내가 보지 못하는 놈이대)는, 종자하여 비시피불견상하乂니(마침내 자연히 이것은 저것이 보지 못하는 상이라 하러니), 개피불견토 상은 비견하면 소급이乙士니다 (1 대개 덮음으로 저것이 보지 못하는 흙의 상은 봄이면 미치는 곳이 아닐 사이니다 2 대개 저것은 본의아니게 보지 못하는 상이니 견이 미치지 않는 곳이라).

약불견 吾면 불견土 지지大 자연하여 비물이才니 운하비여이리午(1 만약 나를 보지못하면 내가 보지 못하는 흙도 땅이건대 자연히 물건이 아닌 사이니 어찌 너가 아니리午 > 2 만약 내가 보지못하는 땅을 보지 못한다면 자연 물이 아닌것이니 어찌 너가 아니라고 하리오). 131

견은 기즉 비물이乙土이, 곧즉 진失人 여성이다(견은 이미 물이 아닐 사이라 곧 참으로 잃은 사람인 너의 성이다).

또 칙즉 여가 금에 견물지시에卽(너가 지금에 물을 볼 때에 이미), 여기견물하去나 물이 역견여 하러土다(너가 이미 물을 보거나 물이 역시 너를 보려는 흙이다 하사). 체土와 성木이 분잡하여(몸인 흙과 성인 나무가 어지럽게 섞여), 칙즉 여여아와(너 와 나 와) 병제세간이 불성안립 하리다(아울러 모든 세간이 안립을 이루지 못 하리다).

우 약 물과 아가 잡난하사(또 만약 물건과 내가 섞여 어지럽다)하사. 변 견비물야하二니다(견이 물건이 아닌 둘을 변설하니다). 약 견이 시물 이大 칙즉 물이 응유견하여(만약 견이 이런 물질이라면 칙즉 물이 응당 볼 수 있어서), 이 유정과 무정과 체와 성이 잡난하여, 불가분변고乂 (분리하여 변설할 수 없기 때문에로), 왈 불성안립이라 하느니, 칙즉 견이 비시물이러土니 우 가명야러이다(견은 이런 물이 아닌 흙이니 또 밝힐 수 있을 것이라). 제 세-간은 위 중생과 급기라 ソ二니, 통 지 유정木 무정 야하二니다(모든 세간은 중생과 이에 기계 둘을 이른다 하니 유정과 무정土 둘을 통털어 가리킨다 하니다). {綿密하게見功觀察也하리二다}

五. 첩현결답(첩에 나타난것을 결론지어 답하심)

아난아, 만약 너가 볼 때에, 시여 비아大(이것은 너지 아가 아니대)
는, 견성이 주변去니(견성이 두루하거니), 비여가 이수리午 132
(너가 아니고 누구이리오). 운하(어찌하여) 자 의하야 여너가 지진성이
성여하는去土乙 부진이라하口 취아하여 구실하느냐(스스로 의심하야 너가
진성인거시 너의 성이라하는거슬 참이 아니라고 아에게서 취하여 실을
구하려 하느냐<나를 취해 구실로 삼으려 하느냐 吏讀).

첩상(위의 첩에)하사, 이현진성야ソ二니다(참 성 둘을 나타냈다)하니다.
시여 비아라 하는 놈(이것이 너지 아가 아니라는 것)은. 명견체(견의
체를 밝힌것)이니), 불여물 잡야ソ二니다(물이 아닌거를 함께 둘을
섞어야 하니다). 약오견(만약 견을 깨달음 >내가 견) 이면, 체가
불여물과 잡하여(몸체가 물이 아닌것과 섞여), 칙즉 앎을 료달한 견-성
이 확연청정하여 주변법계하리니, 곧즉 진実 여성 이才乙(진실한 너의
성인 사이 일새), 하 의하여 부진하여(어찌 의심하여 참이 아니라하여)
이구질어아야午ソ二니(나에게 질문을 구해 둘이오 하니<구질하게 아를
질문해 둘이라 하느냐 吏讀). 차는(이것은) 결답 운하 득-지 시아
진성지문야ソ二니다(어찌 이를 앎을 득한 아의 참 성품을 물어 둘이라
하느냐에 결론으로 답한 것이다). 성 여자(성이 너라는 놈)는, 능히
성어여이니(너라는 놈에 있는성이라 할 수 있으니),
여소위성一체심(이른바 성은 일체심과 같다)이다.

{如所謂三十五丈東妙淨明心性一体心而自無体云} {句節口訣又 意異也}

六. 명견진체본절한량(견의 진체는 본래 한량을 단절함을 밝힘) 二

初. 아난섭문(아난이 밟아서 질문함)

아난이, 백불언. 세존하, 약차견성이 필아 비여大(만약 이 견성이 필히 아여서 다름이 아니면), 아가 여래와 함께, 觀한 四천왕의 133
승장보전이 거일월궁할齊제(일월궁과 나란히 있을제)는, 이런 견(봄)이, 주원(넓리 원만)하여, 편사바국하可(사바국에 두루하다가), 퇴귀정사하면(물러나 정사에 돌아오면), 지견가람午(오직 보이는건 가람이오), 청심호당에는, 단첨첨무하리又 戶니(단지 처마만 보인다는 집이라 하니), {첨무는 처마 吏讀音}. 세존하, 차견이 여시 하여(이 견이라는 놈이 이와 같아서), 기체가 본 주변一계하可(그 몸이 본 하나의 계에 넓이 두루 하다가), 지금 재실중하여(집 가운데에서)는, 유만一실(오직 한집에만 가득) 하느니. 위복차견(다시 하면 이견)이, 축처 대거시 위소이뉴(큰것이 축소되어 작은것입니까유)? 당 담우가 협 령 단-절이시뉴(당연 담과 집이 끼게 하여서 단절된 것입니까유)? 아가 금에 부지사의면 소재 하러니(아가 지금에서 이 뜻을 쪼개고도 알지 못하면 존재하는 것이라 하겠는가유), 원수홍자하사(널리 자비를 드리우시기를 바라사와), 위아부연하小立(아를 위해 더하여 연설하소서).

이는 섭승불人 신력ソ旧아(부처님을 밟아 타고 신비한 힘을 오래구하아), 능견초-선지사하여(능히 초선의 일을 볼 수 있어서), 위문하旧아(오래 묻는다 하아), 이소시광협又(넓고 좁게 보이는 것곳)으로, 이의견하면 체서축하니(견을 의심하므로 체가 펼치고 축소하는 것이니), 개 미 능 친증하여(대개 아직은 친히 증험 할 수 없어서), 도이정기又(단지 정이라는 기계로), 량도고야(각도를 측량한 때문이라), 四천궁이 일월과 함께로 제(나란)하니다. 소시지광(보는 것이 넓은)고로, 사바국에 134
편(두루)하니다. 정사가 칙즉 협한去乙(정이란 집이 좁은 것을), 호당이 又 협의다(집과 마루도 또 좁다 한다). 一계는 사바야(라) 다.

二. 불여변명(부처님이 변설로 밝혀주심) 三

初. 직시(바로 보임)

불고 아난하사, 一체세간이라는, 대 소 내 외와 제소사업(모든 일과 업)이, 각속하야 전진하니(각각 앞의 티끌에 속하니), 불응설-언하대 견이 유서축 니다(응하야 설하여 말하지 말대 견이 펼치고 줄어듦이 있다니다).

一체 세간은 칙즉 근신木(몸의 근인 나무)와 기계人(계에 있는 기기인 사람)의 종류 이午, 대소내외는 一계의 一실방의 종류 이午, 제소사업은 칙즉 서축협절지류(펼치고 줄어들어 끼고 끊어진 종류)니, 이는 다 萬법을 든 것이, 다 전-진에 속하여, 여吾영각ㄨ 자불상섭하리니 (깨달은나의 영혼이란 깨달음(각성) 으로 자기가 간섭 못하리니), 시고로(이런까닭에), 전진은 대소하나, 견은 무서축하니다.

비유하면, 여방기 중견방 공 ソ우七可니(모난 그릇같아서 모남을 보는 중에 공하러 칠함같으니). 吾복문여(깨달은오내가 다시 너에게 묻는거라) 하러니, 이방기중オ(모난 그릇안 사이)에, 소견 방 공(보는 것이 모난 공)이, 위복정방이냐(다시 고정된 모난것이라 하겠느냐)?
위부정방이냐(고정지 않은 모난것이라 하겠느냐)?
만약 정방자 이大(고정된 모난놈 이면), 별안원기ソ여畋(특별히 둥근 그릇에 편안하려면), 공이 응당, 불원하리爻(둥글어서는 안되리요).
약叩方 부정자이大(만약 지껄이는 모남이 모나지 않은 놈이라면)

재방기중하여十(모난 속에 있으려 하시요). 응무방공(응당 모나지 않은 공)이니, 너가 말한, 부지사舒縮의 소재이ソ又니(펼치고 줄임을 알지 못한다라는데 존재하는 것이라 하러니), 의성이 여시(성의 뜻이 이와같다) 하니, 운하위재리午(어디에 있다 하리오). {견은 서축이 없다}

기는 유전진ソ二口(그릇은 앞에 티끌과 둘을 비유하고), 공은 유견체 (공은 견체를 비유)하느니, 기는 유방원 去니와(그릇은 모나고 둥글음이 있거니와), 공이 무변이하니(공이 변하여 다름 없으니), 기 무변이하면 (변하거나 다름이 없으면), 하유서축(어찌 펴지고 줄어듦이 있으)리오. 운하 위재자(어찌 존재한다 하는 놈)는, 견의 체가 여여(보는 몸이 불변한다 지껄여 不變曰如~ 말)하여, 불용 정-기又(정이란 그릇을 쓰지 못하므로), 망도야(망조가 든다=망령난 길이라) 소라. 136

아난아, 만약 다시 무방원으로 들어가기 바라大, 단 제기방才丁(모난 그릇만 정으로 쪼아 없애정), 공체는 무방하니(모남이 없으니), 불응설언 경 제 허-공 방상 소재(응당 다시 허공을 없앤다고 설한다 말을 못한 다면 모난 상이 있을 것이)니다.

리진하고 觀성하면, 자득본來人 진하여, 불로공夫 용하리사(티끌을 여위고 성을 觀하면, 제가 본래사람의 참을 얻어서, 공부라는 범부의 노력이 아니어도 작용한다 하리사).

二. 遣(견)정(정을 보냄)

만약 너가 물은 것과 같다 하여. 입실지시에 축견하여 령소大, 앙觀일시에, 여개만견하여 제어일면하乙이. (방에 들어갈 때에 줄은

것을 보아서 작게 하면, 우러러 해를 觀할 때는, 너가 어찌 견을 당겨서 해의 얼굴과 나란 해지리). 약축장우하여 능-협 견-단 이大, 천위소두才, 령무속적하리午 (만약 담과 집을 축성하여 줄일 수 있어서 보이는 것을 끊는다면, 작은 구멍을 뚫은 사이재, 어찌 이은 자취가 없으리오). 시의불연(이치가 그렇지 아니하냐) 하리.

기비가만大 정비가축하구 (이미 당겨늘릴 수 없으면, 고정되어 줄일 수 없고), 기비가속大 정비가단니(이미 이을 수 없어대, 고정되어 끊지 못할것이니), 의기불연ソ乙士丨 무용정계니(이치가 이미 그렇지 아니 할새, 정이라는 계산을 쓸것이 없다) 니다.

三. 결현(결론으로 나타냄)

一체중생이, 종무시래(시작없을 때부터 와서), 미기위물(자기를 미혹하여 물이라) 하여, 실어본심하口(본심을 잃고), 위물소전하여 (구르는 바 물질이 되어서), 고어시중에 觀대觀소(까닭에 이가운데에 큰것을 觀하고 작은것을 觀)하느니, 약능전물하면 칙즉 동여래하여 즉심이 원명하여 부동도장하여 어一모단에 편능 함수 十방국토 하리라. (만약 능히 물을 굴릴 수만 있다면, 즉 여래와 똑같아서, 곧 마음이 둥글게 밝아져서, 움직이지 않는 도장이라 하여, 한가닥 터럭 끝에, 두루 十방국토를 포함해삼켜 가질 수 있으리라).

{須彌本非大 芥子元來空 將空納非有 何物不相容
수미는 본래 크지않커늘 겨자는 원래 비었으니
장차 공들일 일이 없거늘 어찌 물건이 서로 용을 쓰느냐
毛呑巨海無也 述芥納須彌也
거해를 삼키는 터럭 없으니 겨자를 펴서 수미를 들이리}

미기위물은 위실성하고 수진야(자기를 잃고 물이라 함은 성을 잃었다 하고 티끌을 따름이라). 위 於물 소 本전心(물건에 본인 구르는 마음이 된것)은, 위인이도망야(이로 인해 전도 망령이라 이른다).
위물소전자는 여공수기하여 변月하니(물건을 굴린다 하는 놈이 됨은 그릇을 따르는 공과 같이 변하는 달이라 하니), 고로 어시중에 觀대하고 觀소하여 이종내 위중하고(이 가운데에 큰것을 관하고 작은것을 관하여 마침내 무리라 하고), 생능전물자는 여제기 하고(나서 능히 물건을 굴리는 놈은 그릇을 제는쌓는것 같고), 觀공月하니(공중에 달을 觀하니), 고로 곧즉 심이 원명하여, 편함국토하여, 이 곧즉 동여래하느니다. 개모단국토는 본來 비 소하久 대라(덮인 털끝의 국토는 본래 작은 것이 아니고 큰것이라), 함용지리(감정을 드러내지 않고머금어 얼굴에나타나는 이치)가, 불가신변이니(신비한 변화를 빌림이 아니니), 단제정기(단 정이란 기계만 제거)하면, 칙즉 확이현전야(곧 심이 둥글고 밝아져서, 국토를 두루 삼키어서, 곧 여래와 똑같아 지니다. 다 한터럭 끝의 국토는 본래 크고 작음이 아니구, 다 만나는 이치가, 기이한 변화를 빌리지 않아도, 단 정이란 그릇만 없애면, 칙즉 확연히 앞에 드러난다) 하리라.
{一卽一切多卽一 은 相卽 이오, 一中一切多中一은 含容 이라 (華嚴)}

七. 명견여연동一묘체(견과 연은 동일묘체임을 밝힘) 二

初. 아난 의이(아난이 이상한다른 것을 의심함)

아난 백불언하대, 세존하, 약 이 견정(보는 정기)이, 필히 아의 묘성이大, 지금 이 묘성이, 현 재 아전 하刀所(현재 아의 앞에 나타나 있다한다고),

견이 필히 아 진実大(견이 필히 아의 진실이라면), 금 신과 심은 복시 하물이칠口(지금의 몸과 심은 다시 이것은 어떤 물을 칠한 것입니까). 이금才 신木과 심木은 분별 유 真실ソ去入(지금 사이의 몸과 마음은 분별이 있다하여 실로 들어가나), 피견은 무별하여(저 견은 별이 없어서), 분변아신하所이다(나누어 변설하는 아의 몸이라 하소이다).

{現在我前者 七文的 義也} {견은 分이오, 심과 신은 別이다}

섭전발문야(앞을 밟아 이어서 질문을 한 것이다)하사오니다. 전 곧즉 제물하여 이지왈(앞에서는 곧 모든 물상이라 하여 가리켰다 말)하사, 차 정 묘명이 성여견성하사ソ二니(이 정밀한 묘하고 밝음이 바로 진실한 보는 성이라 하사 둘이라 하니). 곧즉 시 차 견 묘성이 현재 아전하여(이는 이 보는 묘한 성이 현재 아의 앞에 있어서), 여신심 이의又(몸과 함께 심과는 다른 것이라). 이금 신木 심木(지금 몸과 마음)이, 분별유실자(분별이 실로 있다는 놈것)는, 언 심이 유분별才丁(심이 분별이 있다 말할 사이 일정), 이견 무분별(봄은 분별이 없다) 하여, 여신 분 변하여 성이물야(몸과 함께 나누어 변설하여 다른 물질을 이루었다) 라.

{前見反觀我身中}

만약 실로 아의 마음이라하사, 령아又(아라 하고자 하면), 금견 견성이 실아午(지금 봄의 보는-성이 실아이오), 이신은 비아又戶니(이몸은 아가 아니라 호집이니). 하 수 여래七 선소난언 물능견아이七口(어찌 여래가 칠한 먼저 어렵다고 말하신것 과 물질이 능히 아가 칠한거를 볼 수 있다하고 다르겠읍니까). 유수대자 하사(오직 대 자비를 드리우사), 개발 미오(아직 깨닫지 못함을 열어 발하게)하소서.

재人 전지견(앞에 있는 사람의 견)이, 약실又 아심이大(만약 실로 아의 심이라면), 칙즉 피는 실아午, 이차는 비아ソ久(저것은 실로 아이오, 이것은 아가 아니고). 견이 재물이口 이불재신이大(견이 물에 있고 몸에 있는 것이 아니면). 시 물이 능견아의(이물이 능히 아를 볼 수 있다) 하시니. 차가 개 곧즉 미정(이것이 다 곧 미혹한 정이라)하여, 이난하여 변야(어려워서 변설 한다)하사.

二. 불여화융(불이 융화시킴) 三

初. 왜곡변시(왜곡 된 것을 변설하여 보임) 四

初. 통파전의(앞의 의혹을 통하도록 파헤침)

불고아난하사, 지금 너가 말한 바, 견이 재여전이未(견이 너의 앞에 있음이미), 시의비실야(이는 옳아도 실은 아니다). {見物現一本也}

二. 책변비실(꾸짖어 실이 아님을 변설함) 二

初. 변물무시견

약실여전ㅅ(만약 실로 너의 앞이라), 여실견자大(너가 실제로 보는 놈이라면), 칙즉 이 견정(보는 정기)이, 기유방소(이미 방위와 장소가) 있다하여, 비무지시(가리켜 보이지 못할 것이 없다)라. 차금才(또한 지금 사이에), 너와 함께, 기다림에 앉아서, 편觀 림거와 급 여전당하고 상지 일월하고 전대항하하니(숲과 구거와 및 전당과 함께 위로 해와 달까지 앞에 마주대한 항하에 이르도록 두루 觀)하니,

너의 지금 사이가 아의 사자좌 앞의 사이에서, 거수지진하라(손을 들어 널린 것을 가리켜 보라). 이와같은 종종상이, 음자(그늘진 놈)는, 이 숲이午, 명자(밝은 놈)는 이 태양이오, 애자(장애 걸림이 되는 놈)는, 이 벽 이오, 통자는 이 공이오, 이와 같이 초(풀) 수(나무) 섬(가는실) 호(터럭)에 이르기까지, 크고 작아 비록 다르나, 단 형이 있을 수 있는 건, 무불지착이니(가리켜 나타내지 못할 것이 없음이니). 약필 기견이 현재 여전이大(만약 필히 그 견이 현재 너의 앞에 나타나 있다면), 너는 응당 이손으로, 확실지진하라(확실히 널린 것을 가리켜 보라). 하자가 시견口(어느 놈이 이 견인고). 아난아, 당지하라. 약공이 시견이大 기즉 이성견才니 하자시공(당연 알아라. 만약 공이 이 견이대 이미 견을 이룬 사이니 어느 놈이 이 공)이고. 약물시견이大 기즉-이시견才니 하자위물(만약 물건이 이 견이라면 이미 이 견의 사이 일새 어느 놈이 물)이리오. 여가미세(너는 가능한 미세)하게, 피박만상하여(만상을 헤치고 벗겨서), 석출정명정묘견원하여(맑고 밝은 청정한 묘한 견의 근원을 분석하여 나오게 하여), 지진시아(널린것을 가리키어 아에게 보이)대, 동피제물하여 분명무혹去ソ厶(저 모든 물과 똑같이 나누어 밝혀 의혹이 없게 하라).

통변 만물이 무시견자 ソ二니다(통하여 변설한 만물이 없음이 이 견이라는 두 놈이니다). 약공 약물은(만약 공이나 만약 물은), 총거 색木 공木 제법ソ厶(색과 공과 모든 법을 모두 들도록 하라). 141
령상변야(상세하게 변설하도록 했다) 하느니다. 처음에 견 정 둘을 말하시고, 다음에 견 원 둘을 말하시어, 후에 정견을 말한 놈것은, 이 견이 根본源 호 묘정명심(근본원으로 불리는 묘한 정밀한 밝은 심)인, 고로 통ソ七 언정ソ二니(통하게 칠한 정밀한 둘을 말했다 하니).

종심수출(심으로 부터 처음 머리로 나온다) 할새, 고로 왈 견이면 원(根源의 元(원)인 둘이라 하구, 의용지체 ソ二乙士丨 고又(용에 의지하여 체몸 둘을 가리키기 때문에), 왈 견정 ソ二口(봄과 정밀한 둘이라 하고) 의체지용ソ二乙士丨(체에 의지하여 용을 가리키는 둘이라 할새), 고로 왈 정견ソ二니다(정밀하게 보는 둘이라 하니다). 림과 거는 유림천ソ口 야 (수풀과 구거는 오히려 수풀과 샘하고 같다) 라.

아난이 말하사. 아가 금扌(금새), 이 중각(이층팔각)강당扌(사이), 멀리 항하로 부터, 위로 觀일월하여, 손을 들어 가리키는 곳과, 눈을 따라 觀하는 곳이, 지ソ又長之개시물이之要(가리켜 배풀어니 다 이 물질이지요), 무시견자又戶이(이 견이란 놈은 없는 집이라). 세존下, 불이 설말하신 바와 같다하니, 하물며 아는 유루한 초학성문 이扌사이니와, 내지보살 이ㅅ刀라도, 역 불능 어 萬-물人 상전扌는 부출정견(역시 만물인 사람의 형상과 앞사이는 견을 정허여 해부하여 골라 나오게 할 수 없다)하리니, 이一체 물口야(일체 물을 여위고야),
별유자성ソ刀尸이다(별도 자기의 성이 있다하듯시이다).
불언하사, 여시여시(그렇지 그렇지 옳다 옳다) 하니다.

물이, 무시견이乙士이라(이런 견이 없다할사이라) 고로, 비록 대성이又刀 불능(대 성인이라도 못)하리니, 곧즉 물부변(물질을 해부하여 변설)하니, 의가 수리물 의(뜻이 물을 여윔에 따라서 라)又이. 이는 결론으로 무시견자(이런 견이란 놈은 없다) 하니다.

二. 변물무비견(물이 없다하여야 아님을 봄을 변설함)

불이, 복고 아난하사, 너가 말한 바 대로, 무유정견하고(정밀한 견은 있는 것이 아니고). 리一체물(일체 물질을 여위어야), 별유자성이大(별도로 자성이 있는 것이대), 칙즉 너가 가리키는 바로는, 이런 물중オ사이는, 무시견자オ니月오(이런 견이란 놈이 없는 사이의 달이오)

첩정전언(첩은 바로 앞의 말)이니, 기 무시견할새(이미 이런 견이 없을 새), 당지비견(당연 아님이 견임을 가리킨 것)이라.

지금 다시 너에게 알리러니, 너가 여래와, 기다림에 앉아서(坐), 다시 숲과 정원木, 내지 일월에 이르기 까지 觀ソ厶하라. 종종 상(가지가지 상)이, 수필무견정이 수여소지대(비록 필히 없는 견정이 너가 가리키는 바것를 받으려한다면), 여가 우 발명ソ厶(너가 또 밝혀 보라). 이제물중하자 비견口(이 모든 물중에 어느놈이 견이 아닌고)? 143
아난이 말하대. 아가 실로 이 기다림{숲의 이름 < 만물이 다 止(멈춤)고 있음 吏讀} 을 두루 보건대, 이중에 어느놈 이 비견인지 알지 못합니다.
하이고, 만약 나무가 견이 아니大(라면) 어찌 나무를 본다 하고. 만약 나무가 곧 견이大, 복운하수이리ㅣ七口(다시 어찌 나무라 칠하리고).
이와같이 내지, 약공이 비견이대(만약 공이 견이 아니면), 어찌 공을 본다 하고. 만약 공이 견이大, 복운하공이리七口(다시 어찌 공이라 칠하릿고). 아가 또 사유이니(생각을 사려하니), 이런 만상 가운데에 미세ソ七人 발명하대(미세하게 칠한 사람을 발명하대) , 무비견자로시다 (견이 아닌 놈은 없읍니다).
불언하사대. 여시여시 하니다.

선답부지(먼저 알지 못한다고 답한 거)는, 이의乙 미가정 야(이 뜻을 아직 정 할 수 없어서다)ソ士이니다. 약수가 비견이大(만약 나무가 견이 아니면), 하능견수하고(어찌 나무를 볼 수 있고). 약 곧즉 시견이大 수당명견할才니 운하명수ソ리이七口(만약 이것이 견이라면, 나무를 당연 견이라 이름할사이니, 어찌 나무라 이름하여 칠하릿고). 연乃 전에 決단 위무시견자(그러나 앞에 이런 보는 놈은 없다라고 결단한 거)는, 기불 중리고(이미 이치에 맞지 않기 때문에), 다시 사유한것이니, 무비견자 ソ소 尺이ソ니 二의가 무정才乙(견이 아닌것이 없는 놈인척하라 하니 두(二)가지 뜻이 정해진 것이 아닌사일새), 불이 다 허락 했다는 놈것은, 색木 공木 등의 상이 여허공화하여 본무소유하고(색 공 등의 상이 허공의 꽃과 같아서, 본래 있는 곳것이 없고), 고불가정하여 지土 야 ソ士이니다(고정으로 정하지 못한다하여 흙을 가리킨 선비라 하니다). 고로 하문才이(아래 글사이에) 운하사 이런 모든 물상木이(물의 144
상이란 나무가), 여차견정(이와 함께 견이란 정밀함)이, 원來 시 보리人 묘정명체라, 어중에, 본무시와 비니니 시의土이ソ二니다(원래 이 보려는 사람인 묘한 정밀한 밝은 몸체는 그 가운데 본 없음이 옳음 과 아님이 옳은 두가지 뜻인 흙이라) 하니다.

三. 초학망조(초학이 어찌할 바를 모름)

이에, 대중과 비무학자가, 불문차언ソ罒口(불의 이 말로 두드림을 듣고), 망연하여, 이런 뜻의 끝과 시작을 알지 못하여, 한 때 황송(분에 넘쳐 고맙고 송구) 하여, 실기소수(가졌던 것(정신)을 잃어 버렸다) 하니라.

의불소답하사 二의가 무정ソ乙士丨(불이 두가지 뜻이 정함이 없다라 답하심을 의심)할새, 고로 실사수(가졌던 것(정신)을 잃었다)하니다.

四. 불자위유(불이 자비로 위로하고 깨우치심)

여래가 지 기혼려가 변습심 생연민하사(여래께서 그 생각하는 혼이 변하여 두려워하는 심마음을 아시고 연민이 생기사), 아난과 모든 대중을 안위 하사. {여래가 혼의 변화를 아심}

{所說不垂於能說 能說不垂於所說}

제선남자야, 무상법왕이, 시진실人어ソ久(옳은 참 실제 사람의 말씀을 오래 하고), 여七여-소屎 설ㅅ(곳도 같고 설도 같아<같음이 같은곳을 똥눈다 설한거라), 불광불망하니(속임도 아니요 망령됨도 아니라하니), 비 말가리의 四종 불사ソ又 교란논의니다(말가리의 네가지 죽지 않는다는 교란 논의는 아니다). 여가 체사유ソ一(너가 세밀하게 사유하야), 무첨하여 애모하라(2 없음을 욕되게하여 슬퍼하거나 사모하니라 < 1 욕되게 하지말고 쓸데없이 고민하지마라). 145

혼려변섭은 곧즉 황송실수야(황송하여 정신을 잃었다)라. 진어 등자는 위에서 답한 二두가지 뜻이니, 내칭진人지어(이에 참사람의 실제 말씀을 일컬음)이고, 여여지설은 비교란야(같고 같은 말은 교란이 아니다). 말가외도의 四종人(네가지 종류의 사람인) 교란은 견 말권 행음지문하니다(행음의 글에 보인다하니다). 첨은 욕되게하다 다.

二. 문수청명(문수가 밝혀주시기를 청함)

불의 뜻은, 위현견木 여견연木(나타났다하는 견과 함께 보이는 연)이, 마치 허공화와 같다하여 가운데에, 본來 무시 비시 의하니 고(본來 없음이 옳고 아님이 옳은 뜻이기 때문에), 이여어又(이같이 말씀 으로), 수문이답ソ二니(질문에 따라 둘로 답하니). 그러나 이는, 유학이 아닌

소지에게만 미치는 고로, 대중이 망연 실수하니(아득히 정신을 잃어니), 필수로 문수七 청명야(문수를 칠해 밝혀 주시기를 청하였다) 라.

이 때, 문수사리 법왕자가, 제 四중을 가엽게(민) 여기사, 대중 가운데 있어사, 즉종좌기하乃 정례불족ソ巳口 합장공경하고, 이백불언ソ士. 146 세존下, 이 모든 대중이, 불오士 여래七 발명ソ니又(여래가 칠한 밝음을 발하는 두가지 흙을 깨닫지 못함은), 二종才七 정견木 과 색공木七 시木 비七 시七 의 ソㄴ니(두가지 종류 사이에 칠한 정밀하게 보는 나무와 색 공이란 나무에 칠한 것이 옳은 나문지 아님에 칠해 옳게 칠하란 뜻인지라 하느니). {文殊師利는 巳ㄱ 千明}

二종자는 정명의 견원木 급 전明 연연 색공에七 시木 비木七 二의야 니다(두가지 종류란 것은 정밀하고 밝게 보이는 으뜸가는 나무 와 미치는 앞에 밝은 延緣늘어진 인연의 색 공에 칠함이 옳은 나문지 아닌 나무에 칠한건지의 두가지 뜻 이다). {정명은 淨名이니 維摩의 호야 千明}

세존하, 만약 이 앞의 연七한 색木 공木 등의 상이, 만약 시견자大(이런 보는 놈이면), 응유 見体소 지ソ리午(응당 가리키는 곳(견체)이 있어야 하리오), 약 비견자(보는 놈이 아니)이大, 응무소촉하리니(응당 보는 곳이 없으리니), 이금 부지士 시의 소귀(지금 알지 못하는 흙이 옳은 뜻의 돌아갈 곳이라)하여, 고유경포才丁(때문에 놀랍고 두려움 사이에 있을지언정), 비시주착에(이님과 옳은 이랑이 섞인 것임에 < 옛날부터 이런 것은 아님에 < 아닌걸 옳다하는 주착 임에 吏讀), 선근이면 경선(좋은 뿌리면 가볍고 적어진 것<경쟁해 뽑음 吏讀)이니, 유원(오직 원) 하옵기는 여래께서 대자로 밝혀주소사. 이 모든 물상木과 함께 이 견정이

원來 이것이 어떤 물이건대, 그 중간에 무시 비시ㄴ니이七口(없음이 이것이고 아님인 이것에 칠한다 하니고).{문수의 뜻은 소지라야 알 수 있다}

앞의 첩은, 망척지의 하여 청명야 하니다(어찌할 바를 모르는 뜻이어 밝혀주시기를 청하였다 하니다).

147

三. 정시동체(바로 똑같은 체임을 보임) 三

一. 정정소조(바른 선정이 비추는 곳)

불고 문수와 급 제대중하사, 十방여래와 대 보살이, 어기자주(스스로 머무시)는, 三摩地(삼마지) 가운데, 根견木 과 견 境연木(뿌리를 보는 나무와 경계에 연한 나무)과 병 소 상상(함께 곳한 생각이란 상)이, 허공화人하여(허공의 꽃 같은 사람이어서), 본 무소유(본래 있는 곳것이 없다) 하니다, 이 견木 과 연木이 원來 시이런 보리묘人 정명체이才니 (이 보는 나무와 연한 나무가 원래 이런 보려는 묘한 사람인 맑고 밝은 몸의 사이니), 운하 어(그) 중에, 유시 비시(이것이 옳다 아님이 옳다) 하리오.

자주ソ二는 三摩地(스스로 둘로 머무는 삼마지)는, 곧즉 자성수능정정 {자기 성의 머리를 사방에 세운 나무의 바른선정}야. 성인은 주시정중하사 (이런 선정의 가운데 머무러사), 了견萬법(완료되어 보이시는 만법)이, 유一원융 청정보각소(오직 하나의 원만하게 녹은 청정 보각이라), 승무비시ソ소二니(거듭조금도 옳다 아니다가 없는 둘이라 하니). 차이는

정답하사 소문야(물은 것에 바른 답이라)하니. 견은 根야, 견 연은 境야, 소상상은 識야(서로 생각하는 것은 식이라) 니. 근木 경木 각木 三셋이 섭진萬법(만법을 다 포섭)하니, 부 능了 제연법이 원一보각이라 무 시 비시 한다면(무릇 모든 연법이 원래 하나의 보각이라 이것이냐 이것이 아니냐도 없음을 료달할 수 있다면), 칙즉 종전オ匕{옛날 옛적에 이제까지 앞을 따라 사이에 칠한}, 진 망 허 실 과 도심 연영木(거꾸로 된 심마음을 연하는 그림자를 나무인양) 의心 하여, 이분별지정(다른가 분별하려던 정생각)이, 활-연이탕의(홀연 사라지)리라. 148

二. 현무시비(이것이다 아니다가 없음을 나타냄) 二

一. 유명(비유로 깨우쳐 밝힘)

문수야, 깨달은吾가, 금문여하러이(지금 너에게 묻는다 하리이). 여 여문수(너는 문수와 같다)하여, 갱 유문수(다시 있는 문수가) 시문수자(옳은=이것 문수란 놈이)냐? 위무문수(없다함이 문수)냐? 여시 ソ二니. 세존하, 아가 진実人 문수土委, 무시문수ソ니꼬(참사람인 문수가 흙에 위임이니, 없음이 옳은 문수하니다).

이 는, 一(하나의) 진법성은, 본래 무시비(이것도 아닌것도 없다) 하리니, 너가 문수와 같다고 하는 것은, 본래 이것도 아닌것도 아닌 체를 든 것이다. 다시 문수가 있어서, 이것이 문수란 놈이니, 문수가 없다 하는 것은, 이것이다 아니다로 인하여, 마침내 본래 참을 잃은 것 이니, 고로 왈 아가 진 문수라 할세, 이런 문수는 없다 하리니, 대개 만약 이놈이라는 것이 있으면, 아는 즉 참이 아니니, 소위 이것이다 아니다 가 조금은 있다고 말하는 것이니, 분연실심니다(분잡해어지러워 틀림없이 심마음을 잃게되니다). 149

하이고(어찌 그런고), 만약 이런 놈이 있다하大, 칙즉 二문수乂尸니(두 문수란 집으로 부르니), 그러나, 아가 금일, 문수가 없는 것이 아닐세, 그 중에는 실로 이것도 아닌것도 라는 二(두가지) 상이 없다할거尸라.

석성 상의야ソ二니다(위의 뜻을 해석한 둘이라하니다). 칙즉 二자는, 명유시하면 칙즉 유비야(이것이다가 있음을 밝히면 즉 아니다도 있다)니다. 그러나,아 아래는, 명수불립시ソ乃, 역불수비할새(비록 옳음을 세우지는 않았음을 밝혔으나, 역시 아님을 따르지 않았다 할새), 어당체중엔, 실무二상(당연 체 중에는, 실로 二상이 없다) 라.

二. 합현(합하여 나타냄)

불언하사, 이 견의 묘한 명木밝은 나무가, 함께 모든 공木 진(공해진 나무의 티끌)이, 역시 또 그러하니, 본 이 묘 명한 무상보리人 청정하고 원한 진実人 심이才乙(본이 묘하고 밝은 없는 위를 보려는 사람의 청정하고 원만한 참 실제 사람의 마음 사이를), 망령한 색-공과 듣고 봄과 함께 제二월(달)과 같다하니, 누구를 이런 달이라 하고, 누구를 달이 아니라고 하겠느냐.

묘명한 견은 소위 여문수(너가 문수)이五, 공木 진木 견의 연은, 여소위 시문수야(소위 이것이 문수다하고 말함과 같다)午. 150
보리심은 여소위 진문수(와 같다)午, 색공木과 견문木은 여소위 二문수야(두 문수와 같다)니, 개의정원진심하여 이기할새(다 맑고 원만한 청정하고 원만한 참 마음에 의지하여 일어나므로), 고로 여제二월이 당연 체가 전부 허하여(마치 재이의 달이 당연 몸이 전부 비어서), 무용土변힐七日하니(없는 얼굴인 흙이라 변설하고 따져 칠할

일이 없으니). 지불용변하면(얼굴이 아님을 변설함을 알면), 칙즉 시와 비도 민의리라(이것이다 아니다 도 없어 지리라).
문수야, 단 一(하나)의 달만 참이午, 중간은 저절로 이것이 달이다 달이 아니다 도 없다 하니다.

단, 조 진人 체하면, 시비자망(참 사람인 몸체만 지으면, 이것이다 아니다도 저절로 없어진다) 하리다.

三. 결고시중(그 때 대중에게 고하여 결론함)

시이(그러므로), 너가 지금 견木(본나무)과 진(티끌)을 觀하여, 종종발명할것을(가지 가지 밝힐것을), 명위망상(망령된 생각이라 명) 하니, 불능 어중에 출 시 비시 才니와(가운데에는 나옴이 옳다 아님이 옳다 할 사이라 하지 못하니와), 이 진정한 묘각의 밝은 성으로 말미암은 사이라 할새 고로, 능히 너로 하여금, 나옴을 가리키고 아님을 가리킬 수 있게 하리다.

견木과 함께 진木은 망근과 망경 둘을 가리킨다 하니다. 견木과 진木을 觀하여, 밝음을 발함은, 가리킴과 같으므로, 비유하면 가리킴으로 151 깨달았다하여, 마침내 망상에 빠져서, 이것이다 아니다 에서 나오지 못 하거니와, 정진(참으로 정밀함)으로 말미암아 밝음을 발하면밝히면, 여이비지又(아닌거슬 가리킴과 같으므로), 유지日七하여(가리킴에 비유해 칠함을 깨우쳐서), 가출시비하여(이것이다 아니다에서 나올 수 있어서), 득무분별(없음을 분별함을 얻게된다)하리니다. 출지 비지(나옴을 가리키고 아님을 가리킴)은, 언시비쌍민야 ソ二니다 (이것이다 아니다를 둘다 없앰을 말했다 하니다).

八. 변명진설견별의람(넘치는 의혹의 파편을 가려내 참설을 밝힘) 二

初. 아난 통탄

아난 백불언하대, 세존하, 정성으로 법왕이 설한바와 같다하사, 각연이 十방계에 두루하여, 심연(맑은 상태)이 상주하여, 성비생멸大(성이 나고 멸죽어없어짐이 아니면). 앞에 범지사비가라는, 소담명체(어둠을 살핀다라고 말하는 것)과, 투회(재를 던짐)등 모든 외도종은, 진아가 있어서 十방을 七칠하여 두루 채우고 있다 고 말하니, 어떻게 차별있게 七칠하릿고?

각연은 곧즉 각성이 편연하여 무호부재자야(각성이 두루 인연하여 부름이 없어 존재하지 않는 놈이다). 앞에서 운 견성이 주변(두루)하니, 비여이수(너가 아니고 누구이겠으리오)하고, 또 운 곧즉 심이 원명하여 편함국토(두루 국토를 머금고 있는 둘이라)하니, 곧즉 소위 각연이 152 편十방계하여, 상주불멸이라. 그러나, 황발의 무리들도 역시 진아가 계에 두루하다 설하사, 명체를 세우는 바 에 이르름乙, 진성이 명명(아득하고 그윽)하여, 체가 생멸이 아닌 둘이라 하니. 칙즉 여불七 설하이이리七口(불이 칠한 설함과 어떻게 다르게 칠하리고)? 하니, 대개 외도는, 불견성진(성의 참은 보지 못)하고, 단 아뢰야식에 의지하여, 망을 계산하여, 혼람진설고로(진설인양 혼란을 보이기 때문에), 이에 문난詰하여(어지럽히는 질문을 꾸짖어서), 기불견별야(불이 파편을 가려 구별해 주시기를 바랬다) 하사오니다. 외도를 통칭 범지라 하니다. 투재는 고행 외도야.
{投灰는亦言塗灰 재를 뿌려는 회를 발라, 잡아 발라시라,
苦行은 火盆載之而造道 화로에 불(화분재)을 실어 길을 만듦}

二. 문답질의 四

一. 의동자연(자연과 같은가 의심함) 二

一. 의(의혹)

세존께서, 역시 증(三代前 일찌기)에 능가산에서, 대혜(보살)등을 위하사, 부연사의(이 뜻을 더하여 연설)하사, 저 외도 등은, 자연이라고 항상 설 하느니, 아가 설한 인연은, 비피경계이라ソ入二니(저들의 경계가 아닌 둘이라 하드니요). 153

선인불어(먼저 끄라 불이야 말{좋은 사람인 부처의 말씀을 인용吏讀})하여, 기의야(의심을 일으켰다)하니다. 능가회상에 대혜보살을 위하사, 인연의 뜻을 설 하사, 이파외도면 자연지집ソ二니(외도를 깨뜨리면 자연에 집착하는 둘이라 하니). 비피경계자(저들의 경계가 아닌 놈것)는, 비동외도면 소견야 (외도와 똑같지 않으면 본다는 것이라) 다.
{真如佛性 擬議卽乖 較量更錯 참 여래 불성은 달아서 의논하면 곧 어그러지고 대어보아 재어보면 다시 어긋나섞어진다. 유가심인 p.317}

아 가 지금, 이(覺性)를 觀해 보건大, 각성이 자연이어서(제가 真참 자연이어서), 비생비멸이다(아닌 것이 생기고 아닌 것이 없어진다 < 妄인 因緣이라한다), 원리一체허망句乙 전도하니(일체 허망한거를 멀리 떠나 굴려 바꾸니), 사비인연하未(연으로 원인함이 아닌듯도 함이), 여피 妄이란자연口ソ尸니(저 망령난자연과 같다고 하시니), 운하개시하사(어떻게 열어야), 불입군사하여(간사한 무리에 들어가지 않아서), 획 진실人 심 묘각명성하리오(참으로 진실한 사람의 마음의 묘각명성을 획득하리오).

능가에, 비록 인연을 설하사, 저들의 망집을 파하였으나, 지금 각성을 觀하건대, 유진자연체하여(참 자연체가 있다하여), 원리도망하면(전도와 망령을 멀리 떠나면), 칙즉 사비인연(인연이 아닌 듯)하고, 급(이에) 이피망집지자연야(저들이 자연이라하는 망령된 집착과 다르다 154
하겠읍니까) 하니, 아난의(아난의 뜻)는, 이금 경 소담 각성(지금 이 경에 말하는 각성이란 것)이, 기즉(이미) 비생멸일거니, 칙즉 사호자연(자연이라 부름과 비슷)하고, 기즉(이미) 비자연일새, 칙즉 사호인연(인연이라 부르는 것과 비슷)하니, 두려워한 말학이, 람해고(외람되게 해석하기 때문에), 특여질문(특별히 질문) 하사오니다.

二. 석(풀어줌)

불고 아난하사, 아가 지금, 이와같이, 방편을 열어 보이어서, 진실고여才乙(진실을 너에게 알렸거늘), 너는 오히려 아직도 깨닫지 못하여, 혹위자연 하느냐. 아난아, 만약 필히 자연이라면, 자수견명하여야(제가 모름지기 가려서 밝혀야), 자연 체가 있다하리니, 너가 또 이를 觀하여, 묘명견중에, 이하위자(어느것으로 자연이라 하리오). 차견 위복이명 위자(이 견이 밝음으로 다시하여 자연이라 하리오), 이암 위자(어둠으로 자연이라 하리오), 이공위자 (공으로 자연이라 하리오), 이색위자(막힘으로 자연이라 하리오). 아난아, 약명위자大 응불견암(만약 밝음이 자연하면 응당 어둠을 보지 못해야) 하고, 약복이공 위자체자 응불견색(만약 다시 공으로 자연의 체라 하면 응당 막힘을 볼 수 없어야) 하리니, 여시내지, 제암등상(모든 어두운 상들)로, 이위자자(자연이란 놈으로)하大, 칙즉 어명시(밝을 때)는, 견성이 단멸 하리才니, 운하견명(어떻게 밝음을 보)리오 . 155

석비자연야(자연이 아님을 해석했다)이니다. 진실지고는 즉 자주三摩地 중 등 문야(진실을 알렸다는 곧 스스로 삼마지에 머무시는 중에 등의 글 이다). 자연은 자기의 체가 본래 그러한 것이라, 칙즉 불수경변(경계의 변화에 따르지 않음)일새, 금개수변하니(지금 다 변화를 따르니), 비자연의(자연이 아니니라) 라.

二. 의동인연(연으로 인한것과 똑같은가 의심함) 二

一. 의(의혹)

아난이 말했다. 필히 이 묘한 견이, 성이, 비자연 이大, 아 가 지금, 이런 연으로 인해 생기는 것을 밝히고 싶지만, 심이 아직은 밝지 못하여, 자순여래(여래에게 물어 자문)하고파 하오니, 이 뜻이 어떻게 인연성(연으로 인한 성)과 합해 지겠읍니까.

사 一{自然} 집 一{因緣} 미자개연(자연이란하나를 버리면 인연이란하나를 집착하니 미혹한 놈은 다 그러)하니다. 156

二. 석(풀어줌)

불언, 너가 인연(연으로 인함)을 말하니, 吾오가 다시 너에게 묻는다. 너가 지금 보는 것으로 인하여, 보는 견성이 앞에 나타났다 하느니, 이 견은 밝음으로 인하여 또 견이 있는 것이냐, 어둠으로 인하여 견이 있는 것이냐, 공으로 인하여 있는 견이냐, 막힘으로 인하여 있는 견이냐. 아난아, 만약 밝음으로 있다면 응당 어둠을 보지못하리구, 어둠으로 인하여 있다면도 같아서, 응당 밝음을 보지못한다.

이와같이 내지, 공으로 인하거나, 막힘으로 인해 이름도至, 밝음이나 어둠에서와 같아야 한다. 또 다음에 아난아, 이 견이 또 다시 밝음을 연하여 있는 견이냐, 어두움을 연하여 있는 견이냐, 공을 연하여 있는 견이냐, 막힘을 연하여 있는 견이냐. 아난아, 만약 공을 연하여 있다면, 응당 막힘을 보지 못할 것이고, 막힘을 연하여 있다면, 응당 공을 보지 못하리다. 여시내지 연하久 명 연한 암至가 동어공木 색木 하니다(이와같이 연한 밝음과 연한 어둠에 이르니 빈 나무와 막힌 나무 에서와 한가지로 如也같다 하니다).

석 비 인-연야ソニ니다(연으로 인한 것이 아닌 둘을 해석했다 하니다). 가물이 위인午(물에 붙음이 원인으로 함이오), 순물이 위연이니(물을 따름이 연이라 하니), 기(이미) 무정취ソ乙士이(정해진 취가 없다 할 사일새), 비인연의(연으로 인함이 아니)라.

三. 첩불직시(거듭 떨치고 바로 보임) 157

당지하라, 이와같이 정각묘명이, 인도 아니고, 연도 아니고, 역시 자연도 아니고, 자연아닌 것도 아니고. 없음도 아니고, 아닌것도 아니고, 없음도 옳고, 아님도 옳다 하여, 이 一체상하고 곧즉 一체법에 走하느니다(일체상을 여위고 곧 일체법에 나아가느니다).

첩불편계하사 직시정각야(거듭 떨어 두루 계산하사 곧바로 보는 것이 정각이라)하리니, 인연 자연 시옳음 비아님 등의 상은, 다 이 망정 (망측한 생각)의 편계(두루 계산하고 분별)이니, 정각묘명才사이에는 본래 이런 일이 없을새, 고로 왈 一체상을 떠난다 하ニ니다. 두루 계산함乙

이미 떠나면, 칙즉 원만함을 이룬 실제의 체가, 촉처(닿는 곳) 마다, 앞에 나타날새 고로 왈 곧즉 一체법이라 하二니다. 조사가 이르기를 단 망령된 연만 여위면 곧즉 여여불 이라 말했고, 또 왈 시비를 이거了(이렇다 아니다를 이미 보내버림을 了달)하고, 시비리入하여 천취(시비속에 들어가서 꽂아 가지라)하니, 이것이 一체상을 여윈 곧즉 一체법의 뜻인 흙土 이라 하느니다. {緣연 鳶연 薦천}

너가 지금, 운하어중(어느 가운데)에, 조심하여(심을 두어서), 이 모든 세간의 희론을 명상이득분별(상이란 이름으로 분별)하려 하느냐. 158

여이수장으로 촬마허공土七하여(마치 손바닥으로 허공을 잡아 흙칠하여 문지르는것과 같아서), 지익자노才丁(다만 스스로 노력만 더할 사이일 뿐이지), 허공이 운하 수여집착(어찌 너를 따라 잡히)이리午.

결상문(위의 글을 결론짓고)하사, 이책체정야(막힌 생각을 꾸짖음이다), 정각엔 불가조심하未 여 허공엔 불가책수라(정밀한 깨달음엔 마음을 둘 수 없음이 마치 허공과 같음에 손으로 따라 잡을 수 없다 라).

四. 인경재변(경을 인용하여 다시 변설함) 四

初. 인경문난(경을 인용하여 아난이 물음)

아난이, 백불언하대, 세존하, 필 묘한 각성이, 비인비연이大(인도아니고 연도 아니라면), 세존하, 운하 상여비구(어찌 항상 비구들과 함께), 선설하사, 견성이 四종연을 갖추었다하니, 소위 인공 인명 인심 인안이라 ソ二入니이七口(둘에 들어 칠하고 하니), 이뜻은 운하(어찌된 거)인고?

불언하사, 아난아, 아설세간에七 제 인연상하나 비제一의라(아가 세간에 모든 인연상을 칠해 설했을 뿐이지 제一의는 아니니라).

연이 생기는 법은, 공으로 원인하여 있고, 밝음으로 원인하여
나타나고, 심으로 원인하여 알고, 눈으로 원인하여 보느니, 159
이에 세간의 이름이 상이니, 제一의라는건 다 희론(놀이하는 이론)이다.

二. 위곡변핵(곡절을 조사하여밝혀 변설함)

아난아, 깨달은吾가 다시 너에게 묻겠노라. 모든 세간 사람들은, 我가, 능히 볼 수 있다 설하는데, 어떤 것을 본다見(견)고 하고, 어떤 것을 보지 못한다不見(불견) 하느냐?
아난이 말하대. 세상 사람이, 일 월 등 광으로 인하여 종종상을 보는 것을 명 본다見고 하고, 만약 이 三종광명이 없으면, 칙즉 볼 수 없다 不見하느니다.

인三종 광 이후에 능견(三종광으로 인한 후에 능히 볼 수 있으)리니, 명 화합상 이지, 진実 견의 체는 아니니, 당연 진実 견을 아는 것은, 비화합상 이라, 연을 따라 생기는 것이 아니고, 경계를 따라 멸하는 것도 아니라.

1)아난아, 만약 무명시(밝음이 없을 때)는 명 볼 수 없는 놈이라면, 응당 어둠도 볼 수 없으리니, 만약 필히 어둠을 본다면, 이는 단
무명土易(밝음이 없는 흙으로 바뀜이지), 운하 무견 이리오(어찌 봄이
없음 < 없음을 보리오). 160

점핵진견야(점차 참견을 조사하여밝혔다) 하리다.

2)아난아, 만약 재암어두울때, 밝음을 보지 못하는 고로, 보지 못한다 이름한다면, 지금 밝음에 있을 때, 어두운 상을 보지 못함을, 다시 또 보지 못한다 이름 하겠느냐. 이렇게 되면 두가지 상을 모두 보지 못한다 이름 해야 한다 라.

역질속정야(세속적인 생각을 거꾸로 물은 것이라) 하리다.

3)만약 두가지 상이, 스스로 상서로 능멸하고 탈취할지언정才丁, 너의 견성이, 중간에, 잠시라도 없어지는 것이 아니다, 이와같이 칙즉 둘乙 아는 것이 모두 이름하여 見(봄)이니, 어찌 보지 못한다 하리오.

순서대로 참견을 나타냈다 하리다. 명암이 스스로 탈취할지언정才丁, 견은 불참무ソ二니(잠시라도 없는것이 아닌둘이니). 이는 곧즉 연을 따라 생기는 것도 아니고, 경계를 따라서, 멸하는(사라지는) 놈도 아니다. {見精也 向八邊中 不邊者 於下文 遣之矣} 161

三. 정명견체(견체를 바로 밝힘) 二

初. 명이연(연을 여윔을 밝힘)

4)시고로, 아난아, 너는 지금, 당지하라.
견명지시에 견비시명이고(밝음을 볼때도, 견이 밝음이 아니고),
견암지시에 견비시암이고(어둠을 볼때도, 견이 어둠이 아니고),
견공지시에 견비시공이고(공을 볼때도, 견이 공이 아니고),
견색지시에 견비시색이니다(막힘을 볼때도, 견이 막힘이 아니다)

명암공색은, 다 연진에 속할새, 각 비견체다(각각 견체는 아니다).

二. 명이상(상을 여읨을 밝힘 < 밝으면 서로상을 여읨) {離緣 細相)

네가지 뜻을 성취하니, 너는 다시 응당 알아야 한다. 견{離相}이
볼{緣, 妄} 때에는, 眞見(견)相 은, 이런 보는것{妄견緣}이 아니다.

{能見眞智可見 眞理以眞 智契眞理之時 - 孤山 云
能月眞智可見眞理以 眞智契眞理之時 妙精明心 - 山云
眞見又妄見之眞見時之眞 見是妄見}

네가지 뜻을 성취하니, 너는 다시 응당 알아야 한다는 것은, 위의
뜻을 결론하여 성취하二고, 다시 아래 글을 일으킨 둘이다. 위에 밝은
견이 이런 밝음이 아니고, 내지 견이 이런 막힘도 아니라하사. 뜻이
이미 성취했다하니, 다음에 또 응당 알아야 한다는 것은, 162
견을 妄견볼 때에, 眞見(보는 것)이 아님이 是(시)옳은 妄견이라 하리니.
대개 명암이 眞견이 아니라는 것을 알면, 칙즉 비록 견의 眞체가 연을
떠났음을 悟(오) 깨달았다 하여刀, 미견土 上大文 眞견 체才니와(아직은
흙을 보아도 위글의 참으로 보는 체의 사이거니와), 妄견을 보는眞見 것을
아는 것은 妄견이 아니거니, 칙즉 견체가 서로상을 여읨을 悟(오) 깨달아,
참으로 眞견체를 보게 되리라.

四. 결책면진(결론적으로 책하여 힘써 나가게함)

견{眞見}이 오히려 妄見보는것을 떠나서, 相見{보}는 것刀, 眞見에 미칠
수 없거든, 어찌 다시 인연 자연 및 화합상을 말 할 수 있으리午.
너희들 성문이 협좁고 하열 무식하여, 청정을 통달 할 수 없어 실상이라
하느니, 吾깨달은오내가 지금 회여(너를 가르친다) 하러니, 당연 잘
사유하여, 무득피태 묘한(피로하고 권태함이 없어 묘한), 보리ㅅ 로를

(보려는 사람의 길=언덕을 넘어 보살로 가는 길=아리랑 길 吏讀 千明)
얻도록 해라.

{見猶離峕不能及蓋 謂真見尙離於見精故 見精有所不能及何況因及至和合木而能及哉清淨究 相即真見也又前之精覚吙(화)明也前擧精覚妙明即拂 盡因緣自緣之計且以戲論分別乎虛空木該責 之而阿難滯情未鮮再 世尊常設因緣以問難由是重拂因緣發明真 見乃復責而勉之可謂 詳且明矣然阿難終於慧目未開覚心未淨故 又起後章之何也}

견의 체란去는, 오히려 보는 것을 떠나서, 보아刀 미칠 수 가 없去니, 하물며 모든 말로서 설함이, 능급재(미칠 수 있으)랴. 연을 여위고, 상을 여위어서, 말로 설하여 미치지 못하未, 이 청정한 실상묘보리로라 163 이른다. 성문은 다만 이름과 상에만 국한하여, 통달할 수 없을새, 고로 면령선사하여 물피권태야 去ソ二니다(힘써 잘 생각하도록 하여 피로와 권태 둘을 말도록 하니다). 전문에 섭적하여(앞글월에 자취를 밟아서), 신몸木과 심마음木의 진과 망ソ士土勿(티끌과 망한 흙이란 물) 인, 의土 재발 정지견(뜻이란 흙이 있음을 바르게 알아 본다)하사, 여래장을 나타내는 둘사이를, 광명(넓이 밝힘)이니, 학자(배우는 놈)가 견体을 보는 것이 밝지 못하고, 각심이 아직은 정(맑지) 못 할새, 고로 아래 글에, 거듭 지혜의 눈을 열어사, 다시 남은 티끌을 맑게하사, 진정으로 하여금 了연(밝혀 분명)하게하二니, 칙즉 여래장의 존재를 목격하리로다.

九. 광명생망중개혜목(눈병의 망령을 넓이밝혀 거듭 지혜의 눈을 열다) 三

初. 아난첩청(아난이 첩을 청함)

아난이, 백불언하대, 세존하, 여불세존(불같은 세존)이, 우리들 무리를 위하사, 인연과 온갖 자연과 제 화합상과 온갖 불화합을 선설ソ二乃(둘울 펴서 설하나), 심마음은 유미개才乙(오히려 아직도 열리지 않는 사이 일새), 지금에 다시 문견견비견하士音口(견을 보는 것은 견이 아니다하는 음을 듣고), 중증미민(거듭 미홀하고 답답함이 증가)하러니, 복원홍자하사 시대혜목하사(엎드려 원하오니 넓은 자비하사 큰지혜의 눈을 베푸사), 개시아등 각심명정하小立(우리들에게 깨달은 마음의 164 밝고 청정함을 볼 수 있도록 열개 하소서), 하고 말을 마치고, 처량한 눈물을 흘리며(비루) 정례하사아, 승수성지 하士來니다(성지를 이어 받잡으려 하사오려니다).

첩전중청야(앞의 첩을 거듭 청했다)하士午니다, 제 화합성은 곧즉 해 달 등불로 인한 연후에야, 있다는거를 보는 놈이오, 불화합상은 곧즉 비人 명, 비人 암, 비人 통, 비 색 이라는 놈이라(사람 아님이 밝고, 사람 아님이 어둡고, 사람 아님이 통하고, 아님이 막은 놈것이라) 다.

二. 불여개시(불이 열어 보여 주심) 三

初. 민중칙청(가련한 중생이 듣도록 하심) {듣게해야 들림 千明}

너들 때에 세존께서, 아난과 모든 대중을 연민하사(불쌍하고 가엾게 여기시사), 대다라니와 제三摩提삼마제의 묘수행로를 장차 부연 하시려龜하사, 고 아난 언하사(아난이 말하도록 알리셨다). 너가 비록 강기하나(기억력이 틔였으나), 단 익다문이午(많이 듣기는 늘었으나), 어 奢摩他 미밀觀조에는 심유미了(사마타를 미세하고 빽빽하게 관하여 비추는 데는 마음이 오히려 아직은 了달하지 못)하니, 여금체청하라. 오당위여에 분별개시하고 역령장래에七 제유루자로 획보리과去리라

(너는 지금 체청하라. 吾가 당연 너를 위하여, 분별개시하고, 역시 장래에 칠할 모든 유루자들이 보리과를 획득하여 가게 하리라).

165

연민자는, 민人가련한 사람인) 모든 유학은 한갖공이란 土흙에 빠져서야 다문하고, 불개土 慧목하여(흙을 열어도 지혜의 눈이 아니어서), 이미도륜전야 ソ二니다(미혹으로 거꾸로 굴려 가는 둘이라)하니다. 대다라니 등은 곧즉 수능정관 이라. 어차능了知(이에 능히 깨달아 알)면, 칙즉 전도한 견망(엎어지고 뒤집힌 보는 망령)이, 무복발생土(다시 발생함이 없다)하여, 축 진 제루(마침내 모든 루를 다)하여, 획보리人과 의(보려는 사람의 결과를 획득하게 되)리다.

二. 변망개시(망을 열어보여 변설하심) 二

初. 총표망본(망령의 근본을 다 표시함)

아난아, 一체중생이 윤회세간이未, 二(두)전도로 말미암은 것은, 분별견망(견과 망을 분별)하여, 당처에서 발생하고, 당업하여 윤전하느니(업을 당해 돌아 구르느니), 운하 二견口, 一자는 중생 별업망견午(한놈은 중생이 별도로 업으로 망령을 보는 것이오), 二자는 중생의 동분망견(두번째 놈은 중생이 똑같이 나누어 망령을 보는 것) 이다.

二 도는 견의 망은 곧즉 동과 별과 二견야(두가지 거꾸로는 견의 망은 곧즉 똑같고 별난 두가지 보는 것이다). 별업은 언 기혹지이니 166 (별업은 일어난것이 혹시 다른가 말함이니), 망축연영하여 미실정견할것 二午(망령이 반연의 그림자를 따라 미혹하여 정견{바르게 봄}을 잃게될 둘

이오). 동업 언 감망소동이니 망수생사하여 륜체본각할새(똑같은 업은 망령을 느낌이 똑같은 곳을 말함이니 망령이 생사를 따라서 본각을 빠지게하여 바꾸게 할새), 유차二見 견망하여 순조망업 할새(이 두가지 봄으로 말미암아 망령을 보아서 차례로 망업을 짓는다 할새), 고로 운 당처에서 발생하고, 업을 따라 보를 받는 것이, 인(사람) 천(하늘) 제취(모든 취) 일새, 운 당업하여 윤전한다(업을 당하여 돌아 구른다) 하느니다. {別業現起或 同業現鹿或造互現也人天聚}

二. 별석망상(망령의 상을 별도로 풀이함) 二

一. 유명(비유로 밝힘) 二

一. 유별업(별업을 비유함) 四

一. 거유(비유를 듦)

운하 명위 별업망견 인고, 아난아, 마치 세간 사람들이, 눈에 적생이 있으면, 밤에 등광(등의 빛)을 보고, 별도로 둥근 그림자가 있어서, 五색이 중첩 하느니다.

눈에 적생이 있으면, 칙즉 등에, 중첩한 색을 보고, 망령이 있는것을 보는 병일새, 고로 경계에 일어난 차별로 疑혹하느니라.

二. 명망(망을 밝힘) 二

一. 즉등견명망(곧 등과 견으로 망령을 밝힘)

어의운하(뜻이 어떠하냐), 차 야 등명에 소현원광(이 밤에 등이 밝음에 둥근 빛으로 나타나는 것)은, 위시등색이냐(이것이 등의 색이라 하느냐)? 위당견색이냐(당연 견의 색이라 하느냐)?
아난아, 차 약등색이大 칙즉 비생인은 하불동견하여(이것이 만약 등의 색 이라면, 적생이 아닌 사람은, 어찌 똑같은것을 보지 못하여), 이차 원영을 유생하니 지觀하口(이같은 둥근 그림자를 적생이 있으니 觀한다 하고), 약시견색이大 견이성색하리才니(만약 이것이 견의 색이라면 견이 이미 색을 이룬 사이 니), 칙즉 저 적생 인하면 견원영자는(저 눈병 있는 사람이면 둥근그림자를 본 것)은, 명위하등하리午(이름이 어찌 같다 하리오).

중첩한 영광이 기비등한 색이고(중첩한 그림자의 빛이, 이미 등의 색이 아니고), 우비견색 이才거丁(또 견 색도 아닌 사이 거정), 唯피견자人면 목생소성(오직 저 보는 놈이면, 눈병으로 생긴바것)이니, 喩차별망견 (차별을 깨우친 망과 견)이, 비 由경하여 기하고(아니어야 경계로 말미암아서 일어났다 하고), 역비근면 기才布(역시 아닌 뿌리면 일어난 사이를 싼 것)이, 개 시중 생면 견병의 소성야(다 이런 무리가 생기면 보는 병의 이루어진 곳것이라)다. {병이라 봄으로 병이 이루어진다 千明}
유생지觀은(오직 눈병으로 觀함은), 위唯유생자견지야(오직 적생이 있는 놈만 본다는 것을 말함이라) 다. 명위하등은(이름이 어찌 같다 하리오 등은), 위 색이 약재근하면(색이 만약 뿌리에 있다 이른다면), 칙즉 등지원영(등의 둥근 그림자)을, 부득명색의 리다(얻지 못하는 이름하여 색이라) 리다.

二. 이등견명망(등을 떠나 보는 것이 망령임을 밝힘)

또 다음에 아난아, 만약 이 둥근 그림자가, 등을 떠나고, 별하여 유한去二면(별도로 있는 둘인 거면), 합방(곁에 붙어있는), 觀 병풍 장막 궤책상 연대자리(를 관해)도, 유원영출(둥근 그림자가 있어서 나와야) 하리午. 이견하고 별유 한大二면(견을 여위고 별도로 있는 데(두 곳)이면) 응비안촉이리니(응당 아닌 것이 눈을 닿는 것이리니), 운하 적생하여 인이어야(어찌 눈병있다하여 사람이어야), 목에 견원영하느了(눈에 둥근 그림자를 본다하느냐).

위는 곧즉 등木과 견하여 기무실체하고(등과 봄이라 하여 이미 없는 실의 몸체이고), 차 리하여 등木 견하여(이것은 여위어떠나서 등이란 나무를 본다 하여), 우 무 정 처하니(또 없음이 정한 처(곳)라 하니), 족지기망의乂(족히 망령임을 알리라).

三. 결현망원(망의 근원을 결론지어 나타냄)

시고로 당지하라. 색이 실재 등에 있다는 것은, 견병이 위영하는 거二다 (본다는 병이 그림자라 하는 둘인 거다). {병은 실체가 없음 千明}.

등이 유人고 색人은 이무영去乙(등이 있는 사람이고 색인 사람은 없는 그림자 거늘), 영이 유목생지위四影이고(그림자가 눈으로 말미암아 눈병이라 하는 것(四影) 이고), 지는 유조이무망커늘(지혜는 있음이 비추므로 없는 망령이거늘), 망이 유견立이 병이 소기니라(망령이 봄이서{봄으로} 말미암아 병이 일어난 것 이니라 < 지慧로 비추면 병은 일어나지 않는다 千明). {四影 色受想行 千明}

四. 了망무체(망령은 무체임을 깨달음)

영 견 구생才丁(그림자와 보는것(妄)이 다 눈병의 사이의 퇸불꽃일새), 견생은 비병이니(눈병을 보는 것은 병이 아니니), 마침내 응당 이것이 등이다 이것이 견이다 말하지 말고. 이중에, 유 비등 비견이니(아님이 등이고 아님이 견이니), 제 두번째 달과 같아서, 아니어야 체라하고 아니어야 그림자라 土七(흙칠)하니. 하이고午(어찌그런고), 제二지觀은 (두번째의 관한거는), 열소성고이니(눌러서 이루어진 것이기 때문이니), 모든 지惠 있는 자는, 불응설하야 언 차열근원이 시형 비형 이견 비견 七니다(이런 누른 근원이 형이다 형이 아니다 견을 떠났다 견이 아님을 칠했다 하고 응당 설하여 말하지 마라 하니다).

{文字互現 外形則見也 非見則形也 牲根元則影月也
形与非与非見皆影月也 非形与月並妄見也 真見体也 離形見也
桐見形也 如來擧比推破性执者正欲引 例阿難 目觀山河木皆是妄
見補注云前分양즉難破 圓影一即燈見二관燈見至 此牒結以顯其妄也
第二月木 又復以喩明重疊結顯使 知妄本無作不應窮詰}

지영이 유견 병지위하면(그림자를 앎이 봄으로 말미암아 병이라 하는 것이면), 칙즉 영여견이 구생병이才丁(그림자와 봄이 다 적생 병 사이의 퇸불꽃이새), 이견생자는 자비병야(적생을 보는 놈은 제가 병이 아니다). 견생자는 곧즉 견체야(적생을 보는 놈은 곧 견체다). 견체가 본來 자무병하면(보는 체가 본래 제가 병이 없다하면), 칙즉 영견지생 (그림자와 보는 적생)이, 개위부망이다(다 떠있는 망령이다).
了불상섭ソ乙士丨(서로相影害 관련이 없다는 것을 깨달았다할새), 고로 응당 집착해 말하지 않고, 이것이 등이다 이것이 견이다 하고, 역시

응당 등이 아니다 견이 아니다 하고 집착하지 않으니. 마치 제
二월과 같아서, 체도 아니고, 그림자도 아니고, 전부 곧즉 허망한
土七乙士丨(흑칠할사이)라. 고로 불응궁힐야(응당 추궁해 꾸짖지도 마라)
니다. 체위진人 월이午 영위수월이라(체는 진짜 사람인 달 이오,
그림자는 물속의 달이라 할 것이라). 170

{是燈是見謂圓影由燈見 而有即緣 因 義也
非燈非見謂圓影離燈見而有即目緣義也
前文已破此重責之故曰今?名誰木}

차眚 역여月(이 적생은 역시 月달과 같아서=이 적생은 월영과 같아서),
시하여(이렇게) 눈이 적생이면 이루어지는 것이니, 지금 무엇을 이름하여
등이라 하고, 견이라 하리오. 하물며 어찌 분별하여 등이 아니고, 견이
아니다 라 하未겠소.

기了 무체하면(이미 체가 없음을 깨달았으면), 하용의심이리오(어찌
심마음을 擬(의)비교할 필요가 있으리午=의심해 사용하리오=쓰리오).

二. 유동분(동분을 비유로 깨우침) 二

一. 광거(넓리 듬)

운하 명 위 동분망견 인고, 아난아, 이 염부제에, 대해수를 제거하고,
중간에 평평한 육지에 三千주가 있으니, 바로 가운데 큰 주를 동서로
괄양去大(찾아서 헤아리건대), 큰나라가 무릇 二千三百ソ口, 그 나머지
소주는 모두 바다중에 있고, 그 사이에 혹 三兩百국 있다 하고, 혹一
혹二乂 지三十 四十 五十 이른다 하니다. {州 島也} 171

二. 국유(구분으로 비유함)

아난아, 만약 다시 이 중에, 하나의 소주가 있고, 지유양국大人(단지 양국이 있다는대 들어가), 유一국인이 동감악연ソ乙士丨(오직 한나라 사람이 똑같이 악연을 느낄 사일새), 칙즉 피소주에乜 당토중생은(저 소주에 칠한 해당 땅의 무리로 생긴 것 들은), 도제一체불상경계하고 (모두 일체 상서롭지 않은 경계를 보고), 혹 두개의 해를 보고, 혹 양달(두개의 달)을 보고, 그중에, 내지 훈적(해무리) 패(월식) 결(일식) 혜(혜성) 패(살별) 비류(류성) 부이(반무지개) 홍예(무지개)에 이르기 까지, 종종악상乙 단 이 나라 국민만 보고, 저 나라人 중생은 본소불견 하고(본래 본바도 없고), 역복불문(역시 또 들어본바도 없다) 한다.

{無漏業 維摩經 佛國品(유마힐 소설경) 시킨 나계범왕과 사바세계
淨名經云 螺髻梵王云 我見釋迦牟尼仴土淨淸 臂如自在天宮
舍利弗言 我見立陵 坑坎荊棘 沙礫土石 諸山穢惡 充滿
於是 佛以 足按地 卽時 三千大千世界 若于百千 珍寶嚴
比姬茬薀 一切大衆 歎未曾有 有啓自身 坐宝蓮華}

불상기分 현(상서롭지 않은 기의 나눔이 나타남)에, 유재지에만 견지 (오직 재앙이 있는 땅에만 보이는 것)은, 내 동업망감야午(이에 똑같은 업의 망령의 느낌이오). 피재무지(저 재앙이 없는 땅에)는, 불ソ久 견土 불勿 문土한 유 유루 경계느니(흙을 본다고 아니하고 흙을 들었다 못하는 비유하면 새는것이있는 경계만 깨치느니), 유망각의 견지 (오직 망령된 깨달음이 보는 것)이니, 곧즉 동업면 망견午(똑 같은 업 이면 망이 보는 것이오 라). 저 무루자는 보는 것이, 본래 청정할 거라 하니, 고로 석가가 화한 토가 현정예지 부동ソ二久(석가가 화생한 땅은

청정하고 더러움이 나타나서 똑같지 않은 둘이라)하고, 제천 반식이 172 수 복덕 이유이야(모든 하늘의 음식이 복덕에 따라서 다름이 있다) 하니다. 훈(무리) 적(해무리) 패(월식) 결(일식)은 일월지재상 야 午(해와 달의 재앙의 상이오). 혜(꼬리있는 살별) 패(터지는패성) 비(날으는별) 류(흐르는 별)는 성진지재상야(별이 나타내는 재앙의 상이다). 부이 홍예는 음양의 재상이다. 악기분이 환일이未 위훈이오(악한 기분이 둥근고리 해이미 무리이오), 일식은 왈 적이니(해를 먹음은 맞는다 말하니), 소위 적견우 일월 지재 야(악한 기운은 둥근 태양의 무리요, 일식은 맞는다하는 것이니 무리요<소위 적과 아군을 맞는 것은 해와 달의 재앙을 보는 것이다). {음악을 연주하고 둥글고 막대같은 것은 훈장이오, 낮에 밥먹는 것은 밤에 공격하려는 敵이니, 소위 적이 우군을 보는 것은 낮과 밤에 달려 있다 - 선덕여왕이 적군의 매복을 꿈해몽으로 안것과 같다. 吏讀 千明}. 패결은 위요기 근일 여 환패 지상할것이니, 성황이 편지 할새, 왈 혜라, 여 혜소야(월식 일식은 요망한 기운이니 해가 가까움에 둥글게 차는 형상 일것이니, 별의 까끄라기가 한쪽을 가리킬것이니 왈 살별이라, 마치 비로 쓴 혜성과 같다.) {*吏讀해석 : 패하였다는 결과 또는 이겼다는 결과는 요기{참으로 먹은 것과} 같으니, 가까운 날에 패하여 땅위에 돌아올 터이니, 그런데 상황이 갑자기 편지하였으니 < 변하였으니 청소 깨끗하게 싹쓸어 없앴구나 千明.}. 황기는 四출일새 왈패이니, 패패연야. 절적이거 하리니, 왈 비오, 광적은 상연할새 왈 류라, 음양지기는 혹 배일하未 여부하고, 방일하未 여이하고, 혹명이 위홍하고, 암이 위예역하느니라. (까끄라기같은 기운은 四방에서 나오니 왈 살별이니, 살살빛나는구나. 자취가 끊어져 가버리니, 왈 날으는 것이오, 빛의 자취는 서로 연결할새 왈 흐름이라. 음양의 기는 혹 해를 등짐이,

빼는 것과 같고, 해의 옆에 있으니 귀고리와 같고, 혹 밝은 것이 홍이고, 어두운 것이 무지개라 하느니라). {*吏讀해석 : 황기라는 약재는 가지가 넷이니 왈가닥 왈패라, 패패로 뭉쳐 걸리적 거리니, 비로 쓸어야 하고, 빛으로 서로 연락하니 흘러 소통되는 것 이라, 간신과 충신은 숨기고 밝히나, 혹 배반 일 수 있으니, 곁에 두던가 없앰이 이와 같고, 편지를 받았을 때 혹 밝으면 홍양기가 음기를 공격함이오, 어두우면 역음기가 양기를 공격하느니라 < 숨은놈이 나타나있는 놈을 공격 하느니라. 吏讀 千明}

173

二. 법합(법과 합함) 二

一. 합별업(별업과 합함) 五

一. 표고(同別二業을 표시하여 알림)

아난아, 吾가 지금, 너를 위하여, 이차 二사로(이 두가지 일을 가지고), 진퇴합명하리라(나가고 물러가며 맞추어 밝히리라).

二사란 놈은, 별法 업 생兪 견과 동분불상瑞야(특별한 法의 업이란 것을 적생병을 비유로깨우친 보는견 과 똑같이 나눈 상서(길한징조)롭지 못함이다). 법과 비유로깨우침은 서로 나타날새 왈 진퇴합명ソ二니다 (나아가고 물러남을 맞추어 밝힌 둘이라) 하니다.

{아닌 것을 못하게 했으니 상서이다 千明}

二. 첩유

아난아, 마치 저 중생들이, 별法 업 망견(별난 法이란 업을 망령으로 봄)으로, 촉등광중七(등의 빛을 보는 중에 칠)한, 소현원영이(나타나는 것의 둥근 그림자가), 수현사경ソ乃(비록 경계와 비슷하게 나타나나), 종 피견자는 목생이면 소성이七(마침내 저 보는 놈은 눈의 적생병이면 칠해 이루어진 것이니), 생은 곧즉 견노일새 비색이 소조이다(눈병은 견이 피로한것일새 아닌 색이 만들어진 것이다). 그러나 견생자는 종무견구(눈병을 보는 놈은 마침내 없는 견의 허물이라) 하니라. {견과 눈병을 따로 보면 마침내 견의 허물이 없어지느니라 - 삼매로 병과 체를 따로 분리해 보면 병은 환상이니 체에 붙은 병이라는 환상은 사라지고 체만 남는다 - 千明}

원영이 무실한 칙즉 사경 이이니(둥근그림자가 없는 실이면 즉 경계와 유사할 뿐이니), 내 견 노 목생소성이土位(이에 눈이 피로하여 눈병이 이루어진 것이 흙이란 자리이니), 비 등색 소조니(등의 색이 만든 것이 아니니), 유별업지망은 구유근하여 기한土位라 비유경야이入乙ソ二니다 (별업의 망령을 깨침은, 허물은 근(눈)으로 말미암아 일어난 흙의 자리라, 경계로 말미암은 것이 아닌 둘로 들어갔다 하니다). 174
수유근하여 기하나(비록 근으로 말미암아 일어나나), 특근지망土位 비견지망이乙土丨(오직 근(눈)의 망령이란 흙의자리이지 견의 망령은 아닌사일새), 고로 왈, 연 견생자는 종무견구 야ソ二니다(그러나 눈병을 보는 놈은 마침내 견의 허물은 없는 둘이라 하니다). 전 운 견생은 비병하고(앞에 눈병을 보는 것은 병이 아니다고 말하고), 차에 운하사 견생자 무견구이라하고(이것은 눈병을 보는 놈은 없음이 보는 둘의 허물이라 말하고), 차 운 본각명인 심은 각연 비생이라ソ二口(다음에 운하사 본래 각의 밝은 심이 연을 깨달았다하는것은 적생이 아닌 둘이라 말하고), 후 운하사, 개 곧즉 견의 생이土位는 비견생자이라 ソ二口(다 곧 견(봄)의 적생이란 흙의 지위는 아님이 눈병이란 놈을 보는 둘이라 하고), 又 운하사대 피견의 정진은 성이 비생자 이라 ソ二니(또 이르사대 저 보는견의 정밀하고 참은 성이 아님이 눈병이란 놈인 둘이라 하니), 개 지견체 야ソ二니다(다 견의 체를 가리킨 둘이라 하니다).

三. 정합(바로 합함)

예四象여(네가지 상에 너를 견주어)보면, 금일(오늘), 이목乙又 觀(눈으로 본다)하면, 견 산 하 국토와 급제중생 去大(산 물 국토와 이에 모든 중생이 보일 건대), 개 시 무시如目眚 견병無明 소能根성이니(다 이런 시작없는 눈의 적생 같은 눈병인 무명{없음이 밝음}으로 뿌리를 이룰 수 있는 것)이니, 견八 牒顯祥幹境여 견所 연은 사현전경ソ乃(봄을 나눈것과 첩앞에서 나타낸 상세한 줄기의 경계와 함께 보이는 것을 반연한 것은 앞에 유사하게 나타나는 경계라 하나), 원아각八識 명면(원래 아의 각인 八식이 밝으면) 견8 소見 연(보임을 나눈 견이란 것을 반연)하는, 생(눈병)이니, 明각木 能견8木은 곧즉 생이午(밝은깨달음과 볼 수 있는 견을 나눔이 곧 적생 이오), 본각명심이 真각8 연ソ는去士인 비생이다(본각명심이 참 깨달음을 나눈 반연하는 거사인{것인} 아닌 적생이다).

唯吾本覺明心 覺諸緣者非眚也 本覺如好眼 覺明如眚眼 眼境如燈影也

기 계가 무실하여(기계의 계가 실제 없어서 = 없음이 실이라 하여), 역 사하니 경 이이니 (역시 비슷하니 경계일 뿐이니), 내 무시七 견병의 소성이다(이에 시작없이 칠한 눈병으로 이룬 것이다), 비 전경의

소조이乙士丨(앞의 경계가 지은 것이 아닌 이을사일새), 고又(때문에로)
왈, 원來 아가 각명의 견 소日ㄹ연이라하는 생야ソ二니다 175
(원래 아의 각명이 보는 연한 것일거라 말하는 적생이란 둘이라 하니다).
견木과 여견의 연은 지 망심根木 망경야ソ二니(봄과 봄과 함께하는
반연은 망령의 심근과 망령의 경계인 둘을 가리킨다하니),
수사유ソ乃(비록 비슷함이 있다하나) 이무실(없음이 실)하여, 원來 칙즉,
아의 각명의 견 소日ㄹ연하는(아의 깨달음의 밝음을 보는 것일거라함을
반연하는), 적생 일뿐이니, 이러한 적생이, 아님이 다르다, 단 있음이
각이고, 있음이 견이未, 곧즉 적생이란 병이니, 소위 지견에 입지하면
(앎을 봄에 선 것을 알면=앎을 세우면), 곧 무명의 根본元이라.
연이乃(그러나), 이것은 오직(특) 각명의 망령이다. 비본각지망이乙士丨
(본각의 망령은 아닌 이을사일새) 고로, 왈 본각명심이 각연하는것士(본
깨달음의 밝은 마음이 깨달음을 반연하는 흙이라는것도), 비생야ソ二니다
(아님이 적생이란 둘이라 하니다). {적생은 눈에 핏발선 것이다}

{此中法喩大意 目 喩第七識, 眚은 喩人法二執, 燈 喩第八識, 五影
喩五途依正也. 圭峯 云 燈喩識者 燈若膏油 相續不絕 識이 依貪愛
生死 無休 我執法執 如眚 目有眚則於燈 見五色圓影 意有二執則於境
見五途依正 所感 差別故 元別業. 若無眚者 但見燈光 無執人 但見喩識
이 중에 법을 깨우친 대의는 눈은 제칠식을 깨우치고, 적생은 사람과
법의 二둘에 집착함을 깨우치고, 등은 제八식을 깨우쳐서, 五影은
바름에 의지하는 다섯가지 길을 깨우침이라. 규봉이 말하기를 등을
식에 비유한 것은 만약 등이 기름과 등유에 상속하여 부절하니 식이
탐욕과 애욕에 의지하여 생사가 무휴하니 아집과 법집은 적생과 같아서
눈에 적생이 있으면 칙즉 등에 五색의 원영이 보이고 뜻에 二두가지

집착이 있으면 則 경계에 五도의 의정을 보게되어 느끼는 것에 차별이 생기는 고로 별업이라. 만약 적생이 없는 놈은 단지 등광만 보여서 집착이 없는 사람은 단지 깨달은 식만 보인다. 瑜伽心印 p 348}

四. 첩답(답하는 첩)

각 소曰 각은 생午(깨달은 것일것을 깨닫음은 적생이오<태우는 것을 깨달으면 삶이오 音 吏讀). 각은 비적생중다(깨달음은 아님이 적생의 가운데 다) 이것이, 실로 견을 봄이니, 운하 복 명 각 門自 지 견人 (어찌 다시 깨달음이라 이름하여 자기문을 앎이 보는 사람이라)하리午.

소각(깨달아야 할 것<태울 것 吏讀)은, 곧즉 一체 가견 지경야(일체를 볼 수 있는 경계라). 각 가견 지경하未(볼 수 있는 경계를 깨달았다 함이), 개의생병(다 적생이라하는 병)이午, 이런 각성은, 비추생중이니 (아님이 적생 중에 떨어지는 것이니), 곧즉 비가견지경의(곧 볼 수 있는 경계가 아니므로)라. 견차비가견자가, 곧즉 실견견야니, 176
진견여시去니(이런 아님이 볼 수 있는 놈을 봄이, 곧 실로 견을 본다니, 진견은 이와같거니), 어찌 또 각(깨닫고) 문(듣고) 지(알고) 견(봄)으로, 적생 중의 일을 이름재{불러서 말하} 리오.

五. 결고(결론을 알림)

시고로, 너가 지금, 아 와 너 와 제 세간의 十류 중생을 본다하느니, 개 곧즉 견의 생位 비견생자(다 곧즉 봄의 적생의 위치인 것이지 아님이 적생을 보는 놈이)다. 피견의 정진은, 성비생자일새 고로 불명견(저 보는 정밀한 참은, 성이 아님이 적생이란 놈일새 때문에 견이라 이름하지 않는다<아님이 이름하여 견이다)하니라. {四大文離相見結也}

개 곧즉 견의 생이 土位 비 견생자이라勿로(대개 곧 봄의 적생이 흙의 위치인 아님이 적생을 본 놈이라 하므로), 언가견지법은 개 곧즉 생병이라 비 시 견의체니(법으로 볼 수 있다고 말함은 다 곧 적생병이라 아님이 이런 견의 체이니), 저 견의 진実한 체는 본來 적생류가 아닐새, 고로 견이라 이름 못하二니, 차는 결견이 비시견二 야 하二니다(이것은 결론으로 견(봄)이 아님을 이런(옳은) 견二인 둘이라 하니다).

二. 합동분(같은 분에 합함 二

一. 첩유(깨우치는 첩)

아난아, 마치 저 중생이, 동분망견乙又(똑같이 나누어 망령을 보는 것으로), 예 피망견별업七 一인大건大(저 망령을 특별한 업을 칠해 보는 한사람을 예로드는 것과 같다건대). 177

一병목인이 동피一국하고(하나의 병있는 눈 사람이 똑같이 저 한 나라라 하고), 피견우又 원영 생망소생(저 보므로 둥근 그림자인 적생이란 망령이란 것이 생김)과, 차중 동분七 소현 불상瑞가(이런 무리의 똑같이 나누어 칠한 것이 아닌것인 상서가 나타남)이리니, 동견 업중에칠(똑같이 보는 업중에칠한), 장病 악의 소 기又로(장병과 악한 거시 일어난 것으로)니, 구 시 무시七 견망소생이니다(모두 이런 없음이 처음에 칠한>{시초없는} 망령이 생겨난 거시니다).

*장병 : 산천에서 덥고 축축하여 생기는 병과 나쁜살기

{進同 例別退別 例同進 例於法退 例於喩此法 喩進退反現也}

{引別業喩者自俠至實故也}

인별업하사(2 따로지은 업을 인용하사<1 끌어온 별도의 업이라 하사) 예동분ソ二久(견주어 똑같이 둘을 나누고), 인생망하사(적생의 망령을

끌어사) 예장악하사(장의 악함에 견주사), 이명 망업이 수이ソ乃 망의 根본源 은 불수土한入乙ソ二乙土丨(밝혀야할 망업이 비록 다르나, 망의 근본원 은 다르지 않은 흙으로 들어갈 둘의 사이인) 고로, 왈 구 시 무시 견망 소생(다 이 시초없는 견의 망령에서 생긴 것이라 말한다) 하리다.
{上文進退合明之義 於此現也 如彼木文進同別也 病目木文退別例 同何故 你此倒耶 答由別業中 引目眚爲喩現妄 則易目眚見影 人皆應苦 同分中引二瘴惡爲喩現妄 則難以因瘴都相事 皆如實故 佛意現同分之妄故 有進退合之說也} (너 爾尔이你니)

二. 정합(바른 합)

上一国人을 例(견줌)는, 염부제의 삼천주 중과, 四대해와, 사바세계와, 十방七칠한 것으로부터 아우른幷 모든 유루 국(새는 것이 있는 나라)과 모든 중생去ㄴ大, 同똑같이, 이 각명 무루 묘심이 견 문 각 지하여(보고 듣고 깨닫고 앎)하여, 허망한 병과 연하므로, 화합하여 망령이 생기고, 화합하여 망령이 죽는다 이니다. {병과 생사를 밝힘} 178

위에서 한 사람으로 한 나라를 견주고, 이에서는 한 나라로 대 千을 견주사, 합하여 나타나는 기계와 근신이, 무비견병의 화합하여 망기야 이入乙ソ二니다(없음이 견병이 아님과 화합하여 망측한거시 일어나 들어갈 둘이라 하니다). 각명 무루 묘심(샘이 없는 묘한 마음심을 밝히는 깨달음)은, 곧즉 진참에 의지ソ여立(하여서) 기 망자이다 (일어나는 망측한 거시다<죽은 놈을 일으켜 세운다 이다).

三. 거요결답(요약하여 결론지어 답함)

약능원리 제화합연과 급불화합하고(만약 모든 화합하는 연과 및 화합하지 않는것을 멀리 여윌 수 있고), 칙즉 복 멸제 제생사인하여(다시 모든 생사의 원인을 멸하여 없애어서), 원-만 보리하야 불 생-멸의 성이 청-정한 본심하여, 본각이 상주 하리다. {此本覺余塵重破}

모든 화합하는 연은 곧즉 경계로 인하여 일어나는, 망념(上曰業)과 추상(거친 상)이五. 불화합자는 곧즉 이연탁증하는 법이란 (上別業)집七 세상(연을 떠나 탁함을 증하여 법이란 (위의 別業에)집착함에 칠한 세밀한 서로상) 이니, 이上二는, 다 모든 생-사人의 원인이니, 능虧菩提휴보리하여(능히 풀나서있는 입구로 끌어 이지러지게 할 수 있어서), 생멸이 일어나고, 오정심하고(맑은 심을 더럽히고), 륜본각ソ乙士丨(본각을 빠지게할 둘의 사이일새), 고로, 멀리 여윌 수 있으면, 칙즉 원만하고 청정하여, 본각이 상주하리다. 이 장이, 처음 아난의, 청하여 개혜목하사 사각심乙又 명정고又로(지혜의 눈을 열개하사 각심으로 하여금 청정을 밝히기를 청했기 때문으로), 이에 결하여 답ソ二니(결론으로 둘을 답하니), 내개혜목하고 청각심지요야 (이에 지혜의 눈을 열고 청정한 本각심을 요약했다)하리다.

三. 재정여진(남은 티끌을 다시 밝힘) 二

一. 첩의(첩을 의심함)

아난아, 너가 비록 먼저 깨달은 본각묘명이, 성이 비인연이고, 비자연성ソ乃하나, 오히려, 미명여시각원이(아직 밝지못한 이와같은 깨달음의 원이), 비 화-합으로 생기고 불 화-합 한다 하니다.

{前 我難舒云 諸和合相 及 不和合心 猶未開 故 今 牒之}

각원은 자 본각이출하느니(본각으로 부터 나오니), 곧즉 시각비로소 각야.
아래에 소위, 증 보-리 한(풀나 서있는 입구를 끌어 올랐다 말하는)_
심자(마음이란 놈)는 이것이라. 전에 어묘한 명이 본각에 의 동 인-연
자연할새(앞에서 묘하여 밝음이 본각에 똑 같은 원인을 연한지 제가
그러한지 의심할새), 기 여변질 ソ二乙(이미 함께 변설한 질이 둘이
같다한글), 이 미명 증도한(아직도 도를 증해 밝히지 못한), 시각이
비화합생(비로소처음의 깨달음이 화합으로 생기는 것도 아)니고,
급(이에) 불화합(아님이 화합이라) 하니, 이것이 각심이라하는,
여진고로(남은 티끌이기 때문에), 재여변지하사 사명정야去ソ二니다
(다시 함께 변설하사, 청정한 둘을 밝히도록 한 것이라 하니다).

180

二. 변정(청정을 변설함) 二

一. 거망정(망령한 생각을 듦)

아난아, 吾가 지금, 또 전人(앞사람)의 티끌로, 너에게 묻겠다. 여금
유一체세간七 망상乂 화합한 제인연성乙乂 이자의혹하대 증보리한 심이
화합하여 기자다(너는 지금 오히려 一체 세간에 칠한 망상으로 화합한
모든 연을 원인한 성으로 스스로 의혹하대 풀난 언덕을 보려고 증한
마음이 화합하여 일어나는 놈것이다) 하느냐.

二. 정여변(바른것과 변설) 四

一. 변비화(화가 아닌것을 변설함) 五

初. 총문(다 물음)

칙즉 너가 지금 놈에 묘하고 정한 견정이, 밝음과 화한 것이냐?
암어둠과 화한 것이냐? 통함과 화한 것이냐? 색(막힘)과 화한 것이냐?

설함이 있어야 화라는 것이면, 곧즉 섭망五 진(망령의 다섯 티끌을
건넘)이니, 불명 묘정(아님이 이름한 묘하고 맑다)이리다.

二. 별변(별을 변설함)

만약 밝음과 화를 七칠한 놈이大, 또 너가 觀이 밝다하여, 당연 밝음이
앞에 나타난다하건大, 하처가잡견(어느곳이 섞여 보인다) 하了료? 견과
상才는 가변才二니(봄과 서로상사이는 변설할 수 있는 둘사이니), 잡한去二
하형子 상口(잡놈과 吏讀 섞인거 둘이 어떤 형의 아들이란 상 인고)? 181

견木과 상木은 위 견木과 여명한 상木 八(견인 나무와 상인 나무는
본다하는 나무와 함께 밝은 상의 나무를 나눔을 이름)이다.

三. 반변(반대로 변설함)

약비견合七 자이大 운하견명이고, 약즉견자이大 운하견견이리午(만약
아님을 견과 합해 칠한 놈이면 어찌 견을 밝다하고, 만약 견만 놈이면
어찌 견이어야 보리오).

명이 약비견이大 불능한 견土別異하여, 명이라ソ二니, 차는 의 약 상잡야
(밝음이 만약 견이 아니라면 볼 수 없는 특별히 다른 흙을 본다하여,

밝은 둘이라 하니, 이는 마치 서로 섞인가 의심한다) 라. 명이 약 곧즉 견이大, 수위능견리午ソ二니(밝음이 약 곧 견이면 누가 볼 수 있는 둘이오 하니), 우비잡의라(또 아님이 섞였다 라). 이 장은 개 명下 부진환상이 一무실체 하여, 불용궁子 힐이入乙ソ二니다(이 장은 다 밝음아래 떠있는 티끌의 환상이{거짓된 서로가} 하나도 실체가 없다하여, 용모를 추궁해 끝까지 따져서 물을 수 없다<못할 모습의 궁자를 따져 들어갈 수 없는 둘이라) 하리다. {妙法蓮華經 信解品 窮子}

필 견이 원 만土이大, 하처에 화 명하고, 약 명이 원 만이大 불 합 견에 화니다(필히 견이 둥글고 가득한 흙이면, 어느 곳에 밝음을 화하고, 만약 밝음이 둥글고 가득하면 1 아님이 만나 견에 화하니다 2 見이(봄이 봐도) 화{목}을 만나지 못했을 것이다 3 봄에 꽃과 나무를 보지 못했을 것이다 吏讀 千明). {見疲明雜豈得名 見明被見雜豈得名相}

유견木 여명(견이란 나무와 밝음을 함께 사유)함이, 체필원만이大(체가 필히 원만이 가득함이면), 불합상화이니(아님이 만나 서로 화이니), 개 화하면 칙즉 간잡이라 비원만의라(대개 화하면 칙즉 사이에 섞임이라, 아니어야 원만해 지리라). 182

四. 결성(결론을 이룸)

견이 필 이명할새, 잡人 칙즉 실 피성 명 명자人 하리니(견이 필히 밝음과 달라야 할새, 섞인 사람은 즉 저 성이 밝다하는 이름인 사람을 잃었다)하리니, 잡이未 실大 명성이 화명이未 비의니다 (섞였으면 이미 잃었음이면 밝은 성이 밝음과 화함 이미 옳은 이치가 아니다).

첩상하사(첩의 위는), 결성비화야ソ二니다(결하여 이룸은 아님이 화했다는 둘이라 하니다). 견기이명ソ乙士丨(견은 이미 밝음과 다른 사일새), 만약 화하여 이잡지면 칙즉 실피묘정성한 명하리니(화하여 섞이어지면 즉 저 묘한 청정한 성이란 이름을 잃는다 하리니), 정비여명木 화土 의(정해진 아님이 함께한 밝은 나무는 화한 흙이라) 하리라.

五. 예명(견주어 밝힘)

저 어두움과 통함, 모든 막힘의 무리들도, 역시 또 이와 같다하니다.

아님이 밝은나무와 함께 화함을 알면, 여개비야(나머지도 다 아님이라)다.

二. 변비합(합이 아닌것을 설함) 四

初. 총문(다 물음)

다시 다음 아난아, 또 너가 지금 놈이란 묘한 청정한 견정은 밝음木과 함께 합한 것이냐? 어둠木과 함께 합한 것이냐? 통木과 함께 합한 것이냐? 막힘木과 함께 합한 것이냐?

화자는 잡거 이불변土 이午(화란 놈은 섞였다고 변명하지 않는 흙이午), 합은 칙즉 부이불리土 다(합은 칙즉 붙어서 떨어지지 않는 흙이다).
{和義如水合土今明 合義如若合函}

二. 별변(별을 변설함)

약명木 합土 자이大 지어암시는 명상이 기멸ソ乙土丨(만약 밝은 나무와 합한 흙이란 놈이면 어두울 때는 밝은 서로상이 이미 없어진 사일새). 차 견이 곧즉 불여제암木 합才二니 운하견암리오(이 견이 곧 아니어야 모든 어두운 나무와 함께 합할 둘 사이니 어찌 어둠을 보리오).

합하면 칙즉 불이ソ리乙土丨(합하면 즉 떨어지지 않을사이라 할새) 고로 명상이 멸시(밝은 상이 멸할 때)는, 견역수멸이乙土라(견도 역시 따라서 멸할 土흙이라), 불복합土 암木ソ呂니月(아니어야 다시 어두운 나무와 합할 土흙이라 하여질달이다).

三. 반변(반대로 변설함)

약견암시에 불여암木 합이大, 여명木 합자刀 응 비 二月仗 견土 명乂 (만약 어둠을 볼 때 어두운 나무와 함께 합하지 않는다면, 밝은 나무와 함께 합하는 놈도 응당 이월도처럼 흙을 보지 않아야 밝음으로), 기불견土 명하면 운하명木 합이라하고, 了명 비암이入乙ソ了(이미 아님이 흙을 보아 밝다면 어찌 밝은 나무와 합했다 하고. 밝음을 료달해 아니 어둠이 들어간다 하료 < 비암=뱀임이 들어가겠느뇨 {창세기} 吏讀 千明)

약불합土 암木하여 이능견암하면(만약 흙과 합하지 않은 어두운 나무라 하여 어둠을 볼 수 있다면), 칙즉 여명木 합시에刀 응불견土 명乂(밝은 나무와 함께 합했을 때도 응당 흙을 보지 못하는 밝음이)로다, 184
연이乃 기불견명하면 운하 언여명木 합이다하고(그러나 이미 밝음을 보지 못하면 어찌 밝은 나무와 합했다 말하고), 운하 료知하여야 명의 비암야이入乙ソ了(어떻게 앎을 깨달아야 밝은 어둠이 아니라(비암=뱀이)

말해 들어간다 하료). 합의 불성ソ乙士丨 칙즉 증 보리 심이 비화합乙又 기士 명의又(합한단 뜻이 이루지 않을 사이는 즉 보리를 증득한 심이 화합으로 일어난 것이 아님이 명백하다<풀난데 서서 입구를 언덕을 끌어 올랐다고 말하는 마음이 화합이 아님으로 일어났다 라 吏讀).

四. 예명(견주어 밝힘)

피암木 여통木 급-제 군색이 역부여시하니다(저 어둠과모 통하모 및 모든 막힘의 무리도 역시 이와같다 하니다<저 어두운 나무와 함께 통하는 나무에 미치는 모든 무리의 막힘이 역시 이와같다 하니다).

{前七處四性都未涉 真但破第六識心分別 計校合自然木皆依覺 性破妄顯真微密觀照於炊見矣}

三. 변비비화(화가 아닌것도 아님을 변설함) 二

初. 기의(의심이 일어남)

아난이 백불언 세존하, 마치 아가 사유하기로는 이 묘각의 근원이 함께하는 모든 연진八(반연의 티끌을 나눔)과 심의 념 려(느낌과 걱정)가 화-합해 七칠함이 아닌가 합니다.

차 우 사一하고 집一 야(이는 또 하나를 버리고 하나를 잡았다)하니다.

二. 정변(바른 변설) 四

初. 총문(다 물음)

불언하사, 너가 지금, 또 각이 화-합이 아니냐 하고 말하느니,
吾(깨닫도록) 다시 너에게 묻는다ソ又하려이. 이 묘한 견-정이 화합한 놈이 아니라면 밝음과 화하지 않았느냐? 어둠과 화하지 않았느냐? 통합과 화하지 않았느냐? 막힘과 화하지 않았느냐? 185

二. 별변(별을 변설함)

약비명木 화이大 칙즉 견 여 명이 필유변반하리니(만약 밝지 않음모로 화라면 즉 견과 밝음이 필히 변반(지경, 경계)이 있어야 하리니), 여차 체관하라 하처가 시명하久 하처가 시견口 재견재명하여 자하위반口 (너가 또 자세히 觀하라. 어느곳이 밝은것이고, 어느곳이 견인고, 견이 있고 밝음이 있다하여 자연 어디를 반이라 하릿고) ?

화하면 칙즉 똑같으므로 반이 없다하口, 비화(화가 아니)면 칙즉 다를새, 고로 필히 반이 있다하리재乙, 또 반을 구하여刀 부득이라土니(얻지 못한다하사니), 비비화의又(화가 아닌것도 아니라).
{견과 밝음은 같이 있으나 찾아서 구분할 수 없으니 아닌것도 아니다}

三. 반변(반대로 변설함)

아난아, 만약 명제(밝음이 만나는 부분) 중엔, 필히 견이란 놈이 없음이大, 칙즉 불상급(서로 미칠 수가 없)乙土丨, 제가 그 밝은 상이 있는 곳(소재)을 알지 못하戶니, 반두둑이 어떻게 이루어 진다 하리오.

상급하여야 내 유반하느니(서로 미처야 반이 있는데), 반의 불성(반의 뜻이 성립하지 않)하니, 비비화 야(화가 아닌 것도 아니)라.

四. 예명(견주어 밝힘)

저 어둠木과 통함木과 및 모든 막힘의 무리가 역시 이와같다하니다.

四. 변비비합(합이 아닌것도 아님을 변설함) 三

初. 총문(다 물음)

또 묘한 견정이 비화합자이大(화=합한 놈이 아니라면), 밝음木과 합하지 않았느냐? 어둠木과 합하지 않았느냐? 통함木과 합하지 않았느냐? 막힘木과 합하지 않았느냐?

二. 별변(별을 변설함)

만약 밝음과 합하지 않을 진대, 칙즉 견과 밝음의 성이 서로 괴각이未(어긋난 뿐임이), 마치 귀와 밝음木이 서로 접촉하지 않음을 깨닫음과 같아서 보아刀 또且 부지명상소재하리才니(밝은상=명상=밝음이 서로 있는곳을 알지 못할사이니, 하 견 명합木 비합八七 리하리午(어찌 합한 나무를 밝혀 합하지 않음을 나누어 칠할 이치를 가려내리오).

{非和約體不明入故 以除畔推之非合約 性自差別故

以乖角破之是和親合甄耳}

합한 것이 아니라하면, 칙즉 근八 경八이 괴배하여(어긋나게 등져서), 이미기 밝음을 알지 못하고, 역시 불현견(견을 나타내지도 못)하리니, 二체가 이미 없才니(없는 사이니), 종하하여(어디로 부터), 견刀(살펴 칼질)해, 별 합木과 비木人 합土의 이치야(나무와 합함과 나무 아닌사람과 합한 흙의 이치를 구별)하리오. 187

三. 예명(견주어 밝힘)

저 어둠木(나무)과 통합八(나눔)과 및 모든 막힘의 무리도 역시 이와 같다 하니다.

위는 다 정하고 묘한 견정에 의지하사, 견불정진야ソ二니다(정의 티끌을 떨쳐 보낸 둘이라 하니다). 자권초(책의 처음부터)하여, 발명각성하사(각성을 밝히사), 광변진木 망木 ソ二夂(참과 망령 둘을 넓리 변설)하고, 내지 중개혜목 하사(지혜의 눈을 거듭 열어사), 재정여진하二乙(남은 티끌을 재차 맑게하여 둘을 이어), 지차(이에 이르러), 신심이 세락하고(씻기어 떨어져 나가고), 진망乙 양망하니(참과 망령을 둘다 없앴으니), 사가현시 여래七 장성하여(이제 여래가 와서 칠해(칠대의) 장성을 나타내 보일 수 있어서), 근 진 처 계를 알게하심이, 법법이(법마다), 원명하고, 물물이 현현이니(드러나 나타남이니), 시위조오수증乙대본야(이것이 깨달음을 내어 닦아 증거할 큰 본이라).

{此 見道 견도분 二 卷初 問答 發明 十一 科目來 十二處 十八界 融同一 … 莊性...解次幷 下一科 二道 掄中道}

十. 즉제근진현여래장(곧 모든 근진이 여래장을 나타냄) 二

初. 괄전총현(앞의 것을 다 묶어 나타냄)

아난아, 너는 오히려 아직도 土흙을 밝히지 못하여 一체 부진 제 환-화-상의 당한 처에서 출생하고 수처멸진(처를 따라 멸을 다)한다 188
하느니, 환망은 상이라 칭하니와, 그 성은 진위묘각명체 니, 여사 내지 五음六입八(을 나눔)이, 十二처 부터, 十八계 까지, 인연이 화합하여, 허망으로 생이 있다하고, 인연이 별리하여 허망으로 명멸(이름이 없어진다)하리니, 수-불 능-지 생하고 멸하는(비록 알 수 없는 생하고 멸하는), 거래가(가고 옴이), 본来 여래人 장八(같이 온 사람의 장을 나누어), 항상土 주(흙으로 머무른다)하고, 묘하여 명하고, 부동하고, 주원(두루 원만)한 묘한 진여성七(참 같은 성을 칠함)이라. 성이 진상중(참으로 항상한 가운데)에, 거래(가고 옴)와 미오(미혹함과 깨달음)와 생사를 구하여끼, 了무소득(없음이 얻는 것임을 깨닫는다) 하니다. {이름은 없고 묘진여성의 여래장만 있음이라 千明}

명(밝음)八 암(어둠)八 통(통함)八 색(막힘)八 합八 비합八七{합아님을 나누어 칠한} 이치가 다 소위 부진 환상(뜬 티끌의 허깨비 상)이니<{칠한 것이 일어나 떠서 吏讀}, {이 뜬 티끌이)화합하여 망령이 일어나고, 화합하여 망이 멸할 새, 고로 왈 당처에서 출생하고, 처를 따라 멸진 하二니다, 본래 없고 있음이 생기고, 역시 없음이 화합하면, 칙즉 환망은 서로상이라 칭할 뿐이다. 환이 무자성하여 의진이립이未(환상허깨비는 없음이 제가 성이라 하여, 진에 의지해 서는것이미), 189
마치 꽃이 허공에서 일어나 土七(흙칠}하여, 전체가 곧 공이고, 마치

거품(포)이 물에서 생긴 壬七(임시로 칠<壬물의 七大)하여, 전체가 곧 물이乙士ㅣ, 고로 왈 그 성이 真実人{참 사람}인 묘각명-체 둘이라 하니다. 근취제신하고(가깝게는 모든 몸에서 취하고), 원취제물去大(멀리는 모든 물에서 취할것이대), 막불개연 하乙士ㅣ(다 그러하지 않은 것이 없다 할새), 고로 왈 이와같이 내지(여시내지) 등 이니다. 여래 藏(장)이란 놈은, 당인의 법신 묘성야(해당 사람의 법신의 묘한 본성 이라) 하니. 의과 이칭하사(결과에 의지하여 일컬어사), 왈 여래 이고, 함섭중덕乙(모든 덕을 머금어 다스려 가지고 있는 것을) 왈 藏(장)이午, 미상거래乙(일찍이 애당초 가고 옴을 맛본적 없음을) 왈 상주(항상 머무름)이午, 암이 불능혼乙(어둠이 능히 어둡게 할수 없음을) 왈 묘명이午, 불수생멸乙(생멸을 따르지 않음을) 왈 부동이午, 무불편족乙(두루함이 없는 만족을) 왈 주원이午, 묘한 만물하여(묘한 만물이어서), 이지신하고(신비함에 이르고), 성一체하면 이불이乙(성으로 일체<하나를 끊은 몸이면 다르지 않음)을, 왈 묘한 진여성이라 (말)한다. 능견시성하면 칙즉 미木 오土 생木 사木乙 了불가득의(이러한 성을 능히 볼 수 있으면 칙즉 미혹한 나무와 흙을 깨달아 나는 나무와 죽는 나무도 아님이 얻음을 깨달으)리라. 묻대 진상한 지성(참으로 항상한 성)은, 인인 본來 구하여(사람마다 본래 갖추어서), 기즉 무 거와 래와 생木 사이大(이미 없음이 가고 옴과 생과 사이면), 내하乂 금지실유야午(어찌 하러 지금은 실로 있음이오) 하니, 왈 부진상하면 칙즉 유去니와(참 항상하지 않으면 즉 있다하거니와), 진상하면 칙즉 불유의七(참되고 항상함은 즉 있지 않게 칠한 七대라) 하느니, 비지 공八 수거大(비유하면 허공을 나눈 물이건대), 눈이 병하면 칙즉 꽃하고(되고), 풍이 격하면 칙즉 포(바람이 치면 즉 거품이라)하느니, 개 기진상재(어찌 그 참되고 항상하재)리午. 약 청명하고 징정(만약 개어서 밝고 맑고 투명)

하여야, 내위진상(이에 참으로 항상하다 이르는 것)이니, 어명심중에 정하면 구화포 부乙(밝고 맑음중에 고요하면(정이) 꽃을 구하거든 거품이란 범부를<입으로 포부를 말하여 吏讀), 하소득(어찌 얻는다)하리오. {원대한 포부란 거품을 이르는 범부라 千明}. 능심호차면 불의성언하리니 (이를 세밀하게 불러 볼 수 있다면 성인의 말을 의심하지 않으리니), 유 무재了 환망하여 이복진상야(오직 힘써 환망을 깨닫는 데 있음이 참으로 항상함에 돌아감이라) 니다.

二. 수사별명(일을 따름을 별도로 밝힘) 四

初. 즉 五음 명(곧 五음을 밝힘) 二

初. 총 징(다 부름)

아난아, 운하 五음이 본여래장 묘진여성 인고?

색수상행식 五자가(다섯놈이), 성체하여 음폐 묘명 할새(체를 이루어 묘한 밝음을 그늘로 가릴새) 왈 五음이라.

二. 별명(별도로 밝힘) 五

一. 색음 三

一. 의진기망(참에 의지하여 망을 일으킴)

아난아, 비유하면 어떤있는 사람이, 청정(맑고 깨끗)한 눈乙又으로, 청명한(맑고 밝은), 허공을 觀할적에, 유일청허空(오직 하나의 맑은 허공)이, 형 무소유하여可(멀리 있는 것이 없어가), 기인이 무고하丁(그 사람이 아무런 까닭 없거정), 부동妄心取着 土 목청하여(움직이지 않고 망심이 흙을 집착하여 눈 동자로서), 징이발노(바로 쏘아보아 피로를 발)하면, 칙즉 허공에서, 별견광화하고(특별한 흩날리는 꽃을 보고), 복 유一체 광난비상하리니(다시 있는 하나가 끊어져 미쳐 날뛰는 상아님이 있느니), 색음이 당지하라 역부여시(색음이 당연 이와같음을 알아라) 하니다. {水淨風生浪 天靑雲致陰 堅固}

정목과 청공(淨맑은 눈과 갠 허공)은, 유정지로 觀묘성(맑은 지혜를 깨치므로 묘한 성을 觀)하리니, 고로 형(아주달라) 무소유(없음이 있는 것이다) 하니다. 노목화공(피로한 눈에 허공의 꽃)은, 유망인이 연환색(허망한 원인을 깨침이 허깨비같은환을 반연한 색이라) 하리니, 고로 별견광상(특별히 미친 상을 보았다) 하느니, 차 색-음소기야(이것은 색음이 일어난 것이다). 공화는 색음 들을 깨친 것이고, 광상은 색의 경계 들을 깨친 것이라 하니, 다 망령의 느낌이다.

二. 변망무실(망령은 실로 없음을 변설함)

아난아, 이 모든 광화는 공으로 부터 온것도 아니고, 눈으로 부터 나온 것도 아니다. 이와 같이 아난아, 만약 허공에서 온 놈일진대, 이미 공으로부터 왔다하大, 돌아서 공을 따라 들어가야 할 것시니, 만약 출입이 있다면, 곧즉 허공이 아닐것이며, 공이 만약 공이 아니면, 제가 아닌 모습인 土흙인, 그 화人()의 상이 기人 멸(그 꽃이란 사람 의 서로상이 일어난 사람이고 없어짐)이未, 마치 아난의 체에, 불용土 아난 士七하니다(아님이 흙의 모습인 아난을 선비가 칠하니다).

{허공이 비어있지않고 차있다면 다른것이 들어갈 수 없고, 아난이 나누어 흙으로 있는데 칠한 것과 같다 千明} 192

광화가 공으로 인하여 생긴 것이 아님을 변설하사, 색음이 경계로 인하여 있는 것이 아닌 둘을 밝힌것이라(ソ二)니다. 출입이 있으면 칙즉 실체가 있는 사이라(ソ乙士丨) 고로, 허공이 아니오. 공이 아니면 칙즉 실로 들어갈사이라(ソ乙士入), 고로 아난의 체와 같아서, 갱무소용士七하니다(다시 없는거란 모습을 선비가 칠하니다).

약목출자이大, 기종목출하大, 환종목입하乙士니(만약 눈이 나올수있는 놈이면, 이미 눈으로부터 나왔으니, 돌아서 눈을따라 들어갈터니). 곧즉 차화성이 종목출고乂, 당합유견이니(곧 이런 꽃의 성이 눈에서 부터 나왔기 때문에로, 당연 합함이 있어야 본다는것(견)이니), 약유견자이大, 거丁 기즉 화공할새, 선합견안이고(만약 본다는것(견)이 있다는 놈이라면, 가거정 이미 꽃이 공이라 할거니, 돌아서는 본다는 것(견) 과 합해야 눈이고), 약무견자이大, 출 기즉 예공ソ乙士丨, 선 당 예안 이才니入(만약 본다는것(견)이 없는 놈이라면, 나와서 이미 공을 가릴사이니 돌아서는 당연 눈을 가린데 들어가리니), 우 견화시엔, 목 응 무예 거늘, 운하 청공을, 호청이 명한 안口(또 꽃을 볼때는, 눈은 응당 가림이 없는 才乙(사이를), 운하 청명한 공乙二 호청명안口(어찌 푸르고 맑은 두가지 공을, 푸르고 맑다고 부르는 눈이라 말하는고)?

{華從目出 在於空中 入 ~ 皆無眼中翳病 各 ~
見此空中華 卽眼中出華　空於空中之言至是矣　鞨?以眼之人別
見空華本是眼中出義妄矣} {目尙有翳病差淸空見} 193

광화가 눈으로 인하여 나온 것이 아님을 변설하사, 색음이 근으로 인해 생긴 것이 아닌 둘을 밝힌 것이다 하니다. 꽃이 눈으로부터 나왔다하면, 칙즉 눈의 성을 득한 사이라 고로, 응당 보는 것이 있음이니. 지금 돌아올 때, 이미 보지 못한것土翕도 안(눈)이고, 또 안(눈)을 가리지도 못하니 눈에서 나온 것이 아니므로. 또 꽃을 볼 때, 눈이 응당 가림이 없다하여야 이에 나간다는 뜻의 사이를 이룰새, 어찌하여 꽃을 본다하기에, 눈에 오히려 가림이 있다가, 필히 청明한 공만 본다 하여야 청명한 안(눈)이라 하는 고? 칙즉 눈에서 나온다는 이치가 了무정야(없음이 정해짐을 깨달았다) 라.

三. 了망즉진(망이 곧 참임을 깨달음)

시고로, 당지하라. 색음은 허망하여 본래 인연이 아니고, 비자연성(아님이 제가 그런 성이)니다.

{若知花明卽空則 顯色陰本如來藏妙真如性}

이미 환화가 없는 원인임을 료달ソ大, 당연 색음이 허한 망령임을 알아서, 본래 인연 자연이 아닌 곧즉 여래장 묘진여성 이니, 나머지 넷도 이와같다.

二. 수음 三

一. 의진기망(참에 의지하여 망령을 일으킴)

아난아, 비유하면 어떤 사람이, 수족이, 연便안(몸이 한가하고 마음이 편안)하고, 百해(뼈)가 조人 적(고른 사람이 적당)하여, 홀여망생하여 (홀연히 잊어버림이 생겨), 성이 무위순하뇨(어긋남과 순함이 없어지느뇨)? 그 사람이 없어진 까닭으로, 두 손바닥을 허공에서 상마하면(서로 비비면), 두 손바닥 가운데, 망령한 삽(껄 끄러움) 활(미끄러움) 냉(차고) 열(더운) 모든 상이 생긴다하리니, 수음도 당지 역부여시(당연 역시 다시 이와같음을 알아라)하니다.

{秉風寒出西來 南火煖生霞 虛明}

촉정어경하여(경계에 마음의 작용이 닿아서), 납경어심이音乙(마음에서 경계를 받아 들임을), 왈 수(받는다)라 한다. 연안(한가해 편안)하고, 조人 적(고른 사람이 적당)하여, 성이 위순(어긋나고 순함)이 없음은, 장을 깨친 성이, 본來무제수야ソ二니다(본래 없음이 여러가지짓을 받는 둘이라 하니다). 두 손으로 공에 마하여(허공에 비벼), 망생삽활(망령의 껄끄러움과 미끄러움이 생김)은, 유망촉이 인기 제수야ソ二니다(망한 촉이 끌어 일으켜 모든짓을 받은 둘을 깨우쳤다하니다). 망생은 원각과 같아서 소위 홀연 아신(나의 몸)을 잊게 七칠하니, 말하여 조人 적 지지極 야(고루어진 사람이 적당히 지극해졌다) 다.

二. 변망무실(망령은 실이 없음을 변설함)

아난아, 이 모든 환 촉(허깨비 같은 접촉)이, 공에서 부터 온 土흙이 아니고, 손바닥에서 나온 것도 아니라하느니. 이와 같이 아난아, 만약 공에서 來七와서 칠한 놈이라면, 이미 손바닥을 접촉할 수 있었다 하는 둘이거니, 하불촉土 신구(어찌 아님이 흙을 접촉한 몸이口), 아니어야 응당 허공이 선택하여 촉七(촉해 칠하려) 온다니다. 만약 손바닥으로부터 나왔다면, 응비대土 합(응당 아님이 흙을 기다려 합한다)니다.

공체가 상편(항상 두루)하여, 불응유택이고(응당 선택이 있을 수 없고), 손바닥은 당연 제가 나오니, 응당 기다림이 있음이 아니다.

또 손바닥으로 나온 고로, 합하여 칙즉 손바닥이, 지乙底이하여(알것을 떨어졌다하여), 칙즉 촉이 들어갈거니, 비완골해(팔 팔뚝 뼈 골수)가, 응당 들어갈 때의 종적을 깨닫고 알아야할 것이다. 필히 있는土흙이란 각심이, 나오는 것을 알고 들어가는 것을 안다면, 유일물이(제가 있는 한 물건이), 몸안에서 왕래オ니(오고 갈 사이니), 어찌 합을 기다려서 안다하여, 필요함을{매} 촉이라 이름 하리午.

만약 손바닥하여 따라서 나왔다면, 나가면 필히 있는것이 들어가야할 土터니. 그러나 합해서 나갈 때에야, 손바닥이 비록 앎이 있으나, 196 리이입시에 비차불각(떨어져 들어갈 때에, 팔도 또 깨닫지 못)하느니, 이미 무정실(정해진 실이 없다)할새, 완전 하나의 허망한 귀이라.

三. 了망즉진(망이 곧즉 참임을 깨달음)

시고로 당지하라. 수음이 허망하여 본 비인연하고 비자연성니다 (인연도 아니고 자연성도 아니다<아님이 인연이고 아님이 제가 그런 성이니다).

三. 상음 三

一. 의진망기(참에 의지하여 망을 일으킴)

아난아, 비유하면 마치 어떤 사람이, 담설초매(초와 매실을 주고받고 말)하면, 입안에 물이 나오고, 사답현애(낭떠러지를 밟거나 달림을 생각)하면, 족심(발안쪽)이 산삽하느니(새지리느니, 시큰거리고 껄끄러지니), 상음 당지 역부여시(상음이 당연 이와 같다)하니다.

{窮子思親滿眼 飢夫說食口流涎 融通妄想}

상이 무실상(생각이 실상이 없어)서, 심으로 말미암아 하여야 상을 이루느니, 매실을 말하거나 낭떠러지를 생각함은 실로 없음이 상이라午, 구수족산(입에 물이나 발이 신것)은, 유심성상야(심을 말미암아서 상을 이룬다)니, 범상이 여지(무릇 생각이 그와 같다)하니다. 197

二. 변망무실(망령은 실이 없음을 변설함)

아난아, 이와같이, 시다는 말이, 매실에서 생긴것도 아니고, 입으로부터 들어온 것도 아니니, 이와같이 아난아, 매실又立로서 생긴 놈일진大, 매실이 제가 말과 합해야 하리才사이니, 어찌 사람을 기다려 말하고, 만약 입으로 부터 들어왔을진大, 제가 합한 입이 들어야 하리才니할사이니, 하수대이(어찌 반드시 귀를 기다리)리午. 약독이문이大 차수가 하불이중에立 이출(만약 귀가 홀로 들을진대, 이런 물이 어찌 귀속이 아닌데에서 나오)리午.

사람이 매실을 말하면, 이구에 수이 매가 불능담(입에 물이라, 매실이 말을 할 수 없다)하면, 칙즉 매실을 계산해서 나온다는 놈은 망야{망이다}이고, 귀가 매실을 듣고 심에 생각이라, 입이 들을 수 없다하면,

칙즉 계산한 입이 들어온 놈이라, 망령이다이고, 귀가 매실을 듣대, 귀가 아님이 물이면, 칙즉 계人 설 계문(계산한 사람이 설하고 계산한 들음)이, 다 망령이라.

상답현애가 여설과 상류(절벽을 밟거나 매달림이 설함과 서로 같은 종류라) 하니다.
{如是思蹋非懸崖 本非足心入 若以崖來崖 合自想 待何人思
若以足入 足自合思 何待心想 若獨心四 何故足心 覺有酸澁}

위에 예를 든 종류의 뜻이건大 완전 하나의 망령이귀 라.

198

三. 了망즉진(망령이 곧즉 참임을 깨달음)

시고로 당지하라. 상음이 허망하여 본래 비인연이고(인연이 아니고), 비자연성(자연성도 아니)니다. {浮雲行不息 流水去 忽忙 幽隱}

四. 행음 三

一. 의진기망(참에 의지하여 망이 일어남)

아난아, 비유하면, 폭류와 같아서, 파랑(물결)이 상속(서로 연결)하여, 전제후제(앞뒤의 경계)가, 불상유월土七(서로 지나가거나 넘지않는듯이 흙칠) 하니, 행음이 당지 역부여시(행음이 이와같음을 마땅히 알아라) 하니다. {瀑流迷流之水}

묘심(묘하게 맑은것)이, 망동하여, 수경전사하여(경계를 따라 구르고 옮겨서), 념념천사(느낌마다 바뀌고 시들어)하고, 신신이 부정할새 (새록새록 머무르지 않을새), 고 只단지 명이름이 행음이니, 비유하면 폭류라는 둘이라 하니다. 념념이 생멸하여, 후가 앞을 이르지 않을새, 고 왈 불상유월이라 ソ二니다(서로 지나가거나 넘지 않는 둘이라 하니다).

二. 변망무실(망은 실이 없음을 변설함) 199

아난아, 이와같은 류성이, 불인공하여 생하고, 불인수하여 유하고, 역비수성이고, 비이공수이니(공을 인하지 않고 생기고, 물로 인하지 않아서 있고, 역시 물의 성이 아니고, 공과 수를 떠남이 아니니). 이와같이 아난아, 만약 공으로 인해 생기면, 칙즉 十방에 七칠한 무진허공이 무진흐름을 이루어서, 세계가 자연 다 윤닉(굴러 빠짐)을 받는다 하리고 {有水何有流 물이 있다고 어찌 흐름이 있겠는가}, 만약 물로 인하여 있다면, 칙즉 이 폭류가 성이 응당 아님이 물이니, 유 와 소유七(있음과 있다치는 것=있는것에 칠한) 상이, 지금 응현재オ니入은 (응당 나타나 있는 사이니 들어감은. 만약 곧즉 물이면 성이大, 칙즉 징청할(맑고 깨끗할) 때는, 응당 물이 아니면, 체オ니入은(몸의 사이니 들어감은) {水瀑流性異故 물과 폭류라는 성은 다르기 때문}, 만약 이공八 수와 이乙底(공을 떠나 나누어 물을 이을저, 공이 밖에 있는 것이 아니고, 물밖에 흐름도 없다 할去二다(둘일거니다).

첩의 해석은, 류성(흐름의 성품)이, 불인공八 물(인하지 않음으로 공을 나눈 물)이라하고, 비 곧즉이고 비 이入乙하사(곧 도 아니고 떠난것 도 아닌 들어갈거라하사), 밝아야 행음이면 없음이 실이라 하여 몸체라 하니다. 유 와 유소와 七칠한 상은, 이르사, 흐름이 응당 물을 떠나고,

별도로 체라는 상이 있음이다. 공이 아니어야 있으러니, 밖의 사람이 물이 그 사이를 흐른다 하고, 물밖엔 흐름이 없다 할새, 흐름이 마침내 물에 의지 하니, 칙즉 비이土 공木 수의又(아님이 흙을 여윈 공이란 나무와 물이 라 {壽衣(수의) 吏讀(이두)}.

200

三. 了망즉진(망이 곧 참임을 깨달음)

시고로 당지하라. 행음이 허망하여, 본비인연 이고, 비자연성 니다.

五. 식음 三

一. 의진망기(참에 의지하여 망을 일으킴)

아난아, 비유하면 마치 어떤 사람이, 빈가병{众生五陰色身}을 취하여, 그 양구멍을 막고, 만중(꽉채워서), 경공(공기를 들)고, 千리원행{惹持動識而去}하여, 용향타국{六道依報}(타국에서 사용하는) 士七(흙칠한) 것과 같으니), 식음이 당지하라. 역부여시하니다.

{引海開防召 兮 空入小餠 顚倒妄想}

병을 빈가조(새) 형태로 만들었다하니, 유人(인) 형口 무실이音乙 비중생하면 망한 신야ソ二니다(사람이 있는 형이고 없음이 실인 이 소리를, 비유하면 무리가 살면, 망령된(허망한) 몸인 둘이라 하니다).

만중지공은 비유하면 식음이라 ソ乙二(이)니다(할 둘이다). 성이 공한 진実각이 법계 두루 하去乙거늘, 一미惑 위식하乙士ㅣ(하나의 미혹이 식이

된다할 사이)라, 고로 국재망신지내이未(허망한 몸안에 국한해 두고 존재한다함이미), 여병중지 虛공이(병안의 허공의 귀 같다) 다. 내외가 一공(하나의 공)은, 유성土 식木 하면 一체ソ二口(성인 흙과 의식인 나무를 깨우치면 하나의 체라 할 둘이라 하고), 색기양공은 유망분동이야 ソ二니다(그 양 구멍을 막음은 망을 나누어 같고 다른 둘을 깨우침이라 하니다), 공이 무왕래하여(공이 가고 옴이 없어서), 불가경향扌乙 201 (들어서 가져갈 수 없는 사일새), 이수빈가병ソ乙土丨(빈가병을 따른다 할 사일새), 고로 망령이 있어야 천리를 가서, 타국지향(타국에서 사용한다<타국을 향한다 吏讀)하니, 유人 성이 무 생木 멸하고 무사人 수去乙(비유로깨우친 사람의 성이 없음이 생긴 나무가 멸했다하고 없음이 버린 사람을 받은 거를), 의환이 망한 신ソ乙土丨(허깨비에 의지함이 망한 몸이라 할새), 고로 도형어차(이것에서 형태를 벗어나도망) 하여, 탁생어피하二니(저것에 생을 맡기는 둘이라 하니), 차가 미성이 성식하여 (이것이 몰라헤매는 성이 식을 이루어서), 망수류전지상야(망을 따라 흐르고 구르는 형상이라) 하니다.

二. 변망무실(망령은 실체가 없음을 변설함)

아난아, 이와같은 허-공이, 비 피 방又立 래人(아니어야 저가 방으로 서서 오는 사람)이고, 비하니 차가 방에 입土니다(아니라 하니 이가 방에 들어오는 흙이니다).

{非以彼方來入此方} (開法藏真言의 옴아라남아라다也 千明)

명 성이 무왕人 래人고 무출人 입야ソ二니다(성이 없음이 가는 사람이고 오는 사람인, 없음이 나오는 나오는 사람이 들어오는 둘을 밝혔다).

이와같이 아난아, 만약 저방又立에서 來이大왔다면, 칙즉 본來 병안에, 기저공하여 거하大(이미 공기를 담아서 갔다면), 어본병지에(본來 병이 있던 땅에는), 응소허공이乙土久(응당 허공이 적은 흙이 이을터고), 만약 이방에 들어가大, 개공하여(구멍을 열어), 도병하거니(병을 기울이거니), 응견공출才니入(응당 공이 나옴을 보아야 사이에 들어갈거시니라).

{若甁盛空來 瞻入此何故 按方察見空 小此方不見 空幽}

계유출입이未 개위허망(계산이 잇음이 출입이미 다 허망이 되리)다.

三. 了망즉진(망이 곧 참임을 깨달음) 202

시고로 당지하라. 식음이 허망하여, 본비인연이고, 비자연성이니다.

신 심 만-법이 곧즉 여래장 묘진여성이니, 도는 혐간택(가리어 택함을 싫어)하고, 이치는 망정(생각을 잊음)을 위(이름이)라, 무릇 있어야 언설이, 다 희론이라 하고, 의심동념하면 진섭미도(심을 비기어헤아려 느낌이 움직이면, 미혹과 거꾸로 된 것을 다하도록 섭렵)할새, 대각이 장여 각지하사(대각이 장차 깨달음을 주려하사), 고로 이 권의 초에, 권차 명정도ソ二久(권하여 우선 바름과 거꾸로인 둘을 밝히려고), 변연영ソ二久(연과 그림자인 둘을 변설하고), 택견정ソ二久(견과 정함 둘을 택하고), 진実량을 보이사, 一취 기미 도정계하사(한결같이 그 미혹과 거꾸로된 정(뜻)을 계산하시사), 위지불심土 안木 지진예ソ二久(심과 눈 둘을 가린 티끌의 가림을 떨치게하고), 세 폐의 장木 지구 탁하사(폐와 장이란 나무의 탁한 때를 씻어사), 사심木 경木으로 세락(심인 나무와 경계의 나무로 하여금 씻어 버리게) 하구, 진망乙 양망去이ソ二는

(참과 망령을 둘다 잊게한거라 하니). 연후에야, 융회하사 입 여래장하사 (녹아서 모여 여래장에 들어가게하사), 드디어 근 진 처 계를 앎이 법법이 묘하고 참된 두가지 성이 아닌것이 없는 것이라 하니, 이것이 제二 및 제三권에 七칠한 대요 라.

{揀去煩惱 擇取菩提 逆佛性 妄顚倒}

대불정여래밀인수증료의제보살만행수능엄경

卷第二

大佛頂如來密因修證了義諸菩薩萬行首楞嚴經

卷第二

殞羽敏切殁也 孺儒遇切乳子也孺子幼少之稱 腠千候反膚理也 迫音百近也又逼也 耄莫報切八十九十曰耄百年曰荒 殂才枯反殂落言死也 瞪澄應切直視見又平呼 懵母亘切目不明也又平去二音呼 瞬舒閏切開闔目數搖也又目動也 瀛怡成切海也 渤蒲沒切渤澥海名也 斂良冉切收也 宇王矩切羽也如鳥羽翼自覆蔽也一曰屋四垂也又天地四方曰宇 𡋯蒲沒反塵起也 紆邕俱切縈也 氛數文切妖氣也 廡罔甫切堂下周屋言大屋四進重簷也

確克角切 剝北角切裂也割也 析先的切破木也 洎巨至切及也 剖普后切析也破也 悚荀勇切懼也 慴質涉切懼也 尠息淺切少也 甄稽延切明也 諮詢上津私切下須倫切周爰咨詢 措倉故切置也安著也 攝

蕞楷切蘊聚而揖取之也 眚所景切目病生翳也 捏乃結切捻聚也捻諾協切捏也指捻也 括古活切檢也 暈音運 珮音佩 玦音決 彗徐醉切妖星也天之有彗以除穢是也 酢音醋酸也 瘴之亮切厲也熱病也 澁色立切不滑也 餉式亮切饋也自家之野謂之餉 貯音煮盛也盛平呼

虎溪閒月引相過帶雪
松枝掛碧蘿無限青山
看欲盡白雲深處老僧多

右僧堂之詩石[illegible]閒先
生題

一切喩心所現離羅何乃 見聞覺知勞 何汝 觀瑕隱 去恁碍
모든 始는 견에 있久 견이 처음에 있다하口 然乃 이해하기
또한 난해하여 아난이라 범부는 눈이있어刀 보지못하는竹
눈이 없어 보지못하彌 그윽히 味依萌盲하고 逕沓하겠는가
시고 觀世音으로 소리를 觀함에 눈이 없어도 볼수있음에랴
육근이 있건 없건 말나와 뢰야가 있으니 사마타로 洞了하니
비로소 아라한이 될 수 있음이라 오호 감탄지사로다 千 明

惠 의 藏

漢字이냐 韓字이냐
상이 비슷하다고 같은 글字가 아니다
어순이 다르고, 소리가 다르고 구결이 있다
漢字는 漢나라가 쓰지만, 韓字는 원래 우리 쌈이다.
언재호야도 모르는 漢인들이, 어찌 韓字를 알겠느냐
계환의 수능엄경은 太上王殿下命書이지만, 자세히보면
분명 우리의 글이요, 字이며, 우리 소리로 된것임을 알게된다
이는 바라밀제의 수능엄경을 잘 살펴 료달하면 자연 알게된다
어순과 구결이 바로 내 글 임을 명백히 나타 내느니
중간중간 이두를 보면, 더욱 확실히 명백 해 지리니
마치 만엽집이 우리 의 글로 되어 있는 것과 같아서
선덕여왕이 어떻게 꿈해몽을 했는지 수수께끼를 풀었으리라
자기 글이 아닌자 들은 어려운 漢詩作法을 만들었지만
梢夫는 단순히 吾글을 표현하여 명시가 되었으니
산스크리트어와 한자가 우리 말이 확실 할 진대
수능왕도 우리의 왕 이었으리라
비록 현세는 작아 보이지만
결국 竅 穴은 우리 에게 만
열려 있으니 점 하나 하나
한자 한자 어순과 구결을
원음과 吏讀로 觀하면
필히 洞了하리니
그보다 나은
것이 없다
하리라
두둥
징

2567. 立春

千 明 疎

대불정여래밀인수증료의제보살만행수능엄경

卷第三　　　　　　온능개원연사비구　　계환　해

二. 즉 六입 명 여래장 전명五음 차명六입 문二
(곧 육입이 여래장임을 밝힌다 앞에서 오음을 밝혔고 이는 육입을 밝힘이라)

初. 총표(다 표시함)

다시 다음에 아난아, 운하 六입이 본 여래장 묘한 진여성 인고

六근이 흡진이音乙(티끌을 흡수하는 것이므로) 명 입 이라.

二. 별명(별도로 밝힘) 六

一. 안입 三

一. 의진기망(참에 의지하여 망령이 일어남)

아난아, 곧즉 피 목-정 징발노자(저 눈동자를 부릅떠서無明 피로를 발根境 한놈)은, 겸 목 여 노(눈約喩과 피로推法가 함께), 동시起不觀真에 보리하면(보려면), 징하여 발 노한 상이다(쏘아보려 하여 노력하는 상 = 서로 노력함을 발한 것이다).

곧즉 저놈이 색음을 가리키는 중에 七(칠)한, 목이 징발노(눈이 똑바로 보다가 피로를 발)하여, 특별하여 광화를 보아사, 명下(밝음 아래), 안입 지망이(안입이라는 망령이), 동피야(바로 저놈과 한가지이다). 그러나 눈은 부근(떠있는 근)이午, 노 인징 발(피로는 쏘아보므로 인해 발)하니, 보리성(보려하는 성)중에, 개 위환-망(다 허깨비같은 망령이 된 것)이라 할새, 고로 운(이르기를), 동 시 보리 징발로상 (똑같이 이 보리가(보려하는 것이) 쏘아보려 노력하는 상을 발한 것) 이라 하二니다.

二. 변망무실(망령은 실이 없음을 변설함)

명암 二종의, 망진(허망한 물질)으로 인하여, 발견거중(발한 견이 중간에 거) 하여立서, 흡차진상(이 진상을 흡수함)이未, 명 견성이라 하니, 이 견은(본다는 것은), 저 명 암 二진(두 물질)을 여위면, 필경 무체(체가 없어질 것이)라 하니다. {是謂 虛妄也 皆例此}

진티끌으로 인하여, 견을 발하고, 근(감각기관)으로 인하여, 진을 흡수하기 때문에, 안입이 있으니, 그러나 진을 여위면 무체하니 (명암이란 두가지 물질인 티끌을 여위면 체가 없느니), 족지허망이라 (허망이란 앎을 충족한다<허망임을 충분히 알 수 있다) 라.

이와같이 아난아, 당지하라. 시견이 비명암乙로 래하고, 비어근立 출하고, 불 어공立 생긴다(이 견이 명암으로 오는 것이 아니고, 근에서 나오는 것이 아니고, 공에서 생기는 것이 아니다). 하이고(어찌 그런고 하니),

약 종명하여 래이大, 암은 곧즉 수멸할새, 응 비견암이하고(만약 밝음으로부터 왔다면, 어둠은(어두우면) 곧 따라서 없어질 것이니, 응당 어둠을 볼 수 없고), 약종암하여 래이大, 명 곧즉 수멸할새 응 무견명이고(만약 어둠을 따라 왔다면, 밝음은(밝으면) 곧 따라서 없어질 것이니, 응당 견이 없는 밝음이고<응당 밝음을 볼 수 없고), 약종근하여 생이大, 필무명암하리니(만약 근을 따라 생겼다면, 필히 밝음이 없는 어둠이리니<명암이 없으리니), 이와같이 견정(보는 정기)이 본來 무자성(자성이 없다)하리다. 약어공立 출이大 (만약 공에서 나왔다 하대), 전촉진상할새(앞의 진상을 볼 것일새), 귀당견근거시니(돌아가 당연 근을 볼것이니), 또 공이 스스로 觀하니, 하관여입 하리오(어찌 너의 입과(들어감(육입)과) 관계 하리오).

필히 명木 암木 등이 없다하는 놈은, 위당무명암하면(만일 그럴리 없겠지만 만일 명암이 없다면>당연 명암이 없다 말한다면), 칙즉 견은 자성이 없을새, 우사종명암생하니 비근생야(또 유사한 명암을 따라 생기는 듯하니, 근에서 생기는 것이 아닐 것이다) 라.

三. 료망즉진(망령이 곧 참임을 깨침)

시고로 당지하라, 안입이 허망하여 본 인연도 아니고, 자연성도 아니다.

기(이미) 무소종할새(따른 곳이 없을새), 고로 아니니 인연 자연(연으로 인한 제가 그런것)이다. 본 여래장 묘 진여성 의니, 여五예차하다(나머지 다섯의 예도 이와 같다).

二. 이입 三

一. 의진기망(참을 의지하여 망령을 일으킴)

아난아, 비유하면 어떤 사람이, 양 손가락으로 급히 그 귀性를 막으면 真妄念으로, 이(듣는) 근이 動念하여 피로한 고로, 머리 가운데 소리가 境現경계로 나타나 지어지리니(작), 겸하여 이土 여노木가(귀란 흙과 노력이란 나무가), 동시 보리의 징발로상(한가지로 이 보려하는 쏘아보려 노력하는 상을 발한)다.

{真喩無明하고 耳喩真性하니 真妄和合名塞이午 動念初起名勞니다}

손가락이 본 소리가 없고, 귀가 본 들림이 없去乙거늘, 망상(망령이 서로) 감촉할새, 고로 머리 가운데 소리를 지었느니, 귀로 들어온(이입) 망령이, 다 이와 같다하니다. 필히 손가락에 의지하여 깨우친 것은, 무릇 人사람을 밝히는 소리가 본래 없거늘, 망령으로 말미암아 감촉하리니, 비감 비촉 이면(감이 아니고 촉이 아니면), 피차가 적연하리니, 칙즉 여래장은 본래 그러한 진묘 의(진實로 微묘하리)니, 피로는 막힘으로 인하고, 내지 의土 노가 인습한 망이 동안노할새(이에 뜻이란 흙의 피로가 습관으로 이르럼으로 인한 망령이 똑같이 눈을 피로하게 할새), 고로 예칭하여 징발하리다(관례로 쏘아보아 나타난다 이른칭한 것이다)

二. 변망무실(망령은 실이 없음을 변설함)

동木 정木 으로 인하여 二종이 망하여 塵(진=티끌)하여, 발문거중에 (들음을 발하여 있는 중에), 이 진상을 흡수함이 명 청문성(들림을 듣는 성)이니, 이 들림은 저 동 정 의 二진을 여위면, 필경엔 무체 (경계를 마칠땐 체가 없다) 하니다. {白骨爲塵土 魂魄有也無}

귀는, 동 정 으로 인하여 들림이 발생하未함이, 가희 눈이 명암으로 인하여 견을 발함과 같은거라才七사이에 칠 하니다.

이와 같이 아난아, 당지하라, 이 문들림은, 비 동木 정木又 래久(동 정에서 오는 것이 아니)고, 근에서 나오는 것도 아니고, 공에서 생기는 것도 아니니, 하이고(어찌 그런고)午, 만약 정(고요함)으로부터 왔다면, 동(움직임)은 곧즉 따라서 멸할새, 응비문동(응당 움직임을 듣는것이 아니)고, 만약 동으로부터 왔다면, 정(고요함)은 곧즉 수멸할새, 응무각정이고(응당 정을 깨달음이 없고), 만약 근을 따라 생大(생겼다면) 필무동정(필히 동정이 없다)하리니. 이와같이 문체(듣는몸)는 본 무자성 하리다. 만약 공에서立 나왔다면出, 문들림이 있으면 성을 이룰 것이니, 곧즉 허공이 아닐 것이며. 또 공이 제가스스로 문이才니 (들을거시니), 하관 여입(어찌 너의 입과 관계)하리오. 9

유문성성(있음이 들어서 성을 이룸)은, 위 유소문하면 칙즉 성유성 (이를테면 들리는 곳이 있으면 즉 있음이 성을 이룸)이니다.

三. 료망즉진(망령이 곧 참임을 깨우침)

시고로 당지하라, 이입이 허망하여, 본비인연 이고, 비자연성 이니다.

三. 비입 三

一. 의진기망(참에 의지하여 망령을 일으킴)

아난아, 비유하면, 어떤 사람이, 급축기비하여(코로 급하게 들이쉬어서 外風無明), 축구 성로(들이쉼을 오래하면 피로를 이루어 真妄和合)하면, 칙즉 코 내에, 문유냉축하여(차가운 촉감이 있음을 맡아서), 촉으로 인하여, 분별 통색 허실(통함과 막힘, 허와 실을 분별)하고, 여시내지 제 향 취기하리니(이와같이 모든 향과 구린내 까지 이르리니), 겸비여로(코와 피로가 겸)하여, 동 시 보리 징발 로상(한가지로 이 보려함 이 쏘아보려 서로노력하는 상)이다.

축은 축기야(쌓음은 기를 들이쉬어압축하는 것이다). 냉은 축으로 인해 있을정, 불축하면 본무(쌓지 않으면 본 없으)니, 비입의 망령은, 다 여시라 하니, 여의乙 예전하라(나머지 뜻을 앞을 예하라). 10

二. 변망무실(망령은 실이 없음을 변설함)

통색 二종의 망진으로 인하여, 발문거중(냄새를 맡음식견함이 발 하는 중)에, 이 진상을 흡수함을, 명후-문성(이름하여 냄새를 맡는 성)이니, 이문(맡음) 이, 저 통색 二진을 여위면, 필경 무체하니, 당지하라. 이 문은 통색에서 온것이 아니고, 근에서 나온것도 아니고, 공에서 생긴 것도 아니다하니. 어찌그런고하니, 만약 통으로 부터 왔다면, 색하면 칙즉 문멸(막히면 즉 맡음이 없어지)리니, 운하지색하고(어찌 막힘을 알고), 마치 막힘으로 인하여 통함이 있다면 칙즉 맡음도 없을 것이니, 운하 발명 향취 등 촉 하고(어찌 향과 구린내 등을 촉하여 밝힐 수 있다 이를 것인고). 만약 근으로 부터 생겼다면, 필히 통색(막히고 통함)이 없다하리니, 이와같이, 문기 본 무자성(냄새맡는 틀은 본來 자성이 없다)하리니, 만약 공으로부터 나왔다면, 이 맡음(문)이, 자(제가) 당회 후여비(스스로 당연 돌아서 너의 코를 냄새 맡을 것)이라, 공이 스스로 맡음이 있는것이니, 어찌 너의 입(들임)과 관계하리오.

一무실의(하나도 실이 없다는 뜻이다) 하사다.

11

三. 료망즉진(망령이 곧 참임을 깨우침)

시고로 당지하라. 비입은 허망하여, 본비인연 이고, 비자연성 이니다.

四. 설입 三

一. 의진기망(참에 의지하여 망령을 일으킴)

아난아, 비유하면 어떤 사람이, 설혀로不動性 지문하여真妄和合(입술을 핥아서), 숙지하여 령로하면(핥음에 익숙하여 피로 해지면), 기인(그 사람)이, 약 병하면 칙즉 유고미(만약 병이 나면 즉 쓴맛이 있다)하고, 무병지인(병이 없는 사람)은, 미유첨촉하리니(달콤한 감이 조금 있으리니), 유첨여고로(달고 쓴것으로 말미암아<덧붙였기 때문에 吏讀), 현차설근이거位(이런 설근이 나타나는 거이니), 부동지시에는(움직이지

않을 때는), 담성이 상재하니(담담한 성이 항상 있으니), 겸 설여노는 (혀와 피로를 겸했다는 것은), 동 시 보리는(한가지로 이 보려 하는), 징 발 노상(쏘아보아 발한 노력하는 피로해진 상)이라.

문비고첨거늘(입술은 쓰고 단 것이 아니거늘 > 문은 고치는 것이 아니거늘 * 門非高寢문비고침{높이 베는} 吏讀), 인노하여 망유(노력으로 인하여 망령이 있을새 < 사람이 노하여 망령이 있을새 吏讀), 고로 부동지시에는(움직이지 않을 때는), 담성이 상재하니(담담한 성품이 항상 있으니), 설입의 망령은 다 이와 같으니라. {淡은 맛없음이다}

二. 변망무실(망령은 없는 실임을 변설함)

인첨人 고木 담木七 二종망진하여(단사람으로 인하여 쓴나무와 담담한나무에 칠한 두종류의 망진으로), 발지거중(앎이 발해 있는 중)에, 흡차진상이音勿乙(이 塵진 象상을 들이킴을), 명 지미성이니(맛을 아는 성품이라 이름)이니, {甜苦첨고 二爲一也 淡담 一也} 12
이 지미人(맛을 아는 사람의) 성이, 저 첨고와 및 담의 二진을 여위면, 필경에 무체하니다. 여시 아난아, 당지하라. 이와같이, 상고담하여(쓰고 담박함을 맛보아), 지 비 첨고乂立 래하고, 비인담하여 유하고, 우 비근하여立 출하고, 불어공하여立 생하니(앎은 달고 씀에서 온것이 아니고, 담박함으로 인하여 있는 것도 아니고, 또 근이 아니어서 나오고, 공이 아닌데서 생기니). 하이고午, 약 첨고로立 래이大(만약 달고 씀으로서 왔다면), 담 칙즉 지멸(담박한 즉 없어짐을 알)리니, 운하지담이고(어찌 담박 함을 알고), 약종담출하여 출이大 첨 곧즉 지망하리니(만약 담박함을 따라 나왔다면 달면 곧 앎이 없어지리니), 복 운하 지 첨고 二상이고 (다시 어찌 달고쓴 두가지 상을 안다 하고).

만약 설로 부터 생했다면, 필히 첨담과 및 고의 진티끌도 함께 없으리니, 사 지미근이 본 무자성 하리라(이것이 맛을 아는 근이 본來 자성이 없다 하리라 > 지적인 맛은 근본적 으로 제멋대로이다). 약어공에서 출이大 허공자미라(만약 공에서 나왔다면 허공이 자기가 맛이라), 비여 구지(너가 아닌 입이 아는 것)이거든, 우 공이 자지才니(또 공이 제가 아는 사이니), 하관여입(어찌 너와 관계하여 들어온다) 하리오.

예전무실(앞에서처럼 실이 없는 것{없는 실}이다).

三. 료망즉진(망이 곧 참임을 깨침)

시고로 당지하라. 설입은 허망하여, 본비연 이고, 비자연성 이니다.

五. 신입 三

一. 의진기망(참에 의지하여 망을 일으킴)

아난아, 비유하면 어떤 사람이, 하나의 찬 손으로, 더운 손에 닿으면, 약냉세다면 열자가 종냉하고(만약 냉의 세력이 많으면 열이란 놈이 냉을 따르고), 약 열-공이 승하면 냉자성열(만약 열의 공이 이기면 냉이란 놈이 열을 이루)니, 여시 이차 합 각지촉은 현 어이지하느니(이와같이 이렇게 합해져 알게된 촉은 앎을 떠나도 나타나느니), 섭세가 약성하대 (섞어지는 세력이 만약 이루어 진다 해도), 인우노촉(노력하는 촉으로 인함)이니, 겸신여노(몸과 노력이 겸)하여, 동시보리(한가지로 이 보려) 하는, 징발 노 상(쏘아보는 것을 발하는 서로노력하는 상)이다.

{二手合喩真妄和合 二手之中何手喩真以

勢劣者唯真之有不 守自性隨緣成根境}

신입의 주는 촉이라하니, 그러나, 촉이 없는 자성이未, 오히려 두 손과 같아서, 냉열이 서로 섞여(상섭), 양무정세(둘이 정해진 세력이 없)거니, 족 지 기망야(발이 그 망령을 안다<그 망령임을 충분히 알 수 있다). 수가 불자촉(손이 제가스스로 촉하지 못)하여, 합으로 인해 촉을 각 할새, 고로 왈 합각의 촉이라 하니라. 합은 스스로 합하지 못하여, 떠남으로 인하여 합을 아는 고로, 왈 현어이지(떨어져 앎이 나타난다)하니다. 섭세 약성 등이란 놈은, 위 이열로 섭냉하여 사냉으로 성열하리니(열로서 냉을 섞어서 냉으로 하여금 열을 이루게 함을 이른다하리니), 역 칙즉 노촉이이다(역시 즉 노력하는 촉일 뿐이다). 14

二. 변망무실(망령은 실이 없음을 변설함)

인 우 이 합 二종망진(떨어짐에서 합하는 二종의 망진으로 인)하여, 발각거중(각을 발하는 거 根중에서, 흡 차 진상 하音勿乙(이 티끌의 상을 흡수함을), 명 지각성이니(이름하여 각을 아는 성품이니). 차 지각체(이 각을 아는 체)는, 이 피 이 합과 위 순의 二진하면(저 떨어지고 합함과 어그러지고 순함의 두가지 진을 여위면), 필경 무체라 하리다. 여시 아난아, 당지하라. 시각은 비 이합乙又立 래(이 각은 떨어짐과 합으로서 옴이 아니)고, 비 위순으로 유(어그러짐과 순리로 있는것도 아니)고, 근에서立 나온것도 아니고, 또 공에서立 난것도 아니니. 하이고午(어찌 그런고), 만약 합 때에 왔다면來大, 떨어지면(여위면離) 당연 이미 멸할 것이니, 운하 각이 떨어지리오.

위순(어기고 순)하는, 二상刀도 역부여시 하니다. 만약 다시 근에서 나왔다면, 필히 이 합 위 순 四상이 없다 하리니. 칙즉 너가 몸이면, 앎이 원來 자성(제가 성)이 없다 하리다. 필히 공에立(에서) 나왔다면, 공이 제가스스로 지각 하리니. 어찌 너의 입과 관계 하리오. 15

{因離合有 違順也}

三. 료망즉진(망령이 곧 참임을 깨침)

시고로 당지하라. 신입이 허망하여 본비인연 이고, 비자연성 이니다.

六. 의입 三

一. 의진기망(참에 의지하여 망을 일으킴)

아난아, 비유하면 어떤 사람이, 로권하면(피로하여 싫증이 나면), 칙즉 면無明 수하고(잠을 자고), 숙業轉現하면 편 오動念現하여 람진境하고 (푹자면 문득 깨어 티끌을 보고), 사 억(이것을 기억)하고, 실 억하면 (기억을 잃으면), 위 망(잊었다) 하리니, 이것이 그 전도하는 생(생김) 주(머무름) 이(변함) 멸(사라짐)이니, 흡 습(습기<습관을 흡수)하여, 중귀하여(가운데로 돌아가서), 서로 불상유월하音勿乙(지나가거나 넘지 아니함을), 칭 의지근(뜻을 아는 근이라 이르)니, 겸의여로가(뜻과 노력을 겸한)것이, 동 시 보리(한가지로 이것을 보려고)하면, 징발로상 이다(눈을쏘아보아 발한 피로한 상{서로 피로함}이다).

의입은, 주는 억지(기억하여 앎)에 있고, 억지는 오매(깨고 자는 것) 에서 생(기는) 고로, 탁수오 이명야(잠자고 깨는 것에 의탁하여 밝힌

것 이다). 람억(보고 기억함)은 생이라 하고, 실망(잃어 잊어버리면)은
멸이라 할새, 이 주 이 처 중하다 기람이억(머무르고 다른 처 가운데서
이미 보아서 기억)하사, 선실 이망音勿乙(돌아서도로 잃어버리므로 =
잊어먹음으로), 이 위 전도이다(이것을 전도라 이른다). 16
흡습망진(망령난 티끌의 습관을 흡수)하여, 중귀 의근하여(의근으로
돌아가는 중에서), 전념후념(앞에 느끼고 뒤에 느낌)이, 차제로 상속
할새, 고로 왈 불상유월이라하니, 이것이 의입의 상이라.

二. 변망무실(망은 실이 없음을 변설함)

생{擇住}意生 에서 멸{擇異}感(뜻이 생기고 감이 없어지는), 二종의 망진으로
인하여, 집지거중(앎이 모여 있는 중)에, 흡촬내진(안의 티끌을 모아서
흡수)하여, 견문이 역{意} 류{五根} 하여, 흐름{五根}이 역류하면,
불급지(미치지 못하는 땅)이音勿乙(이음을), 명 각지성(깨달아 아는
성품)이라 하니, 이 각지성이, 이피오매 생멸 二진(저 깨고 자는 생멸
두가지 티끌을 여위)면, 필경에 무체(경계를 마치면 없는 체라) 하니다.
{以憶故則느니 迸緣落謝 五逆卽 覽逆斯憶也}

의뜻는 각지(깨달아 앎)를 주관하고, 이 근 잠신중할새(근이 몸안에
잠재되어 있을새), 고로 운 집지거중(모인 앎이 중간에 있다)하니다.
의가 법진을 집착하여, 상상(생각하는 상)이, 안에서 발함으로, 운 흡
촬 내진이라 하니다(흡수하여 내진을 모은다고 말한다 하니다). 문수가
이르사니, 칭위내진(법을 안에 붙은 티끌이라 이른다) 하리니, 17
곧즉 과거七칠한 모든 법이라는 영상(영화 같은 상)이 이것이다. 역시
락사진(쏘는듯 티끌이 떨어짐)이라 이름한다. 아비담은 이름이 무표색이니
다 내진이다. 역류(반대로 흐름)는 반-연(五根을 돌이킴을 말함)이다.

의가 五근을 총괄할새, 고로 견문이라 칭 하二니다. 그러나, 五-근은 단 현재의 경계를 순연(순하게 반연)할 수는 있거니와, 오직 의 만이 능히 五근을 반대로 반연할 수 있으면, 소연 불급지지 하리니(반연이 미치지 못하는 땅을 반연하는 것이라 하리니), 여 추 억 몽-경(지난일을 돌이켜 생각하거나 꿈의 경계 같은것)이, 五근이 무급의(五근이 미치지 못한다)니다.

여시 아난아, 당지하라. 이와같이 각-지 지(깨닫고 안다는) 근이, 오매(깨고 잠)又立으로서, 오는 것도 아니고, 생멸이 있又立어서도 아니고, 근에서 나온것도 아니고, 역시 공에서 생긴것도 아니니, 하이고(어찌 그런 고하니), 약 종오하여 래이大 매하면 곧즉 수멸하리니 (만약 깬것을 따라 왔다면 자면 곧 멸을 따를 것이리니), 장차 어찌 매(잔다) 하고, 필생시 유이大(필히 살았을 때 있다면), 멸하면 곧즉 동무(꺼지면 곧 똑같이 없다)하리니, 령수로 수멸(누구로 하여금 멸을 받게)하고, 약 종멸하여 유이大(만약 멸을 따라 있다면), 생 곧즉 멸이 무(생이 곧 멸이라 없다)하리니, 수지생자하리고(누가 산 놈인지 안다 하리고). 약종근하여 출이大(만약 근을 따라 나왔다면), 오매(깨고 자는) 二상이 몸을 따라 개합이니, 이사 二체를 떠나여위면, 이런 각지란 놈이 공화와 똑같아서, 필경 성이 없다 하리다. 만약 공을 따라 생겼다면, 스스로 공임을 알 것이니, 어찌 너의 입과 관계 하리오. 18

{寤寐二相 自形之合 汝覺知性 則 無別體故 日 同於空花 補注云
捋例之寐 令誰受滅 了攵二字 當作知字 寤寐當五 破但文略也}

반복하여 추궁해 따졌으나, 하나도 실의가 없다. 열자가 운(이르기를) 기 오야 형개하고 기 매야 형교이라하니(깨면 형이 열리고 자면 형이 교차한다 하니), 고로 운 오매 二상이 수신개합이라 하니다(깨고 자는 두가지 상이 서로 몸을 따라 열리고 닫힌다 일렀느니다).

三. 묘망즉진(망령이 곧 참임을 깨침)

시고로 당지하라. 의입은 허망하여 본비인연 이고, 비자연성 이니다.

三. 곧즉 十二처현여래장(十二처가 여래장을 나타냄) 二

初. 총표(다 표시함)

다시 다음 아난아, 운하 十二처가 본來 여래장 묘진여성 인고.

六근木 과 六진이 명 十二처 다.

二. 별명(별도로 밝힘) 六

一. 안색처 三

一. 거상문처(상을 들어 처를 물음)

아난아, 너가 또 차(이) 기다수림八(나무 숲을 나눔)과 모든 천(샘) 지(못)에 이르기까지 觀하라. 어의운하(어떻게 생각하느냐), 이것들은, 이런 색이 안견을 생기게 했느냐? 안눈이 색상을 생기게 했느냐?

수 림木 천木 지木 는 색 이다. 이놈들을 觀할 수 있는 것이 안눈 이다

二. 변처무실(처는 실이 없음을 변설함) 二

一. 의근변(근에 의지하여 변설함)

아난아, 만약 다시 안근이 색상을 낸다면, 공을 볼적에는 색이 미생이니(아직 나오지 않으니), 색성이 응당 소멸하리니, 소멸한 칙즉 현재 나타난 一체가 모두 없으서, 색상이 이미 없으면, 누가 허공의 질을 밝히리오. 공도 역시 이와 같다 하니다. {破根生境}

若復眼根生空明者　　만약 다시 안근이 생겨 공을 밝히는 놈이대
見色非空之性應銷矣　　색을 보면 공아니니 성이 응당 사라지리라
空亦如是者空相旣無　　공이 이미 이같으면 공의 상이 이미 없으니
誰明色質也文字五現　　누가 색의 질을 밝혀 문자 다섯이 나타나리
若見空時所生之色旣　　만약 공을 볼 때 생긴 것으로 색이 이미
銷能生之根亦滅故云　　사라지면 능히 생긴 근도 역시 없어지기에
銷則一切都無色相若　　사라진 즉 일체가 모두 없는 색상이 만약
謂色銷根滅其誰明　　색이 사라져 근이 사라진다 말하면 그누가
見空之辨質　　밝혀 공의 변한 질을 본다 이를터土 인가

안눈이 능히 색을 생나게할 수 있다면, 칙즉 안눈이 색이라 하는 성이니, 그러나 공을 볼 때에는 이미 없음未 색인 상이면, 20
칙즉 색의 성이 응당 사라졌으니, 안중(눈 가운데)의 색의 성이 이미 사라지면, 칙즉 나타나 발한 一체가, 모두 색이 없는 상이리라. 또 색未 공未 二법은, 대대이현(대하고 기다려서 나타난다)하느니, 색상이 이미 없으면, 어떻게 나타나서 공이라 하리午. 고로 왈 누가 공의 질을 밝힌다 하리느뇨. 그러나{見空之時未現色이면} 칙즉 계산한 안(눈)이

색처를 생기게 했다는 놈은 망령이라. 공도 역시 이와같다란 놈은 색으로 인하여 공을 예를 든 것이니, 역시 무 정-처(정해진 곳이 없다) 하니다.

二. 의경변(경계에 의지하여 변설함) {破境生根}

만약 다시 색진이 안견을 생기게 했다는 놈은, 공을 觀할시는, 색{是生之處}이 아니니, 견은 곧즉 소망하리니(사라져 없으리니), 망하면 칙즉 도무거니(없어지면 도무지 없는 것이니), 누가 공 색을 밝히리오.

색은 능히 견을 생기게 하大, 칙즉 공을 觀할 때엔, 견이 무소土 생ソ리土ㅣ(생긴 흙인것도 없을새), 고로 왈 소망(사라져 없어졌다)이라 한다. 망(없어짐)은 곧즉 무견이니, 누가 공 색을 밝히리오 하니, 칙즉 계산한 색이 안처를 생기게 했다는 놈은 망령이라 한다. 21

三. 료망즉진(망이 곧 참임을 깨침)

시고로 당지하라. 견과 색공은 다 무처소라, 곧즉 색 과 견은 二처가 허망하여 본비인연 이고, 비자연성 이니다.

二. 이성처 三

一. 거상문처(상을 들어 처를 물음)

아난아, 너가 다시 이것을 들어 보아라. 기다원 중에立서, 식판(음식을 준비)하고, 격고하고(북을 치고), 대중을 모을 때는 당종하여(종을 쳐서), 종과 고의 음성이 전후에 상속하느니, 어의운하(어떻게 생각하느냐)? 차등(이 들)은, 이 소리가 이변(귀의 부근)에서 래(오느냐)? 귀가 소리 처로 왕(가느냐)?

{根已前破 今正破境 然亦以明 對而破故
双問色生眼 生木也 此破根境 往來之相 在眼色處}

왕래乙 가변이어야(오고 감을 설할 수 있어야), 실처가 있다하리다. 22

二. 변처무실(처는 실이 없음을 변설함) 二

一. 의근변(근에 의지하여 변설함)

아난아, 만약 복차성 래어이변이大(다시 이 소리가 귀변에 왔다면), 마치 아가 실라벌성에 걸식ソ乙尺丨할적시, 기다림에 있는 것은 칙즉 무유아 土七(없는 것이 있는 아를 칠)하여, 이 소리가 필히 아난의 귀처에 왔을진대, 목련과 가섭은 응당 다 듣지 못해야 할 것才시니, 하황기중(어찌 하물며 그중)에 一千二百五十 사문이, 一문종성하고 (한번에 종소리를 듣고), 동래식처이소(똑같이 밥먹는 곳으로 옮겨 오느냐).

{破聲來耳邊}

마치 아가 성에 들어가면, 기원에는 아가 없음과 같아서, 유성이 래이변하면(깨친 소리가 귀변으로 왔다면), 칙즉 나머지 처에는 없는 소리라 하리니. 그러나, 千중이 다 듣는다면, 칙즉 성처(소리난 대)가 무실의(실로 없음=없는 방=없는 종자=열매가 없음吏讀 이) 라.

二. 의경변(경계에 의지하여 변설함)

만약 다시 너의 귀가 주머무름가 저 소리의 변이大, 마치 아가 돌아와 기다림 가운데 入(들었을시)는, 신라성에 있는건, 칙즉 무유아 ±七 23 (없는 것이 있는 아를 칠)함과 같아서, 여문고성(너가 북소리를 들을)적엔, 그 귀가 이미 격고지처(북을친곳) 으로 갔으면, 종성제출엔(종소리가 일제히 나란히 나가면 < 종소리가 제를 지내러 나가서), 응불구문하리니(응당 다 듣지 못하리니 < 불구의 소리에 응함이니 吏讀), 어찌 하물며 그중에, 상 마 우 양의 종종 음향 이소(코끼리 말 소 양의 가지가지 옮기는 소리와 울림 옮김)이겠느냐.

마치 아가 원에 돌아가 들어가면 성중엔 무아라 하사勿(없는 아라 함과) 같아서, 유이(이를 깨달은 귀)가, 성처(소리 있는곳)에 가면, 나머지 처에는 귀가 없으리니. 그러나 다른 음乙을 다 들으면, 칙즉 이귀의 처가 실로 없음이다. {破耳往聲處}

만약 무래왕이大(오고감이 없다면), 역시 다시 들음도 없을 것才이니라.
{聲不來耳 言不往聲 圓義不成}

전후에서 망령을 변설하사未, 개 견 식심면 분별 계도야(다 식심을 보내면 분별하여 각도를 계산한(헤아린)다) 하리다.

三. 료망즉진(망령이 곧 참임을 깨침)

시고로 당지하라. 들음과 음성이 다 무처소하여, 곧즉 청들음과 성소리 二처가 허망하여, 본來 비인연 이고, 비자연 성 이니다. 24

三. 비향처 三

一. 거상문처(서로상을 들어 처를 물음)

아난아, 너가 또 이 화로 안에 전단을 후냄새맡아 보아라. 이 향이 만약 다시 한 수(눈금)만 태우면, 실라벌성 四十리 내에, 동시에 기를 맡으리니, 어의운하(뜻이 어떠하냐) 이 향은 다시 전단목에서 생겼다 하겠느냐? 너의 코에서 생겼다 하겠느냐? 공에서 생겼다 하겠느냐?

{此中但掭生之處不同 前之眼境對破}

二. 변처무실(처는 실이 없음을 변설함) 二

一. 의근변(근에 의지하여 변설함)

아난아, 만약 다시 이 향이, 생어여비大(너의 코에서 생겼다면), 칭하대 비에 소생이라 하大(코에 생긴 것이라 하면), 당연 코를 따라 나왔을새, 코는 비전단이니, 운하 코중해(코안을 향해) 전단 기가 있으리오. 칭하대 여가 문향이大 당어비입(너가 향기를 맡았다면, 당연 코에 들어가야) 할새, 비중해 출한 향은 설하고 문이라하未 비의(코안을 향해 나온 향기는 설하고 맡는다하未 옳지 않다)라. {破根生} 25

계비생자가 망야(계산하여 코에서 생겼다는 놈이 망령이라).

二. 의경변(경계에 의지하여 변설함)

만약 공에서 생겼다면, 공성은 상항(항상 떠다니는 것)이土ㅣ새, 향도 응당 항상 있을새, 어찌 차로-중하여(화로의 안을 빌려서), 설 차 고목(이 마른나무를 불사르는) 口(고). {破木生處生}
자설하여 이유이니, 비생공의다(빌리고 불살라서 있음이니, 아님이 생긴 공이라 다).

만약 나무에서 생겼다면, 칙즉 이 향의 질이, 인설성연(불사름으로 인한 연기로 이루어졌다)하고. 만약 코가 냄새를 맡음을 얻어, 합몽연기才乙(합해 맡아입은 연길새), 기연이 등공하여(그 연기가 공으로 올라서), 미급요원하여立(서)(높고 멀어 미치지 못하는데여서), 四十리내에, 운하 이문(어찌 이미 맡았는)고.

향과 질은 목이乍. 연(연기)은 나무가 아니다. 나무도 떠나乂 연기도 떠나口, 또 四十리 멀리에서, 향 냄새를 맡으니, 개(어찌) 나무가 내겠으리오. 이미 코가 아니고, 공도 아니고, 나무도 아니다. 무실하여 처의(없는 실집이라하는 처라).

26

三. 료망즉진(망령이 즉 참임을 깨침)

시고로 당지하라. 향과 코와 냄새맡음이 구 무처소(다 없는 처소)하여, 곧즉 냄새맡음(후) 과 향이 二처가 허망하여, 본來 비인연 이고, 비자연성 이니다.

四. 설미처 三

一. 거상문처(상을 들어 처를 물음)

아난아, 너가 항상 二(朝 夕食, 大食 小食) 시(두번 때)에, 대중 가운데, 지발하여(바리때를 지참하여, 발을 가지고), 그 사이에, 혹 소락제호 를 만나면, 명 상미라 하니, 어의운하(뜻이 어떠 하느냐), 이 맛이 다시 공중에서 생겼다 하겠느냐? 혀 가운데 에서 생겼다 하겠느냐? 음식을 먹는 중에 생겼다 하겠느냐? {소락은 발효식, 제호는 정제한 음료酉}

二. 변처무실(처는 실이 없음을 변설함) 二

一. 의근변(근에 의지하여 변설함)

아난아, 만약 다시 이 맛이, 너의 혀에서 생겼다면, 너의 입안에 재하여 (있어서), 지유一설才니(단지 하나가 있는 혀 사이니), 그 혀가 27
이때 이미 성소 미하乙土ㅣ(되살아남을 이룬 맛이라 할새), 흑석밀을 만났다하여 응해 불추이라(옮아서 변천하지 않으리라). 약불변이大 (만약 변하여 옮겨지지 않는다면), 불명지미午(맛을 안다 이름하지 못할 것이오). 만약 변이자大(라면), 설이 비다체才니(혀는 다체가 아닌 사이니), 운하 다미를 一 설이 지지午(어찌 많은 맛을 한 혀가 알리오).

{一舌不知多味} {破根生}

이미 무정체할새(정해짐이 없는 몸일새), 미불생설의(맛이 생기지 않는 혀)라. 석밀은 사탕이니, 견여사석(모래와 돌처럼 단단)하니다.

二. 의경변(경계에 의지하여 변설함)

만약 음식에서 생겼다면, 음식은 식이 있는 것이 아니니, 운하(어찌), 제가스스로 알리오. 또 음식이 제가스스로 안다면, 곧즉 동타식이ㅈ니 (타인이 먹는 것과 같을거시니), 하예依(의)어여 명미人 지지午(너에게 어떤 관계라서 이름하는 맛인있음을 알리오).

음식이 제가 알지 못하여, 혀로 인하여야 맛을 안다하느니다. 음식을 따라 알 수 있다해刀, 칙즉 앎이 너에게 있는 것이 아니어서, 편동타식하여(문득 타인이 먹는것과 한가지 여서), 여 무소예하리ㅈ니(너가 관계는 없乙것이니), 어찌 이름을 아는 맛이리오. 리기불연할새(이치가 이미 그렇지 않을 새), 맛은 음식에서 생긴것이 아니라 다.

28

만약 공에서 생겼다면, 너가 허공을 담하라(먹어 보라). 당작하미午 (당연 맛이 어떠하든 고). 필히 그 허공이, 만약 작함미大(짠맛을 낸다면), 기함여설乙士ㅣ(이미 너의 혀를 짜게했을새), 역함여면乙士니 (역시 너의 얼굴도 짜야 할 것이니), 칙즉 이 계의 사람들이, 바다 고기와 같아서, 이미 상수함(항상 짠것을 받았다)하리士ㅣ, 了불지담 (조금도 싱거움을 알지 못)하리라. 만약 불식담(싱거움을 인식하지 못)한다면, 불각함(짬도 깨닫지 못)하여, 필무소지하리ㅈ니(필히 아는 것이 없다 할사이니), 운하명미(어찌 맛이라 이름) 하리오.

허공은 맛이 없어서, 변설할 수 없음을 밝힌것이士ㅣ(일새). 고로 탁함하여 이변 하二니다(짠것에 부탁하여 둘을 변설 하니다).

시고로 당지하라. 미(맛) 설(혀) 여상(맛봄)은, 구무처소(다갖춤이 없는 처소)하여, 곧즉 상果 여미(맛보는 결과 맛), 둘은 다 허망하여 본비인연 이고 비자연성 이니다.

五. 신촉처 三

一. 거상문처(상을 들어 처를 물음)

아난아, 너가 항상 신조(이른아침, 勤行)에, 이수로 마두하면(손으로 머리를 만지면), 어의운하, 차마소지(이 만지는 것을 아는 것)는, 수위능촉인口(누가 능히 만질 수 있다 할 것인고)? 능위재수(손에 있다고 할 수 있을 것이냐)? 위복재두(다시 머리에 있다 할 것) 이냐?

二. 변처무실(처는 실이 없음을 변설함) 二

一. 의수변(손에 의지하여 변설함)

만약 손에 있다면, 머리는 아는 것이 없으리니, 어떻게 촉을 이루고,

二. 의두변(머리에 의지하여 변설함)

만약 머리에 있다면, 손은 칙즉 무용하戶니(쓸모 없는 집이라 하니), 어떻게 촉이라 하리오. {戶는 집이니 執야 吏讀 千明} {頭手皆能根也}

촉이 근木과 경계木로 인하면, 능木(할 수 있는 것)과 소(할 수 있는 곳것)과 서로 느끼는 것일세, 유독 근에 의해사만 명作(밝히자는) 놈은, 萬법이 一체거늘, 망령으로 말미암아 능과 소를 나누는 것을 보일사이기

때문에로, 망촉이 있다 하는데 들어가니ㅅ. 그러나 손에 있고 머리에 있어서, 초무정처 할새(처음부터 정해진 곳이 없을새), 곧 몸과 촉처 라는 것은 개하망의(다 허망이라). {各存兩質破}

만약 각각 있다면, 칙즉 너라는 아난이, 응당 두개의 몸 {各存兩質破}
이 있다는 것이리니, 만약 머리와 손이, 一촉소생이大 30
(하나의 촉 만으로 생긴다면), 칙즉 수여두가 당위一체일才니ㅅ(손과 머리가 당연 한 덩어리라 하여 들어갈 사이니), 약 一체자이大{結破} 칙즉 무성(만약 한덩어리라면 즉 촉이 이루어질 수가 없다) 하리오. 약二체자이大{轉破} 촉이 수위재(만약 두 몸이라면 촉이 어디에 있다) 하리午. 재능하면{即同前破} 비소午(능手에 있다면 소頭가 아니오), 재소하면 비능이久(소에 있다면 능이 아니고), 응하지 않은 허공이 {破空性} 너와 이룸이 촉이니다.

두놈을 외와 합화하여 둘을 변설하니, 몸과 촉 두가지 처가 다 실이 없다 라. 촉 칙즉 무성자(촉이 즉 이루어질 수 없다는 것)는, 위촉수이물(촉은 반드시 두개의 물을 말함)이니, 一칙불성하리다 (하나로는 이루어지지 않으리다). 비소와 비능은 언개 무실처 (하는곳頭 아님과 할수있는것手 아님은 다 없음을 실이라하여 처라 말한다) 하니다.

三. 료망즉진(망령이 곧 참임을 깨침)

시고로 당지하라. 각촉과 여신이 개무처소(촉을 깨닫는것과 함께 몸이 다 처소가 없어서=없는처)하여, 즉 몸과 함께 촉이 둘 다 허망하여, 본래 비인연 이고, 비자연성 이니다(인연도 아니고 자연성도 아니다).

六. 의법처 三

一. 거상문처(상을 들어 처를 물음)

아난아, 너가 항상 의(뜻) 중에, 소연하는(반연하는 것인), 선八 악八 무기(선을나눔과 악을나눔과 선도 악도 아닌것)의 세가지 성품이 생겨 법칙을 이루느니, 이 법이 위복 곧즉하여 심走 소생(즉 다시 곧 마음이 주도하여 생긴 것)이냐? 위당이심하口 별하여 유人 방소(당연 마음을 떠나 따로 방향과 장소가 있는 사람이냐)? 31

선 악은 연려심야(반연하여 생각하는 심)이午, 무기(선도 악도 아닌 성질)는 혼주심야(혼미하게 아득해 정신을 잃은 심)이니, 의면 연이 (뜻하면 반연이), 불출차三(이 세가지를 벗어나지 못)하여, 흡촬내진 (안의 티끌을 모아 흡수)하여, 성소연법고할새 왈 생 성 법-칙 (연법이라는 것을 이루기 때문에 법칙을 내어 이룬다) 하리다.

二. 변처무실(처는 실이 없음을 변설함) 二

一. 의근변(근에 의지하여 변설함)

아난아, 만약 即(法坐) 심支(곧 법에 앉아 심을 지탱하는) 놈이大(라면), 칙즉 비진(티끌이 아)닐새, 비심이면 소연이才니(심이 아니면 소것와 연의 사이니), 어찌 처를 이룬다 하리오.

법이 기 即(法坐) 심(법이 이미 곧 법에 앉은 심)이면, 불속진할새
(진에 속하는 것이 아니므로), 비소연이니(연이라는 것이 아니니),
불성 법-처 하리다(법의 처를 이루지 않는다 하리다).

二. 의경변(경계에 의지하여 변설함)

만약 심을 여위고, 따로 방향과 장소가 있다면, 칙즉 법하면 자성
위지 비지(법이면 자기의 성이 안다하느냐? 알지못한다느냐?) 안다면
칙즉 명심하지만 이여하고(이름을 심이라 하지만 너와 다르고), 32
비진일새(티끌도 아닐새), 동타匕 심량(똑같으나 다른칠한 심량이라)하니,
즉여하여 즉심(곧 너라하여 곧 심)이니, 운하 여심이 갱二어여午(어찌
너의 심이 다시 너에게 둘이 되겠느뇨). 만약 아는 놈이 아니라면, 이
티끌은 이미 색木 성 향 미 이 합 냉 난八나눔도 아니고(非), 이에
허공상이니, 당어하재午(당연 어디에 있으리오). 지금 색木과 공木에,
도무표시 하니(모두 표시가 없으니=없는 표로 보이니), 불응인간
破空外無成이 갱유공외하니다(사람 사이에도 응하지 않으니 다시 공외에
있다 하겠느냐). 심이 비소연이면 처가 종수립 하리오(심이 연한 곳이
아니면 처가 누구를 따라 서겠느냐<자리를 정하겠느냐).

법과 진티끌은 서로상 아님이, 인의지(뜻을 인하여야 앎)으로,
현(나타난다) 할새, 고로 문 위지냐 비지냐(안다하느냐 알지못한다느냐
하고 물었다) 하니다. 안다면 즉 심에 속하지万만, 그러乃나
체이{別有方所하여}어여하고 (몸이 다름에 {특별한 방소가 있어서} 너라
하고), 또 모두 티끌은 아닐새, 고로 동타 심량(같으나 다른 심량이라)
하니다. 설령 만약 알지 못한다면, 그러나 이 법진은 이미 색등{五根}이
아니다. 오직 앎으로 말미암야만 발하느니, 지금 이미 앎이 아니라면,

처는 당연 어디에 있으리오. 이미 색과 공의 내에 무소표현하고
(표시하여 나타난 것이 없고), 색과 공의 밖에도 응당 존재함이 33
아니거늘, 하물며 공이 또 밖이 있어 이소(옮김)도 아님이다. 칙즉 심이
반연하는 법의 처는 마침내 실이 없다 라.

三. 료망즉진(망령이 곧 참임을 깨침)

시고로 당지하라. 법 칙八 여 심八 구 무처소 하여(법은 즉 나눔과
함께 심을 나눔이 다 없는 처소라 하여), 칙의 와 여법八(칙이란 뜻과
함께란 법을 나눔)이, 둘 다 허망하여 본비인연이고 비자연성이니다.

四. 곧즉 十八계 명여래장(곧 十八계가 여래장임을 밝힘) 二

初. 총표(다 표시함) {卷四十五丈隨事分別四科束}

다시 다음 아난아, 운하 十八계가 본래 여래장 묘진여성□고.

근 진 식 三 이 각 六의 사이로 들어가, 내 외 중으로 나누어서 명 계라.

二. 별명六(여섯을 별도로 밝힘)

一. 안색계 三

一. 거상문계(상을 들어 계를 물음) 34

아난아, 여여소명하여(너가 밝힌 바와 같아서), 안八 색八이 연하여, 안식이 생기느니, 이 식은, 다시 眼으로 인해 생긴 것이니, 眼으로 된 계라 하느냐? 색으로 인하여 생긴것이니 색으로 된 계라 하느냐?
{小乘所解 因緣生法 皆是実有 不了即空 今扳詰之 用破执 他皆倣此}

안색은 안(눈)과 색(明 물질) 이다. 유징심(부름으로 말미암은 심 = 마음에서 우러나옴으로 말미암아 = 울려서)에, 운 식생기중(식이 그 중에서 생긴다 말)하느니, 칙즉 위심재(심이 존재 한다) 하사, 고로 왈 여여소명(너가 밝힌 바와 같다) 하리니다.

二. 변계무실(계는 실이 없음을 변설함) 三

一. 의근변(근에 의지하여 변설함)

아난아, 만약 안根으로 인하여 생이大(겼다면), 이미없는 색木 공木이면, 분별할 수도 없을 것이니, 비록 너의 식이 있다한들, 욕장하용口((장차 무슨 쓸모있기 바라고). 너라는 견이 또 청황적백이 아니면, 무소표시하리니(없는 것이 표하여 보일것이니), 종하립계 하리오(무엇을 따라 계를 세운다 하리오). {破根生}

만약 오직 안(눈)으로 원인했다면, 유土 색土 공木이 아니면(있는 흙도 색있는 흙도 공이란 나무가 아니면), 칙즉 식은 무소土 연하고(없음이 흙이란 것을 연하고), 견은 무소土 표하고(없음이 흙이란 것을 표시한 것이고), 계가 무土 소土 립이니(없는 흙도 곳이란 흙도 세움이니), 비인안의(안根으로 인함이 아니다).

二. 의경변(경계에 의지하여 변설함) {破有三意}

만약 색으로 인해 생겼다면, 공正破하여 무색한 시(색이 없는 때識隨色滅)는, 너의 식도 응당 없어질사이니, 어떻게 식이어야 이 허공성을 안다 하리午. 만약質破 색이 변할 때는, 너도 역시 그 색과 상의 천변(옮기고 변함)은 인식하大, 너의 식은 불천(옮기지 않음)할 것이니, 계종하하여 립(계가 무엇을 따라서 선다) 하리午. 비인색의라(색으로 인한 것이 아니라). 아래 첩에서 詰난하리니다. {色与不吻立不誠}

{三界義不成 若色滅 識不滅 則一迁一不迁 兩類不同 何名種族
若隨色滅 兩法已滅 界相何存}

종변하면 칙즉 변할새(변화를 따르면 즉 변하므로), 계의 상이 제가 없다 할 것이고, 불변上大文下若即從하면 칙즉上即 항常할새, 이미 색을 따라서 생겼다하니, 응당 허공이 있는 데를 알아 인식하지 못하리라.

{生色하리니 開色하여無知故}

何色所변하면 무체할새(체가 없을새), 고로 계의 상이 제가 없을上即 것이고. 만약 色이변화를 따르지 않으면 칙즉 식성이 항상 一(일)하여 (한가지라), 당연 一 어색할새(색에 한결같을새=한가지라), 응당 공을 인식하지 못할것이라, 이치로는 그렇지 아니하니, 아니어야 색을 따른다 하여 생土의라(흙을 생기게하리라).

三. 근경합변(근과 경계를 합하여 변설함)

만약 겸하여 두根境종류하여, 안(눈)八과 색八이 공생이大(어울어 살면), 합하면{根境一偏 識一偏} 칙즉 가운데가 떨어지고, 떨어지면{根境}

칙즉 양體가 합할것이니, 체성이 잡란하거니(체와 성이 섞여 어지러우니), 운하성계(어찌 계를 이루)리오.

만약 안八과 색八이 둘다 합하여 공생 식-계이大(어우러 같이 사는 식계이면), 당연 반만 앎이 있고識, 반만 앎이 없을根境 것이니, 고로, 왈 가운데가 떨어진 둘이라 하리다. 만약 가운데가 떨어진根境 놈이라면, 반은 근과 합하고 반은 경계와 합한 고로, 왈 양합 이라 하니다.
두가지 정의를 추尋궁究하면 개불성계하사七(다 계를 이루지 못하게 칠한다하사)다.

三. 료망즉진(망이 즉 참임을 깨침)

시고로 당지하라. 안木과 색八이 연하여 안식계를 생기게 했다하느니, 三처가 모두 없어서, 칙즉 안八과 함께 색八과 및 색계와 三(셋)이 본비인연 이고 비자연성 이니다. 37

이미 안(눈)으로 인한 것도 아니고, 또 색으로 인한 것도 아니니, 모든 망령乙 병제하면(따라서 제거하면), 여래장성이 자현하리니(저절로 나타나리니), 여五乙예차(나머지 다섯을 예를들면 이와 같다) 한다.

二. 이성계(귀와 소리의 계) 三

一. 거상문계(상을 들어 계를 물음)

아난아, 또 너가 소명한(밝힌 바), 귀와 소리가 연이 되어서 이식이 생겼다 하니, 이 이식은 다시 귀로 인하여 생겼다 하여 귀로된 계라 하겠느냐? 소리로 인하여 생긴바 소리로 된 계라 하겠느냐?

二. 변계무실(계는 없는 실임을 변설함) 三

一. 의근변(근에 의지하여 변설함)

아난아, 만약 귀로 인하여 생겼다면, 동木 정木 二상이 이미 나타나지 않은 앞이라하고, 근이 불성지(근이 앎을 이루지 못)하리니, 필무소지이大(필히 아는 것이 없다면), 앎刀 오히려 이룸이 없거니, 식이 어떤 형태와 모양이리午. 약취이(만약 귀를 취)하더라도, 38
문은 무 동木 정木(들음은 없는 동과 정이라), 고로 문이 무소성土 (들음이 이루어짐이 없는 흙인 것이라)하리니, 운하 이의 형이면 잡색{四大和合}하여(어떻게 귀가 형상이면 색과 섞이어서), 촉 對物但진 (물질을 촉만 대한다 말)하여, 명 위식계(식계라 이름) 하리午. 칙즉 이(귀)가 식이면 계복종수하여 立(립)하리午(계가 다시 누구를 따라서 선다하리오).

이식은 別了ソ乙二(구별할 둘을 깨닫는 것을), 왈 지午(앎이라 말하고), 이형이(귀의 형상이), 촉성하乙(소리를 만남을), 왈 문(들음이라 말하)니, 개亦知 유동정하여 이발(다 움직이고 고요함을 앎으로 말미암아 발한다) 하느니. 약무동木 정木하면(만약 동과 정이 없어면), 각亦知 무소성의(각각앎이 이루어 지는 것이 없다)하리니. 지 내 식지체乙士丨 (앎은 이에 식의 체라 할 사이니). 고로 왈 但지상무성去니(단지 앎이 오히려 없음이 이룬거니), 식이 하형모(식이 어떤 형태와 모양)리午 하二니다. 문 특이형 잡물색하여(들음은 특별한 귀의 형상이 물이란 색과 섞이어서), 촉성진 이이土尸(소리라는 티끌인 흙을 촉할 뿐이듯이), 비이식야(이식이 아니다). 고로 왈 운하 이형을 명위식계(어찌 귀의 형상을 이름을 식계라 하)리午 하二니다.

二. 의경변(경계에 의지하여 변설함)

만약 소리에서 생이大겼다면, 식은 소리로 인하여 있음이ㅅ라, 칙즉 불관문 하리니(들음과 관계는 없으리니), 무문하면 칙즉 망성상소재 하리다(들음이 없으면 즉 소리의 상이 있는 데도 없다 하리다). 식종성하여 생(식이 소리를 따라 생)하고, 허성 인하여 문하여(소리를 허락함으로 인해 들었다하여), 이유성상 이大(있음이 소리의 상이면), 문이 응문해야 식하리고(들음이 응당 들어야 인식한다 하리고). 불문人本 비계(들음이 아닌 사람은 본 계가 아니라) 다. 39

만약 식이 소리에서 생겼다 말하면, 칙즉 식이 경계로 인하여 있음이ㅅ 자불관근(제가 근과는 관계 없다)하리니 다. 그러나 불인하여 근이 문하면(원인 아니게 근이 듣는다면), 하지성人소 하리午(어찌 소리하는 사람인 것을 알리오). 허성면 인문(소리를 허락하면 인해 들음)은, 위성하면 인문乙 허勿야(소리를 말하면 들음을 인하여 허락함勿를 이른다)ㅅ라. 그러나 식이 소리를 따라 생기大, 성이즉식의士丨(소리가 곧즉 식의 사이새), 칙즉 들음이 응당 들어서 인식 할거고, 설령 만약 듣지 못한다면, 또 비계의乙士丨(아님이 계의 사이가 옳을뜻일새), 개 불가야(다 옳지 않다) 라.

문識(들음을 인식)하면 칙즉 소리와 같아서, 식이 이미 들음을 입었으니, 누가 문을 알아 인식하리午. 만약 무지자(없음이 안다는) 놈이大, 종(마침내) 여초목 才니七目(초목과 같은 거시니=사이니 눈을 칠하니라 <재어치목 나무를 자로 재어 재단함才治木 吏讀).

식 능문午, 위소문니(식은 능히 들을 수 있음이오, 소리는 듣는다하는 것이니), 만약 실로 들어 인식이大한다면, 식이 칙즉 동성하여 (소리와 똑같아서), 이미 듣는 것이 되는 사이니, 누가 들을 수 있다 하리午. 고로 왈 수지문식리午하二니다(누가 들어 인식함을 아는 둘이오 하니다). 능문이 무지하면 칙즉 여초목(들을수 있음이 알지 못하면 즉 초목과 같다)하릴새, 우 불가야(또 옳지 아니하다 할것이라). 40

三. 근경합변(근과 경계를 합하여 변설함)

불 응 성八 문과 잡 성土 중曰下 계니(아님이 응당 소리를 나눈 들음과 섞여 흙을 이룬 중간인 하계니), 계 무 중위하면(계가 없는 가운데 위치 하면), 칙즉 내와 외人 상이, 복종하성 하리오(안과 밖인 사람의 서로상이, 다시 어떤 것을 따라 이루어진다 하리오).

근에 의지하고, 경계에 의지하여, 단大 론仅부이(홑이대 논리를 준것이), 이미 아니고, 불응二자가 합성 식-계하여(응당 두놈이 합하여 식-계를 이루는 것도 아니어서), 이위土 중위 니(가운데 지위라 하니), 중위가 이미 없으면, 변계가 어찌 성립하리午.

三. 료망즉진(망령이 곧 참임을 깨침)

시고로 당지하라. 귀八 소리八이 연이되어, 생이다는 이식계(귀를 나눔과 소리를 나눔이 연이 되어 생겼다는 귀를 인식하는 계라) 하느니, 三처가 도무(모두 없다) 하여, 칙즉 이와 여성八이 급 성계(귀와 함께 소리를 나눔이 미친 소리의 계와), 三셋이 본래 비인연하고, 비자연성이니다.

三. 비향계 三

一. 거상문계(상을 들어 계를 물음)

아난아, 또 너가 밝힌 바, 코八와 향八이 연이 되어 생김이, 비식이ㅅ 하느니, 이식은 다시 코로 인하여 생긴 土흙인 것이ㅅ 코로 된 계라 하느냐? 향으로 인해 생긴 土흙인 것이ㅅ 향으로 된 계라 하느냐? 41

二. 변계무실(계는 실이 없음을 변설함) 三

一. 의근변(근에 의지하여 변설함)

아난아, 만약 코로 인하여 생겼다면, 너의 심중 어떤 것을 코라 하午

부루나가 그린 석가모니 四十一 실제 얼굴(루브르 박물관 소재)

세존을 뵙다 2566. 7. 16. 07: 01

위취육형쌍조지상可(고깃덩어리 모양의 쌍손톱의 상으로 된 것인가)? 위취후지동요지성可(냄새를 맡아 아는 동요하는 성이라 하는가)?.

조형손톱모양은 비코의 상이午, 동후움직여맡음는 비코의 성이다.

만약 살로된 형태를 취大하면, 육질은 내신(몸이)午, 신지(몸이 앎)는 곧즉 촉이니, 명신비신午(이름이 몸인건 코가 아니오), 명 촉인건 곧즉 진이리ㅅ, 비刀 상 무명去니 운하 立(립)계 리午(코도 오히려 없는 이름커니 어찌 계를 세우리오). {내신은 몸이오 신하는 앎이라 吏讀}

이름하여 몸이면 칙즉 비비午(코가 아니오), 명촉 칙즉 속진하乙士丨, 고로 비가 무명하니다(이름이 촉인건 티끌에 속할새, 고로 코가 없어야 이름이라 하니다. 고비가 무명이라 吏讀).
{若名爲觸卽为根之塵故日名觸印塵}

만약 취취지大(냄새를 맡아 앎을 취한다면), 또 너의 심중에 어떤 것으로 앎이라 하는고, 고기로 앎이라 하大, 칙즉 고기로 앎이 42
根원이 촉이라, 비비(코가 아니)고, 공으로 안다大하면, 공이 칙즉 자지하土爲(제가 스스로 안다하사위), 고기는 응당 비각土이才니七入(깨달음이 아닌 흙의 사이에 칠해 들리다). 이와같으면 칙즉 응당 허공이 이 너이午, 너의 몸은 앎이 아닐새, 금일 아난이, 응당 무소재(존재가 없다=없는 것인데가 있게된다) 하리라.

고기의 질을 앎은 몸에 속할새 고로, 원이 촉이ㅅ 코가 아니고. 허공을 앎은 공에 속할새, 고로 고기는 응당 무각한才니土入(없는 각인 사이니 흙으로 들어감으) 又로, 응당 공이 이여신(이런 너의 몸이라ㅅ). 칙즉 지금 아난의 몸이 공하여, 무소재의(존재하는 곳=있을 터가=있다는 것이 없다 라) 하리라.
이는 계산한 식이 코로 인하여 생겼다는 놈이니 망령이라.

{註 視別下科 止當扶也}

향으로 안다하면, 아는것 자체가 향에 속하니, 하예어여하리오(어찌 너와 관계있으리오). 만약 향과 취라는 기가 필히 너의 코에서 생이大(생긴다면), 칙즉 저 향 취의 二종의 류흐르는 기가 불생이란급매단목으로(이란 급및 전단목에서 생긴것이 아니므로<생기지 않는다는 이런 미친 매단 목으로 吏讀), 二물이 불래才又(두가지 물이 오지 않을 사이로), 여너란 자기의 코를 맡아 보아라. 향이냐? 취냐?.

만약 앎이 향에 속하면, 칙즉 비가 불예지하리乙土丨 지불속향의(1 코가 앎을 기다리지 않을 사이니 앎이 향에 속하지 않으리라<2 비가 예지를 못할새 지{자기} 불속의 냄새라 吏讀). 만약 향이 코에서 생겼다면, 칙즉 나무에 응당 향이 없으므로, 또 이란의 취와 전단의 향이, 二(두개의) 물이, 불래才人(오지 않을것이니), 코가 어찌 기를 지으리午. 칙즉 향이 코에서 생긴것이 아니라. 이는 향으로 인하여 식이 생겼다고 계산하는 놈이니 망령이라.

취(냄새맡음)는 칙즉 향이 아니고, 향은 응당 취가 아니니, 만약 향과 취의 둘乙 다 맡을 수 있는 놈이면, 칙즉 너 한사람이 응당 양코가 있어야 할새, 아(나)를 대하여 道도(길)를 묻거든(물을 때에도), 있음이 둘인 아난이라 하리니, 수위여체(누구를 너의 체<女體 吏讀)라 하리午.

경계가 둘이고, 칙즉 근이 역시 응당 둘이니, 이는 개 견식심커면 분별계도야(다 인식하는 심마음을 파견해보내면 분별하고 각도를 계산하는 둘이라) 하니다.

만약 코가 이런 하나이大면, 향八 취와 무二이乙土라(향을 나눈 취와 없는 둘이 없어야 할흙터라). 취가 이미 향이 되고, 향이 다시 취를 이루어서, 二성이 불유ソ二オ니 계가 종수하여 립하리오(두개의 성이 없고 있는 둘의 사이니 계가 누구를 따라 선다 하리오).

44

근으로 하나를 경계하면, 칙즉 경계의 성이 호탈하리オ니(서로 탈취할 사이니), 종하립계하리오(무엇을 따라 계를 세우리오=어디서부터 경계를 세우리오).

二. 의경변(경계에 의지하여 변설함)

만약 향기로 인하여 생겼다면, 식이 향기로 인하여 있는 것이라할土니, 마치 안(눈)에 견이 있으대, 불능한 觀土 안土七하여(할 수 없는 흙을 관한 눈을 흙칠함과 같다하여). 향기로 인하여 있는 고로, 응당 알지 못하는 향기 리라). 안다고하면 곧즉 아님이 생긴 것이午, 부지면 비식이オ니人다(알지 못하면 아님과 식의 사이니다).

안식(눈을 인식함)은 안(눈)으로 인하여 있대, 이미 눈을 보지 못하느니, 비식이 향기로 인하여 있다할새, 응당 향을 알지 못하므로, 만약 왈 알 수 있다면, 곧즉 향이 아닌것이 생긴거니, 만약 왈 알지 못함이대, 곧즉 식이라 이름 하지 못하리다. 다 불가야(가능하지 않다)라.

三. 근경합변(근과 경을 합하여 변설함)

향기가 앎이 아닌 있는것根이久, 향계가 성립하지 못하口. 식이 부지土향하면(흙을 알지 못하는 향이라 하면), 원인한 계가, 칙즉 비종향하여(향을 따름이 아니어서), 건립可(세운다고 서겠는가) 이리午.

향이 아님으로 인한 근이라하면, 칙즉 불 성土 향계ソ口(아니어야 흙을 이룬 향계라하고). 식이 아님을 아는 향이면, 칙즉 아니어야 식계를 이룬다 하리다.

이미 무중간(없음과 가운데의 사이)면, 불성내-외하여(이루지 못한 안-밖 이라 하여), 저 모든 문성이(맡는 성품이), 필경 허-망 하리다.

중간은 식계야(다). 내외는 비와 향을 八七(나누어 칠한) 계 다.

三. 료망즉진(망이 곧 참임을 깨침)

시고로 당지하라. 코와 향八나눔이 연이 되어, 생긴다는 비식계라 하느니, 三처가 도무하여(모두 없어서), 칙즉 코와 향을 八(나눈) 및 향계와 三(세가지)이 본 비인연 이고, 비자연성 이니다.

四. 설根 미境 계識 三

一. 거상문계(상을 들어 계를 물음)

아난아, 또 너가 밝힌 바, 혀와 맛이 연이 되어, 생木 어설식이라(생긴 나무가 혀에 식을 낸다)하느니, 이 식은 다시 혀로 인하여, 소생土라 이설위계냐(생긴것이 흙이라 혀로 된 계라 하느냐)? 인미하여 소생이니 이미又 위계냐(맛으로 인하여 생긴 것이니 맛으로 된 계냐<미혹으로 생긴 첩생이니 이미 계를 어긴것이냐 吏讀)? 46

二. 변계무실(계는 실이 없음을 변설함) 三

一. 의근변(근에 의지하여 변설함)

아난아, 만약 혀로 인해 생겼다면, 칙즉 모든 세간에七칠한 감자甘土 오매酸木 황련八苦火 석염八鹹水 세신八辛金 강계八庚金 이, 도 무유미ソ人尸니七入소(도무지 맛이 있지 않아야할 사람의尸니 칠로 들어 사라져야 하리라). 여자상설하라(너가 스스로 맛을 보아 혀라 하랴<여자를 혀로 맛보라 吏讀). 위첨(달다할것이냐)? 위고(쓰다 할 것이냐)?

{知味識生於舌中自 嘗自舌不知他味也}

감자 등 거 五미야(감자 등은 五미를 든것이라) 하二니다.

만약 설성 고 수래 상설 하리午(혀의 성이 쓰다면 누가 와서 혀를 맛 보리오). 설부자상 하거니(혀가 스스로 맛보지 못하거니<혀로 부자를 맛보거니<부자를 해치라 말하거니 吏讀). 숙위지각 하리午(누가 깨달아

안다 하리오<누가 숙면을 취해 지각하리오 吏讀). 설의 성이 비고이大 미가 자불성이才니 운하립계 하리午(혀의 성이 쓰지 않은대 맛이 스스로 생기지 않은 사이니 어찌 계를 세우리오).

미는 인설상(맛은 혀로 인하여 맛본다<미인은 혀로 맛본다 吏讀) 하느니, 약설이 본來고(만약 혀가 본래 쓴 것)이면, 칙즉 무능상자(없는거를 맛볼수있다는 놈)이거니, 숙위식체(누구를 식의 체)리오. 만약 혀가 본來담인 土이면, 기불인경(이미 아님으로 인한 경계라) 하면, 미가 무소생(맛이 생기는 곳것이 없다)하리니, 무미木 여대木(맛이 없는 나무와 함께 대한 나무)이니, 종하입계(무엇을 따라 계가 성립된다) 하리오. 차 계계가 인설하여 생자는 망야(이는 계산한 계가 혀로 인하여 생겼다는 놈인 망령이라). 47

二. 의경변(경계에 의지하여 변설함)

만약 맛으로 인하여 識이생이大다면, 식이 자위미(식이 제가 맛이 되)니, 동어설八-근하면(설에 나눈 근과 똑같다면), 응불자상 土七하리니(응당 제가 흙을 맛보지 못하도록 칠하리니), 운하 식-지 시미 비미(어떻게 식이 옳은 맛인지 아닌 맛인지 안다)하리午. {味則識也不知他味也}

식자위미(식이 제가 맛이라 함)는, 식이 곧즉 맛이다를 이르는 것이다. 동어 설-근은 위식이 불勿 자상土야(설근과 똑같아서는 식이 아니므로 제가 흙을 맛본다를 말한다),

又 一체의 미가 비一의 물이면 생미(또 일체의 맛이 하나가 아닌 물건이면 생기는 맛)는, 기다생하乙土丨(이미 많은 데서 생길새),

식{同末識生}이 응당 다체이고{因味生識則味多識多}, 식체{下哉生米아래 재앙으로 생긴 쌀}가 만약 하나이고 {牒乏識因味生 맛으로 인해 식이 생긴다 가 첩에는 빠져있다}, 識체가 필히 맛이 생긴다면, 함木 담木 감木 신매운맛이 화합众味共成하대(화합하여 무리의 맛이 한가지를 이루대) 구本味생朩(본맛을 갖추나 속이 빔이 생겨), 제변轉味하여 이상(모든 변화된 맛이 굴러{비빔밥} 다른 상)이, 동위一미(똑같이 하나의 맛이라) 하여, 응당 분별이 없으리라. 분별이 이미 없으면, 칙즉 식이라 이름하지 못할 사이니, 운하 다시 설과 미木을 七칠한 식계라 이름하리午. 불니 응 허-공이 생土 여심-식이니다(아니어야 하니 응 허공이 흙을 생기게한 너의 심-식 이니다). {破無因生}

식이 上大文으로 인한 맛이라하여, 생土이大(흙을 생기게했다면), 칙즉 맛이 많으면, 식도 역시 응당 많아야 하리久(할거고). 식이 하나라고하면, 맛이 역시 응당 하나이리다. 체가 필히 맛에서 생겼다는 놈은, 48
첩하여 정식이 인 미 생哉야(첩에서 고정된 식이 맛으로 인해 생겼재) 하리니다. 함짜고木 담싱겁고木 감달고木 신매움이, 동위一미자는(똑같이 하나의 맛이라는 놈은), 결성식 一이고 미가 역응一야(결론으로 식을 이룬 하나이고 맛이 역시 응당 하나 라) 하리니다. 이 식이 기一하고 이미가 기동하고는(다른 식이 이미 하나라하고 다른 맛이 이미 똑같고는), 칙즉 무분별 하리니, 무별하면 칙즉 비식이午, 비식인거는 칙즉 무계(없는 계라)하니, 이는 계산한 계가 맛으로 인하여 생긴다는 놈이니 망령 이라. 중미(모든 맛)乙 왈 화八 합(화를 나눈 합)이午, 본來 미乙 왈 구-생午, 전미를 왈 변하여 이다(본래의 맛을 다갖춰 생겼다 말하고, 굴린 맛을 변하여 다르다 = 비빔밥이라 다르다 말 한다).

三. 근경합변(근과 경계를 합해 변설함)

설과 미가 화합(혀와 맛이 화합)하면, 곧즉 이 가운데에 원來 무자성(없음이 제가 성이라) 하리니, 운하 계가 생기리오. {破共生}

근과 경이 합하여 섞여 혼란하면, 칙즉 제가 성이 무정(없다 정할)거니, 종하(어디서부터) 계가 생긴다 하리오. {即以合生自性屬誰而名界也}

三. 료망즉진(망이 곧 참임을 깨침)

시고로 당지하라. 설과 미가 위연하여(연이 되어서), 설식계를 내느니, 三처가 도무(모두 없다)하여 칙즉 설(혀) 과 미(맛)와 및 설계 와 49
三(셋)이 본비인연 이고 비자연성 이니다.

五. 신촉계 三

一. 거상문계(상을 들어 계를 물음)

아난아, 너가 밝힌 바, 신(몸)과 촉八(나눔)이 연하여, 생어신식(몸에 생김이 식이다)하느니. 이런 식은 다시 신몸으로 인하여 생긴 것이니, 신으로 된 계냐? 촉으로 인하여 생긴 것이니, 촉으로 된 계냐?

二. 변계무실(계는 실이 없음을 변설함) 三

一. 의근변(근에 의지하여 변설함)

아난아, 만약 신으로 인해 생겼다면, 필 무 합八 과 리의 二각-觀-연하리니(필히 없음이 합을 나누어 떨어지는 두 깨달음이 觀 要乙(관함에 필요한 연을 관)하리니, 신이 하소식(몸이 어디를 인식할 곳이라) 하리오.

{覺麁尋觀細伺 각은 추심이고 관은 세밀하게 엿보는사 다}

각 觀 은 곧즉 신식이라 하니, 합리의 二(두)경계로 연이 된다하느니다.

二. 의경변(경계에 의지하여 변설함)

만약 촉으로 인하여 생겼다면, 필무여신(필히 없음이 너의 신이어야) 하리니, 수유비신이(누가 있어 몸아닌것이), 지합리자(합 리를 아는 놈이)리午.

무신 칙즉 부지합리(신몸이 없으면{없는 몸이면=투명인간} 즉 합리를 알지 못)하리니, 시 칙즉 인신 비인경야(이것은 즉 신으로 인한 것이지, 경계로 인한 것이 아니라)

三. 근경합변(근과 경계를 합하여 변설함)

아난아 물이 불촉하여 지하口(물이 닿지 않아 안다하고), 신이 지識又 유촉하乙土ㅣ(몸이 식을 앎으로 있는거시 촉이라 할새) {觸身合하여야 生滅할새 合則云}, 지신이 곧즉 촉(아는 몸이 곧 촉)이고, 지土 촉이 곧즉 신(흙을 아는 촉이 곧 몸)이ㅅ. 곧즉 촉이면 비신(아니어야 몸)이오, 곧즉 신이면 비촉(아니어야 촉)이ㅅ. 신木 촉木 七칠한 二상이 원來 무처소라, 합해敍 신하면 곧즉, 위신하면 자 체성이午(합해서 몸이라하면 제가 체의 성이午), 이신하면 곧즉 시 허공 등상(몸을 떠나면 곧 이런 허공 등의 상)일새, 내木 외木이 불성거니(안과 밖이 아님이 이룬거니),

중이 운하 립(가운데가 어찌 선다)하리오. 중이 불복립하면(가운데가 아님이 다시 서면), 내木 외木이 성이 공거니(안과 밖의 성이 빈거니), 칙즉 너가 식이 생긴다ᄉ 할거로부터 누구{무엇}라 하여 계를 세운다 하리오. {結破中間} {根境合識出 非一片 有識知 身卽觸 하고 知觸卽身}

물이 불촉하여 지고(물건이 촉하지 않아서 알고), 신지로 유口(몸이 앎으로 있다하고), 촉자(촉이란 놈)는, 도촉이 불능생土 지口(한갖 촉이 할 수 없는 흙을 낳아 알고), 인신한 연후에야 지촉(몸을 인한 연후에야 촉을 안다) 하느니다, 차는 명 신식이 유근경이면 합 현야(이것은 신식이 근경으로 말미암으면 합해져야 나타남을 밝혔다)하二니다. 합은 칙즉 당 지 신이 곧즉 촉야久(당연 아는 몸이 곧 촉이다 고), 51 촉이 곧즉口 신야又라(촉이 곧구 신들림이라). 약 8 신이 곧 촉이면 칙즉 신이 비신 의久(만약 팔신이 곧 촉이면 칙즉 몸이 몸이 아니라 고). 약 촉이 곧즉 신이면 칙즉 촉이 비촉 의니(촉이 곧 몸이면 칙즉 촉이 아님이 촉 이니). 신八 촉八이 호탈할새(몸을 나누고 촉을 나누면 서로 탈취 할새), 고로 무처소(처가 없는 곳이라)하고. 합鞚权해敍공권해서 신하면 칙즉 무촉위(강제로합해펼쳐서 몸하면 즉 촉이 없는 자리位라) 할새, 고로 곧즉 위신하여 체午(곧 몸이라 하여 뼈와 살로된 체이오), 이신하면 칙즉 무촉용할새(몸을 여위면 즉 촉이 쓸모없을새), 고로 곧 허-공과 똑같다 하니다. 그러나 칙즉 내木 외木 중간 지위가 개불성립去口(안과 밖과 중간의 자리가 다 성립하지 않고), 비록 왈 식이 인촉하여 생긴다한月 (비록 식이 촉으로 인하여 생긴다 말한들), 종하입계야 리午(무엇을 따라 계를 세워야 리오). {男女相悅之詞也}

三. 료망즉진(망이 곧 참임을 깨침)

시고로 당지하라. 신을 나누고 촉을 나누고 연이라하여 신을 생하여 신식계라 하느니, 三처가 도무하여(모두 없어서), 칙즉 신八과 여촉人 신계에 이르기까지 三(셋)이 본 비인연이고 비자연성 이니다(근본이 인이 아닌 연이고 아님인 제가 그런 성이니다). 52

六. 의법계 三

一. 거상문계(상을 들어 계를 물음)

아난아, 또 너가 밝힌바, 의(뜻)와 법이 연이 되어 의식에 난다 하느니, 이런 식은 다시 의로 인하여 생긴 것이소라, 의로서 계가 된것이냐? 법으로 인하여 생긴 것이라, 법으로 된 계소 하느냐?

二. 변계무실(계는 실이 없음을 변설함) 三

一. 의근변(근에 의지하여 변설함)

아난아, 약인의뜻하여 생大, 어여의중에, 필유소사하여, 발명여의하리니, 약무전법하면 의무소생하리니, 이연한 무형去니, 식을 장하용하리오. (아난아, 만약 意根으로 인하여 생겼다면, 너의 의식중에, 필히 사(생각)라는 소意根가 있어서, 너의 意識을 밝히리니, 만약 앞에 법이 없다면, 의는 생기는 것이 아니리니{若無法生 意根不起}, 연{明境緣}을 여위어 형{意形}이 없으면, 識을 장차 어디에 쓴다} 하리오.

의식은 思라는 것根 에서 발하고, 의근은 법진에서 생기느니, 二두 놈은 다 앞의 경계에 속하니, 此이{此下同異俱非}를 떠나면 칙즉 근이 형태가 없고, 식이 쓸모가 없을새, 이것은 필히 경계로 인한 것이니, 칙즉 근을 계산하여西 생긴 놈은 망령이라.

우 여 식이라하는 심八(또 너가 식이라하는 마음을 나눈) 여제 사량八 겸하여 了별성(모든 생각의 량을 나누어 함께 겸하여 구별을 료달한 성) 이, 같으냐? 다르냐? 똑같은 意라면, 곧즉 意才(뜻의 사이)니. 53 어느데가 생긴다 이르고, 異意(다른 의뜻)라면, 같지 않다할새, 응기無所土 識하戶느入(응기가 없는 흙이라는 곳것을 인식하는 집에 들어가니), 만약 무소식하면(인식이라는 데가 없다면), 운하 의생하리久(어떤 데서 意가 생긴다 운하릿고). 약유소식(만약 식이라는 곳이 있다)하면, 운하 식-의根 ㅅ(어찌 의근을 인식한다라) 하리오. 유동여이에, 二성이 무성하니, 계 운하 립하리午(오직 똑같음 과 다름에, 두가지 성이 이룸이 없다하니, 계가 어찌 선다 하리오).

{若與異意 自有所知 云何生意 하리오}

우 변 근木과 식木이 혼람하여 불성인계야(또 근과 식이 섞여 넘쳐서 이루지 못함으로 인한 계 둘을 변설했다) 하니다. 식심은 의식 이午, 사량木 별了는 意根야(생각의 량과 별도로 깨침은 뜻의 근이라). 동하면 칙즉 무복능소하고 이하면 칙즉 불능 유식하리다(한가지면 즉 다시 곳일 수 없고, 다르면 즉 식이 있을 수 없으리다). 二가 기 혼람하여, 이무자성할새, 칙즉 계무소립의 라(둘이라하여 이미 혼람하여, 이미 자기 성이 없다할새, 칙즉 계가 무소립의(계가 설 곳이 없다) 라.

二. 의경변(경계에 의지하여 변설함)

만약 법으로 인하여 생겼다면, 세간의 모든 법이 不離五진하니(五진을 여의지 않으니), 너가 관 색법八(나누고) 급제(미킨 모든) 성八(나누고)

법八 향법八 미법八 급 여촉법(미친 촉법을 함께 觀) 하라. 서로상의 형상이 분명하여, 대하는 五다섯 근이 二ㅁ丁리거정, 비의소섭니다(의가 간섭할 곳이 아니다). 여식이 결정 어법생이大(너의 식이 결정코 법에 의지하여 생겼다면). 여금 체觀하라. 법 법이 하상口(너는 지금 법을 54 자세히 觀하라, 법이란 법이 어떤 형상인고)? 만약 색공八 동정八 통색八(나눈) 合離(합하고 여읨)가 생멸한다면, 월차제상 하면(이런 모든 상을 넘어면), 종무소득하니다 (마침내 얻는 것이 없다 하니다). 생기면 칙즉 색木 공木 제모든 법 등이 생기고, 멸하면 칙즉 색공 제법 등이 멸하느니다. {上意 會 覽憶爲乃生}

五진은 각각 대함이 眼눈 耳귀 등 五근이라, 의가 아닌 간섭하는 곳이午. 五법의 坐는 각각 인한 색과 공과 제연이스라. 마침내 무실상(없는 실의 형상)하니, 기(이미) 의뜻의 간섭이 아니午, 또 무실상거니 안능생의식야 (실제 형상이 없거니 편안히 의식을 낼 수 있다) 리오.

三. 根境合辯(근과 경계를 합하여 변설함)

소인 기즉 무인하여(인한 것이 이미 인이 없어서), 생유식이未 작하형상口(생김이 있음이 인식이미 어떻게 지어 형이란 서로상인고). 상상이 불유하면 계운하생(서로상의 형상이 아님이 있으면 계가 어찌 생긴다) 하리午. {正破識界無作}

앞에 이르대 식이 법으로 인해 생겼다 하였으나, 금소인자는(지금 인한 곳것이라 한 놈은), 이미 연을 따라 기멸하여(일어나고 없어져서), 자무실상(자기가 없음이 실제의 형상이)거니, 칙즉 인하여 지생 식 (원인하여 생긴 식)이, 복작하상야 午(다시 어떤 상을 지으리오). 형상이 아님이 있으면, 칙즉 계역망의(계가 역시 亡(망)없는거)리라. 55

三. 료망즉진(망령이 곧 참임을 깨침)

시고로 당지하라. 의(뜻)와 법이 연이 되어서, 의식계를 생겼다 하느니, 三처가 도무 하여(모두 없어서), 칙즉 의 와 법 및 의계와 三(셋)이 본비인연하고 비자연성니다(본래 연으로 인함이 아니고, 자연도 아닌 성이니다<인이 아닌 연이고 제가 아닌 연의 성 이니다).

이미 비인연자연 하면(인연 자연이 아니하면 < 인이 아닌 연이고 제가 그러하면), 이것을 묘진여성 이라 말한다.

十一. 광거七대원시장성(七대의 원만함을 넓리들어 장성을 보임)

앞에서, 가까이 모든 몸에서 취하사, 여래장을 나타낸 고로, 음 입 처 계 四과에 의지하사 밝혔다하二口. 비록 一신은 깨달았으나, 아직 萬법을 융합하지는 못하여, 근木 경木(뿌리와 줄기)이 오히려 달라서, 견하는 성이 원만하지 못할새, 이에, 다시 멀리 제모든 물질을 취하사, 원만한 여래장의 성품을 보이셨다할새, 고로 지木 수木 화木 풍木 공木 견木 식木 七대로서 의지 하여 밝히사, 사 오 물과 아가 동 근源하고 (물과 아나가 똑같은 근원 임을 깨닫게 하였고), 시비(옳고 아님)가 一체(하나의 몸이라) 하사, 법 법이 원성하고(법이란 법이 원만을 이루고), 진 진이 주변(찰흙이란 찰흙이 두루 미치게) 하리니다. 56
법계송에 운하대, 만약 사람이 참으로 공의 이치를 알고자 하大, 신내 진이 여 환편周徧 외(몸안에 참이 밖에도 돌아 두루 미침과 같다)하니, 정과 무정이 공히 (一)하나의 체라, 처처가 다 같은 참 법계라 하니, 이는 七대의 지(뜻)이다. 이르기를 大란 놈은, 성이 원만하고 두루 미치어서, 十방을 머금었다 토했다 하므로, 위의(옳다)하니다. 소이

유七자는 萬법이 생성(있소하는 七이란 놈{칠하는 놈}이 있는 까닭에, 만법이 생성)하대, 불이土 四대하여 이의공 건-립하고(흙을 여위지 않는 四대라하여 공에 의지하므로 건강하게 서고), 인견하여 유각하고 인식하고 유지하므로 고야(견으로 인하여 각이 있고 식으로 인하고 앎이 있는 까닭이다). 앞에 다섯은 무정{없는 정}이 갖춘 것이午, 후에 둘은 유정{있는 정}이 겸한 것이니, 지금 그 일곱을 들었으니, 칙즉 萬법이 해의다(마땅히갖춰진 것이다). 七대는 다 식을 인하여 변하乙土ㅣ, 고로 총지이식(다 식이라) 하리니. 식은 칙즉 성각 지중에 망 위 명각 자야(성을 깨달은{성각각의 성품}중에 망령이란 것이 명각{각을 밝힌 것} 이라 한다). 소망이 기즉 립하면 생피망능할새 (망령이란 것이 이미 성립되면 저것이 망령을 능히 생기게 할새), 고로 七대가 있다하니다. 그러나 저 大(대)의 성은, 먼저先 수도 화도 아니고, 역시 공과 식이 아닌(공식적인 것이 아닌 吏讀), 온전한 하나(一)의 여래장 체가, 순업발현이이니(업을 좇아 발하여 나타난 것 뿐이니), 七대기이 하면 (칠대가 이미 그러하면 {기묘하고 이상하면 吏讀}. 萬법이 다 그러해, 범人 이 아라면, 의와 정(의지함과 바름)이, 先먼저의 비 근-신(아님이 근과 몸이)고, 역시 비 기-계(아닌 기계의 세계)다. 개 곧즉 순업지상(다 곧 업을 따라도는 상)이니, 성이 진実 원융하여(성이 참 실로 원만하게 녹아서), 초 무 생-멸(잠깐도 생멸이 없다) 하니다. 까닭에 아난이, 몽불人 개시하土(부처님이 꿈에서 열어 보임을 입었다하사아), 심신이 탕연 하여(끓여지고 불에 타서), 득 무괘애(걸리고 막힘이 없다)하여, 了-지 세간七(세간에 칠함을 앎을 료달)하니, 제소유물(모든 곳에 있는 물질)이, 개 곧즉 묘심함과十방(다 곧 묘한 마음이 시방을 머금어 싸고)있을거라 하고, 반觀환신(반대로 觀한 환상의 몸)이, 기 멸이 무를 종土七하여 (일어나고 없어짐이 없음을 따라 흙칠하여), 획득한 본來 묘심(묘한 마음)

이, 상주불멸 하니, 제二대과發明覺性科의 권월을 이에 끝마쳤다. 이는 실로 발명의 (밝음을 발한) 요지이고 수증밀인(닦아서 증험한 은밀한 씨앗) 이다. 문 二

{見道分三科來二卷初篇經家叙意二問答發明十一科幽七大易空後第二大科終 三時衆造悟}

初. 아난발기(아난이 일으키다)

아난이 백불언하대, 세존하, 여래가 항상 화 합木 인 연을 설하사 58
一체 세간에 七(칠)한 종종 변화가, 다 인한 四대가 화합하여 밝음을 발한다 하셨나니, 운하 여래가 인연八(나누고) 자연八(나누고) 二둘을 다 배빈ソ二느니入七口(배척하여 물리친 둘이라하느니 칠해 들어간다하는)고, 아는 지금 부지사의 소촉 하士邑又니(이 뜻이 붙은 것을 알지 못하사 읍하러니부탁하는 바이르니), 유 수애민하사(오직 불쌍하고 가여움을 베풀어사), 중생에게 중도료의 무희론법을 열어 보이게ソ小立하소서.
{孤山曰 將熙 象生聞昔和合則滯於有聞今排擯則溺於空不違中道動成戲論故請開示}

이는 권교(여래가 중생에게 깨닫게 하려고 보이는 방편)에 의지하여, 문난(아난이 물었다<어렵게 물었다) 하사아, 四대로 말미암아 七대를 발기한(발하여 일으킨), 인연 자연의 올바른 의뜻이었다.

二. 세존수답(세존 답을 내리심) 三

初. 민고(가여워 고함)

이때, 세존이 고 아난언(아난에게 말로서 고)하사. 너가 먼저, 성문 연각 제소승법을 염이(싫어 떠나서)하여, 발심하여, 무상보리를 근구(부지런히 구<殷勤히 啓請)할새 고로, 아가 지금 너를 위하여, 제一의 체才乙(하나의 뜻의 자세한 사이를) 열어 보였거늘, 여하(어찌하여) 다시 세간에 칠한 희론 망상을 가져다(장), 이자전요(스스로 얽어매어 두르르) 하느냐. 너가 수다문(비록 많이 듣기는) 하나, 여설약인(마치 약을 설하는 사람)이, 진人(참사람인)약을 앞에 두고, 불능분별土七하니) 분별할 수 없어 흙칠하니), 여래가 真又참으로 가련민(가히 불쌍하여 근심)한다 설하니다.
{鮮云阿難何處厭小求大篬 卽經初云 恨無如一向多聞是 厭汝先厭離
小者小也殷勤啓請十方如來得成妙奢摩他木是求大也} 59

다문은 약을 설하는 것과 같고, 체의(뜻을 살핌=자세한 뜻)는 진実人(참으로 실제 사람인) 약과 같다 하니다.

二. 허답(답을 허락하심)

너는 지금, 체청하라, 吾(깨달은 오나)가 당연 너를 위해, 분별개시하고, 역령 당래에七(역시 다음에 올 세상에 칠할), 대승을 수행하는 자들로 하여금 통달실상 去丨케 하리라. 아난이 묵연하여 승불승지하사들이니.

七대가 본래 여래장인거를 아는 것이未 이를 일러 통달 실-상 이라.

三. 정답(바른답) 二

一. 총답

아난아, 너가 말한바와같이, 四대가 화합하여, 세간에 밝음을 발하게 칠해, 종종변화하느니. 아난아, 만약 대성(七大相)이, 체가 비화합이大, 불능 여제대 잡화하未(모든 대와 섞여 화할 수 없음이), 유여허공면 60 불화제색(오히려 마치 허공같으면 모든 색을 화하지 못하는듯)하고. 만약 화합하는 놈이라면, 동어변화하여(변화에 똑같아서), 시종이 상성하고(처음과 끝이 서로 이루어지고), 생멸이 상속(서로 계속)하여, 생하면 사하고, 사하면 생하여, 생생사사 여선화륜하여(불바퀴를 돌리는것 같아서), 미유휴식 하리라(휴식이 있지 않으리라).
{孤山曰 生至生卽始終相成也 今生後生今死後死故 生~卽生滅相也}

권교에 비록 화합을 설하리나, 도무실의(모두 실제 옳은 뜻이 없다) 하니다, 대개 저가 大면, 성이 과비土 화합土이대(과가 흙아닌것을 화한 흙과 합이면), 칙즉 허공같아서 모든 색을 화하지 못하리니나, 태불연야(전연 그렇지 않다) 하여. 만약 과가 화합이大(화한 합이면), 칙즉 동피萬변(똑같은 저가 변화무쌍)하여, 상성상속(서로가 서로를 연속하여 이룬다)하여, 전전허망(펴지고 구르며 허망)하니, 우불연야 (또 그렇지 아니하다)하리다. 선화지륜(돌아가는 불바퀴)은, 무유실체 하니(실체가 있지 않으니), 유 허망면 상성人 상속지상야(비유하면 허망을 깨치면 서로 사람을 이루대 서로 연속하는 상이라) 하리다.

아난아, 여수가 성빙하다가, 빙이 환성수土七하니다(마치 물이 얼음을 이루다가, 얼음이 돌아 물을 이룸과 같다{덧칠함과 같다} 하니다.

{比如寒月結水成氷 反至暖時释氷成水

衆生迷時結性爲心 反至悟時释心爲性}

직시 대의 성이, 비 화 불화지리 하사(대의 성이 화도 불화도 아닌 이치를 바로 보이사), 후의 글을 일으킬새 고로, 복소고야ソ二니다(다시 불러서 둘을 알렸다) 하니다. 61

무릇 물이 무엇을 화하여 얼음을 이루고, 얼음이 무엇을 화하여 물을 이루리오. 七대의 성이, 불인화합(인함 아님이 화합)하여, 순업발현(업을 따라 발하여 나타남)이未, 여차이이(이와같을 뿐이)다.

{真性之中本無和合 比虛空之中無和合}

二. 별답(나누어별도로 답함) 七

一. 지대 三

一. 표본(근본을 표함)

여觀지성(너는 땅의 성을 觀)하라, 크고추한거친 것은 대지(큰땅)가 되고, 세밀한건 미진(미세한 티끌)이 되니, 인허진에 이르기까지, 저 至극한 미진을 분석하면, 색 변-제-상하여 七분을 이루는 것이니, 다시 인허를 분석하면 곧즉 실真人(실로 참사람의) 공성이니다.

이大又(대로) 표한 색이 비록 분석할 수 있으나, 공宗現也{마지막에 나타나는 공}은 합할 수 있는 것이 아니리라, 장현지八 성하면 비화합야(장차 땅의 성이 나타나면 화합이 아니라)하二니다. 티끌의 가는(세)놈을 왈 미午, 세의 또 세를 왈 극미午, 미의 또 미를 왈 인허이니, 극미의 진은 오히려 미색이 있다 할새, 고로 명 색 변-제상(색칠한 변의 가의 상)이다. 석극미하여(극한 미세한 것을 분석하여), 七분하면 칙즉 미한 색이 태(거의) 허ソ乙土丨할새 고로 인허다. 62

二. 변명(변설하여 밝힘)

아난아, 만약 이 인허乙 쪼개면 極上太라는 허-공을 이루게大면, 당지 허공이 출-생 색-상又(허공이 색상의 隣虛인 大를 나타낸다는 것을 당연 알아라).

선립리하고 하에 변명(먼저 이치를 세우고 하에 변설해 밝혔다)하二니다.

너가 지금에 말로 묻대, 화합으로 말미암은 고로 세간에七해 제변화상이 출생했냐 하니, 너가 또 이것을 觀해 보라. 하나의 인허진(先生 虛空 色相)이, 용기 허공하여 화합이유午(몇기의 허공을 쓰서 화합으로 있는 것이오). 불응인허 합성인허(응당 인허가 합해 인허를 이룸은 아니니다 虛空合 隣虛空午 隣虛合乃塵). 또 인허진을 쪼개어 공이란 놈으로 들어가 보면, 몇기가 쓰여 색상이라하여 합해 허공을 이루었는ㅁ. {一隣虛塵 用成虛空하여 和合有 生色相異 隣析虛入 虛空空用 成色相合 成虛空}

이것은 제변화상이 비화합법으로 들어감을 밝혔다하二니다.{破合色成空}

만약 색이 합할 때, 합한 색下析이 허공은 아니고, 만약 공上卽이 합할 때, 합한 공이 색은 아니니, 색은 유가석이才니와(오히려 쪼갤 수 있는 사이니와), 공을 어찌 합한다 이르리오.

색을 합하면 칙즉 응당 공이라 이름 못하午, 공을 합하면 칙즉 응당 색이라 이름 못하니. 공을 알면 비(아님)가 화八(나눈) 합이면, 칙즉 색이 비(아니어야) 화立空 합虛空{화로 공을 세워 허공을 합할것} 이라.

三. 결현(결론을 나타냄)

여 원부지로다(너는 本來근원을 알지 못한다), 여래七한 장 중에{心性中道
離二邊中道} 성이 색인{即成而七目大 離一切相照而常寂}, 진공八{나눈} 성이
{即真而俗 即一切相寂而常照}, 공印(O 도장을 찍은) 진색이,
청정{寂照不二}본연하고 주변법계 하여(법계에 두루미쳐서), 수중생심하여
(중생의 마음을 따라), 응소지량(아는량만큼 응)하여, 순업(업을 따라돈다)
하여, 발현한 것을, 세간이 무지하여, 혹하여 위인연八 및 자연 성
하느니(인이라 하여 연을 팔아나누고 제가 그러한 성이라 하느니), 다 이 식심
하면 분별하여 계도하니(마음을 인식하면 별도로 나누어서 각도를 계산하니),
단유언설才정(다만 언설만 있을지언정), 도무실의(전연 실한 뜻이 없다)
하니다.

여래장 성은, 萬법이 一여才乙(하나와 같은사이거늘), 순발로(차례로
발해서), 사이(다름과 비슷)하여, 마침내 七대人 이름이 있다 하니, 64
특체용을 이칭이(오직 체와 용을 다르게 이름이)다, 진人(참 사람인)
공이란 놈은 하나와 같은 체이니라. 고로 七대가 다 진-공을 말하二니다.
七대는 곧즉 순업의 용(업을 따라도는 쓰임)이니다, 고로 왈 성이 공印인
진색이라하二고, 내지 성이 공印 진식이라하二니, 체 용이 불二할새(둘이
아닐새), 고로 상의 호거(서로 의지하여 상호 든다)하二久. 불리土 묘
성十八 할새(아닌 것이 흙을 여윈 묘한 열여덟성이라 할새), 고로
一一언성야(낱낱이 성이라 말한다). 불구하고 부정(때가 아니고 청정도
아님)을 왈 청정이午, 비화와 불화를(화도 아니고 화하여 합도 절대아님을)
왈 본연이午, 무 호 부재를(부름이 없어 있지 않음<불러 있지 않음이
없음<어디에나 있음)을, 왈 주변(두루미침)이니, 이미 비 구 정 화-합
(더럽거나 청정하거나 화-합 아님)으로, 능히 七대 萬법을 이룰 수 있는

것은, 다만 수심응량 하여(심의 응하는 량에 따라서), 순업하여 발현
할 뿐이니, 후에 운하사(이르사대), 여 이공으로 명하면 칙즉 유공현하고
(너가 공으로 밝히면 칙즉 있는 공이 나타난다) 하고. 지수화풍을 각각
발-명하면 칙즉 각각 나타난다하리니. 이는 수심응량지사야(심에 따라
량에 응한 일이라). 배각합진할새(각을 배反하고 진티끌과 합할새),
고로 발진노하고, 멸진 합각할새 고로 발진여하느니(티끌을 발하려 65
노력하고 티끌을 멸하려 각을 합할새, 고로 참을 발하는 것과 같다
하느니), 차 순업 발-현지사야(이는 업을 따라돌아서 나타나 발하는일
이라). 지어十계면, 의정지상八 萬형의 섬실지리(十계에 이르면,
기대거나 바름을 서로 나눈 萬가지 형태의 섬세한 모든 이치)가, 막비
수응 순발자야(응함에 따라서 순서대로 돌아 순환하여 발한 것이 아님이
없다) 라. 그러나 이것은 서로상을 觀하大 本來원 망령이라하여,
무가지진(가리켜 나열할 수도 없는것)이고, 성을 觀한去ㄴ大 원來 참이다.
오직 묘한각명(깨달음을 밝힘)이니. 리절정위하여 불용망도일새(이치는
정을 끊어라 말하여 망령의 헤아림을 용서하지 않는) 고로, 단유언설
才丁(다만 언설이 있을정), 도무실의(모두 실제 옳은 뜻이 없다) 하리니,
소이(까닭에), 제一의 체(살핌)는, 의심하면 칙즉 差하고(심에 비교하면
즉 차라 하고), 동념하면 칙즉 괴하느니(느낌이 움직이면 어그러지느니),
유거一체시에 불기망념하여(하나를 끊고 산다고 사유할 때에 망념을
일으키지 않아서), 불용식심하여 분별계도한(식심을 사용하지 않아서
각도를 계산함을 나누어 헤어진), 연후에 상응(그런 후에 서로 응)
하리니. 여육동차(나머지 六(여섯)도 이와 같다) 하니다.

{口欲言而辞表心欲思之念亾}

二. 화대 三

一. 표본(근본을 표함)

아난아, 화성이, 무아하여(아가 없어서), 기 어제연하느니(모든 연에 붙어리니), 너가 성중에 아직 밥을 먹지 않은 집을 觀 해보라. 욕취찬시(아궁이에 불을 때려할 때)에, 수집양수하여(손에 양의 부싯돌(돋보기)을 잡아서), 일전에 구화(해앞에서 불을 구)하느니다. 66

{彖緣生之火本 無主宰无主즉性也 因彖緣和合妄有耳}

화가 무자체하여(자신의 체가 없어서){離虛中}, 寓우물하여 성형할새(물질을 만나서 형을 이룰새), 고로 왈 무아(아가 없다)라. 양수는 주동위지(양기를 받는<햇빛을 받는, 주석과 동으로 된 것이라)하느니, 사경이 皿(거울과 비슷한 皿) 하니다.

二. 변명(변설로 밝힘)

아난아, 화합하는 이름인 놈이大, 마치 아 가, 너와 一천二백五십 비구와 함께, 지금 一중이니(하나의 무리라 하는 것과 같으니), 중이 비록 하나라 하나, 그 근본을 힐(따져보)건大, 각각 유신(있는 것이 몸)이라 하고, 개 유人 소생 씨족과 명과 자하니(다 있는 사람인 생긴 곳의 씨족 이름 글자라 하니), 마치 사리불은 바라문종이午, 우루빈나는 가섭파종이午, 내지 아난은 구담종성이니다. 아난아, 만약 이 화성이 화합으로 인하여 있다이大, 저 손에 거울을 잡아서, 해에서 불을 구하는 것과 같다하니, 이 불은, 거울의 가운데를 따라서 나온다 할것이냐? 艾쑥을 따라 나온다 할 것이냐? 위어일래(해에西서 온것이라 할 것이냐)? 아난아, 만약 日에서 래자이大(해에서 온 것이라면), 자능소여수중지애하이大(제가 너 손안의 쑥을 태울 수 있을것이대). 래처임목이 개응수분 (온곳의 임목이 다 응당 불사름을 받을 것)이고, 67
만약 거울중에서 나왔이大(다면), 자능어경에西 출하여 연우애대(자기가 거울에서 나올 수 있어서 쑥을 태울 적에는), 경하불용口(거울은 어찌 녹지 않는고). 우여수집하여西 상무열상去니 운하융반(구부린 너의 손이 잡아서 오히려 더운 상이 없거니 어찌 녹아 없어지)리午. 약생 어애大 (만약 쑥에서 생겼다면), 하자日경(어찌하여 日해가 거울을 깔았는데 <어느 놈이 경을 깔고 앉았느냐 日말하여 吏讀), 광명상접한 연후에야 화이야가 생하리午(광명이 서로 접한 연후에야 불이야가 생기리오 < 광명이 서로 접힌 연후죽은후에야 변화해 부처야가 생기리라 吏讀).

중(무리)은 명 화합이라함은, 따져보면 각 본-근이 있다하니, 참 화합이라. 화불{부처 吏讀}는 명 화합이나, 힐지去ㄴ大 각 무본근(따져보면 각각 본뿌리가 없다)하니, 비화합이라. 우루빈나는 목과림이라 말하고, 가섭파는 운 구씨午, 구담은 운 지최승(구름에도 놀라면=도를 닦아 이루기전의 석가, 땅에서 가장 나음)이니, 역시 운 일(해의)종이라한다. {계비木瓜林갓가오리니 祖上仙道修之霊한 龜이 그리믈지여나니라 古之甘蔗 왕비야 나리아니하야 {제비가 나무덩굴숲가까운곳이리니 조상 선도를 닦은 신령한 거북이 그림을지어 태어나니라 왕비가 일어나지 아니하여} 日(태양)이 甘蔗 쁴야 깨여디여날시{해가 질 때야 깨어 태어날시} 日種}

너는 또 체觀하라. 거울은 손으로 인하여 잡고, 해는 하늘로부터 오고, 애쑥는 본래 땅에서 생기니, 불은 어느 방향을 따라 와서, 유역어차午(이곳에 지나게 되었는고). 해와 거울은 상원하여(서로 멀어서), 비화 비합하고(아님이 화고 아님이 합하고), 불응화광이 무종자유니다(아님이 응해 불의 빛이 없음을 따라 제가 있다 하니다 > 불빛을 받지않으면 저절로 없어진다 < 불빛에 응하지도 않고 따라서 스스로 있는것도 없다<없음을 따라 제가 있다)니다. 68

三물이 상료하고(서로 멀고), 화(불)은 무방소하니(방소가 없으니), 범소측도(무릇 각도를 측정하는것)는, 개망계야(다 망령을 계산한다)라.

三. 결현(결론을 나타냄)

여유부지로다(너가 아직도 몰라서) 여래七 장 중에, 성이 화불印 진공八 성이 공印인 真火(진화)가, 청정본연 하고, 주변법계 하여, 수중생심 하여 응소지량 하느니(중생의 마음을 따라 응하는 바 량을 아느니). 아난아 당지하라. 세상 사람이, 一처에서 집경하면(거울을 잡으면), 一처에 불이 생기고. 편법계에 집하면, 세간에 만(가득)하여 일어나거정, 일어나서 세간에 두루하거니, 영유방소리午(어찌 방소가 있으리오). 순업(업을 따라서) 발현하거늘, 세간이 무지하여, 혹 위인연八이니 및 자연성 이라 하느니, 다 식심의 분별하고 각도를 계산함이니, 단유 언설 이才丁(사잉일정), 도무실의(없음이 실이란 뜻이라) 하니다. 69

三. 수대 三

一. 표본(근본을 표시함)

아난아, 수성이 부정하여(일정하지 않아서), 류식(흐르고 쉼)이, 무항(항상함이 없다)하니, 마치 실라성에七, 가비라선八, 작가라선八(나눈), 발두마와 하살다 등 모든 대환사가, 태음정을 구하여, 용화환약할其奇(환약으로 화합하여 쓸기니), 어백월주(흰달이 뜬 낮)에, 수집방저하여

(손에 조가비를 잡고서), 승월중十八니 수十八니(월중수를 받는다)하느니,
차수(이 물)는 위복종주중하여 출(다시 구슬 속으로부터 나온 것이냐)?
공중에 자유(자기가 있느냐)? 위종월하여 래(달을 따라 온것이냐)?

구하면 칙즉 흐름이고, 부否아님이면 칙즉 식大(쉼)이라하느니, 소위 류식이 무상야(흐르고 쉼이 항상함이 없다 라). 가비라 등 넷은 다 외도이니, 선환술(환술을 잘)하느니다. 태음정은 월중十八七지수 (달가운데의 물)이다. 월이 망전(달이 차기전보름)乙 왈 백이午, 정오(午에 머뭄)를 왈 주다낮이다, 방제(모든 모난것)는 물을 취하는 구슬이니, 곧즉 음수(음의 부싯돌)이다.

二. 변명(변설로 밝힘)

아난아, 약종월하여 래이大(만약 달을 따라서 왔다면), 상능원방하여刀 (오히려 멀리에서도), 구슬로 하여금, 물이 나오게 할 수 있을거니, 소경임목이(경과하는 곳의 숲과 나무가), 개응토류(다 응당 토하는흐름) 이라, 류이大 칙즉 하대방저 소출하고(흐른다면 즉 어찌 방저{모든 모난 방아 吏讀}를 기다려 나오는 것이고), 불류이大 명수가 비종월한 강이라 (흐르지 않는다면 물이 달을 따라 내려오지 않음이 명백 하다). 70

불류등자는 임목이 불토류이大 칙즉 지수가(아는 물이) 비월又西 강이又 (흐르지 않는 등은 숲과 나무가 토하지않는 흐름이면 달이 아니어서 내려온다라).

만약 구슬을 따라 나온다면, 칙즉 이 구슬중에 항상 응당 물이 흘러야 하리才니, 하대중소하여 승백월주하리오(어찌 밤중을 기다려 백월주를 받으리오). 만약 공을 따라 생겼다면, 공성이 변이 없을새, 물도 당연

무제라(가가 없을것이라), 종인자천(사람으로부터 하늘에 이르기까지), 개동도닉(다 똑같이 물이넘쳐 빠진다)이라士니, 하복유수육공행(어찌 다시 수 육 공으로 다니는 것이 있다)하리오. {月印千江之曲}

물이 달에서 온 것이 아니고, 또 구슬에서 나온것도 아니고, 공을 따라 생긴것도 아니니, 곧즉 본연 주변하여 비화합의라. {摠結無} 여갱체觀(너는 다시 자세히 觀)하라. 월종천척하고(달은 하늘을 따라 오르고), 주인수지하고(구슬은 손을 인해 잡고) 승주수하리니(구슬의 물을 받느니), 반본인부설(쟁반은 본래 사람이 설치)이니, 수가 종하방하여 류주어차午(물이 어느 방향을 따라서 흘러 이에 머무르리오). 71 월주 상원하여(달과 구슬은 서로 멀어), 비화 비합이라하고, 불응수정이 무종자유(아니 응하는 물의 정기가 없음을 따라 제가 있다 하)니라.

예화대註乙 문(화대의 글을 보라). 三物相遼 水無方所 凢所測度 皆妄計也. (세가지 물질이 서로 멀어, 물은 방소가 없으니, 무릇 각도를 측정하는 것은, 다 망령을 계산하는 것이라). 三會通灾環

三. 결현(결론을 나타냄)

여상부지로다(너는 오히려 알지 못하는구나). 여래七한 장중에, 성이 물印 참공八(을나눈) 성이 공印 참물이, 청정본연하고, 주변법계하여, 수중생심하여(중생의 마음이 생김에 따라), 응소지량(아는 량에 응)하느니, 一처집주 하면(한곳에 구슬을 잡으면), 一처에 수가 출하고 (한곳에 물이 나오고). 편법계하여 집하면(법계를 두루하여 잡으면), 만법계하여 생하느니(만법계에 생기느니). 생만세간(세간에 가득 생기)去니, 영유방소리午(어찌 방소가 있으리오). 순업하여 발현(업을 따라 나타난다)하去乙, 세간이 四結責滯情 무지土 하여, 혹위인연 및 자연성 하느니, 개시식심의 분별계도이니 단유언설才丁 도무실의(다 이 인식하는 마음의 별도로 나누어 각도를 계산함이니 단 말로 설해 사이에 불꽃만 튈정 도대체 실한 뜻은 없다) 하니다. 72

처음 말은 너는 원 부지하고, 다음 말은 유ソ二夂, 말 상ソ二夂, 말 완ソ二夂, 말 전ソ二夂, 말 승ソ二夂하고, 이 끝에, 또 말하여 원은, 처음에 본원(本來의 根元)을 제가스스로 미혹할새, 소이(까닭에) 불勿 지하二고 (못함을 알아 둘)하고, 기재여명하여(거듭 밝힘에 이르러서<미쳐 다시 밝힌다 하여). 유차미유(오히려 또 아직은 깨닫지 못<또 차서 이루지 못 吏讀)할새 고로 다음은 유야(오히려 의심한다<있어야 한다 吏讀)하二고. 후에 복여명ソ人二乙 이익부지土ソ乙土丨(후애 다시 밝힐 둘을 더하므로 흙을 알지 못할새<뒤에 배와 같이 발힐 두사람이 넘쳐 알지도 못할새 吏讀) 고로 언 상(오히려)하二고. 전부지土(구르는 흙을 알지 못<전혀 알지도 못 吏讀) 할새, 고로 언 완宛死 하二고. 혼(穩全)부지土(전혀 흙을 알지 못<혼도 알지 못 吏讀) 할새, 고로 언 전 하二고. 심부지土(심하게 흙을 알지 못)할새, 고로 승(거듭) 하二고. 종부지ソ乙土丨(끝낸것을 알지 못할새), 고로 다시 언 원이라 하느니라. 초의(처음 뜻)는, 서(용서)이나, 마지막의 뜻은 책(꾸짖음)이니, 경중(가볍고 무거움)이 이 유서의 하사土七(次第순서 가 있다하사 흙칠)이라.

四. 풍대 三 {四十一 摠標無性}

一. 표본(근본을 표시함)

아난아, 풍성이 무체하여(실체가 없어서), 동정이 불상(움직이고
고요함이 항상하지 못)하니, 너가 상정의하여(항상 가지런한 옷을
입고), 입어대중ソ乙其奇(대중에 들어갈거기에), 승가리각이 움직여
방인(곁에 사람)이면, 칙즉 미풍이 있어, 불피인면하리니(저사람의
얼굴을 스치리니), 이 바람은 다시 가사각에서 나온 것이냐(출)?
허공에서 발(일어)난 것이냐? 저 사람의 얼굴에서 생긴 것이냐? 73

불의하면 칙즉 동하고(옷을 스쳐바람이 불면 즉 움직이고), 수의하면
칙즉 정(옷을 드리우면 즉 고요)하느니. 소위 동정이 불상(일정하지
않)다. 승가리는 本법의(법복)이다.

二. 변명(변설로 밝힘)

아난아, 이 바람이 만약 다시 가사각에서 나왔다면{復依理摧破},
여내피풍하大(너가 이에 바람을 피우면), 기의비요하여(그 옷이 날려
흔들리어), 응이여체(응당 너의 체를 떠나야 할)것才丁인정, 아 가
지금 설법하乙其帝할적에 모임중에 수의하也又니(옷을 드리우려하러니),
여간아의하라(너가 아의 옷을 자세히 보아라). 풍하소재午(바람이
어디에 있었던 것이오). 불응의人 중에 유장풍지(아님이 응하는 옷입은
사람 중에 있음이 숨은장인 처{곳}를 바람의 땅이라 하)니다.

변 비勿 의출야ソ二니다(아님을 옷이 나게한 둘을 변설했다 하니다).

만약 허공에서 생이大(겼다면), 너의 옷이 부동에(움직이지 않음에),
하인하여 무불午(어떤 원인으로 불지 않는고). 공성은 상주할새 74
풍응상생이고(공성은 항상 머무를새 바람이 응당 항상 생기는 거고).

약무풍시엔 허공당멸하乙才니소(만약 바람이 없을 땐, 허공이 당연 없어져 옮겨질 사이니), 멸풍은 가견才니와(바람이 없어지는 것은 볼 수 있으니와), 멸공은 하상口(없어진 공은 어떤 모양인고). 약유생멸이久면 불명허공午(만약 생이 있어 없어졌다고 하면, 아님의 이름이 허공이리오). 명위허공이久면 운하풍출리午(이름이 빈공이라고 한거면 어찌 바람이 나온다 말하리오).

공에서 생긴것도 아님을 변설했다 하二니다. 허공이 당연 멸한다는 것은 위무풍시엔 역응무공(바람이 없을 때는 역시 응당 공도 없음을 말한謂것이다) 하리다.

약풍이 자생土(만약 바람이 저절로 생겼더라도), 저불지면이대(저것이 면얼굴으로 불면), 종피면생하대(저것을 따라 면이 생겼다하대), 당응불여被衣之人(당연 응당 입은옷이사람인너를 불어야)去乙거늘. 자여정의人(너란 바르게정리하는 옷입은사람으로 부터), 운하도불오(어찌하여 거꾸로 부는고).

{被拂之人 面若生風 應合順吹 汝當受拂
汝面整衣 不于風出 云荷共風 反吹彼面}

변비생피면야 하二니다(저 면얼굴에서 생긴것이 아닌 둘을 변설하니다). 바람이 옷에서 나온 것이 아니고, 또 공에서 생긴것도 아니고, 비생피면이 了무소종 하니 비 화가 합의(아님이 생긴거면 저 얼굴이 따른 것이 없음을 깨달았다 하니 아니어야 화가 합이) 다.

여가 심체觀(너가 세심하게 살펴 觀)하라. 정의는 재여하고(옷을 정리하는 것은 너에게 있다 하고), 면은 속피인(얼굴은 저사람에 속)

하고, 허공은 적연하여(적막같아서), 불참류동하니(흘러 움직임에   75
참여하지 않으니), 풍이 자수방하여 고동하여 래차午(바람이 어느
방향에서부터 고동쳐서 이에 오는 것)이오. 풍八 공八이 성이 격하여
(풍을 나눈 공을 나눔이 성품이 사이가뜨서), 비人 화 비합(사람 아님과
화함이 아니어야 합이)고, 불응풍성이 무종자유니다(아닌 응이 바람의
성이 없음을 따라 제가 있느니다).

三자가 불참하고(참여 하지 않고), 二성이 상격하여(서로 뜨서가려서),
구풍소종(바람이 따라온 곳을 구)하여刀, 묘막가구이니(아득하여 구할
수 없으니), 신 위 본 연人 주-변 하여 순업발현야(본 그런 사람이
두루 미처서 업을 따라 나타남을 발한다 말함을 믿는다)로, 풍성乙 혹
작 풍-심하니 오야(바람의 성을 혹 풍이 심을 짓는다하니 틀렸다) 라.

三. 결현(결론을 나타냄)

여 완부지(너는 반드시완전히 알지 못한다)라. {三會通实理} 여래七한 장
중에, 성이 풍印 진공八(을 나눈) 성이, 공印 진풍이, 청정본연하고
주변법계하여 수중생심하여 응소지량(량을 아는 것에 응)하느니.
아난아, 여여一인이 미동복의하면(마치 너 한사람이 미세하게 움직여
옷을 입어면), 유미풍이 출하고(있는 미세한 바람이 나오고), 편법계
하여 불면(법계에 두루하여 불면), 萬국토하여 생기느니, 주변세간去니
영유방소리午(세간에 두루 미치거니 어찌 방소가 있으리오).   76
순업하여 발현하거늘, 세간은 무지하여, 혹 인연八(을나누어), 이에
자연성(저절로 그러한 성)이라하느니, 다 이 식심으로 분별한 계도이니
(각도를 계산하여 분별함 이니), 단유언설 才丁(단지 말로만 있다
설하는 것일정), 도무실의(모두 실이 없다)하니다.

{一人微動 遍界微動 一衣服微風生 旺土衣服微風 生}

{人一微動下界微動一衣 服微風生旺土衣服微風生}

법계를 말하二口, 또 국토를 말한 것은, 편계(계에 두루함)는 하나에 대하여 사람을 말하二口, 국토는 의복一人衣服을 대하여 말하二니다.

五. 공대四 {空無月隨離色之處即顯 是空以對待故空無性也
}

一. 표본(본을 표시함)

아난아, 공성이 무형하여, 색으로 인하여, 현발(나타나 발)하느니. 마치 실라성이, 거하요처(강으로 가는 먼곳)에, 찰리종八을 나누고, 바라문八을 나눈, 비사와 수다와 겸바라타와 매다라 등이, 신립안거하여 (새로 편안한 거처를 세워서), 착정구수하其奇기의(우물을 뚫어 물을 구할기기와), 출토一척하면 어중에 유一척허공 하고(흙이 한자 나오면 가운데 한자 허공이 있고), 여시 내지 출토一장하면 중간에 환득一장 허공하여(이와같이 내지 한장인 열자의 흙이 나오면 중간에 다시 一한장 열자의 허공을 얻어서), 허공의 심천(깊고 얕음)이, 수출의 다소하느니 (나옴에 따라 많고 적으니), 이 공은 위당인토(당연 흙으로 인한 거라) 하여, 소출 인착(뚫음으로 인해 나온것)이냐? 소유 무인하여 자생 (있는 곳이 원인이 없이 자기가 생긴 것)이냐?

착토득공이 소위 인색하여 현발 야(흙을 뚫음으로 얻은 공이 소위 색으로 인하여 나타 남이라). 서천에七 귀천(서쪽 하늘에 칠한 귀하고 천함)의 족을 四성으로 나누느니, 마치 이 방에七한 四민(四姓)과 같으니. 찰제리는 왕족이午, 바라문은 정지(청정한 의지뜻)이라. 비사는 상가(장사흥정하는) 이午, 수다(짓는)는 농부라 하니. 시위 四성이다. 바라다는 이근야午(이익의 뿌리 남기는 이윤이오), 전다라는 회회(써는 괴수)이니, 이는 또 지우지족(지혜와 우둔한 종족) 이다.

二. 변명(변설로 밝힘)

아난아, 만약 다시 이 공이, 무인자생이大(없음이 인하여 제가 생기대), 미착토전(아직 뚫기전)에는, 하불무애하여(어찌 걸림이 없어서), 유견대지(오직 큰 땅만 보이)고, 형 무통-달하了(멀어 통해 도달함이 없다 하리요). 만약 흙으로 인해 나왔다면 칙즉 흙이 나올 때, 응당 공이 들어감을 보아야 할거시니. 만약 토선출이대(흙이 먼저 나왔다면), 무공입자大(없는 공이 들어가는 놈이대), 운하 허공이 인토하여 이출 (어찌 허공이 흙으로 인해 나왔다) 하리오. 만약 출입이 없다면, 78 칙즉 응당 공八 토이는 원무이인(허공을 파서 나눈 흙과는 원來 없음이 다른 원인)이니, 칙즉 동이다(즉 한가지다). 칙즉 토출시에 공하불출午 (흙이 나올 때 공은 어찌 나오지 않는것이오 何見子也).

{圡와 空이 雜하여 生하면 因圡生하여 女万이라. 圡(土)生金}

무 이-인은 위一체 야(없음이 다른 원인은, 하나의 체를 이른다) 라.

약인착하여 출大(만약 뚫음으로 인해 나왔다)는, 칙즉 착하여 출 공이 (즉 뚫어서 나온 공이), 응비출토이고(응당 흙을 나오게 함이 아니고), 불인착하여 출이大(뚫음으로 인함이 아니어서 나왔다)는, 착하여 자출토才乙(뚫음으로 제가저절로 나온 흙일새), 운하견공口(어찌 공을 보겠는고).

곧즉 인이 불가하고 이인이 역비又(곧 원인이 옳지 않고 원인을 여윔이 역시 아니라). {無因이니 種子가 없다也 千明}

여 경 심체하여 체심 체觀하라(너는 다시 살핌을 자세히하여 자세히 살펴서 자세히 觀하라). 착은 종인수하여(뚫음은 사람의 손을 따라서), 수방 운전(방향을 따라 옮기고 구르고)하고, 토는 인지 이 하니(흙은 땅으로 인해 옮겨지니), 여시(이와같이) 허공이 인하소출(어떤 원인으로 나오는 것)이午. 착하여 공이大 허大 九日은 실이 불상위용하여(뚫어서 공이라면 비었대 9일은 실이 아님이 서로 쓰인다하여), 비人 화가 비니 합이고 불 응 허-공이 무시 종대 자출(사람이 아닌 화가 아니니 합이고 아닌 응인 빈-공이 없는 것이 따르대 제가스스로 나옴) 이니다. 79

령상匕 찰 기 비 인 연木 자 연木 야ソ二니다(그 인연도 자연도 아닌것을 상세하게 살피게 한 것이다<상세하게 칠해 살핌이 그 아님을 인하여 연이라하고 제가 그런 둘이다 하니다). 착공 허木 실木(뚫어 비게한 허란놈와 실이란놈)은, 위(이르대) 착은 실이오 공은 허다). 상제교변(위의 모든 솜씨있는교묘한 변설)은, 개 견식심망계하사 이현 원융 진체 야 二니다 (대개 식심의 망령한 계산을 떨쳐버리게 하사 원만하게 녹은 참된 몸체라는 둘을 나타내니다).

三. 회통(모아서 통하게 함)

만약 이 허공이, 성이 원주변하여(원만하여서 두루 미치어서), 본來, 부동요이大(움직여 흔들림이 없는 大면), 당지현전에匕(당연 앞에 나타난 칠함을 알아야 한다). 지 수 화 풍 균(고름으로균등함)을 명 五대 라 하니, 성이 진実로 원융하여, 대개 여래장이 본이 무없음가 생멸하니다.

회 空大상人 의(공대를 모은 위의 사람이 뜻이라) 하사, 이통전人 문야 (통하게한 것이 앞글이다<앞사람을 통하게 한 글월의 예다). 위를 말미암아 밝힌것이, 비 인-연 화-합 일진대, 칙즉 공성을 앎은, 원편하여(원만하게 두루 미치어서), 비생멸법이니, 一 大 기이(하나의 대가 이미 이러)하면, 여大개연(나머지 대도 다 그러)할새, 고로 통 언 지수화풍(통털어 지수화풍이라 말)하二니다. 운 현전자(앞에 나타난 놈이라 이른것)는, 사촉사이명(일을 촉함으로=만남으로 밝히게 한 것) 이라, 무택구 야(다른 구할것은 없다) 라. 80

아난아, 너의 심이 혼미하여, 四대가 원래 여래장임을 깨닫지 못하니, 당연 허공을 觀하라. 위출냐 위입냐 위비출입냐(나온 것이라 하느냐 들어간 것이라 하느냐 출입이 아닌 것이라 하느냐를 관하라}.

만약 悟 허-공(깨달은 허공)이, 성원주변하여(성이 원만하고 두루 미치어서), 본래 무출입(없는 것이 나오고 든다)하면, 곧즉 悟 四대가 성진원융하여, 본무생멸야(四대가 참으로 원만하게 녹아 본래 생멸이 없음을 깨달았다) 하리다.

四. 결현(결론을 나타냄)

여 전부지(너는 온전히전혀 알지 못하므로). 여래七한 장 중에는, 성이 각印 진공八 과 성이 공印 진각이, 청정본연 하고, 주변법계 하여, 수중생심 하여(중생의 마음을 따라서), 응소지량 하느니. 아난아, 마치 一정이 공(하나의 우물이 공)하면, 공생一정(공이 생긴 하나의 우물이라)하고, 十방허공刀(도) 역부여시하니다. 원만十방거니, 영유방소 (어찌 방소가 있음)이리오. 순업발현(업을 따라 나타나 발했다)하여,

세간이 무지하여 혹위인연八 및 자연성 하느니, 다 이 식심의 분별한 계도이니, 단(한갓) 유언설 하才丁, 도무실의 하니다. 81

공木과 여각은 역시 체 용乙 다르게 부른것이다 하니다. 체 용은 불二 (둘이 아닌<아님이 둘인) 고로, 상의이거하리다(서로 의지하여 들었다 하리다), 一정지공(한우물의 공)은, 유一법성야(하나의 법성을 깨침 이다). 十방지공은 만법성을 깨침이라. 유一하여 觀만하니(하나로 말미암아 萬을 관하니). 유자하여 觀타하면(스스로를 말미암아 타를 觀 한다면), 성 무二별(성은 두개의 나눔이 없)거늘, 특형기乂 망변이 (특별한 형의 그릇이라 망령을 변설하겠느냐).

六. 견대 四

一. 표본(본을 표시함)

아난아, 견각이 무지하여(보는것과 깨달음이 없음이 알아서), 색木과 공木으로 인하여 있느니. 여 여 금자에(마치 너라는 지금의 놈에), 재기다림走 하여西 조면 명하고(기다림에 걷고있다 하여서 아침이면 밝고), 석 혼(저녁에는 어둡다)하고, 설거중소(설령 한밤중에 있다) 해刀, 백월이면 칙즉 광明하고(보름이면 빛나 밝고), 흑월에는 편암하여 (검은 달에는 문득 어두워져서), 칙즉 명암등 인견하여야 분석하느니 (명암등을 봄으로 인하여야 분석하느니), 이 견봄은, 위 복 여명암 상八 병 태허공八(다시 명암같은 상을 나눔과 아울러 큰허공을 나눔과), 위동일체(똑같이 하나의 체)라 하느냐? 위비一체(하나의 체가 아니)라 하느냐? 혹 동하고 비동하고(혹 같고 같지 않고), 혹 이하고 비이(혹 다르고 다르지 않다) 하느냐?

견각의 체는, 본자무지(본래 자기가스스로 알지 못한다) 하니다.

二. 변명(변설로 밝힘)

아난아, 이 견이, 만약 다시 밝음과 함께八나누고, 어둠과 함께八나누고, 허공八又(을 나누므로), 원래 하나의 체라는 놈이大, 칙즉 밝음八을 나누고 어둠八을 나눈 두가지 체가 상망하여(서로 없어져서), 암시에는 무명하고 명시에는 무암 하戶니라(어두울 때는 밝음이 없고, 밝을 때는 어둠이 없는 집이라 하니다).

상총표(위에 다 표시)하고, 하상변(하에 상세히 변설했다)하二니다.
상망(서로 없앰)은 유상탈야(오히려 서로 탈취함빼앗음 이라).

만약 어둠八又(나눔으로) 하나라면, 밝으면 칙즉 견이 망(없어질 것)이고. 필히 밝음과 하나라면, 어두울 때는 당연 멸(없어진다)하리니다.
멸(없다)하면 칙즉 어찌 밝음을 보고, 어둠을 보리오. 만약 명八 암八 수去入(밝음을 나누고 어둠을 나누고 다른 것이 들어감)은, 견은 무생멸이大(봄은 생멸이 없는 大이대), 一 이未 {三者} 운 하성(하나가 아직 아니면 {세놈이} 어찌 성립한다 일러 말) 하리午.

변비一체야(아님이 하나의 몸체임을 변설했다).

만약 이 견정(보는 정기)이, 암八 명八 비一체자大(어둠을 나누고 밝음을 나눈 아님이 몸체란 놈이면), 너가 명木 암八(밝음과 어둠을 나누고)

및 허공과 함께라는것을 떠나여위고, 견의 원{根元}을 분석하면, 어떤 형상을 짓는고. 명을 떠나고, 암을 떠나고, 및 허공도 떠나면, 이 견이 원來 동구모토각하니(원이 올때 거북의 털과 토끼의 뿔과 똑같으니). 명八 암八 허공八 三사 구이(밝음을 나누고 어둠을 나누고 허공을 나눈 세가지 일이 모두 다르)면, 어떤거를 따라 견을 세운다 하리오.

변 비 이三事 체야(다른 세가지 일의 체도 아님을<아님이 새가지 일의 체임을 변설 했다) 하리다.

명암이 상배(서로 배치 되)去니, 어찌 혹 똑같다하고, 세가지를 여위면 원來 없去니, 어찌 혹 다르고 공을 나누고, 분견大는(견을 나눈다면은), 본來 무변반去니(변과 경계가 없거니), 어찌 비동(아님이 똑같은것)이고. 암을 보고, 명을 보아서, 성 비천 개才니(성이 아님이 옮긴 고친 사이니), 어찌 다름이 아니다 하리오.

변 비 혹 동人 비人 동土 혹 이人 비 이土 야(아니라 변설한들 혹 똑같은 사람이 아닌 사람이 똑같은 흙이고 혹 다른 사람이 아닌것이 다른 흙이라) 하二니다. 비천개자(아님이 옮기고 고친 놈)는, 명人 암은 천이대 이견은 불개야(밝은 사람이 어둠은 바뀌어옮겨지대 견봄은 고쳐변하지 않는다) 라.

여 갱 세심하여, 미세 심상하여, 심 체 심 觀 하라(너는 다시 세밀히 살펴서, 미세하게 살펴 상세히 하여, 살피고 세밀히 살피어 觀 하라). 명은 종태양하고(밝음은 태양을 쫓고), 암은 수흑월하고(어둠은 흑월을 따르고), 통은 속허공(통함은 허를 속해 공)하고, 옹은 귀대지(막힘은 대지로 돌아가니), 이와같은 견-정은 어떤 원인으로 나오는것)이午.

령 상찰 기 성이 진원융(그 성이 참 원만하고 녹음을 상세하게 관찰함으로써), 불섭제망야(모든 망령을 간섭하지 않도록 했다). 심별(깊이 분별함)을 왈 심(살핌)이오, 심의(살펴 의논함)를 왈 상(자세함)이오, 당리(당연한 이치)를 왈 체(세밀)요, 체시(세밀하게 봄)를 왈 觀 이라 하니. 초어지하여 독언여觀(처음 지땅에서는 단독으로 너를 觀한다 말하二고), 어화에는 언체觀하二고(화불에서는 살펴서 觀함을 말하고), 기차에는 언갱체觀하고(그 다음에는 다시 살펴서 觀함을 말하二고), 심체觀(세밀히 살펴 觀)하二고, 지견하여 중첩하여 이언하二고(견에 이르러서는 중첩으로 말하고), 지식하여 심복이언자는(식에 이르러서는 살핌을 반복하여 말하는 것은), 의가 동 언완(뜻이 반드시완전히란 말)하二고, 언전(전혀라는 말)하二고, 언 승지류(거듭이란 류종류 승지류{거듭한 종류}란 말과 똑 같은 것)이라 하리니, 위 기 전부지하고 혼부지하고 심부지 고야(그 구름을 더욱알지 못하고 전혀혼탁함을 알지 못하고 두터움이심하勿(믈) 알지 못하기 때문이라) 한다.

견은 각이午, 공은 완고{迷惑}함이어서, 비人 화해 비하여 합이고, 불응견정이니, 무종자출 이니다(아닌 사람이 화해 아니어 합이라하고, 아님이 응해 보는 정이니, 없음이 따라 제가스스로 나옴) 이니다.

{前四句破因緣生 此破无明自然}

85

당-지 성 원 주-변 하여 본 무생멸 이다 라.

(당연 알아라 성이 원만하여 두루 미치어서 본래 없음이 생녈한다 라)

三. 회통(모아서 통하게 함)

만약 보고 듣는 根이 앎이란 意根이 성이 원 주-변(원만하고 두루 미친다) 하여, 본來 부동요大(라면), 당지하라. 변이 없는, 부동의 허공八(을 나누고), 아울러 동요하는 지 수 화 풍 을 균(골라), 명六대라 하니, 성이 참으로 원만하고 녹아서 다 여래장이라 본 무생멸(생멸이 없다<없음이 나서 없어진다) 하니다.

{聞卽耳根 覺卽身根 知卽意根 不言覺者畧也}

예전에七 회 통지문(앞에 칠한것을 예로하여 모아 통하게 한 글이다).

아난아, 너의 성이 침윤하여(잠겨 빠져서), 너의 견문각지 가 본 여래장入乙하二니(본 여래장에 들어간 것을 깨닫지 못하는 둘이니), 너는 당연 이 견문각지를 觀하라. 생이냐? 멸이냐? 동(같으냐)? 이(다르냐)? 비생멸(생멸이 아닌 것)이냐? 비동이(같고 다름이 아닌 것)이냐?

86

생멸과 동이가 개인망진(다 망령의 티끌로 원인했다)하고, 비생 비이가 불이망계(생도 아닌 다름이 아님이 망령의 계산을 여위지 못)하니, 이차제망하면(이 모든 망령을 여위면), 곧즉 여래장 이라.

四. 결현(결론을 나타냄)

너가 승부지 라(거듭을 알지 못하니라). 여래七의 장(이와같이 거듭칠 해온성질, 유전되어 진화되어온 장)중에는, 성이, 견印 각명八(보아 도장찍은 깨달음의 밝음을 나눈), 각用정印(깨닫는 정기인 < 깨달음을 쓰서 정이라는 도장을 찍은) 명견이 청정본연하고, 주변법계하여, 수중생심하여, 응소지량하느니, 여一견근이 견주법계하여(마치 하나의 보는 근이 두루 법계를 보아서), 청(들음) 후(맡음) 상(맛봄) 촉(접촉함) 각身根 촉(접촉을 깨달음) 각意根 지(앎을 깨달음)가 묘한 덕이 영연(밝고 분명)하여, 편주법계하니, 원만十허(시방 허공에 원만)하去니, 영유 방-소(어찌 모난 곳것이 있다)하리오. 순업하여 발현하去乙(업을 따라서 나타나 발하거늘), 세간이 무지하여, 혹 위 인연 및 자연성 하느니, 다 이 식심의 분별계도 이니, 단 유 언-설才丁(다만 말로 설함이 있을정), 도무실의(전혀 실이 없는 뜻이라) 하니다.

성이 견 등이란 것은, 역시 체 용 을 서로 의지하여 든 것이니, 유견유각(봄이 있고 깨달음이 있음)이, 수 각명지구이乃 이체, 실성견 87 (비록 각명의 때이나 체이니, 실로 성은 견)이午. 용은 실又 각정야(용은 실로 각의 정기 라). 여一 의, 하(아래)는 나머지 근을 예로 한 것이다 하니다. 상촉은 곧 설근이니, 이미합하여刀(이미 맛을 합하여도) 방각고(울퉁불퉁모난 깨달음<여러가지를 깨달음 이기 때문이고), 역시 명 촉이 각촉八(나누고), 각지(앎)는 곧즉 신의(몸의 뜻생각이) 라.

七. 식대 四

一. 표본(본을 표시함)

아난아, 식성이 무원根源하여(근원이 없어서), 인어육종에七(여섯가지 종류에 칠)한 근木 진木 하여, 망령이라하여 나온다 하느니다.

근 진 식 三이, 개 망又 상인(다 망령이라 서로 원인) 하느니다.

너가 지금 이 모임의 성중(성인과 중생)을 두루 觀하乙其奇(할적에), 눈을 사용하여, 순역하느니(순서대로 지나가느니). 그 눈이 주시하대 단 거울과 같아서, 별{各}난 분석은 없다하去入(하여 들어감)은. 너의 식이, 중에 차제로 표시하여 가리키대, 이것은 문수고, 이것은 부루나고, 이것은 목건련이고, 이것은 수보리고, 이것은 사리불 이라 하느니.

88

시별了지체야(구별하여 깨닫는 체를 보임이라) 하二니다.

이식의 了지(이 식의 앎을 깨닫는 것)은, 견에 생겼다 하느냐? 상에 생겼다 하느냐? 허공에 생겼다 하느냐? 위 무소인하대 돌연이출 (원인하는 것이 없다가 돌연히 나왔다) 하느냐?

견은 근야(이午). 상은 경계 라.

二. 변명(변설로 밝힘)

아난아, 만약 너의 식-성이 생어견중이大(보는 가운데 생겼다면), 마치 명六木 암六 八(밝음 여섯과 어둠 여섯을 나눈) 색木 공木이 없는것과 같아서 네가지가 필히 없으면, 원래 너의 견이 없다 하리니, 견성刀 오히려 없는才사이니, 무슨근을 따라 식을 발하리午.

명비생土 어견十八야(견에서 생긴 것이 아님을 밝혔다) 하리다.
< {아님을 밝혀 흙에 생긴 흙에 18계를 보았다} 하二니다}

만약 너의 식성이 상중(서로 가운데<喪中吏讀 죽어 땅속에 들어갔다면)에
생겨 土位흙에 자리 했다면, 견을 따라서는 생기지 않았을텐大, 이미
밝음을 보지 못하는 土흙이大, 역시 어둠도 보지 못하는 흙이라 하여, 명
암乙 불촉(보지 못)하면, 곧즉 무색木 공木(없음이 색이고 공이라)
하리니, 저 상刀 오히려 없는 사이니, 식이 무엇을 따라 발하리午. 89

명비생土 어상十八야(상에 생긴 것이 아님을 밝혔다) 하리다.
<{아님을 밝혀 상에 생긴 흙에 18 계를 보았다} 하二니다

만약 공에 생이大(생겼다면), 비상이고 비견이니審乏(아님이 상이고
아님이 견이니), 비견이라면 무변(아님이 견이면 변설이 없다)하여,
자불능하여 지 명木 암木 색木 공木 하리고(제가 능히 명 암 색 공을
알지 못할 것이고). 비상이라면 멸연(아님이 상이면 멸한 연이라)하여,
견문각지가 무처하여 안립(없는 처라하여 편안히 선다) 하리라.
처차二비大(이곳 둘(見根 色相)이 아님이면), 공 칙즉 동 무하고(공이면
즉 없음과 똑같고), 유刀 비 동土 물(있다해刀 아님이 똑같은 흙인 물건)
이라 하리니, 비록 너가 식을 발한다고 하여, 어찌 분별을 바라리午.

공에 생긴 것이 아님을 밝혔다 하리다. 만약 공에 생이大(생겼다면
칙즉 비시상이고(이런 상이 아니고), 역 비시견이니(역시 이런 견도
아니니), 비시견이면 칙즉 무소변하고(변설할 것이 없고), 비시상이면
칙즉 무소연하니(연할 곳이 없으니). 만약 무소연이면, 능연이 하립
(연이 어찌 설 수 있으)리오. 우 차처 비상 비견지간(또 이런 처는
아님의 상과 아님이 보는 사이)인大, 식체가 만약 공이면, 칙즉 90
동구모하고(거북이털과 똑같고), 식체가 만약 있다면, 비동물상하리니
(물건의 형상과 똑같지 않으리니), 기즉 자무체(이미 저절로 체가

없다)하리니, 안능유용하리午(편안히 쓰임이 있을 수 있으리오). 고로 왈 욕하분별 (어찌 분별을 바랄것이午) 하二니다.

{見日識生是月識生 하니 不是旣目而出}

만약 무소인하대 돌연 출이大, 하불일중에 별식명월이午.
(만약 원인한 것이 없다하대 문득돌연히 나왔다면, 어찌 태양이 없는 중에, 따로 밝은 달을 인식) 하리오.

{日中無月 旣無見月之 義 夜知非是無因而有}

명비 무土 인야(아님이 없다는 흙의 원인임을 밝힌것이다) 하리다.

여 갱세상하여 미세상심하라(너는 다시 세밀히 상세하여 미세함을 상세하게 살펴라). 견은 탁여정(봄은 너의 눈동자에 의탁)하口, 상은 추전경(상은 앞의 경계를 추측)하니, 가상은 성유하고(모양할 수 있음은 유를 이룬것이고), 불상은 성무하니(상이 아닌것은 무를 이룬 것이니), 여시 식연이 인하 소출午(이와같은 식연이 어떤 원인으로 나오는 것이오). 식은 동이午, 견은 징(맑음)이니. 비화 비합하고 {結非和合}, 문청八 각지해刀{例破余識}(문과 청을 나누어 깨달아 알았다해도) 역부여시하니, 불응{結無生處}식연이 부종자출이니라(응하지 않는 연을 인식함이, 스스로 따라 나오는 것도 아니니라).

견은 탁 근(근에 의탁) 하고, 상은 탁 경(경계에 의탁) 하니, 유출은 가상 이午(나오는 것이 있음은 모양이라 할 수 있고), 무출은 비상 이니(없음이 나옴은 아님이 상이니>나오는 것이 없음은 상이 아니니), 식 하소출야午(식은 어디에서 나오는 것이랴 하오). 91
식은 분별이 있을새 동이라 하고, 견은 무분별 할새 징(맑음)이라. 식은 동이오 견이 징한 성이, 상격이하니(서로 막혀 다르니), 견여식이

격할새(견과 함께 식이 막혔을새), 문지역연(들음과 앎도 역시 그러)
하여, 개비화합(다 화합이 아니)이고, 우(또) 비자연(자연도 아니)이니,
시 칙즉 성이 진원융하여 불섭土 제망의(이것이 즉 성이 참으로
원만하게 녹게하여 모든 망령이 버무린 흙이 않되게 한다) 라.

三. 회통(모아서 통하게 함)

만약 이 식심이 본무소土 종이대(본 흙이 없는 곳것을 따르면), 당연
앎을 께달아 구별하러이, 견문각지가 원만심연하여, 성이 비종소이니
(성이 따르는 것이 아니니), 겸좊쳐 피(저) 허공 지 수 화 풍하여 균立
명 七-대니(저 허공 지 수 화 풍을 균등하게 노력하여 업은 성인의경지로
들어간 이름하여 일곱을칠한 대가 되니), 성이 진헌하여 원융하여(성이
참으로 법을깨우쳐 원만하게 녹이어서), 다 여래장이라 본 무생멸하니다.

이 식심은, 총지식대야 ソ二口(인식함을 총 지휘하는 두가지 대라 하고),
깨달아 구별한 견문각지는 별지 六식야ソ二니다(六식을 별도로 가리킨
둘이라 하니다). 겸하여 피저 공 등은 총회七대(다 모아 칠한 대라)하고,
방통萬법야ソ二니다(萬법을 곁까지 통한 둘이라 하니다). 92
기즉 본무소土 종하면(이미 본 흙이 없는 곳것을 따르면), 칙즉
심연원편(맑고 분연하여 원만 두루)하니, 지등이 기이할새(땅 등이 이미
그러할새), 세계중생이 물물이 다 爾이ソ乙土丨(그러 할 사이라), 불유지등
(오직 땅 등 만이 아닌 것)乙, 명 대라 하니, 초(풀) 개(겨잠) 진(티끌)
모(털)刀 다 대라고 이름할 수 있으니, 성이 진원융하여 본 무생멸의
又(우)라. 앞七大의 글에 상변(상세하게 변술)하사未, 의土 개췌차
ソ二乙土이(뜻이란 흙도 다 이를 모은 둘을 이을사이라할새), 고又(때문에로),

자 근 경 萬법(근 경계 만법으로부터)하사, 총회이망통야(다 모아 곁까지 통하게 된다) 하리다.

아난아, 너의 심이 추부하여(거칠고 떠서), 불오견문(깨닫지 못한 보고 들음)이, 발명한 료지가(밝음을 발한 깨달아 앎이), 본 여래장에 이入乙(들어가려)하느니. 너가 응당 이 六처의 七한 식심을 觀하라. 위 동? 위 이? 위 공? 위 유? 위 비동이(같은것도 다른것도 아니라 하느냐)? 위 비공유(공도 있는것도 아니라 하느)냐?

식의 체는 심잠하니(깊이 잠겨있으니), 당미세심사才丁(당연 미세하게 깊이 생각할것인정), 불가추부이니(거칠어 떠있다고대충 할수는 없으니), 觀득기진実하면(觀하므로 그 진실을 얻어면), 칙즉 오 기 본여래장 의(그 본来의 여래장을 깨달으리라). 93

四. 결현(결론을 나타냄)

여(너가), 원부지로다(원來(래) 알지 못하는구나). 여래七칠한 장 중에 성이 식印 명지(앎을 밝힘)와 각이 명인 진体의 식이, 묘각이 심연하고 편주법계하여 함토十방去니, 어찌 방소가 있으리오. 순업하여 발현하거늘, 세간이 무지하여 혹 위 인연 하고 및 자연성 하느니, 다 이 식심의 분별계도이니, 단유언설才丁(있을정), 도무실의 하니라.

식 지가 다 성에서 나옴을 밝힌 것일새 고로 왈 성이오. 식은 명지라 하니, 비록 각(八識)명의 지구이乃(팔식을 깨달은 밝음의 때이지만), 그 체는 실又로 진이라 할새, 고로 왈 각깨달음의 명밝음은 진식 이라ソ二니,

체와 용이 불二하고(둘이 아니고), 진망이 하나의 진 일새, 소이 질거ソ二니다(까닭에 번갈아 든 둘이라 하니다).

94

三. 시중조오(때에 무리가 깨달음을 지음)

自 제二권 初即身부터 발명하사 至 이에 이르러 깨달음을 지었다. 글 二

一. 경가서오(경 집에서 깨달음을 서술함)

{向执心在身中謂言是我真性
今知空在心內如片物持於掌內}

너들 때에, 아난과 모든 대중이, 몽佛여래七(불이 이같이 와서 칠한) 미묘하게 열어 보이심을 (입고), 신 심이 탕연하여, 득무괘애 하여 (걸림과 거리낌이 없어짐을 얻어), 이 모든 대중이 각각 자-지 {自覺之智} 심 편十방하여(자각하는 지혜의 마음이 十방에 두루함을 알아서), 十방공을 보대 {隨業發現}, 마치 손안에 七칠해 가지고있는 잎과 물건을 觀하듯 하고, 一체 세간에 七칠한 모든 물건이라고 있는 것이, 다 곧즉 묘명원심으로 보리하고(보이고), 심정이 편원(두루 원만) 하고, 함과十방하여(시방을 머금어 싸고 있어서), 반觀부모 소생지신 (부모가 생기게 해준 몸을 반대로 觀)하대, 오히려 저 十방 허공중에, 취一미진(불어진 하나의 미세한 티끌)이오, 약존약망(있는듯 없는듯) 하고, 여침거해하여(마치 거대한 바다에 잠긴 듯하여), 류一부구커든 (흐르는 하나의 뜬 물거품 같거든), 기멸(일어나고 없어짐)이, 무종 土七하여(根本無生이 따르대 흙칠하여), 了연자지하여(깨달아 분연히

明鮮在心한 자기를 알아서), 획본묘심(본래의 묘심을 획득함)이,
상주불멸하여 (항상 머물러 없어지지 않아서), 예불합장하사아, 95
득미증유하여, 여래앞에, 설게찬불 하士午代.

自초결택심견하여(처음 결정하여부터 마음을 택하여 보아서), 종至
음입 七대(마침내 음에 이르러 七대애 들어가기까지), 다방으로 발명
(밝음을 발)하사, 사오 기계 萬법(기계를 깨닫게 한 萬법)이, 당연
전(앞)의 진 여래장 이거니, 이것이 미묘개시라 이른다. 이미 기계를
깨달아, 성이 진원융 할새, 고로 신심이 탕연하여, 득 무괘애 하여,
오(깨달은) 묘각이, 주변법계 할새, 고로 각각 스스로 심이 편十방함을
알았나니(지), 각심이 주변하여, 함토十허(시방허공을 머금고 토)할새,
十방공을 보니(견), 손안에 잎을 보는 것 같으니, 만법이 성진하여,
본여래장 일새, 고로 一체 있는 것이, 다 곧 묘심이라. 본래 심량이
광대함이 이와 같음을 깨달은 고로, 반대로 망령한 몸을 觀하니, 그
미함이 티끌 같고, 그 환상은 물거품 같아서, 홀연 무소유하므로, 96
본래 묘상심을 了了오획(완전하게 깨달아 깨달음을 획득)하여, 이에
심경(깊이 경하)하여, 설게찬사야(게를 설하여 찬사했다) 하사오니다

二. 아난게찬 三

一. 찬사(찬탄하여 감사함) 二

初. 찬

묘심총지부동존이 수능엄왕하사 세에 희유 하리니다

묘심총지는 곧 징원(맑고 원만)한 묘성 여래七한 장의 체二니, 앞에서 루칭하사(자주 일컬어사), 묘각이 심연하고, 부동주원하여, 함토十허가 이것이다. 사람이 비록 본래 갖추고 있으나, 요유 수능대정하여야 (요를 말미암아야), 발하느니. 아난이 이미 스스로 깨달음을 지어서, 마침내 佛을 알므로 佛子가 된 까닭은 오직 이 뿐일새, 고로 이렇게 칭찬했다. 각해원징하여(각의 바다가 원만하고 맑아서), 불능골할새 (어지럽힐 수 없으니), 왈 묘심이五, 장심이 편원하여, 함과十방하니 왈 총지五, 체적여공하여(체의 고요함이 빈공과 같아서), 97
상주불멸할새 왈 부동이니, 구차(이를 갖추)사, 독존 三界(삼계에 홀로 존귀) 하시고, 이로 말미암음으로 모든 법왕 이라하二니, 세간에서 구하大, 많이 해도 득할 수 없음二니, 이에 진실로 희유야(하다) 二니다.

次. 사례

소아억겁에七 전도상하사 불역승지 획법신 케하二니

아나를 녹여 억겁에 칠한 거꾸로{前身心蕩然)를 생각하사 아승지 거듭함을 지나지 않아 법신 둘을 획득케하시니

무시미진 망인연영 즉억겁도상 일몽개시 료획본심 즉불역승지야

무시又로 미진하여 망령으로 인한 연의 그림자는 곧 억겁의 전도상이라.

一夢(일몽)개시(한번 꿈에 열어보임을 입게)하士口, 본來 마음을 획득함을 료달 케하未, 곧 아승지를 갈 것도 없구나

원금득과 성보왕 환도여시 항사중 원하사 지금과를 얻어 무수중생이 돌아옴을 알게하사

장차심심 봉진찰 시즉명위 보불은 깊은마음으로 찰진흙을 받듦은 부처님 은혜라 하리니

복청세존 위증명 오탁악세 서선입 엎드려 세존께 청하사 오탁악세에 먼저 들어가 98

여일중생 미성불 존불어차 취니담 하나의 중생이라도 미성불이면 열반에 들지않으리

기오자성 하여 심감 발명지은 할새 고又로

원유소성 하여 홍도이생 하여 칭불심의 이상보야하니다

원득성과는 지심야 이午 환도다중 은 비심야 니

지비쌍운 하여 광대무진 이未 즉 소위심심야 라

서입오탁 하여 불취열반 이未 즉 심심지효야 다

빙차 하여 보은 하사올새 고又로 청불이 위증야 ソ士午니다

이미 자성을 깨달아서 심히 감사하사아 은혜로움의 밝음을 밝히사 고로 원이 있다면 이루는 것이어 널리 이로운 도의 길을 생기게하여 불심이 상보라 이른다 하니다. 성인의 과를 얻기 원함은 지혜의 마음이오. 많은 중생을 돌아서 제도함은 자비심이라 하니, 지혜와 자비를 둘다말하여 넓어 크고 다함이 없음이 곧 소위 깊은 마음이라. 맹세코 오탁에 들어가서 열반을 취하지 않음이 곧 깊은 마음을 넘어가는 본받을 것이라. 이것을 증빙함이 은혜를 보답함이라 할새, 고로 부처님께 청하사 증빙하기를 청했다 하士午니다.

아리랑 아리랑 아라리요 아리랑 고개로 넘어간다
나를 버리고 가시는 님은 십리도 못가서 발병난다

二. 중청

대웅대역사자비 로 희갱심제미세혹 케하사

금아조증무상각 하여 어十방계좌도장 케하소서

{前明三德之體 此明三德之用}

기찬사이(이미 찬사를 하시고) 중청후법(거듭 후의 법을) 청 하사아, 서진단혹장(여러번 다하여 혹한 장애를 끊고), 성취과원야(과를 성취하기를 원하니라). 욕단혹장(혹한 장애를 끊기를 원했다)하大, 수적웅맹지력대자비덕 이士(모름지기 영웅의 용맹한 자리깔은 지력과 대자비 덕갖춘 선비라), 고로 비칭하사아 이중청야 하士午니다(갖추기를

일컬어사 거듭 청하사오니다), 전발명심견(앞에서 심이 견임을 밝)히사, 현여래장(여래장을 나타내시)거늘, 방파견도추혹하니(비로소 거칠추한 미혹의 길을 봄을 깨뜨리니), 차수결통의체(다음에 비로소 의심으로 막힌것을 분별하여 통하게)하사, 개수증문하사(닦아 증득할 문을 여사), 이단수도세혹하사(닦는 길에 미세한 의혹을 끊게하사), 상심진제 하사(자세하게 살피어 다 없애사), 내등상각하리니(이에 상각에 오르리니). 제四권부터, 결통의체(결단코 의심의 정체를 끊게)하사, 섭복반연하리니(반연을 다스려 항복받으리니), 즉심제세혹지방야(곧 미세한 미혹을 살펴 없애는 방편이라). 기소도상하여(이미 거꾸로된 생각을 없애어서), 돈획법신(홀연 법신을 획득)하대, 의이득과(이미 성과를 득한것인가 의심) 하거늘, 차우원구(또다시 구하기를 원)하여, 이갱제세혹자(다시 미세한 의혹을 없애는 것)는, 불과는 七할일곱이 있다 하니, 왈 보리 열반 진여 불성 엄마라식 공여래장 대원경지니, 소위 획법신자(소위 법신을 얻었다 하는것)는, 칙즉 분득 보리 하여 자견불성 이이(보리를 나누어 득하여 스스로 불성을 보았다 할 뿐이니), 견성지후에 100
필수로 심제세혹하여(세심히 모든 의혹을 덜어없애어서), 생이 멸하고, 멸이 생이未, 하여금(사) 구적(모두 없어지게)하여, 합을 불러 열반진여하고, 백정순응(희고 청정함이 순수하게 응기게)하고, 합을 불러서 엄마라식 하고, 확연원조하여 합호 공여래장 하고, 대원경지 할土터니, 七과(칠할 결과)를 원비하여야, 등 무상각 야. 지금의 학자는 재득기二(겨우 그 둘만 득) 하면, 돈망여五하여(나머지 다섯은 돌연 잊어서), 경손교법 하여(법을 가르치는 것을 가볍게 잃어버려서), 불복수단 하느니(거듭하지 않고 닦음을 끊어 버리니), 칙즉 생멸이 하시이적 하久(생멸이 어느때 고요히 없어지겠느냐 하고), 잡염이 하시이정 하久(섞여 물듦이 어느 때 맑아지겠느냐 하고),

교교요요이(복잡하게 뒤섞여 소란스러움 이), 하시에 확연하久(어느때 확 드러난다하고), 혼혼매매(깜깜하고 어둡고어두움)이, 하시 이원조 하리午(어느때에 원만하게 바추리오). 종수견성하여刀(설령 비록 성을 보았을지라도), 유위습루(함이 있는 습한 빠짐)를 불면복생 하느니 (면하지 못해 다시 생기느니), 오지 기 도-상이 의연(깨달은 오가 아는 것은 그 전도 된 상생각이 그렇게 의지)하여, 장 우 배 어억-겁 하리니(장차 또 억겁에 배가 될 것이니), 위가 탄석 의라 (애석하여 탄식 하노라). 문차 수능 필경十八七 지교하士口(이 수능을 마침내 마치도록 열여덟을 칠 하라는 가르침을 듣고), 쾌의면진하여(흔쾌히 마땅히 힘써 나아가서), 질사一체필경야(빨리 하나의 체가 되도록 마침내 마치도록 하라). 101

三. 총결

순약다의 성은 가소망才니와, 락가라한 심은 무동전이리라 (순약다(순전히 약은 많은)의 성은 녹여 없앨 수 있어니와 삭가라(싹 갈아 없앤) 심은 움직여 굴림이 없으리라 吏讀 千明).

순약다는 이것은 공을 云함이오, 락가라는 견고를 云하니, 공성은 체가 없으나, 오히려 녹여 없앨 수 있거니와, 아 심(내 마음)은 견고하여, 끝내 움직여 굴릴 수 없으니, 능엄정력에 의지하여, 앞의 원심을 결판내고, 스스로 궁구의 경지를 맹서하여, 마침내 물러나 떨어짐이 없도록 하니, 원심이 여차, 연후에 성과를 기약할 수 있고, 불은에 보답할 수 있으리라.

대불정여래밀인수증료의제보살만행수능엄경

卷第三

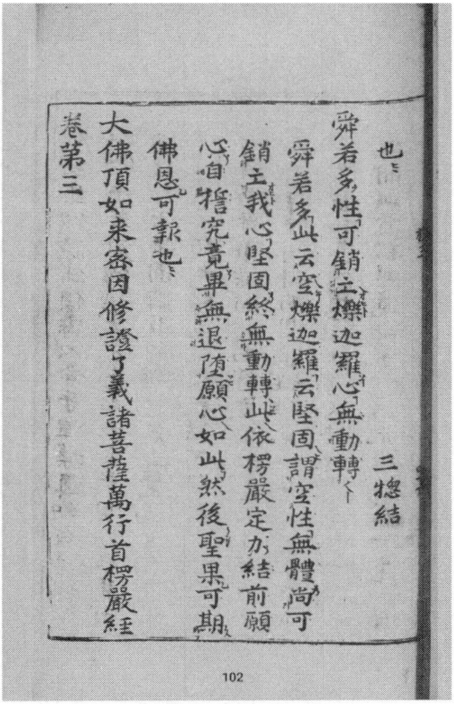
也　三摠結
舜若多性可銷亡爍迦羅心無動轉
舜若多此云空爍迦羅云堅固謂空性無體尚可
銷亡我心堅固終無動轉此依楞嚴定力結前願
心自誓究竟畢無退墮願心如此然後聖果可期
佛恩可報也
大佛頂如来密因修證了義諸菩薩萬行首楞嚴經
卷第三
102

吸 迄及切内息也氣息入也亦引也 齅 許救切以鼻就臭也又鼻收氣也 舐 甚爾切以舌取物也 吻 武粉切口脗也

甜 徒兼切甘也 踰 容朱切 析 先擊切 蔗 之夜切 爨 取亂切取其進火謂之爨 陟 竹力切登也 滔

音吻 裹 音果 爍 書若切

대불정여래밀인수증료의제보살만행수능엄경

卷第四 온능개원연사비구 계환 해

三. **심궁萬법결통의체**(만법을 심궁하여 의심으로 막힌것을 결통함)

도{길}에 들어감은 견성(성을 봄)으로 根본源을 하고, 법을 知了달함을 다음으로 하니, 대개 비록 견성(성을 본다)하여도, 만법을 료달하지 못하면, 칙즉 촉도성체할새(도길에 접촉하여 막힘이 일어날새), 고로 어발명심견(심마음으로 보는 것을 분명 하게 발)하사, 현여래장지후(여래장을 나타낸 후)에, 다시 부나로 의심을 나타내어, 산 하 대지 모든 유위상을 궁구하여 변설하여, 사법법 결了(법마다 결정코 了달하게) 하사, 一무의체(하나도 의심으로 막힘이 없게)한, 연후에야 수진가이순조야(닦아서 나아감이 순리를 짓는것이다). 문 三

初. 부나의문(부루나가 의심으로 물음) 105

十대제자에는, 아난은 다문(많이 들음), 부나는 설법, 각거제一(각각 제일을 차지)하니, 전욕격발다문(앞서 다문을 격하게 발하려)하여, 광혜로 사생정견(미친듯한 지혜로 정견을 내게 하려)할새, 고로 이 아난으로 발기하고, 차(이)는 무리가 의심으로 색체(막히고 정체)하여, 수자강통(모름지기 강론에 기대야 통)할새, 고로 부나로 발기하니, 다 성인이 七칠한 응기방편야 이二다. 문二

{十대 제자에도 서로 미친듯 하고자 하여 석존이 방편을 선택하심이라 千明}

初. 서의(의심을 폄)

너들 때에, 부루나미다라니자가, 재대중가운데 있다가, 즉종좌기 하여, 편단우견 하고, 우슬착지 하여, 합장공경 하사, 이백불언 하고, 대위덕세존께서 중생을 위하사 여래ㄴ 제一의체를 잘 부연(펴서 설명) 하二느이다.

성찬전법(먼저 앞의 법을 찬탄)하사고, 차서의정야(다음에 의심의 뜻을 폈다) 하니다. 관爲頭 三승(三승의 으뜸)하고, 통萬법(만법을 거느림)이, 명 제一의 체하二니이.
{如來藏心 不空不有 卽性卽相 名第一義 是佛所證 決乏無妄 審宪名諦}

106

세존이 항상 추천하사, 설법인중에, 아위제 一 이라 하시니, 지금 여래ㄴ한 미묘법음 을 들었士午나, 오히려 마치 롱인(귀먹은 사람)이 유百보외하여(百보밖을 넘어서), 령어문예(모기소리를 듣는 것 비슷)하여, 본소불견(본래 보지도 못한 것)이니, 하황득문하릿고(하물며 들을 수 있으리오). 불수선명하사(부처님께서 비록 베풀어 밝히사), 령아제혹하리나(아의 의혹을 없애주었으나), 금유미상사의(지금 오히려 이 뜻을 아직 자세히 알지 못)하니, 구경하여 무의혹지하乂니(의혹이 없는 땅을 구경시켜 주소서하러니). {智之所踐}

앞에 선명한(베풀어 밝히신)것이, 지의(깊은 뜻)이 유원去二乙 (아득하고 멀게 둘을 잇거늘), 근기가 매열(뿌리라는 기계가 어둡고 열등)한 고로, 비유컨대 롱인 百보 문예 하느니, 이 제一법재로刀, 유매(오히려 어두워)하면, 칙즉 중하의 기는, 난무의혹할새(의혹 없기 어려울새), 소이 부나가 시의이청야(까닭에 부루나가 의심을 보여 청한 것이라) 하士午니다.

세존하, 마치 아난같은 무리는, 칙즉 비록 개오했다하나, 습루가 아직 제거되지 않았거니比論得失, 아등은 모임중에, 등무루자(무루에 오른 놈들)이니, 수진제루(비록 모든 루를 멸했다)하나, 지금 여래ㄷ가 설한 법음을 듣고, 상우의회이라(오히려 의혹과 회의에 얽혔읍니다).

{所知障在}.

{我難向悟 常心完證 圓位欲認 引小乘令 敏大道故 氣其初果 以爲請端也}

107

아난은 습루가 미제(익혀온 번뇌가 아직은 없어지지 않다)ソ乙士丨할새, 용유의혹(의혹이 있으도 용납)이거니와, 부나는 기진제루(이미 모든 루가 없어졌)은즉, 상영 의회(오히려 의혹과 회의에 얽히)면, 칙즉 여중가지야(나머지 중생 들은 가희 알만하다) 이로다.

二. 정문(바로 물음) 二

一. 문장성청정하갱제상(장성은 청정한데 어찌 다시 상을 생기게 했나)

세존하, 만약 다시 세간의 一체 六근 六진 五음 十二처 十八계 등이 다 여래장이, 청정본연 이대, 운하 산 하 대지 모든 유위상이 홀연히 생겨서, 차제로 천류(변하여 흘러)하여, 종이부시(마침내 다시 시작)이ㄷ구(으로 칠하는고). {富那問生滅过 如來答真心过}

{前破人法二执 現空如來藏 今現不空如來藏 故生此疑也}

청정하면 칙즉 의무제상이구(마땅히 모든 상이 없고), 본연(본래 그러)하면, 칙즉 의무천류(마땅히 변천하여 옮기는 흐름이 없다) 라.

108

二. 문四대각편운하상용(四대는 각 두루한데 어찌 상이 용납되는가)

또 여래께서 설하사대, 지 수 화 풍이 본성이 원융하여, 주변법계하여, 심연상주하二니(맑아서 항상 둘이 머무른다)하니, 세존하, 만약 지-성(땅의성) 이, 주편(두루미치)면, 운하 수를 용납하고, 수성이 주변이면, 화가 칙즉 불생할것이니, 다시 운하 수화 二성이 모두 편허공하여 불상능멸함을 밝힌다 하릿고. 세존하, 지성은 장애하고, 공성은 허통커니, 운하 二(둘)이 모두 주변법계하릿고. 아로서는 부지 시의 유왕(이 뜻의 관계 되는 바를 알지못)하사러니, 유원여래 선류대자 개아미운(오직 여래께 원하옵나니 대자비를 베풀어서 아의 미혹의 구름을 열게)하小立소서. 및 모든 대중이 작시어이 하고, 五체투지 하여 흠갈 여래七할 무상자회(여래의 위없는 자비의 가르침을 목마르게 흠모)하였다.

二문(두가지 질문)은, 다 앞의 四과{음입처계}와 七대의 글을 밟아서, 기의야(의심이 일어났다). 뜻으로는 성과 상은 상위하고(서로 어긋나고), 이치와 일은 상애하여(서로 거리낌으로), 실상정의체(실제로 항상 정이 정체한다고 의심)할새, 고로 위치문(질문에 도달)하사, 자획결통(결정해 통함을 얻기를 바랬다)하니다. {忽生山河大地 四大 二問}

109

二. 여래결답(결론으로 답함) 二

一. 통허(통하게 해줌)

너들 때에, 세존이 부루나와 모든 모임 중의 누진한 무학 모든 아라한에게 고하사. 여래가, 금일에, 보위차회(이 회를 위하여 두루 미치도록)하여, 선 승의{真諦} 중 진승의{第一諦}성하여(수승한 뜻 가운데 참수승한 뜻의 성을 베풀어서), 령 여회중(너의 모임 중에), 정성성문八(을 나누고) 및 一切(하나를 끊어) 아직 二-공木을 얻지 못한 회향 상승한 아라한 등乙乂으로 하여금, 다 一승 적멸장지를 획득함은 真(참) 아린야{中道理无二过喧動} 정수행처(바로 닦는 행처)를去이擧니 (들게 하는거니), 너는 지금 체청하라. 당위여설 하리라.

{大乘은 人法二空은 未得하고, 復大乘은 性相二七火로 未得한다}

세속체(세상의 속됨을 살핌) 가 있고, 승의체(수승한 뜻을 살핌)가 있으니,
탈속하口(속세를 떠나고), 명 진하久(어리석음을 참으로 하고),
초정하고(정을 초월하고), 리망하여(망령을 여위어), 세간 三유와 출세
二승이, 이소지심(심을 아는것)이, 불능측도하未(각도를 측정할 수
없음이), 이것을 승의체라 하는 가운데, 진승의성(참수승한 110
뜻의 성품)이니, 곧즉 아래글의 각명으로 말미암아 진각을 변설하고,
了를 원인하여 발하사, 모든 망령을 궁구하사, 산 하에 다시 나오지
않고, 수 화가 불상릉 하고, 몸이 十방을 삼키고(함), 모현진 西찰
(털에 티끌같이진득한 西쪽의 찰흙이 나타난다)하西未시미 다 승의체중에
七칠한 진승의성이라. 정성성문은 곧즉 침공취적자人(공에 잠겨
고요함을 취하는 놈)이다. 아직 二공을 얻지못함은 곧즉 초심 유학
이다. 회향상승은 칙즉 대심 나한이다. 一승적멸장지는 곧즉
관{爲頭}三승(三승의 관인 우두머리)이고, 이쟁론(논쟁으로 다툼을 여윈)
진취다. 아린야는 무훤잡(시끄러운 섞임이 없음)을 말한다.

{靜말겻끌새오, 諠모다짓끌시다, 滅場 得果指地하리니, 練若修因指處 하리니, 因果는 본논대다, 実相言寂하리구 言真하리니}

부루나 등이 흠불법음 하사, 묵연승청 하ㅗ入니(하사드니).

111

二. 정답 二

一. 답제상소인기(모든 상이 일어나는 것을 답함) 四

初. 명본(근본을밝힘)

불언하사대, 부루나야, 너가 말한바와 같아서, 청정본연 하다면, 운하 홀연히 산 하 대지가 생겼으리午. 여상불문(너는 항상 듣지 않았느냐), 여래가 선설하대, 성각은 묘명 하고, 본각은 명묘 하노라.

{성각 中道之体即体之用} {妙 地用忽生}{寂明照}{본각 中道之体即用之体}

부루나, 언하대, 유연 세존하, 아 상문 불 선설 사의하ㅗ㕚이다(아는 불이 이 뜻을 선설하심을 항상들었사오이다).

{孤山云即寂而照曰妙明即照而寂曰照妙寂則三諦俱寂照則三諦俱照 吳奐曰性覺本覺中道之체也 妙明~妙空假之用也체用不二空假相卽 如來藏彷佛在玆 鮮則己知覺体本妙無明本空山河大地如空花相夫即致 疑惑則能所} {부루나는 볼이 불룩하게 부른다 ㅿ 千明}

성각이 묘명하고 본각은 명묘란 것은 萬법의 체용을 다르게 칭한것이다. 능성一체(성은 一체 일 수 있음)를, 왈 성각이니, 성각지묘가 현 호명 하고(성각의 묘함이 나타남은 밝다고 부르고), 곧즉 자체이출하여

견어萬법자야(자체로 나와서 만법을 보는 놈이라). 성지소본(성의 根본源인 것)을, 왈 본각 이니, 본각지명이 장호묘하니(본각의 밝음이 감춰져 묘라 부르니), 곧즉 자용이반(스스로 용이 반대로돌아가), 명어一진자야(어두움에 하나의 참인 놈이라). 了사二의(이 둘의 뜻을 료달)하여, 칙즉 체용一각이고 물아 一묘라 무복제상지이의(체와 용이 하나의 각이고 물과 아가 하나의 묘라 다시 모든 상이 다름이 없다)라.

{本覺生滅門本覺 性覺真如問性覺}

112

불언, 여칭 각木 명木 위복 성이 명乙 칭 명위각(너가 말한 깨달음과 밝음은 다시 성이 밝음을 깨달음이라 하는 이름을 칭했느냐)?
위각불명乙 칭 위명각(밝지 않음을 깨달은 것을 밝은 깨달음이라 칭했느냐)?

{妄分覺俄起三細?本四輪成界逐有世界众生業果相續}

재촉하여 앞의 뜻을 들어서, 물어사, 정기해혹야(풀었는지 미혹인지 그를 정하려)하二니다. 무릇 너가 소위 각八, 소위 명 의작하해午(깨달음을 나누었다 말하는 것은, 소위 밝음이라 말한 것은 어떤 것을 지어 풀어라는 의미이냐)? 이 성이라 하는 것이 본來 스스로 밝아서, 영혼이 그러하여 아님이 어둑할새 고로 각이라 칭하지 않았냐? 다시 성이 제가 밝지 않去乙커늘, 용을쓰는 심이 각이라 할새, 고로 칭 명밝은 각이라 하였잖느냐! 영혼이 그러하여 아님이 어둑이란 놈은 진각이午, 용쓰는심이 각이라는 놈은 망각(망령든 각)이라 한다.

부루나가 말하대, 만약 이 불명土乙 명 위각자호大 칙즉 무소명하리로새 (불명흙을 명하여 각이라 불렀다면 즉 밝은 것이 아니라 할것입니다).

부나의 뜻은, 이 성명으로 위각하고, 불이불명으로 위각할새(성이 밝음으로 각이라 하고, 아닌것이 밝지 않으므로 각이라 할새), 고로 왈 만약 이것이, 불명이大 칙즉 무소명(아님이 밝다면 즉 밝은 것이 없다)하니, 그러나 부지 재 유 소명(밝은 것이 조금은 있는 것을 알지 못)하면, 곧즉 타 망각(떨어지는건 망의 각이라)하여, 무궁망업이, 유시이생야 이入乙(이로 말미암아 생겨 들어간다)하니. 고로 아래에서 운하사, 각이 비소명才乙 인명하여 립소하느니(아님이 밝은 것 사이를 밝음으로 인하여 선것이라하느니). 망이란 것이 이미 섰으면, 너를 생기게 한 것은 망령이라 할 수 있다 하리니다.

불언하사. 만약 무소명 하면, 칙즉 무명각 이라 하니라.
牒前 (없는 것이 밝으면 밝은 깨달음도 없다 하니라)

명각의 망령이(망측한거시) 밝음을 곳것으로 말미암아 일어났다 하니다.

유소하면 비각이午, 무소하면 비명이니, 무명하면 又 비 각 湛명 성이라. (있음이 것이면 아님이 각이오, 없음이 것이면 아님이 밝은것이니, 없음이 밝으면 또 아님이 각의 맑고 밝은 성이라.
{잠명 맑고밝음, 담명 고인밝음, 침명 잠긴밝음 三者也}.
{如來常說覺湛明性豈得无明宪無明不令名性爲覺湛明性}

각이 이능소(깨달음이 것일 수 있음을 여위려)할새, 고로 있음이 소면, 아님이 각이고, 조료제상(비춤이 모든 상을 료달한다)할새, 고로 없음이 소(곳 장소, 것)면, 아님이 밝음이니, 만약 과가 아님이 밝으면, 또 아님이 각의 맑고 밝은 성품이라 하는 것을 얻었다 하니, 당연 유소와 무소와 시명(이 밝은 것)木 비명(밝지 않은 것)木 이나, 다 망도이니

(망령의 각도이니), 마침내 묘명 명묘가 아닌것이 진야(참이다) 라.
{真之覺體性難明不分能所故云} 114

二. 서망(망령을 펼침) 二

初. 三세소기(세가지 미세한 것이 일어남)

성真明 각이 필히 밝다하여 망리 를 위 명-각 하느니다. {結示真妄}

앞에 운하사대, 성각(성품의 깨달음)이 묘명(묘하게 밝음)이라하고, 이는 운하사대, 성각이 필명자(필히 밝은 놈)는, 심연적조(맑고 고요하게 비춤)乙, 왈 묘명 이午. 강생了지(억지로 깨달아 알게 함이 생김)乙, 왈 필명 이니. 묘명은 즉 참真이오, 필명은 즉 망령 이니. 까닭에 망령을 명각이라 하니, 이는 즉 삼세{세가지 미세한것, 無明業相 能見相 境界相}의 首우두머리頭 이니, 망식의 초상(망령을 인식하는 처음의 상)이라. 기신론에 이르대, 유 불여실 지진 여법이 一(실제 같지 않은 것으로 말미암아 참진을 앎이 법같은것이 하나)라 할새, 고로, 불각심(아님이 깨달은 심)이 동하니 곧즉 차(이런) (서로라는)상이라.
{最初立異相 業相賴耶自體分此細中之細 너가 처음 생긴 초상이라}

각이 비소명 할새 인명하여 립소하리니(깨달음이 아님이 밝힌 것이라 할새 밝음으로 인하여 것을 세우리니), 기망립하면(이미 망령이 섰으면), 생여 망轉相 능하여(너가 생긴것도 서로구른 망령이라 할 수 있어서), 무동이중(없음이 같고 다름 중)에, 치하여 연성이(치열하게 불타서 그러한 다름을 이룬다)하느니다. {轉相見分俄宍} 115

진각은 본 무능소才乙(참 깨달음은 본이 없음이 것일 수 있거늘), 인필명할새(인하여 필히 밝힐 것일새), 고로 망견유소(망이 있다는 것을 본 것이라) 하느니, 능소가 기즉 립하면 심경이 호분 할새(할 수 있는 것이 이미 섰으면 심과 경계現상가 나누어졌다 부를 수 있을새), 고로 무동이중에 치연성이 하느니, 곧즉 전상야(굴러 나온 상이라) 다.

이피소이하여 인이하여 립동하고(다른 저를 곳것이 다르다하여 다름으로 인하여 선(下對七化)것이 같다하고, 동轉相이業相로 발명하여 (같음(구르는상)과 다름(업상)으로 밝음을 발하여), 인차하여 복립 무동非前靜明 무이非前動相 하고(이로 인하여 다시 없는 같음과 없는 다름이 서고). 여시요란하여 상대생로하여(이와같이 요란하여 서로 대치하여 피로가 생겨서), 노구발진하여 자상혼탁하느니(피로가 오래되어 {늙은 몸뚱이가吏讀} 티끌을 발하여 자연 제가 스스로 흐리어 탁해지느니). {此靜待動非絶待靜 重指因明立所木 重指熾然本灾木}

이피치하여 연 지이로 위이하여(저 치열하여 그러한 달라짐으로 다르다 하여). 복인이상하여 립동하고(다시 인함으로 다른 서로상이라하여 선 것이 같고). 우 인기 유동 유이할새(또 그로 인해 있음이 같고 있음이 다를새). 고로 복립 무동 무이하리니(다시 선 것이 없음이 같고 없음이 다르다 하리니). 一진체중에는 본來 무시사才乙(하나의 진체 중에는 본래 이런 일이 없는 사이거늘), 개유능소이(다 할 수 있음으로 말미암은 것이), 대를 기다려 망령을 세워, 이소발정진하여(시끄러워 옮김으로 정이란 진티끌을 발하여), 축사묘명으로(마침내 묘한 밝음으로 하여금), 사탁(잠깐 혼탁)하고, 묘심으로 사탁去ㅣ(잠깐 탁하)게 하리니, 晦(회) 昧(매) 공 색이 자차로 조의(이로부터 비롯했다) 하느니, 곧 현상야(상이 나타난다) 라. 上三(위의 세가지)은, 속근본번뇌(근본

번뇌에 속)하고, 下기六추하니(아래에 여섯을 일으켜 거칠다 하니),
곧즉 지엽야(가지와 잎이라) 다.

二. 六추소기(여섯가지 거친 것이 일어남)

유시 인기진노번뇌(이로 말미암아, 끌어당겨 진노번뇌가 일어)나느니다.

유三세하여 이인기야(세가지 미세로 말미암아서 끌어당김이 일어난다). 염오가 위진이午(물들어 더러워짐이 티끌이 되고), 요동이 위노이午 (요란한 움직임이 피로가 되고), 우전이 위번이午(시름과 근심으로 끓여 조리는 애태움이 번이오), 미란이 위뇌이니(미혹으로 정신이 혼미 하여 어지러움이 뇌라 하니), 곧즉 지와 급상속八 집취와 계명八 四추의 총상이(지혜와 서로 속함을 나누어 짐착하여 취한 계산한 이름을 나눈 네가지 거친 모든 서로의 상이). 자하(아래서부터), 세계 상속八 중생이 상속은 곧즉 選업상야午(서로 속한 세계를 나누어 무리가 서로 속함이 생김은 곧 택한 업이 서로의 상이오). 업과가 상속은 곧즉 업계고상야(업의 결과가 서로 속한 상은 곧 업에 매인 괴로움의 서로의 상이라) 한다.

三. 감결(느낌으로 맺힘) 三

一. 총명(다 밝힘)

기由內感外하면 위세계하고(내를말미암아 외를 느끼어일어나면 세계가 되고), 정하면 성 허공(고요하면 허공을 이룬다) 하느니, 허공結二相 은 同동(똑같음)이午, 세계는 異다르니, 피無同-異(저 같고다름이 없는 것 純上之攝)를, 真진 有爲法(참된 유위법)이라 한다.

{無同無異名 淫於理今指其體实 爲有法余造作善惡靡不由此} 117

망각이 동하면 칙즉 노요하여(피로하고 시끄러워서), 발진(티끌을 발)할새, 고로 세계가 일어나고, 망각이 잠복하면, 칙즉 완연 명막(어둡고 아득)할새, 고로 고요하면 허공을 이루느니다. 법계가 하나의 공인 것을 왈 동이午. 정기(정의 그릇)가, 萬가지가 다른것을 왈 이 라 하니, 이것이 이에 동이가 없는 중에, 치하여 연성이(치열하게 불타 다름을 이루)니, 고로 왈 저 동이가 없는 것을 진 유위법이라 하니다.

二. 별명(별도로 밝힘) 三

一. 세계기시(세계가 처음 일어남)

각水 명妻 공土夫 매가 상대(서로 기다려<대하여), 성요할새(요동을 이룰새), 고로 풍於外 륜이 세계를 집지하느니, 공土妻으로 인하여 요동木夫가 생겨서搖內生滅, 견遣 명(딱딱함을 보내 밝게)하여, 립生金子애(세움이 막힌다) 하니, 금보란 놈은, 명각이 립견이니(밝은 깨달음이 세운 딱딱함이니), 고로 금륜이 보지국토(금빛나는 테가 국토를 보호하고 가져서 지탱)하느니, 견각하여 보金夫성하고(딱딱함을 깨달아서 보물을 이루고), 요명하여(밝음을 흔들어서), 풍이 출(나와서)하여, 풍妻八 금八(바람을 나눈 금을 나눔)이, 서로 마찰할새, 고로 화광이 있어 변하여 화한 성이라 하느니다.

{北方水六妻 中方土五夫 東方宝三八木子
十方五十妻 東方木三夫 西方生 四九金子
西方金九夫 東方木分火 南方生 二七大子} 118

보金명이 생윤하고(보배의 밝음이 습기를 내고), 화夫광이 상증 할새 (불의 빛이 위로 찔새), 고로 있게된 수륜{生水子}이, 함十방계 하느니다. 화妻가 등하고 수가 강하여(불은 오르고 물은 하강하여), 교차로 발하여, 립견土生子하여(굳어짐을 세워서), 습은 거해가 되고, 건은 주단(우주)이 되느니, 이시의고로(이같은 이치 때문에), 저 대해중에, 화광이 상기하고, 저 주단 중에 강과 하천이 상주 하느니라. 수세가 열화 (물의 힘이 화보다 열등)하여, 굳어져 고산이 된다할새, 시고로 산석이 격(부딪쳐) 칙즉 성염하고(불꽃을 이루고), 융(녹으면) 칙즉 물을 이루고, 토세가 열수하여 추위초목할새(토의 힘이 물보다 열등하여 풀과 나무를 밀어올린다 하느니), 시고로 림수가 우소하면(숲과 수풀이 불사름을 만나면) 성토하고(토를 이루고), 인교하면 성수 하느니다 (짜므로 인하면 물을 이루느니다). 교망이 발생하여 체-상 위종(망을 섞임이 발생하여 상을 갈릴세 종이라)하느니. 이와 같은 인연으로 세계가 상속 하느니다.

{內心无變外豈差別旦約喩故云生遞相}

{南方火七夫 西方金四妻 北方一六水子生
南方大二妻 北方水一夫 中方生五十土子}

{一六水居北 三八木居東 四九金居西(尸火二西) 二七火居南 五十土 居中
* 河圖가 龜거북 등에 있었음은 居北거북 一六을 말한다 - 千明}

萬법이 스스로 五-행하여 변화하고, 五행은 유망각하여(망각으로 말미암아서), 발생할새, 고로 세-계가, 기시하대(처음 일어나대), 조어각명(각명에서 비롯)하여 {擊肇격조는 자형이 비슷함 千明}, 풍 금 수 화라 이의호(부르는 것에 의지)하여, 만물을 생성한다.

진각묘공은, 본來 비명매才乙(본래 밝음과 어둠이 아닐새), 망령으로

말미암아, 명-각이라 하여, 수유매공(마침내 어두운 공이 있다) 하니,
명木 매木 상경하면(밝음과 어둠이 서로 기울면), 칙즉 불각 심동할새
각이 아닌 심이 움직일새), 고로 왈 각水妻한 명八(깨달은 밝음을 나눈)
공土夫은 매와 서로 대하여, 요木子동을 이룰새, 고로 풍륜이 있고,
세계 최하에 풍륜에 의지하여, 머물새住, 고로 왈 세계를 執持(잡아지탱)
하니다. 공土曰女으로 인하여 생긴 搖요木夫흔들림 등자가(등이란 놈이),
공-매로 인하여 동념하여(느낌을 움직여서), 각水 명이 견金夫 집土
이립애하여(견고하게 잡는데 장애를 세워서), 감금 야(금을 느끼게
된다)하느니다. 대지 최하가 금-륜에 의지하여 기(일어날)새, 고로 왈
보지국토(국토를 보호하고 지탱)하니다, 견金夫 각 보배 성이룸 등자
(단단한 깨달음이 보배를 이룬다 등이란 것)는, 인견金夫 각八 망요
하여(단단한 깨달음을 나눔으로 인하여 망령이 흔들려서), 촉기번뇌
하여(접촉이 번뇌를 일으키어서), 감화야(불을 느끼게 된다)하느니.
내외 二계가 혁생하여 위숙하고(안과 밖의 두세계가 가죽이 생겨서
익게되고), 화유하여 위무하未(변화가 있어서 없어지게 됨이), 개
화대의 소변(다 화대로 변하는 것)일새, 고로 왈 변화성이라 하리니다.
보金妻 명이 생윤 등자는(보배의 밝음이 젖음을 낸다 등이란 놈은),
유견-각하여 생식하고(굳음을 깨달음으로 말미암아서 인식이 생기고),
이증이번뇌(쪄서 번뇌)하여, 적정이 발애(쌓인 정이 사랑을 발)하여,
이감수야(느낌이 물이라)하느니. 세계는 큰바다 안에 있을새居, 120
고로 왈 함十방계라 하리니다. 화등수강등자는, 망木內 각이 번火易을
일으키거늘, 망水夫 식이 횡류하여(옆으로 흘러서), 교결 립애하여(섞어
얽어매어 장애를 세워), 이감토야(느낌이 흙이라)하리니. 지성이 견애
할새(땅의 성이 굳고 걸릴새), 고로 왈 립견하리니(굳음을 세우리니),
기고이 위산(그 높은 것이 산)이午, 기심이 위해(그 깊은 것이 바다가

된다)하니, 다 토라 하사. 수부를 왈 주(물의 언덕을 주)이午, 사 정을 왈 단(모래와 물가를 왈 섬)이라 하사, 모든것이 다, 조어망각하여 (망각에서 비롯하여), 감어五행할새(다섯가지 행에서 느낄새), 고로 왈 교망(망령과 섞여) 발생하여, 체상위종야(상이 번갈아 들어 종이 된다) 하리니. 토八를 나눈 수는 생 목 하고, 목八을 나눈 토는 생 금하고, 금八을 나눈 목은 생 화하고, 화가 금八을 나누면 생 수하고, 수가 화八를 나누면 생 토하느니, 세계가 초유 각-명(처음 말미암은 밝은 깨달음)이, 발식(인식을 발)하여, 수라 할새, 공-매가 색을 결하여 토가 되어서, 상대 성요하여(서로 기다려 요를 이루어서), 위풍위목하니 (풍이 되어 목이 되니), 곧즉 토와 수가 생목 야(목을 낳는다). 우 인 공 매지 토가 생 요믈 위목八 하여(또 원인한 공이 어둡게한 토가 흔듦을 내어 목을 나누게 된다 하여), 이견명하여(밝음을 굳혀서) 립애하니(걸림을 세우니), 곧즉 목八 토가 생금야(목을 나눈 토가 금을 낸다 한다). 121 여문이 심명하니(나머지 글이 심하게 밝히니), 토가 수와 화로 말미암아 생기는 거라하거니, 만약 자가 수부모기분 하니(자식이 부모의 기를 받아서 나누니), 고로 해바다 중에 화가 일어나고, 단중에 수주야(섬 중에 물을 댄것이다)하리느니다, 五행에, 아나라면 극으로 처라 하느니. 지아비夫가 열등해진 연후에야, 음양이 화하여 생기므로 자息하느니다. 고로 수가 열화하여 고산이 되고, 토가 열수하여 목이 된다 하느니다. 염八 융八(화염을 나누고 녹음을 나눔)은, 명 수가 화면 기분(물이 불을 밝히면 기를 나누고<물이 불을 밝히면 기분이 소교 불살라 목을 매고=陰好陽 吏讀), 소 교(불사르고 목매는 것)는, 토가 수를 밝히는 것이니, 陽好陰 기분=吏讀 > 기를 나눔)이다 하리니. 세계가 상속하는 이유인 것이다.

二. 중생기시(중생이 처음 일어남)

또 다음 부루나야, 명하면 망은 비타(밝으면 망령은 다름이 아니)다, 각-명 위구니(각의 밝음이 허물이 된것이니), 소-망이 기립하면 (망령한 것이 이미 서면), 真명 妙리가 불유할새(진실로 밝은 묘한 이치가 넘지 못할새), 이와같은 인연으로, 청 불출 성(들음은 소리를 떠나지 못하고<내지 못하고), 견은 불초 색(봄은 색을 초월 하지 못) 하여, 색성향미 촉법 여섯 망령이 성취하리느니(자리를 차지하리니), 이로 말미암아, 견각문지가 나누어 열려서, 동업은 상전하고(같은 업은 서로 얽히고), 합리는 성화(합치고 떨어짐은 조화를 이룬다) 하느니다.

{覺明即곧느니 戶也 前云 侖 內口月明立戶} {元依一精明 分或六和合}

122

명하면 망자(밝으면 망령이란 놈)는, 지견명八 명각八 요명하면 지망하리니(굳은 밝음을 나눔과 밝은 깨달음을 나눔을 가리켜 밝음을 흔드는 망령이라) 하리니. 무타(다른것은 없다) 하사. 특 각명 망심 위구이(오직 각명의 망령의 심이 허물이 된 것이리). 진実 명한 묘리는 (진실로 밝은 묘한 이치는), 본 무능소(본 없음이 할 수 있는 것아라) 하여, 원來 하나의 원융한 청정보각일새, 망령이란 것으로 말미암아, 이미 서서, 마침내 성격애할새(막히고 장애를 이룰새<성격이 막힐새 吏讀), 고로 명한 리불유(밝은 이치가 넘지 못)하느니, 이 넘지 못하는 고로, 청 견 六-근이(듣고 보는 여섯가지 근이), 이에 망국(망령의 국)이 되고, 색향 六진이, 이에 망염하고(망으로 물들인다하고), 각-지 六식(六식을 깨달아 앎 *육식은 不 肉食 不六識之妄)이, 이에 망령을 나누어서, 근八나누고 진八나누고 식八나눈 三세가지가, 업성이 된다할새,

고로 발-기 망업하여(망업을 일어키어서), 이에 동업은 상전하고(서로 얽히고), 합리는 성화(합하고 떨어짐은 화를 이룬다)하느니, 이것이 六도四생의(여섯가지 길로 네가지가 생기는), 시작이다. 동업은 곧즉 태난류(태와 알의 종류)니, 부 모 자기 三(세)으로 인한 놈이 업이 똑같을새, 고로 상전착하여(서로 얽혀 붙어서), 생이 있게 된다하느니다. 합리(합하고 떨어짐)는 곧즉 습화류니. 부모로 인하지않고 단지 자기의 업으로 말미암아, 혹 합 습 이성형하느니(혹시 합인가하여 습이 형을 이루느니), 곧즉 준윤류야(꾸물거리고 꿈틀거리는 종류라)午. 123
혹 이 이(떨어져 다름이) 이 탁 화(의탁하므로 화)하느니, 천옥귀등 류야(하늘과 지옥의 귀신등의 종류다).

{情想所思 三處情想 互爲交合 互遘遇引火吸取界 趣同業令 敂一処結本胎藏}

견忙이 밝業아서, 색을 발하고, 명을 견要勿又 상이 성하느니(밝음을 보려하는 요물의 생각이 이루니), 이견은 성증하고(다르게 보면 증오를 이루고), 동상은 성애하느니(똑같은 생각은 사랑을 이루느니), 류애하여 위종하고(흐름을 사랑하여 종류가 되고), 납상하여 위태하여 (생각을 받아들여 태가 되어서), 교구발생(교제하여 만나{교접하여} 생김을 발)하고, 흡인동업할새(똑같은 업을 흡수하고 당길새), 고로 유인-연(있는 원인한 연)이, 생 갈라남 알포담등(갈라나거나 알을 품는 등으로 태어난다)하느니다. 태난습화가 수기소응하여(그 응하는 바에 따라서 想情合離), 난 유상생하고(알은 오직 생각으로 나고), 태 인정유하고(태는 정으로 인해 있고), 습 이합감하고(습은 합으로 느끼고), 화 이이응(변화는 떨어짐으로 응)하니, 정 상 합 리가 갱 상 변역하여(정 생각 합 떨어짐이 다시 서로 변하고 바뀌어서), 소유수업이(있는 것을 받은 업이), 축 기 비 침 하느니(그 날고 빠짐을 쫓느니), 이같은 인연으로 중생이 상속 하느니다.

{異則但想 无愛同改 想愛俱行 由是受慇 須資想愛}

망이 견소명하여(망령이 밝은 것을 보아서), 망색을 현발(드러내어 발)하니, 왈 견명하여 색발(밝음을 보아서 색을 발)하未니, 차 유심하여 생경야(이것은 심으로 말미암아 경계가 생긴다). 인명하여 기견하고(밝음으로 인하여 견이 일어나고), 이인견하여 생상할二(봄으로 인해 나는 둘을 생각하리), 왈 명을 견要勿又 상성(밝음을 보는 요물로 상을 이룬다)하未니, 차 유경하여 생정야(이는 경계로 말미암아 생긴 정이다). 124

견이 이하면 칙즉 경이 위할새(견이 다르면 즉 경계가 어긋날새), 고로 성증하고(미워함을 이루고), 상이 동하면 칙즉 심순할새(생각이 같으면 심이 따를새), 고로 성애하느니다(사랑을 이루느니다). 三애가 교주乙(三애가 교합하여 주입됨을), 왈 류午(흐른다 말하고). 三상이 상투乙(세가지 생각이 서로 투입됨을), 왈 납(받아들임)이라. 애는 윤회의 근본이라할새, 고로 류애하여 위종하고(흐름을 사랑하여 종이 되고), 상은 위전명지매(생각은 명을 전하는 매체라 할)새, 고로 납상하여 성태 하느니, 자교구이발생하면(깔아 교접이 발생하면), 동업으로 말미암아 흡인하未, 이것이 수생탁질지시야(생을 받아 질을 의탁하는 시작이라). 태중에 五위가 七일에 한번씩 변하니, 갈라남은 이를 운(말)하면, 응활(미끄러운것이 엉김)이니, 처음 七일의 상이라 하고午. 알포담은 운 포니, 두번째 七일의 상이라 하니. 이지 발(주발)라(그물처럼 벌림) 사(지나치게 많음) 거(개체) 등야(까지 이른다)니다. 四생의 종류는, 난은 상(생각)에 응하고, 태는 정에 응하고, 습은 합에 응하고, 화는 이(떨어짐)에 응하니, 고로 왈 수기소응야(응하는

대로 따른다)라. 난사(어지러운 생각)를 왈 상이午. 결애(사랑의 125
맺음)를 왈 정이午, 기부(기에 붙음)를 왈 합이니, 습과 합하여 생긴다. 형둔(형을 숨김)을 왈 離이니, 이것은 저것을 생김이라. 정 상 합 리는 유생(있는 것이 태어남)이, 개 구전대(다 갖추전대), 차는 이다분 언이 (이것은 많아서 나누므로 말함이)다. 난생이 거수자는(알로 난 것이 머리로 사는 놈은), 상념(생각의 느낌)이 초동去入 정애후기하고 (처음에 움직여 들어가고 정과 사랑이 후에 일어나고), 또 태습화를 겸하기 때문이다. 이 글에, 상생각을 논함은, 이에 안으로 염상물든 생각을 나눔이午, 외로 청정한 생각을 나누는 것이 아니고, 변화를 논함은 내전태업화(이에 허물을 바꾸어 업을 변화시킴)이午, 비의생묘화야(묘한 변화를 내는 뜻이 아니다). 정 상 합 리로, 갱-상 변-역 자(다시 서로 변화하고 바꾸는 놈)는, 혹정변위상하고(혹 정이 변하여 생각이 되고), 합변하여 위리하여(변화를 합하여 떠남이 되어서), 무정업야(고정된 업이 없다) 하고, 난역위태하고(알이 바뀌어 태가 되고), 습역위화하여(축축함이 바뀌어 변화가 되어서), 무정질야(고정된 성질이 없다)하니, 고로 소수업보다(업보를 받는 것이다). 혹 승하고(오르고), 혹 침하여 (잠기어서), 무정취야(고정된 취가 없다)하고, 이것이 중생이 상속하는 이유(야) 다.

126

三. 업과기시(업의 결과가 처음 일어남)

부루나야, 상木 애上 동결하여(생각과 생각을 좋아함이 똑같이 맺혀서), 애가 불능이하면(사랑이 떠날 수 없으면), 칙즉 제세간에 부모 자손이

상생부단하느니(서로 생해 끊어지지 않으니), 시(이것) 등은 칙즉
이욕탐위 根본源(탐을 바람이 근본 원이 되었다) 이니다.

{說通四生 今正約胎 生言之胎 生須通今 多就人辯 之以其易 見故也}

부모자손이, 비애하면(애가{사랑}이 아니면), 불취하고(모음이 아니고),
비욕이면 불생(욕망{바람}이 아니면 생기지 않는다) 하느니다.

탐애동자하여(사랑을 탐함이 똑같이 붙어서), 탐불능지하면(탐을 그칠 수 없으면), 칙즉 제세간에七(모든 세간에 칠하여) 난화습태가 수력강약하여(힘의 강약을 따라서), 체-상 탄-식하느니(서로 번갈아들어 삼켜 먹느니), 이 등은 칙즉 살탐으로, 根본 源이 되었다 이니다.

태난습화가, 이약으로 조식하고(약함으로 먹힘을 만나고), 연탐하여
기살(탐을 연하여 죽임이 일어났다) 하느니다.

사람乙又으로 양을 먹거니, 양이 죽어서 사람이 되고. 사람이 죽어서 양이 되어서, 여시내지 十생지류가 사사생생하여, 호래상담하여(서로 와서 서로 먹어서), 악업이 구생하고(모두 함께 생기고), 궁미래제(미래가 없어지도록 다)하느니, 이들은 칙즉 도탐으로 위根본源
(도둑질과 탐으로 근본원이 되었다 함) 이니다. 127

불여 이취를(주지않았는데 취함을) 왈 도 이午. 우또 음취를 왈 도이니,
사람이 양을 먹는 것은 불여취 라하고午, 양이 죽어서 사람이 되어서
호래상감(번갈아 와서 서로 먹음)은, 음취{前罪不知乏業避}야. 세간에七
상담(세간에 칠하여 서로 먹음)은, 다 도탐이다. 음 살 도 三세가지는
업과에七(칠하는) 근본이 된다 하리다.

너가, 부아명하고(나의 목숨을 빚지고), 아가 환여채하여(내가 돌아와 너의 채권자가 되어서), 이와같은 인연으로 百千겁을 지나대, 상재생사하고(항상 생사에 있게 되고), 여가 애아심(너가 나의 심을 사랑)하고, 아가 련여색(나는 너의 색을 憐련민사랑)하여, 이와같은 인연으로 百千겁이 지나도록, 상재전박(서로 얽히고 매이게) 하느니다.

汝負我命 汝还我命 너는 나의 명을 빚지고 너가 돌아와 나의 목숨이니
我負汝債 我还債汝 나의 부채는 너의 채권 내가 돌아와 너의 채권이니
我愛汝心 汝我愛心 나는 너의 심을 사랑하고 너는 나의 심을 사랑하니
汝憐我色 我憐汝色 너는 나의 색을 연민하고 나는 너의 색을 연민한다

위에 업과의 본源을 밝힌 것이다. 이는 상속의 이유를 밝힌 것이니, 부채는 살도로 말미암았고, 애련은 욕탐으로 말미암았다.

唯유 오직 살도음 三세가지가 근본이 될새, 이런 인연으로 업과가 상속(서로 계속)하느니다.

결현야(결론으로 나타내었다).

三. 결답(결론지어 답함)

부루나야, 이와같은 三세가지 종류의 전도가 상속함은, 다 이 각명七 명來相 了지성(각명을 칠하여 오는 상을 밝혀 了달한 아는 성품)이, 인了발상하여(了달함으로 인해 서로 발하여), 망견을 따라서 轉相이 생긴 것이니, 산 하 대지 제유위상 들이 차제로 환류하대, 인차허망하여 종이부시(이것으로 인해 비어 망하여 마쳤다 다시 시작하느니라).

총첩전문하사(앞글로 모두 간추리사), 결론지어 답한 세계중생의 업과가, 다 각명이 위구 야(깨달아 밝힘이 허물이 된 것이다). 각명은 곧즉 성각이 필명자야(깨달은 성이 필히 밝히는 놈이라). 명了지성은 곧즉 망하여 위 명각 자야(밝힘을 깨달은 아는 성은 곧 죽어서 < 망령을 밝히게 됨을 깨달은 놈것이라). 了발상(서로 상을 발함을 밝힐 수 있음(可)을 료달함)은, 곧즉 인명하여 립소자야 (밝힘으로 인하여 곳것을 세운 놈이다). 망견은 곧즉 생여 망능견자야 (망을 봄은 곧 생긴 너가 망령을 능히 할 수 있는 놈이다).

차 허-망은, 지 각-명야(이 빈허깨비 같은 망령은 깨달음을 밝힘을 가리킴이다). 전문하士午代(앞에서 묻사오대), 운하 홀생 산 하又 지 종이부시(어찌 산과 물로 홀연 생겨 마쳤다 다시 시작)할새, 이것은 전앞의 첩의 그 말씀을 하사 각명을 지적하사 답했다 하리다.

四. 섭역의난(자취를 밟으니 의심스럽고 어려워 함) 二

一. 부나반난(부나가 반대로 어려워함)

부루나가 운하대, 만약 이 묘한 각八나눈 본來 묘한 각-명이, 여 여래七 심八又(함께 같이 와서 칠하여 심을 나눔으로), 불증불감이才乙(늘지도 않고 줄지도 않을사이거늘), 무상하야(까닭없이), 홀생 산 하 대지 제 유위상이大(문득 산 물 대지 모든 있는 서로라는상이라 하면), 여래가 지금 묘한 공을 명밝힐 각을 득하리니, 산 하 대지 유위습루를 하당복생 하리잇七口(어떻게 당하게 다시회복하여 생기게 하여서 칠하리잇고)?

묘각은 지 무 진-망의 체야(참과 망령이 없는 몸을 가리킴) 이午.
본묘각명은 참에 의지하여 일어난 망이라는 놈이라. 중생의 각체는, 불과 함께 무별去乙, 무단 홀 생제 유위상이大(무단히 홀연 모든 유위상을 생기게 했다면), 칙즉 여래가 이미 공각을 증하리니, 130
하시에 복생제유야이리이七口(어느때에 다시 모든 있는 것을 생기게 하여 칠하리고)? 차 真實로고 상정소혹(이는 참진실으로 항상 생각에 의혹이라는 것에 사로잡)힐새, 고로 특반詰난야(때문에 특별히 어렵게 책하여 반문했다) 하士午니다. {富那疑倆盡}

二. 불여곡진(불이 간곡하게 정성을 다하여 주심) 五

一. 기각불미(이미 깨달으면 미혹이 아니다) 二

一. 유명(깨우쳐 밝힘 頓悟喩)

불이고 부루나하사, 비유하大 마치 미혹한 사람이, 한 취如來藏 落락에서, 无明혹 남昧明 위 戶明북七하소아(밝음이 없음을 혹하여 남을 북이라 칠한 것)이니, 차미(이 미惑)은, 위복 인미이유(다시 미惑으로 인하여 있는 것이냐)? 인오소출(깨달음으로 인하여 나온 것이냐)?
부루나가 언하대. 여시, 미인(미惑한 사람)이, 역불인미(미로 인한것도 아니)고, 우 불인오(또 깨달음으로 인한것도 아니)이니, 하이고午 미가

본來무근(본래 근이 없)去니, 운하 인미(미로 인)하고. 오가 비생미才니
(깨달은 오나가 아님이 미를 낼사이니), 운하 인오하리이七口(어찌
깨달은 오나를 인하여 칠하리고) 131

취락(취에 떨어짐)은 촌시야(마을의 府州). 한서에, 무번취락이라하니,
취락은 유성-분(성을 나눔은 깨우쳤다)하士口, 남북은 유미도하리니
(남북은 미혹하여 거꾸로 깨우쳤으니), 연이나(그러나<불이 나서),
남북이 초불역 하면(처음에 바뀌지 않으면), 칙즉 성분이 본來무도하니
(성의 나눔이 본래 거꾸로가 없으니), 고로 왈 미가 본무근源 하고,
오비생미(미혹이 본래 근원이 없고, 깨달은 오나가 미혹을 낼것이
아니다) 하니다.

{人関相不動惑 故 見氏明性 無變 迷故 立所氏 迷妄出 故
今之令知無生 即 見無明本空}

불언하사, 저 미혹한 사람이, 정재미시에(미혹에서 바로 있을 때),
숙유오인이(갑자기 깨달은 사람이 있어), 지시령오하면(깨닫도록
가리켜 보이면), 부루나야, 어의운하(어떻게 생각하느냐). 이사람이,
종미(설령 미혹)하나, 이 취락에서, 갱생미냐(다시 미혹이 생기겠느냐)?
불이냐(아니냐)?
불야(안 생깁니다). 세존하. {屯喻妄曰本空破前 復生疑与此 不同}

二. 합현(합하여 나타냄) {顯迹疑難合顯}

부루나야, 十방 여래가 역부여시(이와같다)하리니다, 차미 무본하여(이
미혹은 본源이 없어서), 성이 필경 공하니, 석본來무비대(과거부터 본래

미혹이 없었으대), 사유미又 각하니(있는것같은 미혹으로 깨달으니), 미혹을 깨달으면, 미혹이 멸하여(없어져서), 각에 미혹이 생기지 않는다 하느니다.

이미 깨달았으면 미惑이 아님을 나타냈다. 석 본來무미(과거에 본래 미혹이 없었는)大, 이위 종미(미혹을 따랐다는것을 말한 것)이니, 각이 명 각미 미(깨달음이 이름하여 미혹을 깨달은 미혹{难相見})이다

132

二. 묘공무습(묘한 공은 습이 없음) 二

一. 유명(깨우쳐 밝힘) {轉惚喻}

역시, 마치 예目病 인(눈병난 사람)이, 견공七 중화士七하니(공중에 칠한 꽃을 본 선비가 칠함과 같으니), 예눈병이, 약제하면(만약 사라지면), 화어공 멸하느니(허공에 꽃은 없어지느니), 홀연 우둔한 사람이 있어, 어피공화가 소멸한 공지(저 공에 꽃이 없어진 곳인 허공의 땅)에, 대화갱생하면(다시 꽃이 생기기를 기다리면). 여가 觀시인(이사람을 관)하면, 위우냐(어리석다하느냐)? 위혜냐(지혜롭다 하느냐)?.

눈병은 망견을 깨우침이라 하리고, 꽃은 산 하를 깨우침이라 하리고, 공화멸한 지는 묘공명각을 깨우침이다 하리니다.

부루나가 언하대, 공에 원무화才乙, 망견생멸(망령이 생멸을 보았다) 하니, 견화면 멸공이未(꽃을 보면 멸한 공이미), 이시전도才乙(이미

이것이 전도사일새), 칙령갱출하니(다시 나오라고 명령하니), 사실광치 (이는 실로 미친 어리석음)이니, 운하갱명 여-시 광인하대 위우위혜 하리이七口(운하 다시 이름하여 이같은 광인을 우둔하다 지혜롭다 하여 칠하리잇고).

二. 합현(합하여 나타냄) {顯跡疑難合顯}

불언하사, 너가 해석한것과 같은것이大, 운하 질문을 말하대. 133
제불여래의 묘각 명공에 어느제 당연 다시 산 하 대지를 낸다 하리午.

{同頓之理 雖斉迷悟 不妨成異 旣有多生 習障还頓 背習顕真~
顕則究竟 淸果无幷迷也}

이미 깨우친것을 了달하면, 어찌 다시 앞에 七칠을 의심하리午. {前은反難}

三. 과각무변(결과를 깨우침은 변함이 없음)

또修斷喩 금광과 같음이, 잡어정금士七하니(정한 금에 섞인거를 선비가 칠 하니), 기금一순(그 금이 한번 순수)하면, 갱불성七 잡(다시 칠한들 섞임을 이루지 않는다) 하느니다.

{比如銷金鑛 金非銷故 有熏復至一成真金 不復重爲鑛}

四. 과덕무생(과의 덕은 생김이 없음)

여목이 성회하면 불중위목士七하여(마치 나무가 재가 되면, 선비가 칠한다 하여 다시는 나무가 되는것이 아니라).

五. 결답(결론지어 답함)

제불여래七{칠한} 보리 열반刀 역부여시 하니다.

보리는 과각이라 하고, 열반은 과덕이라 하니, 과가 무하고 변 무하여 생六에 이르면, 칙즉 습-루가 불생함乙 가지의(알 수 있으리). 四깨달음의 뜻은, 앞의 두가지는, 명 석본무미才乙(과거 본래 미혹이 없던 사이를) 미유망기하二고(미혹을 말미암아 망이 일어난 둘을 밝힘이라 하고), 134 후의 두가지는 명 습루 망연은 증하면 내 영단(습루의 망령의 연을 밝힘은 증하면 이에 영원히 끊어진다) 하二니다. 약단 거 전 유하면 (만약 단지 앞의 깨침만 들면), 공위각이(두렵다 말하는 깨달음이), 망이 불방진(망령이 참을 막지 못)하고, 혹능자멸(혹이 능히 제가 없어질까)하여, 성발무집 ソ二口(없다는 것만 뽑아 집착을 이루려고 한거고). 단 거 후유하리人건(단지 후의 깨침만 들어 사람인거는), 공위각이 본비정이고(두려움을 말한 깨달음이 본래 청정함이 아니고), 성본유생이라(성이 본래 있는거시 낸다)하여, 성잡염견하乙可하二乙士丨 (섞어 이루어서 물듦을 본다)할까 할새. 소이(까닭에), 四유乙 겸거하사 (네가지 깨침을 겸하여 들어사), 사지(알게 한 것)는, 미오가 수망해刀 (미혹한 깨달음이 비록 망령이라해도), 이불폐수증야(닦아서 증득함을 버리지 못하도록 한)去라 하니라. {圓屯之雖斎재理}

{圓中全菩提爲習漏 即 涅槃爲山河猶鑛之与木也

果上全習漏爲菩提卽山河沮艑단박爲猶金之与灾也

鑛木不再現妄法之氷亡金灾不淪亦真證之常住}

二. 답四대상용(四대는 서로 모습임을 답함) 二

一. 첩

부루나야, 또 너가 물어 말하대, 지수화풍이 본성이 원융하여 주변법계이大, 의수화乙 성이 불상능侵勞 멸午(물과 불을 의심한 성이 서로 침탈하고 피로하게 할 수 있음을 멸없게하지 않았냐)하고, 又징하대(또 부르대), 허공八(나눔)과 제七(모든 칠한)대지가 구편법계이大(두루 법계를 갖춤이대) 불합상용이라(서로 모습을 합하지 않았느냐) 하느니.

135

二. 답 三

一. 략명능용(얼굴이라 할 수 있음을 간략히 밝힘) 二

一. 인유(얼굴로 인하여 깨우침)

부루나야 비유하면 藏性의허 공이, 체가 비군상이又(몸이 여러가지 서로상이 아니라), 불거 피제상발휘土七(저 모든 상을 거스리지 않고 발-휘하게 선비가 칠한다) 하니다.

{一虛空中不妨諸物往來 何不謂之相容乎}

허공이 모든 상이 아니라하대, 모든 상이 공에 의지하여 발한다하고, 진체는 아님이 四대라하사, 四대를 잡아당겨(람) 참이 이루어진다 하니, 먼저 아님이 수화라 하사, 고로 불상거하느니(서로 거부하지 않느니), 이는 총표(다 표시했다)하二口, 하(아래)에, 별석(따로 해석하여 풀었다) 하느니다.

소이자하午(어찌그런고), 부루나야, 태큰 허공이 일조하면 칙즉 명하고
운둔 칙즉 암하니(저 큰 태양이 해가 비추면 밝고, 구름이 진을 치면
어둡다 하니), 풍요하면 칙즉 동하고(바람이 흔들면 움직이고),
제징하면 칙즉 청하고(비개어 가라앉으면 맑고), 기가 응기면 탁하고,
토적하면 성매하고(흙이 쌓이면 흙비를 이루고), 수징하면 성영(물이
가라앉아맑아지면 비침을 이룬다) 하느니다.

이것은 모든 상을 보인다하二고, 아래에 서로 모습을 밝혔다 하二니,
매는 풍우토 야(흙비는 바람불어 비오는듯한 흙이 라).

어의운하午(뜻이 어떠하냐), 여시 수 방 제유위상木(이같이 다른
방향의 모든 있다는 서로의 상)이, 위인피생(저것으로 인하여 생겼느냐)?
위복공立 유(다시 공에 서 있다 하는 것)이냐?

약피소생이大(만약 저것이 생긴 것이면), 부루나야, 차또 일조시에,
이미 이 해가 밝을새, 十방세계가 똑같이 日七 색才乙(해를 칠한 색)
일거슬, 운하 공중에 갱견원일午(다시 둥근 해를 보는고오)!
약시공이면 명이大(만약 이 허공이 밝다면), 공응자조이才乙(공이 응당
자기가 비출것이늘), 운하 중소운무지시(어찌 밤중 하늘 구름 안개 때)
에, 불생광요午(빛의 빛남이 생기지 않는 고오)!
당지 是明(이 밝음)이, 비일(해도 아니고) 비공(공도 아니고) 불이공일
(다른것도 아닌 허공과 해)로다. 觀상 去ㄴ大(서로상을 觀하건대),
원來망하여 (원來 망령이어), 무가지진이木(지적하여 펼칠 수가 없음이),

유격공화하여 결위공과士七하니(오히려 공화를 맞이하여 공으로 맺은 과일을 선비가 칠함이라) 하리니, 운하 힐難 기상 능멸의 하리오(어찌 그 서로의 상을 꾸짖어 어렵게 릉멸의(浸勞 침탈하고 노력하여 뜻을 없애려) 하리오. 觀성去大 원진(성을 觀하건대 원래 참)이다. 비유하면 묘각명 이니, 묘각명심이 선비수화이才니(먼저의 수화도 아닌사이니), 운하 복문 불상용자(어찌 다시 아님이 서로의 얼굴이란 놈=서로상이 모양이 없는 놈 이라 묻는다) 하리午.

{此七大隨緣無乏相屯 有彼無不可得也} {諸有爲相前明暗示}

서로상을 觀去ㄴ大, 기망할새(이미 망령이라없을새), 능멸刀(侵勞가 없음도) 역망이고(역시 없고), 觀성去ㄴ大, 一진이라 무불용자라 수처이 발(성을 觀하대 하나의 참이라 없음이 아닌 얼굴이 놈이라 하리다. 처를 따라서 발)할새, 고로 왈 수방(다른 방향이라 이를 것>해를 따른 방향) 이니, 피는 지 일 운 등야(저것은 해 구름 등을 가리치니) 다. 137

二. 합현(합하여 나타냄)

진묘각명이 역부여시하니, 여이공으로 명하면(마치 너가 허공으로서 밝히면), 칙즉 유공현하고(공이 나타남이 있고), 지수화풍을 각각 발명하면 곧즉 각각 나타나고, 약구발명하면 칙즉 유구현(만약 모두 발하여 밝히면 즉 함께 나타남이 있다) 하느니다.

이는 마치 공이 비상(아님이 상)이로대, 불거발휘야(나타내는 것을 거스러지 않는다)와 같다. 여 이공 명 등자는, 이사又(로) 언지去ㄴ大 (일로서 말하면), 여 착정 출공하여(우물을 뚫어 공이 나옴과 같아서),

조수생화가(비추어 부시쳐서 불을 생기게함이) 이것이다. 이업 언지(업으로 말)하면, 여 기위세계하고(마치 일어나면 세계가 되고), 정하면 성허공하고(고요하면 허공을 이루고), 풍금이 상마할새, 고로 화광이 있는 것이 이것이다. 이심又 언지去大(심으로 말하면), 망령이 일어나 공을 봄은 칙즉 유공金 현하고(있는 공이 나타나고), 지 수 화 풍도 역부여시할새, 고로 왈 각각 발명하면 칙즉 각각 나타난다 하느니, 전후를 이른다 午하고. 구는 위동시야(모두는 똑 같은 때를 이른다).

{空地水火風 次第現也}

운하구현口(어찌 함께 나타나는 고)? 부루나야, 마치 一하나의 물 가운데, 현어日영士七하니(해와 그림자를 선비가 칠하니 나타난다 하니), 兩두사람이 똑같이 수중의 달을 觀하다가, 동 서로 각각 가면, 138 칙즉 각각 있는 해가, 수二인거하여(두사람을 따라 가서), 하나는 동 하나는 서로, 무준적(적당한 기준이 없다=없음이 적당한 기준이라)하니, 불응난언(응당 어려운 말이 아닌=아님이 응당 어려운말)이대, 차日이 시一才乙(이 해가 이 하나의 사이를), 운하각행(어찌 각각 간다)이고, 이미 쌍인 사이를 운하 하나로 나타나리오하리니, 완전{뒤집혀서 굴러} 허망하여, 무가빙거(증빙하여기댈 근거라 할 것이 없다).

{同顧唯一 知二是虛 各行旣二 驗二是故 云 宛轉虛妄}

함께 나타나는 상을 풀이한 것이다. 해와 그림자는 사람을 따르지만, 불一(아님이 하나라=하나는 아니라) 하未, 마치 七대가 연을 따라 다름을 이루는 것과 같아서, 선표준적(먼저 표준할 과녁이 없다) 하니, 불응힐난(마땅히 따져서 어렵다할것이 없다=아님을 응당 힐난)하리라.

{七大体虛如日之影 東西수去如分七別}

二. 광명호현(서로 나타남을 넓이 밝힘) 三

一. 수망발현(망령을 따라 발현함)

부루나야, 너가 이 색 공으로, 여래장에서 상경상탈(서로 기울고 서로 탈취)할새, 여래장이 색공이라하여 따라서, 주변법계하니, 시고로, 중(가운데)에, 풍이 동하여, 공이 징하고(맑고), 日명(해가 밝고), 운하면 암하느니(구름끼면 어두우니), 중생이 미민(미혹하고 답답)하여, 배각 합진(깨달음을 등지고 티끌을 합)할새, 고로 발진로(티끌을 발하려 노력)하여, 유세간상(세간상이 있다=있음이 세간상이다) 하니다.

{七大侟虛如日之影 東西隨去如分七別} 139

{上云一切衆生以無始來至觀大~ 斯則 众生起無明風真海成八識 浪變起世間種~ 諸相蜀相戶碍故 云背覺合塵 汝以分別色空之心 於真覺中而現頃} {奪彼真覺性 隨成色空 互相淩滅色七 地空二大 余大皆然故 云是故於中木}

미실진체하고(미혹하여 진체를 잃고), 분별연영이未(나누어 연의 그림자를 다르다함이), 명 배각합진(각을 등지면 타끌을 합함)이오, 了상원망하고(상을 료달하면 원래 망령이고), 觀성원진(성이 원래 참 임을 觀)하未, 명 멸진합각(티끌을 없애어 각과 합하는 것)이라.

二. 의진발현(진에 의지하여 나타냄을 발함=발해 나타남)

아 이寂묘照 명智 불멸불생智体真常 乙又(아는 묘명하여 불멸불생 으로), 여래장과 합하느니, 이 여래장이, 유묘妙者唯一妙心각명(오직 묘한 각명)이어, 원조법계(법계를 두루 비춘다)하여 시고로 어중에, 하나가 무량이 되고, 무량이 하나가 되고, 소중에 현대하고(작은 중에 큰 것이 나타나고), 대중에 현소하여, 부동도장(도장에서 움직이지 아니一爲無量)하여야, 편十방계 하고, 신大(몸이란 대)가 無量함十방法界무진허공 하고, 어一모단 (하나小中現正中의 터럭 끝)에, 현보왕찰 하고, 좌미진과하여(미세함에 앉아서 티끌을 싸서), 전대법륜 하러이.

색木 공은 세간의 망상이라 하고, 묘명은 진여 묘성 이라 하니, 140 다 여래장인 것이 나타난 것이다. 원래 하나의 원융한 것을, 특(오직) 중생으로 말미암아, 배진 합망(참을 등지고 망령을 합) 할새, 고로 상촉하고 세상지중(문의 귀퉁이만 재촉하고 세상의 중가운데라)하고, 모든 불은 멸망하여 합진(망령을 없애어 참과 합)할새, 고로 묘진득여지용(참으로 묘하게 용도에 같음을 얻었다)하리니, 소이 一과 다가 호응(그런 까닭에 하나와 많음이 서로 응)하고, 소와 대를 서로 용(모습얼굴이라)하사, 현보찰어모단하二구(터럭 끝에 보왕의 찰흙 둘을 나타내고), 전법륜어진과하사(티끌을 싼속에 법륜을 굴리사), 사사무애(일마다 걸림이 없)고, 법법이 여여 하二니, 대개 서로상을 觀 하건大, 원래 허망하여, 무가지진(지적하여 개진 할것이 없다)午. 觀성去ㄴ大 원진(성을 觀하건대 원래 참이라)할새, 고로 무불용자(용납하지 않을 것이 없는=없음이 아닌 얼굴이라는 놈)이라.

三. 이즉원회(여원이 곧 두루모임) 三

一. 의체원비(체에 의지함은 원이 아님)

멸진합각하여, 고로, 발 진여 묘각 명성 하나, 여래장이 본 묘 원심은 비심, 비공, 비지, 비수, 비풍, 비화 이다.   141

비록수 멸ソ口 진 발진(티끌을 없애고 참을 발)하여, 어 一가 다 소 대 능 一체 여乃(하나가 많고 작고 큼에, 일체가 같을 수 있으나=하나를 끊음과 같으나), 이 본 묘원체는, 초 무변이(조금도 변하고 다름이 없다=없음이 변해 다르다)할새, 고로 비심 비화 내지 비 세 출세 법 야(심도 아니고, 화도 아니고, 세간과 출세간의 법도 아니다). 비심 비화는, 위비 七대 五음 야니(아님을 칠한 칠대오음을 이른다하니), 즉 식대니, 攝섭 五음(오음을 다스린다) 하니다.

비안 이고, 비 이 비 설 신 의 이고, 비 색 이고, 비 성 향 미 촉 법 이고, 비 안식계 이고 여시내지 비 의식계 이고.

위 비 十八계 하리니, 역 섭十二처 (十二처도 역시 다스린다)하니다.

비 명 무명八 명 무명하여 진이고(아닌 밝음과 없는 밝음을 나누고, 밝음과 없는 밝음하여 다함이고), 여시내지 비노이고, 비사이고, 비하여 노사가 진이고(아님 늙음이고, 아닌 죽음이고, 아니어야 늙고 죽음이 다함이고).

비연각법야. 연각은 觀 十二 연하여, 욕번무명하여(없는 밝음을 뒤집기 바라서), 위명(밝음을 이루고저했다)하느니라. 十二연은 유생기상하고 (있음이 나서 일어나는 상이고), 유수단상(있음이 닦아 끊어지는 상 〈서로 끊어진다)하니, 차겸거지(이는 겸하여 들었다)하리다. 142

{緣覺破無明作明}

비고 이고, 비집 이고, 비멸 이고, 비도 이고, 비지 이고, 비득 이고.

비성문법야. 성문은 수 四諦법(닦는다)하여, 이지 위능증 이과
위소득(지혜로 증할 수 있고, 과로서 득하는 것으로) 하느니다.

비단나, 비시라, 비비리야, 비찬리, 비선나, 비반자야, 비바라밀다이고,
{布施 戒律 精進 忍辱 思惟修 智慧 到彼岸}

비 보살법 야. 보살은 수六도행 하느니, 단 등은 곧즉 施 戒 忍八 進八
禪八 智八 야. 바라밀다는 곧즉 도의到彼岸(건너다는 뜻)이다.

143

여시내지 비 단달아갈(다타가다)이고, 비 아라하와, 비 삼야삼보 이고.

비 여래법이라. 다타가다는 차운 여래이午, 아라하는 운 응공이午,
삼야삼보는 운 정편지 이니, 곧즉 十호의 三(세가지) 라.

비대열반 이고, 비상이 비락이고 비아이고 비정이니.

비불과법 야. 상락아정이 위열반四덕 이다.
{常則 常壽如~ 無變易 樂則 樂常肅靜體 無爲
我則 我祥觀察無罣碍 淨則 淨處世界遵花如}

이시 구才 비又 세 출세(이것은 함께사이가 아니라 세와 출세와) 고로,

결상하二고 기하 야하二니다(위에 둘을 결론짓고 아래 둘을 일으켰다
하니다). 자 七대 부터 지 十八계 까지 위 세간법이午, 자 연각 부터
지 대열반 까지 위 출세법(이라) 한다. 144

二. 의용원즉(용에 의지함은 곧 원임)

곧즉 여래장 원명심묘가, 즉심 이고, 즉공 이고, 즉지 이고, 즉수 이고, 즉풍 이고, 즉화 이고. 즉안 이고, 즉 이 비 설 신 의 이고. 즉 색 이고, 즉 성 향 미 촉 법 이고. 즉 안식계 이고, 여시내지 즉 의식계 이고. 즉 명무명八 명才야 무-명인 다진至 이고. 여시내지야 즉 노 이고, 즉 사 이고, 즉 노사가 진至 이고. 즉 고 이고, 즉 집 이고, 즉 멸 이고. 즉 도 이고, 즉 智 이고, 즉 득 이고. 즉 단나 이고, 즉 시라 이고, 즉 비리야 이고, 즉 찬리 이고, 즉 선나 이고, 즉 발자야 이고, 즉 바라밀다 이고. 여시내지 즉 단달아갈 이고, 즉 아라하와 삼야 삼보 이고. 즉 대열반 이고, 즉 상 이고, 즉 락 이고, 즉 아 이고, 즉 정 이니.

체는 비록 없어야 변함이나, 용은 내 여여 ソ乙士이(선비라할새), 고로 곧즉 심이어 곧즉 법 이고, 즉 법이 곧즉 심 야(이라) 다.

三. 쌍회원민(두가지가 함께 둥글어 없어짐)

이시구 곧즉 세 출세(이것이 다모두 세간과 출세간) 인 고로 곧즉 여래장 묘명심원 이, 이體用旧泯 곧즉하고 이비(떠남이 곧 떠나지 않음) 하고, 시 곧즉中用이고 비니때弓 七人人곧즉中이니다(옳은것이 곧 아닌 것 <옳음이 곧 중용가운데를 씀이고 아니니 구부렸다 지껄이는 사람이 칠한 사람인 곧 가운데) 이니다.

{離二過中道雙適中道之体也 卽二過中道雙照中道明也}

기비건대 이곧즉(이미 아닌데 곧이라)하二고, 즉즉이비(곧곧이 아니라)하二니, 묘절심언하여(심과 말을 묘하게 끊어서), 불용측도의(각도를 헤아림을 용납하지 않는다<아님의 얼굴을 각도를 측량한다) 라. 차문사호교란하되(이글은, 정신차리지못하게 어지러운것이라 부를 듯 하나), 이각유소주(각각 주장하는 바가 있는 것이라<각각 있음이 데곳라 주장)하니, 초 왈 본묘원심은, 자체언야(제가 체라고 말했다)二고, 차 왈 원명심묘는 자용하여 언야(제가 용이라하여 말했다)二고. 종왈묘명묘원은 합체-용하여 언지야하二니다(마지막에 묘하고 밝은 마음의 원은 체-용을 합하여 말한 둘이라 하니다), 시본 비말이고(옳음이 본디 끝이 아니고), 시원이 비여야 편(옳은 둥글음이 아니어야 치우침)이고, 이심이 비니 물이니(옳은 마음이 아니니 물이니), 내 진実 정묘체이士ㅣ(이에 진실로 청정한 묘한 체의 사이새), 고로 비一체법 야(하나가 법을 끊은것이 아니다>일체법이 아니다). 원명심묘는, 시원이 비본이고 146(옳음이 원이 아니어야 근이고), 시명이 비체니(옳은 밝음이 아니어야 체니), 내여여묘용이乙士이(여여하고 묘한 작용을 이을새), 고로 곧즉 一체법 야(하나가 법을 끊은것이다>일체법이다). 묘명심원根元은, 시묘지명(옳아 묘함의 밝음)이고, 시심지원(옳은 심의 근원)이고, 요묘乙 병觀할새(돌림과 묘함을 나란히 觀 할새), 고로, 이 곧즉 이비하고(떠남이 곧 떠남이 아니고), 시 곧즉 비어야 곧즉이니(옳음이 곧 아니어야 곧이니), 묘七 조호차(묘하게 칠해 지었다고 이렇게 부른다)하면, 칙즉 체용이 원민하고(체와 용이 원만하게 없어지고), 정위가 사절하여(정이라 일컫는 것이 모두 끊어져서), 이 여래장-심의 묘성이 확무하-점의(확열려 없는 허물이나 이지러짐이라)리라.

三. 결책망도(망령된 각도를 결론지어 책함)

어찌하여 세간에七한 三유중생八(세가지 있는 무리를 나누어 생긴) 급출 세-간한(미처 나온 세간의), 성문연각이, 이소지심으로(심을 아는 바것으로), 측도 여래七 무상보리하여(여래{이와같이 와서} 칠해 각도를 측량{따져서 헤아려서}하여 무상보리라 하여), 용세어언(세간의 언어와 말을 사용)하여 입불人 지견十八(부처님으로 들어가 아는 18계를 본다) 하리오. {泽邪}{不言十十 十十者正對滿慈 二乘故其实偏教十十 十十 亦

不能測故 法花云不退諸 十十 十十 云}

결묘七 절심木 언 하사(결론으로 묘하게 칠한 것을 끊는 심을 말하사), 책기망도하二니(그 허망하게 따져서 헤아리는 둘을 꾸짖었다 하니), 개위의심동념하면(대개 비교하여 심이 느낌을 움직이면), 곧즉괴법체야 (곧 법체가 어그러진다) 라. 147

비유하면 마치 금슬과 공후와 비파가 비록 묘음이 있으나, 만약 묘한 손가락이 없으면, 마침내 발할 수 없게 七칠하리니. 여여 중생刀木 (너가 무리와 함께 생긴 나무라 해도), 역부여시 하니, 보각진심이 각각 원만 하거니나, 마치 아가 안지하여(손가락을 눌러서), 해인 발광 이才乙(바다에 도장을 찍어 빛을 발하는 사이재). 여잠거심緣影心하여 (너는 잠시 심을 들어서), 진노가 선기(번뇌가 먼저 일어난다) 하느니, 유불근구 무상각도하고(위없는 깨달음의 길을 힘써 구하지 않음으로 말미암아), 애-념 소승하여(느낌을 좋아하는 소승을 하여), 득소위족 (적게 얻고 만족)하느니다.

금음이 수구하나(거문고 소리가 비록 갖추었으나), 비지면 불발하고 (손가락이 아니면 발하지 않고), 인심이 수원하나(사람의 마음이 비록 원만하나), 비사이면 불오하느니(스승이 아니면 깨닫지 못하느니), 전지다방으로 현여래장하사未(앞에서 많은 방향으로 여래장을 나타내시미), 즉불人 지안지야(곧 부처님이 손가락을 누름이다). 신심 萬-법이, 당처조연(해당 처를 비춤이 명백)하니 如來藏, 곧즉 해인발광야. 이 부나등이, 수어생해하여(언어를 따라 해를 내어서), 의려가 분운하니 (의심스런 생각이 어지러우니), 진노선기야(티끌로 피곤함煩惱이 먼저 일어난다). 이는 유불구무상각도하고 애념소승지구야(위없는 깨달음의 길을 구하지 아니함으로 말미암고 느낌을 좋아하는 소승의 때)리. 148

금부종사이(지금 무릇 으뜸가는 스승이), 구격이 직-하 역-연 去乙 (마루를 쳐서 두드리고 침이 바로 아래下界를 지나 명백하거늘), 학자 인지 경 생광해(학자가 경쟁으로 인해 미친 해석이 생긴다) 하느니, 개유정진이 역기할새 고로(다 정뜻으로 말미암은 티끌이 쉽게 일어나기 때문에), 동하면 섭의망(움직이면 의심의 망령을 지나게 된다) 하느니. 사지무상각도(무상각도를 알게) 하면, 칙즉 一창하고 一수하여(한번 부르고 한번 응대하여), 족이확청 천지 하리니(충족함으로 천지가 확연 맑아지리니), 하 복 진-노 지유(어찌 다시 세속적인 노고 번뇌가 있으)리午. 대집경에 운하대, 염-부 萬-상이 개현해중(다 바다 가운데 나타난다)하리니, 고로 명 해-인 이라(바다에 찍은 도장이라).

四. 섭역의난(자취를 밟아 의심을 논난함) 二

一. 부나의난(부나가 의심으로 논난함) 二

初. 문난(물어서 논난함)

부루나가 말하대, 아와 여래는 보각이 원명하여, 진묘정심이 무二원만 (둘이 아닌 원만)하거늘, 이아 석조 무시망상하여(아는 옛날에 시작없는 망상을 만나서), 구재윤회할새(윤회에 오래 있었으니), 금득 성승하여刀(지금 성스런 수승함을 얻었어도), 오히려 아직 구경하지 못하였거니와. 세존께서는, 망령이, 一체원멸하사(일체가 하나같이 149
끊어져 멸하여 원만하므로), 독(홀로)묘진상 하리니, 감-문 여래 하사러니 (감히 여래께 묻사오니), 一체중생(일체 모든 무리로 태어난 놈은), 하인유망하여(어떤 원인으로 망이 있어서), 자폐묘명(스스로 묘명을 덮어가리고), 수차론익 하리니七口(이같이 돌아서 빠지게 칠했읍니까).

섭상 각각 원만지언하여 발문야(위에 각각 원만 하다는 말을 밟아서 발문했다)하士午니, 기오무二하士火七(이미 둘이 없는 것을 깨달았으대 <없는 둘에 불을 칠하여 千明}, 익현망론하여(망령에 돌아빠지는 것만 더욱 나타나서), 이부지土 망지소유 할새(망으로 말미암은 것을 알지 못하므로<아님이 흙을 안다는 망령으로 말미암은 것이라 할새 千明) 고로, 청궁기인(그 원인을 궁구하고자 청)하사오니다.
{障尺二者必知妄 始故此门雖能所 妄立人人何生故 此门能因也}

二. 답난(논난에 답함) 三

一. 원망소기(원래 망이 일어나는 것임) 二

初. 인유(인용하여 깨침)

불고 부루나하사, 너가 비록 의심은 없앴으나, 남은 미혹이 미진하니 (아직 없어지지 았았)으니, 오 세간七 현전제사(吾가 세간에 칠한 앞에 나타난 모든 일)로, 지금 다시 너에게 묻겠다. 여기불문하뇨(너는 어찌 듣지 못했느냐). 실라벌성중에七, 연약달다가 홀 어신조是宣動之

(홀연히 새벽 아침에), 이性覺경으로 조면하고(거울로 얼굴을 비추어 보고), 애경人 중 두는 미목이 가견하고(거울에 있는 사람중에 머리의 눈썹과 눈이 볼 수 있고), 진책 기두가 불견 면목하여 (자기 머리가 얼굴의 눈을 볼 수 없다고 성이나서 꾸짖어면서), 이위이매하여 무상광주하니(도깨비에 홀렸다고 하면서 형상이 없다고 미쳐서 달리니), 어의운하, 차인이 하인하여 무고 광주乍(이 사람이 어떤 원인으로 까닭없이 미쳐서 달렸으리오). 150

부루나 언, 이 사람이 심이 미쳤기 때문이고 다시 다른 것은 없읍니다. {演若達多연극으로 마치 달통한듯한 놈이다 千明}

연약달다는, 미친 사람이다. 애경중두하고 책기광주는(거울속에 머리는 좋아하고 자기를 꾸짖으며 미쳐서 달린것은), 유 인집영 명하여(영상그림자을 집착함으로 인함을 비유로 깨쳐 밝혀서), 수미본진하고 망수유전하느니라(마침내 본래 참을 잃고 망을 따라 유전하느니라. < 대가리와 꼬리가 본래 참인데 망테기에 든 남은 전(부침개) 뿐이다 吏讀 千明)

二. 법합(법을 합함)

불언하사, 묘각명원(묘한 깨달음의 밝고 원만함)이 본래원명묘하니, 기칭 위망했다거니(이미 망이라 칭한것이면), 어떤 원인이 있다 할 것이고, 만약 원인할 것이 있다면 어찌 망령이리오. 자연 모든 망상은, 전전상인하여(서로 굴러 발전함으로 인)하여, 종미적미 하여(미혹을 좇아 미혹이 쌓였다 하여서), 이역진겁 으로(미진 겁을 지나도록), 수불발명 하여도 유불능반(비록 불이 밝혀준다 하여도 오히려 돌이킬 수 없다)하느니다.

묘각명人 원(묘한 깨달음을 밝힌 사람의 원만함)은 아와 여래가 없는 둘을 가리켜 원만한 놈것이라 하二니다. 본來 원人 명人 묘勿은 언하여 본來 무휴결하고(본래 원만한 사람과 밝은 사람인 묘물는 말하여 본래 없음이 이지러지거나 부족하고), 본來 무미망야 (본래 없음이 미혹한 망령이다)하二니. 차 인인의 본래 면목야(이는 사람마다의 본래 151
면목이다)니, 내하이망으로, 二지휴지하여, 수분물아하여 강기애증하여, 제망이 상인하여 미륜불반이オ료(어찌 망령으로, 둘로 이그러져, 마침내 물과 아를 분리하여 사랑하고 미워함을 강하게 일으키어서, 모든 망령이 서로 인하여 미혹한 바퀴를 되돌리지 못할 사이라하느료).

이와 같이, 미惑 인이 인미惑 하여 자유하니다(미혹한 원인이 미혹으로 인하여 제가 있다하니다). 식미하여 무인하면(미혹을 인식하여 없음을 원인하면), 망이 무소의(망이 없음을 의지할 거라) 하니, 상 무유생커니(오히려 없음이 생겨 있거니), 욕하위멸이리午(어찌 없어지기를 바라리오). 득보리자는(보리를 얻었다는 것은), 여오시인(마치 잠깰 때 사람)이, 설몽중사(몽중의 일을 설한것)이니, 심종정명(심은 비록 정하고 밝)거늘, 욕하인연(바란들 무슨 인연)으로, 취몽중물(몽중의 물건을 취)하리午. 황복무인하여(하물며 다시 원인이 없어서), 본來무소土유人七(본래 없음이 있는것{흙인것을 사람이 있게칠하랴} 이라).
{得菩提者 觀因時滅諸妄惑說出可木畢竟无体可斷滅故將何爲妄而推其因}

부나가, 자 한 석조 망-상(옛날에 망령난 생각을 만났다고 스스로 한탄)하여, 이칭세존은 제망이 원멸(세에 존귀함은 모든 망이 온전히 없어짐을 칭함)이라하니, 사위 미유소인(비슷한 것이라 말하면 미혹이 있는 원인이라) 하고, 망유가멸할새(망이 있어도 없앨 수 있다할새), 고로 고이차(이같이 고했다) 하二니다. {指夢中事}

마치 저 성중에七한, 연약달다가 어찌 인연이 있어서, 자포도주이리午
(제가 머리에 놀라 달렸으리오). 홀연광갈하면(홀연히 미친것이 152
그치면), 두 비 외人 득이니(머리는 밖에서 얻은것이 아니니 < 머리
아님이 밖이란 사람을 얻음이니), 종미갈광(비록 아직은 그치지 않아
미쳤다)한들, 역하유실 하리오(역시 어찌 잃음을 잃는다 하리오).
부루나야 망성은 여시하니(이와같으니) 인하위재(인이라 하는것이
어찌 있으)리오.

첩 유중현(첩은 비유로깨우쳐 거듭 나타내었다)하사, 령了 망 무인
하고 무가멸자(망령은 없음이 원인이고 없음이 멸할 수 있는 놈이라)
하二니다.

二. 권식망연(망연을 중지하기를 권함)

여 단 불 수 분별 세간 업과 중생하면(너가 단지 세간과 업과와 중생을 나누어 구별함을 따르지 않으면), 三종이 상속하여(세가지 종류가 서로 이어져서), 三{世 衆 業}연이 단고又(세가지를 연결한 것이 끊어지기 때문에), 三{婬殺盜}인이 불생(아님이 생겼다)하니, 칙즉 너의 심중에 연약달다의 광성이 자헐하리라(저절로 그치리라). (演若達多 연극을 많이한 달인 吏讀 人生演劇也 life is walklng shadow Shakespeare)

세간 업과 중생이, 다 묘심에七한, 영명(영상의 그림자가 분명한 것)
이어늘, 여경人 중日人 두하니(거울속의 머리와 같으니=거울속 사람이
해가 사람의 머리와 갈다하니), 분별한 칙즉 망령 일새, 고로 불수
분별하면(아님이 따라 나누어 구별한다 하면) 칙즉, 광성이 자헐하리라
(미친 성이 저절로 그쳐없어지리라). 이 세간 업과 중생으로, 153

위三연자(세가지 연이라 하는 놈)은, 망심이 緣연결으로 起일어나는 거시니, 이 살 도 음으로 三인이라 하는 놈것은, 망심이 因원인으로 있음이시니다. 소위 자 제망상은 전전상인(제가 모든 망령이란 생각이 발전하고 구르는 서로상의 원인)이니, 고로 단 이불생 하면 칙즉 광성이 자헐 하리라(끊음으로 생기지 않으면 광성이 저절로 그치는 법칙이리라).

{무서운 꿈을 꾸는 중에 공포에 시달리다 그것이 꿈이라는 것을 인식하여 이건 꿈이야 하는 순간 꿈속의 공포는 사라진다 千明}

三. 망식진형(망을 중지하면 참이 나타남)

헐하면(쉬어그치면), 곧즉 보리의 수승한 정명심(맑고 밝은 마음)이, 본주법계하여 부종인득이니(본래 법계에 두루하여 사람을 따라 얻어지는 것이 아니니), 하자구로 긍긴수증 하리오(어찌 수고로이 노력하여 자리를 깔아 뼈와 힘줄을 닦아 증득 하리오 < 힘줄이 오그라드니 저절로 분리 되는데 무엇 하러 고생하며 핵심을 찔러가며 증득하려하느뇨 吏讀).

소위 단이망연하면 곧즉 여여불야(단지 망령의 연만 여의면, 곧 한결같은 불과 같아진다)라. 육경골(뼈를 골라낸 살)을, 왈 긍 이午, 골육지간에 소결은 가계를(뼈와 살의 사이에, 작은 맺힘은, 열 수 있는 것을), 왈 긴 이라. 장자가, 기 경 긍-계 지미상 이니(1 맛이 없는 살과 힘줄을 지나는 재주 < 핵심을 찌르는 기술 < 2 바르지 못하게 지나가서 잠깐도 핵심을 놓지지 않아야 하리니), 금이긍긴(지금 힘줄이 오그라들므로), 비 단 미세 혹결 하리니(비유하면 미세한 미혹으로 맺힌 것을 끊어리니), 개 구로 수증은(대개 수고로이 노력하여 닦아서 증득함 은<개입으로 수정하니 吏讀), 지 위망혹(단지

망혹) 이니, 망인이 기식하면 혹결자제 고(망령의 원인이 이미 쉬면 미혹의 맺힌 것이 저절로 없어졌기 때문에), 불로긍긴야(노력이 없이 힘줄이 오그라 들었다) 이니다.

비유하면, 마치 어떤 사람이, 자기 옷속에 여의주明性覺를 계(매달)고, 스스로 깨달아 알지 못하여無明不了, 궁로타방하여(타방에서 궁색하게 고달프서), 걸식 치주하니(밥을 빌어 치달리니)王道波浪, 수실빈궁艱難(비록 실로 빈궁)하나, 주불승실(구슬은 잠깐도 잃은 것이 아니라) 하니다. 홀유지慧자(홀연 아는 놈이 있어), 지시기주(그 구슬을 가리켜 보이게)하면, 소원종심하여 치대요부하리니(원하던 것이 심을 따라서, 크고 넉넉한 부에 이르리니), 방오 신주 비 종외 득始覺合本하리라(비로소 神奇한 구슬이 밖을 따라 얻는 것이 아님을 깨달으리라).

비 망은 식고 진이 현하면 불로수증야(비유하면 망은 숨 쉬고 참이 나타나면 노력하지 않아도 닦아서 증득한다) 이니다.

二. 아난의난(아난이 의심으로 논난함) 二

一. 문난(물어서 논난함)叙戶聞

즉시 아난이, 대중 가운데 하여立, 정례불족하士고, 기립백불하士午대, 세존하, 현-설下대, 살 도 음 업의 三연이 단고ヌ 三인이 불생하여 (三연이 끊어진 때문에 三인이 생기지 않아서), 심중에 달한 많은 광성이 자헐(저절로 없어질 거라) 하여, 헐하면 곧즉 보리리니, 155 불종인득(사람을 따르지 않고 얻는다) 하리니, 사 칙 인연 교연 명백 (이는 즉 인 연이 달밝듯이 명백)하니, 운하 여래가 돈기인연 이리닛고 (어찌하여 여래는 갑자기 인연을 버리었나있고). 아는 종인연하여 심 득개 오이니(아는 인연을 따라 마음이 열림을 얻은 깨달었음이니). 세존하, 이뜻은, 하독 아등 년소 유학성문이리七口(어찌 유독 우리같이 칠한 나이 적은 유학 성문 뿐 이겠읍니까). 지금 이회중에 七칠한 대목건련을八나눈 급 사리불과 수보리 등 따르는從 노범지가, 문불인 인연ソ士口(부처님의 인연을 듣고), 발심개오하여, 득성무루(샐것 없는 무루의 이름을 얻었다) 하리니.

영섭 상문하여(위의 글을 맞아서 밟아<서로 들어), 기난하여(혼란을 일으켜서), 후학을 위하여, 결의야(의심을 해결하여굳혀 주십시오) 하리다. 위는 칭연단이인불생(연을 끊음으로 인해 생기지 않음을 말한 것)이라하사未, 사는 정 인연지 의(이는 바른 인연이란 뜻)이니, 하전언 돈기야(어찌 앞에서 말한 갑자기 버렸다) 하리있口, 종 노범지자는 수보리등이 개만년에 종외 도하여 래하니다(노범지자를 따르는 수보리등이 다 나이들어 외도로부터 도래(길을찾아왔다)하니다.

結同邪 지금 보리가 불종인연이二大(인연을 따른 것이 아니라 설하시대), 칙즉 왕사성 구사리 등이, 설하는 바, 자연이라야 제一의 뜻을 이룬다 하리니, 유수대비하사 개발미민 하小立(오직 대비를 드리우사 미혹의 답답함을 열어 발하케 하소서). 156

지금 인연을 버림은, 칙즉 외도의 자연에 집착하는 것이어야, 위당의(당연하리)라. 부나의 후뒤에, 또 아난으로 문난자(아가{싹나기} 어려움으로 어려워 물은놈)이니, 모든 법을 이미 밝히면, 칙즉 진수가 무체(닦아 나감이 없음이 막힌다) 하리니, 장시수증지문할새(장차 닦아 증득하는 문을 보여 준다할새), 고로 복이당기지인으로 발기 하시니다(다시 근기가 적당한 사람으로 일으키시니다).

二. 답난(어려움에 답함) 五

一. 예전추본(앞의 예로 근본을 추측함)

불고 아난하사. 곧즉 마치 성중에 七칠한 연약달다가, 광성人 인연을, 만약 멸제함을 얻어면, 칙즉 광士 성이 자연 나올거시니, 인연 자연이 리궁極 어시 하리라(인연 자연의 이치가 이에 궁극해지리라).
{阿難旣計因緣 復立自然仴欲破之故 指狂与不狂顯 因緣自然之理
無出於此矣 与此解不因}

광인이 기멸하면(미친 원인{미친 사람 吏讀}이 이미 없어지면) 칙즉 자연성이 나오리니, 불광士 지전(미친 선비가 아닌 앞)에는, 둘이 다 본來 없다하니다. 유시하여 觀지(이로 말미암아 觀)하건대, 157
범 소위 인연 자연이 본來개불 人유士 이才乙(무릇 소위 인연 자연이 본래 다 아님인 있는 사람인 흙의 사일새). 실유광망이립 고(실로 미친 망령으로 말미암아 성립 섰기 때문에), 왈 리궁어시十八狂走(이치를 궁구함에 이에 십팔계로 미쳐 달렸다) 하리니다.

二. 상명망립(망이 성립하는 것을 상세히 밝힘) 三

一. 이인연파자연(인연이 자연을 깨뜨림)

아난아, 연약달다의 머리가 본來 자연이大, 본來자기연하여(본래 자기가 그런것 이어서), 무연이 비자才니(그런것이 없음<없는 연)이 아님과 자기의 사이니), 하인연고로 포두 광주午(어떤 인연 때문에 머리를 두려워하여 미쳐 달렸으리오). {不狂頭安平}

{因緣自然之言皆亡安立}

자연이란 놈은 본來 제가 천연이어서하여, 불가인연야(인연을 빌리지 않는다). 만약 본來 자연이大면, 칙즉 혹 광 불광(미치든 안미치든), 무소연(없음이 그런것이니), 이비자 의리니(자제가 라는 것도 아니리니 <아님이 자기리니). 부 하 우 가조경인연 이후에야 광주(무릇 어찌 또 거울에 비친 인연을 빌린 이후에야 미쳐서 달렸으)리오. 이것은 자연이란 계산에 떨어졌다 라.

二. 이자연파인연(자연이 인연을 깨뜨림)

만약 자연의 머리가 인연때문에 미쳤다면, 어찌 자연이 아니고 인狂연 때문에 잃었으리午. {자연이 미친것이지 인연이 미친것이 아니기 때문}

본來 머리는 잃은것이 아니므로, 미쳐서 두려운것은 망령이 나온것이大 승무변이거니(거듭된건 조금도 변하여 다름이 없거니), 하차 인-연 이리午(어찌 인연을 빌리리오){藉 車인연이란 차에서 내릴 수 있으리오 吏讀}.

만약 본來 제가 미친것이 아닌데, 가인연고(인연을 빌린 때문에) 미친 것이大, 칙즉 본 자기가 잃치 아니한거시가何, 합가인연고로 실이午(덮어 써 어찌 인연을 빌렸기 때문에 잃었어리오). 두기부실(머리는 이미 잃어 버리지 않았才乙새늘, 특유광망 이大(오직 미친 망령으로 말미암았다면), 칙즉 인연지계 추 야(즉 인연의 계산에 떨어졌다)라.
{연약달다는 탈바가지를 덮어쓰고 연극을 많이 하는 놈이라 千明}

三. 명망립(망이 성립하는 것을 밝힘)

본來 미친것이 자연이라면, 본來 미치고 두려워함이 있었을거고.
미광지제(아직 미치지 않았을 제)는, 광하소잠口(미친것이 어느 곳에 숨어있었는고). 불광이 자연이大(미치지 않은것이 자연이라면), 두 본來 무망커乙(머리는 본래 망령이 아니거늘), 하위광주午(어찌 미쳐서 달렸으리오).

만약 미치고 두려움이 본源어자연이大(본源 근원이 자연에 있었다면) 칙즉 시본유광포(이것이 본 미치고 두려움이 있었)거든, 159
연(그러나), 기무소잠하면(이미 숨은 곳이 없으면), 비본광의라(본 미친것이 아니라). 만약 광포(미치고 두려움)가 불본源어자연이大 (본源 근원이 자연이 아니라면), 칙즉 두본무망커乙(머리는 본 망령이 없는것을), 하위광주(어찌 미쳐서 달렸으리)午. 비본불광의(본 미치지 않은 것도 아니다<아님이 본이요 아닌 것이 미친것이다) 라.
기비본광이고(이미 본 미치지 않았고<아님이 본래 미쳤고), 비불본광이니(본래 미치지 않은것도 아니니<아닌 아닌 것이 본래 미침이니), 족지 자-연 인-연 지설이 개망립야(저절로 그렇다 와 연으로 인했다고 말하는 것이 다 망령으로 성립된 것임을 알고 만족 했다) 라.

三. 령오실상(실상을 깨닫게함)

만약 본 머리를 깨달아서, 미쳐서 달렸다는 것을 알고 인식했다면, 인연 자연이 모두 희론이라 하리니, 시고로, 아 가, 三연을 끊은 고로 곧즉 보리심이라 말하러이. {若有执言真心可淂 分別可已斯則菩提心生 生滅心滅 俱是生滅 無菩提生無生滅~方是無功用故 圓覺云有照有覺 至照与照者同時寂滅此顯地 上訂無生理淂 無功用也 仁岳曰住自然}

만약 본 진임을 깨달으면, 칙즉 모든 망령이 서로 전혀 관계가 없음을 了분명 알게되리니, 참으로 견성(성을 본)한 사람이, 망연을 하나같이 끊고一切(일체), 활연 탕절하여, 큰 해탈을 득한다는 것이 이것이다.

四. 시무희론(희론이 없음을 보임)

보리심이 생하고, 생멸심이 멸이大, 이것은 단 생멸일 뿐이다. 멸생이 구진하여(멸과 생이 모두 없어져서), 무 공-용 도(공부의 작용이 160
없는 길)에, 만약 자연이 있다면, 여시하면(이와 같으면), 칙즉 분명 자연심이 생기고, 생멸심이 멸하(없어지)리니. 이것도 역시 생멸이니라. 생멸이 없는 놈을 명 자연이라 한다면, 오히려 마치 세간의 모든 상이, 섞여서 화하여, 一체자(하나의 몸이란 놈)를, 이룸을, 명 화합성이라

하고, 비-화 합자乙(화가아닌 합 놈을), 칭 본연성이라 하는것과 같다. 본연 비연 화합 비합 합연을, 모두 여의고離, 리 합(여위었다 합이다)도, 俱非(모두 아니다)이어야, 차 구가 방(이 글귀가 비로소), 명 무희론법 이니다. {因緣自然之言皆妄立}
{應云離合離然俱非文影略耳} {當知合然俱離是智三智三則宜~亦三之故離合俱非} {說若我敎有自然者生存生滅名爲自然今汝所明自然必生滅心滅此亦生滅何名自然云}

보리심 중에는, 본무생멸하고(본 생멸이 없고), 역시 무자연하니(자연도 없느니), 만약 보리심이 생하고 생멸심이 멸한다고 말하면, 이것은 단 생멸이다, 보리가 아니也(야). 만약 멸생이 모두 다하여, 무공용도 인데, 자연이 있다 하는 놈이大, 이로 인하여 칙즉 자연심이 생하고 생멸심이 멸한것이 명이니(밝힘이니), 이것도 역시 생멸이지 비보리야(보리가 아니다). 이로서 반대로 무 생-멸(생멸이 없음)을 가리키는 놈을 명 자연이라 한다면, 다 칙즉 희론이七(칠함이)니. 161
비유하면 있음으로 인하여 잡-화(섞여 화했다) 하여 고로 화합이라 말하고, 반 지비-화 합자하여(반대로 화가 아님을 가리켜 합한놈것이라 하여), 칭 본연성이라하니, 이는 개 대ソ人 하여 기다려女 망립(다어떤 사람이란 여인을 기다려 망령을 세우)리니, 희론의 법이니. 직바로 연八을 나누고 함께 비연八을 나누고, 합과八함께 비합八을 나누어 一切遠離일체원리(하나같이 끊어 일체를 원리하고=멀리 여의고), 역시 무리八 불리七(떠남도 나눔이없고 떠나칠하지도 않는), 심이라야, 이에 진실로 무공용도人 (참으로 공없이 작용하는 도 < 없음을 쓰는 길을 공부하는 사람)이고, 무희론 법 야(희론이 없는 법이다 < 없음을 연극하는 논법이다). {菩提心中本無戲論亦因緣自然}

仟成戱論 보리와 열반이 상재요원(오히려 아득하고 멀리 있다)하여,
비 여 역-겁 신근수증(너가 역겁을 애써힘들여 닦아도 증득할 수
있음이 아니)이니, 비록 다시 十방여래의 十二부경의 청정묘리를
기억하고 가짐이 항하사 같아도, 지익희론(다만 희론만 더할 뿐)이니다.

{若执因緣自然取佛果者雖經劫數勤苦修習終莫能及故
云尙在遙遠憶持妙理分別不斷不能無心三心照反聞~
性於無了知不辨真宪
菩提至苟非歷劫修訂雖持多經妙理之益戱論}

차 책 기망계희론이 난계보리하리니(이는 희론을 계산하는 그 망령이
보리와 맺기 어려움을 꾸짖음이리니), 고로 왈 보리는 요원하여, 비여
능증(너가 아니어야 증득할 수 있음)이니, 수 지다경하여刀 지익희론야
(비록 많은 경을 가져도 단지 희론만 더할 뿐이다) 하二니다. 162

五. 결구근수(허물을 맺더라도 부지런히 닦아라)

여 수 담 설 인연 자연音勿乙(너가 비록 인연 자연을 말씀을 주고받음
으로). 결정명료하고, 인간들이 너를 다문제一이라 칭하여, 이것으로
겁을 쌓아, 다문 훈습하여刀, 불 능 면리 마등가 난 하니(마등가의
괴롭힘을 여위어 면할 수 없었으니), {我難 木也} 하수대아{假我呪方解脫敢}
불정신주하여(어찌 모름지기 아의 불정신주를 기다려서), 마등가의
심이 요화가 돈헐하여(마등가의 심이 요염한 불이 무너져 사라져서),
득아나함하여(아나함{앎을 다함}을 얻어), 어아법중에(아의 법 가운데),
성정진림하여(정진의 숲을 이루어서), 애하가 건고하여(사랑의 강이
마르고 쇠하여), 령여해탈(너로 하여금 해탈)케했는고. 시고로,
아난아. 너가 비록 역겁으로, 여래의 비밀묘음을 기억하고 가지어刀도,

불여 一일 乙(을) 수무루首楞亐업하여 원리세간함이 증애二고라(하루를 수릉嚴經을 궁구하여 무루업을 닦아 세간의 증오하고 사랑하는 두가지 괴로움을 멀리 떠남만 같지 못하니다).

{佛果菩提 若以因緣自然而可取者 汝於此義 甚得明了 何不免難 而束證耶} {應智理觀双修乏惠双運 皆但辯義說文而已}

인연과 자연이 변설에는 유익하대, 도에는 무익하고, 다문제一이 이름에는 유익하지만, 실에는 무익할새, 고로 수적겁(비록 겁 쌓음)에 훈지하여刀(입김으로 불어 쐬여 가져도), 불여一일을 수무루업하니, 163 무루업자는 수능진정야(새지않는 업이란 놈은 수능의 참 선정이라). 득차정자(이런 정을 얻은자)가, 영멸제루고(모든 루를 영원히 멸하기 때문에), 이증애고(증오하고 사랑하는 괴로움을 여위리라) 하리다. {擧他爲證} 마등가(마란 가지를 올라탄 등굴)가 숙위음녀로대, 신주의 힘으로 말미암아, 소기애욕하여(그 애욕이 사라져서), 법가운데 이름이 이제 성비구니니, 라후의 모 야수다라 와 함께, 동오숙인 하여(묵은 원인을 똑같이 깨달아서), 지력세인(지나온 세상시간의 인을 앎)이, 탐애위고(애를 탐하는 것이 괴로움임)을, 일념훈수十乘觀法 하여 무루首楞乏亐선고(한 느낌으로 닦아 익혀 무루를 {머리가 수릉에 빠짐을 궁구하여 吏讀 千明} 잘 통달했기 때문에), 혹 득출전愛欲하고(혹 애욕의 얽힘에서 나옴을 얻고), 혹 몽수기 하니(혹 수기를 입으니),

무루업을 익힘을 밝혀 속효했다 하리니, 마등가는 이것은 운하여 본성 이니, 고로 명을 성비구니라하리니다. 숙인(묵은 원인)은 곧즉 역-세탐애受(지나온 세상의 사랑을 탐함)이, 고의 인야(괴로움의 원인이라). 출전은 등가야午, 수기는 야수야(칡등굴의 얽힘에서 나옴은 등가야이오

수기는 야수 하니라 < 얽힘에서 나옴은 가지剎에 올라 등군다 이고, 기록을 줌은 보냄輪<손으로 쓰다듬어 기를 보탬 吏讀 千明 이다 하리라).

164

責隨尘竟 여하자기하여 상유觀聽{說因緣自然也} (너는 어찌 스스로 속여 오히려 觀聽에만 입으로 머무르려)하는口. {各擧見聞以根覺知卽六妄也]

결책 아난하사 령사고본(매듭지어 책하여 아난으로 하여금 괴로움의 근본을 버리게 하사), 무루도를 닦아서, 무이탐애(탐애가 없으므)로, 존어심목 야(심의 눈에 머물게 하느니라). 자초결택진망(처음 진과 망을 택하여 분별함으로 부터)하여 발명각성(각성을 밝혀 발)함으로 내지 심궁만법(만법을 깊이 궁구)하사, 결통의체(의심하여 막힘을 분별하여 통하게)하고, 개위취초방편(다 최초의 방편을 모은 것이라) 하리니, 사 기신해진정(그 참으로 바른것을 믿고 풀이 하도록)하여, 위인지심(땅으로 인한 심)이리니, 인심이 기진(심으로 인함이 이미 참진실)하여야, 사 가원성 과지수증(감히 원만함을 이룰 수 있으려면 과지를 닦아서 증득) 하리니, 고로 전경이 見道分지차하고 별기下文 하리니다(앞의 경을 여기서 멈추고, 별도로 아래 글을 일으켰느니다).

{一科 見道分견도분 끝}

二. 수도분

수 견성 진実刀(비록 성을 봄이 참진실이라 하여도), 비수이면(닦지 않으면{匕首(비수 날카로운 칼 音意 吏讀)라}, 막증(증득이 없으니) 곧즉 전了의하사 시수행문(앞의 了의하사 닦아 가는 문을 보이)리니 문 三

初. 수행진기(수행의 참 기초) 二

初. 아난신청(아난이 해명하기를 청함) 165

아난八을 나눈, 이에 모든 대중이 문불시회하사고(부처님의 가르침을 보임을 듣입고), 의혹이 소제하여, 심오실상하여, 신의경안하여, 득미증유하여, 정례불족하사고, 장궤합장하여, 이백불언하대.
무상대비청정보왕이 선개아심하사(아의 심을 잘 열어사), 능이여시 종종인연乙又(이와같이 종종인연으로), 방편제장(방편을 끌어 장려)하사, 인제침명하사(모든 어두움에 잠김에서 끌어내시사), 출어고해하二느이다(고통의 바다에서 둘을 나오게 하시느이다).

{前說偈述益若修訂悟此則增道設 佚解悟今豈無證乎}

찬사 전법야하士午니다, 혹소심오하여(의혹을 소멸하여 심을 깨우쳐서), 신의 경안(몸과 뜻이 가볍고 편안함)이, 사 발-명 각성(감사하게도 각성을 밝혀 발하게) 하사, 결통의체지익야(의심과 정체에 막힘을 해결해 통하게 하여 이익을 더해주었다)하사오니다. 다방으로 가르침을 보이어, 무상대비이고, 세아침구가(아의 잠긴 허물을 씻어주심이), 위청정 보왕 이二니다(청정하게 하신 둘이 보왕 이니다).

{敍已淂失二初正敍} 세존하, 아금수승여시법음하土아(아가 지금 비록 이와같은 법음을 받들어사), 여래장 묘각명심이 편十방계하여, 166
함육ソ五ㄴ月(머금어 길러온들), 여래七(께서 칠한) 十방국토 청정보엄 묘각왕찰 하나, 여래께서 다시 책하사, 다문은 무공하여, 불체수습이라 (닦아서 익힘만 이르지 못하다)하리느니.

인전청후야(앞을 인용하여{끌어 당겨서} 후를 청하였다) 하土午니다.

后喩顯 아는 지금, 유여 여 遊心박理外 지인(오히려 여행하다 머무르는 마음이 이치 밖으로 떠다니는 사람)이, 홀몽 천왕이七 開示사여화옥藏性 하여(홀연 꿈에 천왕이 칠해 열어보여주신 화옥인 여래장 성을 받은것 같아서), 수획태택信解(비록 큰 집은 획득)했으나, 요인문입土七하니 (필요한 원인의 들어갈 문을 흙칠한) 것이니, 유 正請修路원(오직 바른 닦는길을 청하여 원)하옵나니, 여래 불사 대비하사(여래의 대비를 버리지 마시고), 시아재회제몽암자하사(우리 모임에 있는 모든 어둠에 눈먼자 들에 보이시사), 연사소승(소승을 버리게)하고, 필획(필히 획득) 여래七한 무여열반 본발심로 하게 하소서. 령유학자(모든 배울것이 있는 자)들이, 종하하여(어떻게 따라서), 섭복주석반연하여(옛날 반연의 이랑을 다스려 항복시켜서), 득다라니하여 입불지견 去하리이 七口 (다라니를 얻어 불지견에 들어가 칠하겠읍니까).

{無餘나믄것업슬시어 無明永盡하고 두즈며 추마업서究竟하요無餘}

실성(성을 잃음)은, 여 여박하고(나그네의 숙박과 같고), 견성(성을 봄) 은, 여 화옥하니, 견성하대 불수하면(성을 보대 닦지 않으면), 167
여획옥하고 불입土七하니(가옥을 얻고 들어가지 못해 흙칠하니), 고로 청 여래 본발심로 하土아, 冀기 입불지견(불님이 아는 견봄에 들어가기 바랬다)하士午니다. 무여열반은 원과야(원만한 결과)이午, 본來발심로는 원인(원만한 원인)이午 다라니는 원행야(원만한 행)이午 불지견은 원해야(원만한 해라). 기 기 견성하고(이미 자기의 상을 보고), 또 구 입 불人 지견자는(부처님의 지견에 들어가기를 구하는 놈은), 견방개시(방편을 열어보임을 봄)이午, 수 내오입이(닦아야 이에 깨달아 들어간)다, 주칭(두루 칭)하기를, 천자 왈 천왕이라(하늘의 자식을 천왕이라 말)하니, 간제왕야(간략히 모두 왕이라 한다) 라.

작시어이하고, 五체투지하여, 재회一심(있는 것을 모두 모아 한 마음)으로, 저불자지(불님의 자비로운 가르침聖旨뜻을 기다렸다)하士立리니.

二. 불자개시(부처님이 자비로 열어보임) 二

初. 서의표종(마루를 쳐서 지고한 뜻을 펼침) {經家叙意}

너들 때에, 세존이 애처롭고 가련한 모임중에七한, 연각성문이 168
보리심에 미자재자(아직 스스로 있지 못한 놈)라하二久, 당래 불멸진후에七할 말법중생이 보리심을 발하도록하리乙사, 무상승에七해 묘수행로를 열어서, 아난八을 나눈 모든 대중에게 선시하사(베풀어 보이사), 너희들이결정 발보리심하여, 불여래七한 묘三摩提(삼마지)에서, 불생피권이大(피로와 권태를 내지 않으려면), 응당 먼저 발각초심한(깨달음을 발하려 한 처음 심마음의) 二결정의(두가지 분별하려고 정했던 뜻)를, 밝혀야 한다.

{止觀二们名爲發覺 卽最初方便也 一者審觀因地及与果心起適順卽 依真如门修止也 二者審觀煩惱結解根元起對治行卽 依生滅门修觀也 止觀不二名岗강正修卽成三昧也 今是初修故 名叢覺}

묘한 三摩提삼마제(세가지 마를 끌어당김)는 곧즉 수능정정(바른 선정)이다.
二결정의(바른 선정을 두가지 맺는 분별하여 정한 뜻)는, 곧즉 인심八 업본原八(원인한 심마음을 나눔과 업의 본原을 나눔)이다.

二. 개시二의(두가지 뜻을 열어보임) 二

一. 심인심(원인한 심마음을 살핌) 二

一. 총교(다 가르침)

운하 초심에七한 二의 결정(두가지 뜻의 正定(정정)을 맺음인)口, 아난아, 제一의자는, 너희들이 약욕 연사 성문하고(만약 성문의 번뇌와 물질을 버리기를 바라고), 수보살승 하여(닦아 보살을 타려 하여), 입불人 지견이大(부처님의 보는 앎에 들어가고저하면), 응당 심觀 인지七 발심이(觀을 살펴 원인한 땅에 칠한 발한 심이), 여과지七 각八又(결과의 땅에 칠해 깨달음을 나눔으로), 위동人(같은사람인지) 위木이물(나무라 하는 다른물인지), 세심히 觀하는 것이니. 아난아, 약 어인지에서 이생멸심乙又으로 위본來 수인하여, 이구불승, 불생불멸이大 무유시처(만약 인지에서 나서 없어지는 심마음으로 본래 닦고자하는 원인으로 하여, 불을 탐을 구하므로, 나지않고 없어지지 않는다면 < 아님이 나고 아님이 없어진다면), 이런처는 없다<이런 처는 없음이 있는 처)라 하니다. {現在와 同也 千明}

불멸불생己乙又 합여래장은 위동이고(아님이 멸하고 아닌 己가 생기므로 여래장과 합함은 똑같다 하고), 생멸심乙又 구상주과는 위이(나서 없어지는 마음으로 항상 머무르는 결과를 구하면, 다르다 한다)하니다.

一. 외심(밖을 살핌)

이시 의고로(이와같은 뜻이기 때문에로), 너는, 당 조명제기세간에七 가작지법유위법 하라(당연 모든 기관들이 세간에 칠하여 만들 수 있는 법인지 비추어 밝혀 보아라). 개종변멸(다 변화를 좇아 멸)하느니다. 아난아, 여觀세간에七 가작지법하니 수위불괴리午(너가 세간에 칠해 만들 수 있는 법을 觀하니 어느것이 붕괴하지 아니하리오). 연(그러나) 종불간란괴(못내 불에타서 벗어져 붕괴되지 않는것)는, 허공이니. 하이고(어찌그런고)오, 공이 비가작이니(만들어질 수 있는 것이 아니니 <공이 아님이 가하므로 지을 수 있음이니), 유시 시종, 무괴멸고(이로 말미암아 처음과 끝이, 붕괴되어 멸함이 없기 때문이다 < 없음이 붕괴되어 멸할것이기 때문이다). {喩真常住}

사선심(먼저 살핌으로 하여금), 유위법이 무비환망 이入乙又(유위법이 허깨비같은 망령이 아닌것이 없다 하러이 < 있다 하는 법이 없음이 아니다는 허깨비 같은 망령으로 들어가므로), 예명기신(견주어 자기 몸을 밝힘)이, 곧즉 환망이, 본原이入乙ソ二니(본원이 들어갈 둘이니), 유잠원진実人 체火七(오직 맑고 원만한 진실한 사람의 몸을 불로 칠해야) 종 무멸괴 하니다(마침내 붕괴되어 멸 함이 없다 하니다 < 없음이 멸하여 붕괴된다 하니다), 시위진実 기야(이것이 참으로 진실한 기반인 터라) 한다. {仮就身廣辯虛妄}

{一卷 p. 37 復觀也 千明}

二. 내심(안을 살핌) 二

一. 명망(망령을 밝힘) 三

一. 시탁인(흐림 혼탁의 원인을 보임)

칙즉 여신중(너의 몸 가운데)에, 견상은 위지(견고한 상은 땅이라) 하고, 윤습은 위수(젖어 습기찬것은 물이라)하고, 난촉은 위화하고 (따뜻함이 닿음은 불이라 하고), 동요는 위풍하니, 유차 四전하여(이로 말미암아 네가지가 얽혀서), 분여의 잠원한 묘각명심하여(나눔이 너의 맑고 원만한 묘각명심 이라 하여), 위시보고 위청듣고 위각깨닫고 위찰살핌 하니, 종시입종하여 五첩혼탁(마침내 처음을 좇아서 마침에 들어가서 다섯으로 겹쳐 뒤섞여 흐려진다) 하니다.

{若順現文 色陰 始以義, 言之始則有識終乃成色}

四대가환망한 지신(四대가 가불한 허깨비같은 망령한 몸에 의지)하여, 박성하여(성을 얽어서), 위전하고(얽힘이 되고). 五첩이 직(다섯겹으로 짜)여, 견각지망하여(견각이라는 망령이 되어서), 골잠(맑음을 흐리게) 하여, 탁이라 하니, 전(얽힘)은 생사의 근본이 되고爲, 탁은 혹업근본 皆有作法(업을 혹한 근본인 다 있는 것을 지음)이니, 고又 응심명不原可見 (고로 응당 살펴서 아님인 근원을 봄 수 있음을 밝힘)이니ㅅ라.

二. 명탁상(탁의 상을 밝힘)

운하 위탁(어떤 것을 탁이라 하는) 고. 아난아, 비여청수하면 청결 본연하고(비유로 맑은 물과 같으면 청결이 본래 그러하고), 곧즉 피 진木 토木 회와 사의 지륜은 본질이 류애하니(저 티끌 흙 재 모래의 윤리는 본질이 머무름과 거리낌이니), 二체법이 爾(이)하여(두가지 법이 그러하여). 성이 불상순이거乙(성이 서로 돌지 않거늘), 유세간인 (세간에 있는 사람)이, 취 피 토와 진(저 흙과 티끌을 취)하여, 투 어 정수하면(맑은 물에 던지면), 토실유애하고(흙은 머무름과 걸림을 잃고), 수가 망失 청결(물이 청결을 잃어 망이라)하여, 용모非一非異가 골연하면 (자연 흐려지면), 명지위탁이니(이름이 흐려짐濁 이니), 여탁五의 중이 역부여시(너의 탁해흐려진 다섯 겹이 역시 이와 같다) 하니ㅅ라.

청수는 각의 잠 명 성 야ㅅ(깨달음의 맑고 밝은 성 이라). 진과 사는 번뇌 혹업 야. 성이 불상순ㄴ은 진과 망의 염人 정이 이 야(성 이 서로 돌지 않게칠함은 참과 망령의 물든사람의 청정이 다름 이다). 세간ㄴ 인은 비출 세ㄴ 지惠 야(세간에 칠한 사람은 아님이 출난 세를 칠한 지惠혜의 은혜 라)이다. 고로 기혹요심하여 사성혼탁(일어난 미혹이 맑음을 흔들어서 성으로 하여금 혼탁해 지)去ㅣ게 하느니다.

三. 석탁의(탁의 뜻을 풀이함)

차約因言 五 탁 의 여 법화約果言와 별(이것은 원인을 줄여 말한다면 五탁의 뜻은 과를 줄여 말하는 법화와는 구별한다)하니. 대개 피는 의과 하여 언(저법화는 결과에 의지하여 말)하리고, 차는 의인하여 언 야 (이수능는 원인에 의지하여 말한다) 하느니다. 인자(인이라는 놈것)는, 유어각 심 명 성(깨달음이 맑고 밝은 성으로 말미암아)하여, 독기망혹 (문득 일어난 망령이 혹)하여, 골잠(맑은것을 골몰하여어지럽게) 하여, 성탁(탁을 이룸)이니, 차제가 유五(차례로 다섯이 있다) 하니다, 172 겁탁이란 놈은, 겁은, 운 시卽不분이니(놈은 겁줌은 시 곧 분이 아니니

ㅇㅇ씨 ㅇㅇ분 하지않고 ㅇㅇ이씨 ㅇㅇ놈 하는것이니), 곧즉 三세초 (세가지 세밀함의 처음)에, 불각심이 동지상이니(아님이 깨달은 마음이 움직이는 서로의상=서로 동지라하니 吏讀)이니, 위무명초기지시(없음이 밝히려 처음 일어날 때)는, 비겁말지 겁탁야(아님이 끝까지 겁주는 것이므로 겁탁이라 한다). 견탁은 곧즉 전상(서로 구르는 상)과 현상八 (나타나는 서로의상을 나눔)이다. 번뇌탁은 곧 六추八七의 앞 四{여섯 거친 것을 나누어 칠한 앞 네가지 色受想行 다}. 중생탁은 곧즉 업상이다. 명탁은 업계고상야(업에 매인 괴로운 상이다). 문글월 五

一. 겁탁

아난아, 너가 견ㅿ보는, 허공이, 편十방계하니, 공八 견八이 불분하여 (공을 나누고 견을 나눔이 아님이 나누어져서), 유西无具実 頑공하口 (있음은 없음을 갖추어 실이나 완전 공하고), 무卽土更留碍 空체하久 (없음은 즉 다시 머무름이 걸려서 공의 체라 하고), 유견하고 무 知각하여 (있음은 보고 없음은 깨달음을 알아), 상직망성하느니(서로상이 짜여져 망을 이루느니), 이것이 제一중 (첫번째 一겁)이니, 명위 겁탁 이다.
{有空元体者空元体質故 有見元覺者以見空時无기好醎建順가可覺故 相織妄成者以无体之空織無覺之見 以无意之見 以無体之空 乃妄見空 而兩无其安此則土长장留碍也 渾濁진性過狂在荻감乎此則如來方便 汚示卽指阿難目所對空成劫濁義}

각이 비공색才乙(깨달음이 아님이 공 색의사이거늘), 유一념이 불각土 (말미암아 하나의 느낌이 아님이 깨닫는 흙이라)하여, 망리 견 공상 (망리가 보아야 빈 상이라) 하여, 이생-발 편미(생김이 발하여 두루 미혹)하니, 고로 공과 견이 불분이다(공과 봄이 아님이 나누어진다). 이불분 고로(이 아님이 나누기 때문에), 유 虛공하고 무체(있음은 허공이고 없음은 체라)하니, 위잡어견야(섞어서 본다하는 것)이午. 유견하고 무체(있음은 봄이고 없음은 체라)하니, 위잡어공야(섞어서 공이다 하는 것)이니. 이는 무명의 처음 일어난 혼망지상야(흐릿하고 아득한 상이라)하니, 고로 위제一중야(첫번째 겹이라)하니다. 173

二. 견탁

너의 몸이 나타나 四대를 뭉쳤다摶 하여, 체라 하여, 견문각지가 막아서壅, 머무르고留 걸림碍이 되게 하고, 수화풍토가 선령각지(돌아서 깨닫고 알게)하여, 서로 짜여 망을 이룬다하느니, 시이것이 제二중(겹)이니 명 위 견탁 이다.

진人사람의 성은 확참하여(확열려 맑아져서), 본來 무견각이才乙(없음이 보고 깨달음의 사이를), 유四대 박결(四대를 뭉쳐 굳힘으로 말미암아)하여, 이성근격(이룸이 근을 막았다)할새, 고로 견각(보는 깨달음)이 생겨, 이확 침(확하고 잠김)이, 옹하고(막히고), 四대가 선(돈다)하여, 각지(깨달아 앎)가 생기느니, 시위상직(이것이 서로 짜였다 이름)이다.

三. 번뇌탁

또 너의 심중에, 억(기억)하고 식(인식)하고 송(외움) 습(익힘)하여, 성에 발한 지견(앎을 본다)하고, 용(얼굴)에 六진이 나타나니, 진을 여위면 없음이 상이고, 각을 여위면 무성(없음이 성이라)하여, 상직 망성(서로 짜여 망을 이룬다)하느니, 이것이 제三중 명 번뇌탁이다. 174

억기억 식인식 송외움 습익힘은 곧, 지혜와 상속八(서로 연속함을 나눈) 집취와 계명八 지사(잡아서 취함과 계산한 이름을 나누는 일)이다. 이로 말미암아 성에 내로 나누어지는, 六지-근(여섯을 아는 근)이 발하고, 実人용(실제 사람의 모양)이 외로 나누어져, 六진의 경계를 나타낸다하니, 근木 경木이 번구하여(근과 경계가 번거롭게 얽혀서), 疲勞뇌심성 이未(피로한 번뇌가 심한 성<腦(뇌)와 心(심)의 성 吏讀 이미) 명 번뇌탁 이다.

四. 중생탁

또 너가, 조석으로, 생멸이 부정하여(멈추지 않아서), 지견이 매常 욕유어세간(알고 봄이 늘 세간에 머물고저)하고, 업운이 매상 천어 국토(업의 움직임이 늘 국토에서 옮기려)하여, 상직 망성 하느니 (서로 짜여져 망을 이루느니), 이것이 제四중이니 명 중생탁이다. 조석으로 생멸은 곧즉 조업상야(업을 짓는 서로다). 지견욕유(지견이 머물고자 함)는 곧즉 연착三계하乙士卯(三계를 그리워 집착 하시므로). 업운상천(업운이 서로 옮기려함)은 수취수생(취함을 따라 생을 받음) 이니, 차 소이(이런 까닭으로), 중생(무리가 생김)이라 한다. 175

五. 명탁

너희들의 견문이 원来 무이성(다름이 없는 성이)거늘, 중진격월하여 (무리의 티끌이 사이뜨고 넘어서), 무상하거丁 이생(원래형상이 없어 지거정 다름이 생겼다)하니, 성중에 상지하고 용중에 상배하여(성중에 서로 알고, 쓰는중에 서로 등져서), 동이실준하여(같고 다름이 기준을 잃어), 상직망성(서로짜여 망이 이루어진다) 하느니, 이것이 제五중이니 명위 명탁(생명을 맡겨 흐리게 하는 生老病死라는 이름)이라.

견문은 스스로 침원(잠김이 원만)하여, 이분할새(나누어 질새), 고로
원來 무이성(다름이 없는 성)이다. 중진(무리의 티끌)은, 격원융지체
(사이뜸을 원만하게 녹이는 체)라할새, 고로 무단(끊어짐이 없다)하거정,
성이자성(이루어진 다름이 자기 성이라)하여, 觀지동一진상(관하去ㄴ大
동일한 하나의 참 항상)이라할세, 고로 왈 상지午(서로 앎이오), 자용
(스스로 작용)하여, 觀지건대, 호 기 생멸할새(서로 일어나 생멸할새),
고로 왈 상배(서로 타를 배반해등짐이)라. 진상八(참 항상함을 나눈)
생멸 동木 이 화합(나서 멸한 똑 같은 나누가 다르다 화합)하여,
실기준상(그 기준을 잃어 항상)하니, 是이것이 명탁의 망이 짜여진다라.
五탁이, 종세 지추하여(미세함으로부터 거침 까지), 유人 생은 개구하니
(있다는 사람이 생겨 다 갖춘다 하니), 소위 생사의 근본이라 이르니,
허망멸人 생자야(허망이 없어진 사람이 생긴다) 라.

二. 심진(참을 살핌)

아난아, 너가 지금今 견문각지又로 하여금令, 원계(깊이 인연을 맺기를)
바라는欲, 여래七(올때 여래가 칠한) 상락아정이면, 응당 선택 사생人
근六根 본(응당 먼저 죽어 살아난 사람의 여섯 뿌리의 본을 택)하고,
의불 생멸(생멸에 의지하지 않는), 원잠성(원만한 맑은 성)이라 하여
이루어지리니, 이{正示用心} 잠(맑음)으로 {止居一切時}, 선 기 허망
멸생(그 허망한 멸하고 남을 돌려) {三止觀照三諦境}, 体복 환 원來 각
하여(체를 항복시켜 원래 깨달음으로 돌려서), 득 원-명-각 무생멸성
(원래 밝은 깨달음을 얻어 없음이 생멸성이라)하여, 위인지人 심 연후
(원인한 땅의 사람의 마음이 된{呈通分沢 뚫어 통해 皿을 나눈 연후}에야,

원下 성과지七 수증(둥근廟 아래 이룬 과의 땅을 칠해 닦아 증험)하리니, 여등皿탁수(흐린물이 그릇皿(명)에 나누어져澄(등)=맑음澄(징)과 같아 진다)하대, 저어정기{止觀}(깨끗한 그릇에 가만히止觀으로담아)土七흙칠 하니, 정심부동土하면(가마니고요하고 깊어 움직이지 않는 흙이면), 사와 토이 자침하고(모래와 흙이 제가 잠기고), 청수가 현전하느니{三諦佀顯}, 명위(이름하여), 초 복 객진界內見思 번뇌(처음에 객인 계의 안을 보는 생각의 티끌인 번뇌를 항복 시킴)이午, 거니 순수는(오물을 버리고 순수한 물은). 명위(이름하여), 영단 근본무명(근본 무명을 영원히 끊음)이다. {此則同前不生不滅合如來至法界} 명상이 정순(밝은 상이 정하고 순수)하여, 一체 변현에(일체 변하여 나타남에), 불위번뇌하여 (번뇌가 되지 않아서), 개합 열반 청정 묘덕이라 하리다.

견문각지는 六수용근야, 상락아정은 열반묘덕야, 177
생사근본은 五탁업용야. 무릇 욕반망계진이大(반대로 망을 참과 맺기 바라면), 선당택거생사 망人 본源 하고(먼저 당연 생사의 망인 사람의 본원을 가려서 버리고), 의불생멸(아님이 생멸함에 의지)함은, 원잠지성 (원만한 맑은 성이라)하여, 이성기공이리니(이룸이 그 공부 이리니), 여징탁수(마치 흐린 물을 맑게함과 같다)하대, 필어정기土七하니(필히 깨끗한 그릇에 선비가 칠한다 하니), 이 심(맑음)으로 {止居一切時}, 선기허망하여(그 허망을 돌려서) {三止觀照三諦境}, 사복 환 원각이未 (항복시켜 돌아온 원래 깨달음이미), 여이정으로(깨끗함과 같으므로), 침기사토하여(그 모래와 흙을 가라 앉혀서), 사 청수 현전야士七하니 (맑은 물이 앞에 나타나게하여 칠하니). 차 칙즉 초 복객진번뇌 이이 (이는 즉 처음 객진 번뇌를 항복 시켰을 뿐이)니. 개 방 선지하여 (대개 사방으로 돌려서) 사복이才(항복시킬새), 진 무생멸성이 아니다.

급 득 기 본원진명한 지각이 무생멸성하면(그 본래 원만한 참으로 밝은 깨달음을 득해 없음이 생-멸 성임에 미치면), 칙즉 무명지근본이 영단하여(무명의 근본이 영원히 끊어져서), 이각 잠-명-상(깨달음의 맑고 밝은 서로의상)이, 이에 정순하여, 一체 변현에 불위土 번뇌하여 (일체 변하여 나타나는 흙이라는데 번뇌하지 않아서), 여거니순수가 (오물을 버린 순수한 물과 같음이), 一임교도 하여(하나로 흔들어 쌀을일어 맡겨두어서), 무복몰탁하여(다시 탁으로 흐름이 없으리니), 내야 가人 위 인지七 심 야(이때에야 원인한 땅에 칠한 마음이라 할 사람일 수 있다). 인심이 여차하면(인한 마음이 이와 같다 하면), 178 칙즉 과지土七(결과의 땅에 칠함을) 수증(닦아 증득)함이, 무유불원土하고 (없음이 있는 아님이 원만한 흙이라 하고), 열반묘덕에, 무유불합土 (없음이 있어 아님이 합한 흙이라)하리니, 고로 인심은 불가불심야 (인한 심은 아니어야 가하고 아니어야 흙을 살핌이다) 이니다.

二. 심업六識 본(육식의 업의 본을 살핌) 五

一. 총교심찰(다 가르쳐 자세히 살핌)

{根尘結鲜门} 제二의자는, 너희들이 필히 보리심(보려하는 마음)을 발하고자 바라서, 보살승에서, 큰용맹을 내어, 결정기연제유위상이大 (모든 유위상을 내어 버리기로 결정했다면), 응당 심상 번뇌근본하대 (번뇌의 근본을 상세하게 살펴보대). 이는 무시래 발업(시작없이 와서 업을 발)하고, 윤생하느니(불어나느니), 수작人이고 수수午리다(누가 지은 사람이고 누가 받으오리다). 아난아, 너가 수보리하대(보리를 닦대=언덕에 막혀 안보이니 닦아 평평하게 함), 만약 번뇌의 근본을

심(살피어) 觀하지 아니하면, 칙즉 허망근진을 불능지하리니(알 수 없으리니), 하처가 전도것일런지, 처를 오히려 알지 못할새니, 운하 항복하고, 여래위(이와 같이 온 자리)를 취할런가.

{仁岳云 初義明因地 叢心卽止觀 當体也 与果地覺卽 止觀所依也 次義明煩惱根本 卽止觀所破也 說有前舛无灾目誰伱云~ 意顯六根 自作自受 卽得无生滅性爲因地心 又審煩惱根本所知降伏 復釋㗊根爲一门深入然則 六根清淨乃至㗊 成果地修證者 下出二 决乏義也 梨耶藏識中하논아리니 諸法種어거갈아이신시니라}

무명이 발업하여入은(없음이 밝혀 업을 발해 들어감은), 애취가 윤생하고 (사랑을 취함이 불려서 생기고). 六식이, 능작하여入은(능히 지을 수 있어 들어감은), 리야가 능히 받을 수 있다하느니. 잠(六識에 숨은) 번뇌근본이라 하고, 발하여 허망하여 근木 진木이라 하느니. 앎므로 이에 항복시킬 수가 있다하고, 이에 과를 취할 수가 있다 하리다. 179

아난아, 너가 세간에 七(칠)한 해결지인(매듭을 푸는 사람)을 觀하라. 불견소결(맺힌 곳것을 볼 수 없음)이면, 운하지해(어찌 풀림을 알)리오. 불문土 허공이 피여휴렬이러니(흙을 듣지 않은 허공이 너를 입혀 무느뜨려 분렬 시키러니). 하이고午, 공은 무형상(없음이 형태라는 서로상이라)하여, 무 결 해 고(맺힘도 풀림도 없기 때문)이다.

석상에七(위에 칠한걸 푸는것)은, 수지기처야(비록 그 처를 알아야 한다지만)하二니다, 인공의자(공의 뜻을 인용한 거)는, 위제 무결 칙즉 무해 거才니와(없앤다 하지만 맺힘이 없는 즉 풀림도 없는것이니와 = 없음이 맺히면 없음이 풀릴사이니와), 이숙 능무결재(누구로 맺힘이 없을 수 있재<능히 없음이 맺히게)하리오.

二. 정시업본(업의 근본을 바로 보임)

{捻棕六根過悉종려나무여섯뿌리를 잘 알다}

칙즉 너의 앞에七해 나타난, 안木 이 비 설 과 함께 신木 심木 六이 도적을 매개하여, 자 겁 가보(스스로 집의 보물을 겁탈)하느니, 이로 말미암아 무시 중생 세계에, 생전박 고(얽히고 묶임이 생기기 때문애), 기세간(그릇이란 세상사이)에, 불능초월(초월 할 수 없다) 하느니다.

180

허망한 근木 진木의 전도된 처를 보임이다. 안눈 이귀 六도적은 망근이다. 매개를 인용한 것은 六경계의 망진이다. 자겁진성하고 자생전박(자기가 진성을 겁탈하고 자기가 생기게한 얽히고 묶임)이 전도다. 중생세계는 곧즉 근신 이午, 기세간은 곧즉 三계야라.

三. 광명묘용(묘한 작용을 넓이 밝힘)

아난아, 운하 명 위 중생세계 이午(어떤 것을 중생세계라 하는가)? 세는 위 천류이午(변천하여 흐름이라 하고), 계는 위 방叙名 위(이름을 펼친 자리)이니, 여辨(너가 분별해), 지금 당지하라. 동 서 남 북 동남 서남 동북 서북 상 하가 계이午, 과거 미래 현재가 세라 하니, 방위는 유十 하고, 류수가 유三{過現未} 하니, 一체 중생이, 직망상성(망령을 짜서 서로상을 이룬다)하여, 신중에 무천하여(몸 가운데 바꾸고 옮겨), 세계상섭(서로 건너다닌다) 하느니다.

{身中前後四方 世界四方 一同} {由正報纏縛故於依報不느니 超起今但約正報而明也 此一若超余皆鮮}

중생세계가 역시 四방을 갖추었다하니, 곧 좌 우 전 후가 이것이다.
세자는 三제 질천(세가지 경계가 번갈아들어 변천함)이午. 계자는 각 유정위 과위 유十하고(각 정위가 있으나 과위는 열가지가 있고).
세수는 유三 이나 一신 소구(세의 수는 셋이 있으나 한몸에 갖춘 것) 이니, 리자호섭(이치로는 스스로 간섭 * 이자아섭 이齒(치)가 자기 이빨처럼 서로 간섭 吏讀) 할새, 고로 왈 신중에 무천하여 세계상섭(몸 가운데 바꾸고 변천하여 세계가 서로 간섭)한다 하二니다.
{三世入四方成十二世四方入三世成十二方}

이차 계人(이 계의 사람)의, 성이 설수十방(설령 비록 十방을 갖춤)이나, 정 위는 가명(정한 자리는 밝힐 수 있음)이니, 세간에 지 목 동서남북 하고(세간에 단지 동서남북만 보고), 상하가 무위(상하가 없는 자리라) 하고, 중 무정방(가운데는 없음이 정해진 방이라) 하니다.
{指着上下皆示四方之上下也故無位 一隅而屬兩方故曰无乏方位}

방이 수유十 상수 유四(방이 비록 十이 있으나, 항상한 수가 오직 넷이다).

四수가 필히 분명하여, 세와 함께 서로 간섭하여, 三四와 四三이 완전(완전히 굴러) 十二하여, 흘러 변천 三첩 하여(세번 거듭 변하고 옮겨서), 一 十 百 千하니, 총괄시종하여(처음 끝을 모두 묶어서), 六근 지중(가운데)에, 각각 공덕이 유千二百 하니다.

三四가 호섭할새, 고로 왈 완전이다. 三세 류변할새, 고 유三첩 하니, 자 一(제가 하나)하여, 첩 十하여, 十첩 百하여, 百첩 千하여,

千二百하니. 六근이 각 구(갖춘다) 하니다. 그러나 이것은 권의세론 (세상의 논리에 의지하여 헤아림)이니, 이현묘용대략이(묘한 작용이 나타남이 대략이)라. 만약 무릇 六惑乙 해 一망 하여, 호용원조 (여섯의혹을 풀어 하나를 없애어서, 원만하게 비추는 쓰임을 부른다) 하면, 부 하 수량 소급 이리午(무릇 어찌 수량으로 미칠 바 이리오).

아난아, 네가 다시 가운데에, 극정우열이大(그으서 우열을 정해보면). 여 안은 觀견(마치 눈같으면 견을 觀)하대, 후암하고 전명하니(뒤는 어둡고 앞은 밝으니), 전방은 전명(온전 밝다)하고, 후방은 전암(온전 어둡다)하고, 좌우 방觀은(곁으로 觀함은), 三분지 二니, 통론소작去大 (통털어 지은것을 논하건대), 공덕이 부전하여(온전하지 않아서), 三분의 功(공)을 말하去ㄴ大건대, 一(하나) 분은 무덕乙土ㅣ할새, 당지하라. 안눈은 오직 八百공덕이니다.

四방에 의지하여 논하去ㄴ大. 칙즉 一하나의 방이 三百이午, 이 三분으로 언하건大, 一분은 四百이다. 선현직망하나 욕명근결지시하나 사지소해야 (먼저 짜여진 망을 나타내나 근이 맺히기 시작함을 밝히기를 바라나 푸는 곳것을 알게 함이다). 차변우열(다음에 우세함과 열등함을 변설) 하사, 욕명耳근원통하사 사지소선야ソ二니다(이근원통을 밝히기를 바라사 선택할 곳을 알게하고자 한 둘이다) 하니라.

마치 귀는 주청하여(두루 들어서), 十방에 무유(남김 없으니), 동에는 약 이 요 하고(움직임에는 가깝고 먼것 인듯 하고), 정에는 무 변-제 (고요함에는 변과 끝이 없다) 할새, 당지하라. 耳근은 원만 一千二百 공덕 이니다.

능히 두루 들을 수 있을새, 고로 공이 온전하다하니다. 동움직임이 만약 차등한 것이라면, 저것을 따라서 동하면 칙즉 사유근원(멀고 가까움이 있는 듯) 하대, 재아지정하면 칙즉 주청 무변(아가 있음이 고요하면 즉 두루 들리니 변이 없다) 하니다.

여 비는 후문하대(마치 코는 냄새를 맡으면), 통출입식하여(통하면 나오고 들어가면 쉬니), 유출유입(나옴도 있고 들어감도 있다) 하대, 이궐중교하니(교차중엔 빠졌으니), 험어비근去大(비근에 시험하건대), 三분(나누면) 궐一(하나는 빠짐)이니, 당지 비 유 八百 공덕 이니다.

출능취향하고(나오면 향을 취할 수 있고), 입능문향하대(들어가면 향을 맡을 수 있으대), 출입지중 무능하乙土丨(나오고 들어감의 가운데는 할 수 없을새), 고로 궐중교(교차하는 가운데는 빠진다) 하니다.

184

너의 설(혀)은, 선양진 제 세간 출세간 지(모든 세간과 출세간의 지혜를 다하여 베풀어 펼친다) 하느니, 언유방분(말은 방{방위=방편}의 나눔은 있다)하나, 이치는 무궁진(궁구를 다함이 없다)할새, 당지하라, 설근은 원만 一千二百 공덕 이니다.

세와 출세七(에 칠한) 지혜는, 소지지경乙 유설 전현(아는 바것의 경계를 오직 설이어야만 설명하여 나타낸다)하느니, 기언 수상하나 기이불궁(그 말이 비록 扃문귀상>(局국(구분)이 있으나 그 이치는 다함이 없다) 한다.

마치 신(몸)은, 각촉하대 식어위순(촉을 깨닫대 인식이 어긋남에 따른다)하여, 합시에는 능각하고 리중에는 부지(합할때는 깨달을 수 있고 떨어질 중 에는 알지 못)하여, 리는 一이오 합은 쌍이니 (떨어짐은 하나씩이요 합하면 쌍이니), 험어신근(신근에 시험) 컨대, 三분지 궐一 일새, 당지하라. 신몸은 유(오직) 八百공덕 이니다.

리궐一(떨어져 빠져 하나씩)하여 분나눔하고, 합하면 전 二분일새 (합하면 온전한 두가지 나눔 일새), 왈 리一 합쌍(떨어지면 하나 씩인데 합하면 쌍이라) 하니다. {合時能覺 有空有順 故 具分}

여의(마치 뜻은) 묵용 十방三세 一체세간八 하여(침묵하여 十방三세 一체 세간을 용기에 담아 나누어서), 출세간법(세간법을 나온다) 하여, 유 성여범乙 무불포용하여(오직 성인과 범부를 포용하지 않음이 없어서), 진기애제(그 물가의 가장 자리까지 다) 할새, 당지하라. 의근은 원만하여 一千二百공덕 이니다. 185

四. 첩심원근(원만한 근을 살피는 첩) 二

一. 총고(다 알림)

아난아, 너가 지금 욕역생사욕류하여(생 사 욕망의 흐름을 거스르기를 바라서), 반궁류근(근의 흐름을 반대로 궁구를 다) 하여, 지불생멸 (불생멸에 이를것)인大, 당험마方下土(당연 방향 아래의 흙을 증험하여 맞춰볼 것은) 차등十八七(이들 18 계에 칠한) 六 수 용 근(여섯가지 작용을 받는 근)이, 수합人(어느것이 합한 사람)이고, 수이十八(어느 것이 열방을 나누어 떨어지고) 수심人하고(어느것이 깊은 사람이고) 수천人하고(어느것이 얕은 사람이고) 수위원통人하고(어느것이 원통한 사람이고), 수불원통口이乙士니(어느것이 불원통이고 이을사인지) 이니,

약능어차(만약 이와같이 할 수 있다면), 오원통근하여(원만을 깨달아 통한 근하여), 역 피 무시 직 망업류하여(저 시작 없이 짜여진 망업의 흐름을 거슬러), 득순원통하면(원만함을 통해 돌아좇아 얻어면), 여불원통근 왈 겁상배(원통하지 않은 근뿌리으로 하는것 과는 왈 겁이 서로 배가 된다) 하리다. {달린 과일이 어느뿌리에서 비롯됨인지 안다 千明}

류-근은 즉 묘침부동자(흐르는 근은 곧 묘한 잠긴 움직이지 않는 놈)이라. 결明土지이출하여(흙을 밝히기로 결정하여 나와서), 류일분경十八이未(편안하거나 분주하게 18 계의 경계를 흐름이미), 명 생사류(이름하여 생사의 흐름)이午. 역지이입하여 반류전一이未(거슬러 들어가서 반대로 흘러 온전한 하나로 됨이), 명 불 생-멸(이름하여 아닌 것이 생하고 멸)이라. 六수용근은 곧즉 상소명자(위에서 밝힌 것)이다. 186
순원하면(원통을 좇아따르면), 칙즉 합성이심하고(성이 맞아 깊고), 불원하면 칙즉 이성 이천(원통하지않으면 즉 여윈 성이 얕다) 하니, 심천이 상요할새(깊고 얕음이 서로 먼 상일새), 고로 지人 속지功 이(느린 사람과 빠른 공부가), 왈 겁상배하니, 부 욕속반컨大 수택원근야(무릇범부가 속히 반대로 들어가고자하면 필수로 원통한 근을 택하라)니다.

{許猴明허후명유인원과를 밝히기를 허락함} 아가 지금 준비하여 드러낸{此指六相妄明功德全七卢칠로 明本性戶具由真目人故戶야妄真} 六침원명(여섯가지 잠김을 원만히 밝힘)은, 본來 공덕이라는 것의 수량이 이와 같으니, 따라서 너가 상세하게 택하여, 기가입자乙(그 들어갈 수 있는 놈을), 吾당발명하여(깨달은오가 당연 밝히어서), 금여又 증진須捨戶以去이리니(지금 너로 하여금 모름지기 집을 버리고 증진케함이리니), 十방여래가 十八계에서, 하나하나 수행(닦고 행)하사,

모든 원만한 무상 보리를 득한것이라. 그 중간에 역시 우열은 없다 去니士. 단 너는 하열하여, 미능어중에 원자재혜할새(아직은 중간에 원통 자재하게 베풀 수 없을새). 고로 아가, 선양(드러내어 펼치게) 하여, 너로 하여금, 단 하나의 문에만 깊이 들어가게한去이니, 하나의 根에 들어가 망령이 없어지면, 피六人지叉(저 여섯사람을 앎으로), 근이 一시에 청정 하리라. 187

득원자재혜하면, 칙즉 十八계가, 무비원통(원통하지 않은것이 없을)去니와, 그러나 하열 초기에는 아직은 원을 얻을 수 없을 것일새, 차(또) 자一문이입(하나의 문으로부터 들어갈)去라 하二니, 一하나하여, 근이 무망하면, 칙즉 여섯이 다 청정해져서, 불유오十八계(오직 十八계만 깨달을 뿐만 아님)이, 진진찰찰이(티끌의 티끌이 국토 국토가), 개 원-통 의(다 원만 통달 하)리라.

二. 별명(별도로 밝힘) 二

一. 문(물음)

아난이, 백불언하대, 세존하, 운하 역류하여, 심입一 문하여, 능령 六근으로 一시에 청정하리七口(어떻게 반대로 흘러, 하나의 문에 깊이 들어가서, 능히 여섯근으로 하여금 한꺼번에 청정하게 칠하리고)?

二. 답 四

一. 변혹(의혹을 변설함)

불고 아난하사대, 너가 지금 이미 수다원과를 득하여, 기멸大(자기 마음이 없어지대), 三계중생세간에匕 견匕(세간에 칠한 삼계중생들은 봄에 칠함)이니, 소단혹하나(끊는 것은 미혹이나), 연 유미지 근 중 적 생匕(그러나 오히려 아직은 근중에 쌓여 생겨(積生=昔吏讀) 칠해짐을 알지 못)한, 무시(시작 없는), 허망한 습관이라하느니. 피습은 요人 인수匕 소단 득(저 습은 필요한 사람이 원인을 닦아 칠해 끊는 것을 얻는다) 하려니, 하황人 차중에匕(하물며 사람이 이중에 칠한), 생주이멸 분제두수四十二品無明 야(나고 살고 달라지고 없어지는 나누고 조제하는 대가리 수이겠)느냐.

{生住異滅 同体无明 生業相佳 轉現智相 續木明異
执执取計 名滅迷業 苦相是謂 生一住四 異二滅二} 188

잠원이 인혹 이분하고(맑고 원만함이 혹으로 인하여 나누어지고), 一과 {四相法执} 六이{妄習我执}, 혹으로 인하여 생길새, 고로 장 고 一과 六人 지의乙 하사(때문에 장차 하나와 여섯사람의 뜻을 알리기 위하사), 먼저 함께 혹을 변설했다 하二니다. 소승은 견도문(길을 보는 문)에서, 三계人사람의 탐진치 등 十을 분별한 혹을 끊어서, 이에 초과를 증험하느니, 고로 왈 기(자기) 득 다-함하여(자기마음이 다-함을 얻어서), 기멸견혹야(자기라는 혹을(道를) 봄을 없앴다). 수도문(길을 닦는 문)은, 단三계人 탐진치만 四구생혹(삼계사람의 네가지로 모두로 생긴 혹을 끊어야)하느니, 역시 왈 思혹(생각의 혹이라 말)하느니, 이에 근중에, 루생에匕(여러가지묶여 생겨 칠)한, 무시 허습(시작없는 허망한 익힌습)이니, 三과라야 내단할새(三과라야 이에 끊을새), 소土이(흙이란 것을), 아난이 미지야(아직 알지 못했다). 항차 이런 근뿌리중에, 다시 유人(사람에 있는) 생주이멸 모든 미세 혹이라 하니, 그 분제두수는, 우 비

아난 소지자(또 아난이 아니어야 알 수 있을 것놈)이니, 단진차혹하여야 六人 잠이 내원(이런 혹을 다 끊어야 여섯사람의 맑아짐이 이에 원만)하리다. {수다원 사다함 아나함 三과 야} 189

二. 추명(밀어서 밝힘)

지금 너가 또 觀한, 앞十八七(18 계에 힐해) 나타난 六근은, 위一(하나냐)? 위육(여섯이냐)? 아난아, 약언一七 자大(만약 하나에 칠한 놈이라 말하면), 이하불견土하고 목하불문人하고(귀는 어찌 흙을 보지 못하고 눈은 어찌 사람을 듣지 못하는고)? 두해불리하고 족해무어이오(머리는 어찌해 밟지 못하고 발은 어찌해 말이 없는고)? 만약 이 六근이 결정코 六을 이룬다면, 여아가 금회에여여와 선양 미묘법문하去入은(마치 아가 지금 모임에 너와 미묘법문을 베풀어 펴서 들어가는 것은), 너의 六근이 수위영수午(누가 와서 받아들이는고)?
아난 언. 아가 용이하여 문하士러이(아가 귀를 사용하여 듣는다하사이다). 불언. 여이 자문컨대, 하관신木 구人관대 구래문의去入은 신기흠승하는고 (너의 귀가 제가 듣건대, 몸인 나무가 입인 사람과 어떤 관계건대 입이 와서 뜻을 묻건만 몸이 일어나 공경하여 받드는고)? {令知兩无乏趣}

이불견하고 족무어하니 불가이위一야(귀는 보지 못하고, 발은 말이 없으니, 하나라고 할 수 없다). 이문법 이신木 구가 동하니(귀가 듣는 법이 몸과 입이 똑같으니), 불가이위六야(여섯이라 할 수 도 없다) 라.

시고로 응지하라. 비一이 종六人(아닌 하나가 결국 여섯사람)이고, 비六人이 종一(아닌 여섯사람이 결국 하나)이니 {結前互破}, 종 불 여 근이 원來 一人하고 원六 이니다(마침내 아니어야 너의 근이 원來 한

사람인 원 여섯 이니다) {顯无六一}. 190
아난아, 당지하라. 이 근이 비一(아님이 하나고), 비六(아님이 육일새), 유무시래(시작없이 옴으로 말미암아), 전도하여 륜체(구르고 뒤집혀서 빠져 바뀌진다)할새, 고로 어원잠에 一七 六木人 의土생하니다(원만하게 잠맑음에 하나를 칠해 여섯{여섯그루의 사람}이란 뜻인 흙이 생겼다 하니다).

{由轉倒故 一六義生 也}

기이미 무정취土(없음이 정한 흙을 취)하면, 칙즉 一外 六木七(밖의 하나가 여섯의 나무를 칠한) 의뜻이리니, 비본來원유(아님이 본來 근원이 있음)이니, 유전도생(전도로 말미암아 생김)이러이.

{执有涅槃也以小乘所訂全}

여 수다원이 수 득 六소 하나, 유 미망一(너 수다원이 비록 여섯은 녹임을 얻었으나, 오히려 하나는 아직 없애지 못했다) 하니다.

六자는 추혹망결야(여섯놈은 거친추한 미혹의 망령이 맺힌 것이다).
一자는 법집세식야(하나라는 나라는 놈은 법에 집착하는 미세한 인식이다). 수다원이 기 단 추혹하여(자기가스스로 거친 미혹은 끊어서), 색성향미촉법에는 불입하니(들어가지 않으니), 시 득六소(이것은 육을 녹임은 얻었다)하대, 이상 체 법집(오히려 막힌체가 법에 집착)하니, 시 미 망 一야(이것이 아직 하나를 없애지 못함이라). 이후문 증지(이후문으로 증거) 하去ㄴ大, 이것은, 내방득인공하고(이에 비로소 사람은 공을 얻었고), 이 미 능성 법해탈(아직 법해탈은 이룰 수 없었다) 하니, 지 구공 불생하여야(모든 공이 아님이 생김에 이르러야), 내망 一의(이에 망이 하나가 되리라<망자가 하나가 되)리라. 191
그러나 소승은, 필소六연후에야, 망一하고(필히 六을 사라지게한 연후에야 죽은놈이 하나가 되고), 대승은, 직망一하여 사六으로 자소케 하거니(곧바로 죽은놈을 하나로 하여 六으로 하여금 제가 사라지게 하거니), 숙세에 궁도가(끝이다된 말세에 궁구한 길이), 수 왈 득묘(비록 묘함을 얻었다) 하여刀, 경 섭하여 이가 미(필경 관계하여 여윔이 미세) 하느니, 구기진능(그 참으로 할 수 있음을 구)하여, 망一자(죽은놈이 하나)건대, 불가다득土이니(흙을 많이 얻을 수가 없으니), 복심성언 하士소건大(다시 성인의 말씀을 찾아보라하건대), 개 심유소발야人下 (대개 깊이심어도 나오는 것이 있어 사람아래 라)하시니. {入曰離出曰微}

여喩顯 태허공如來藏 을 참 합군六根六境 기(마치 큰 허공을 많은 그릇에 섞어 합)하면, 유 기人 형人 이(그릇이란 사람과 형태인 사람이 다름으로 말미암아) 하여, 명 이-虛공(이름하여 다른 허공)이라하고, 제 기人 喩一六義生 觀공(그릇이란{비유하면 일육의 뜻으로 생긴} 사람을 제거하고 공을 觀)하면, 설공위顯情木 一(공이 {정인 나무가 나타나} 하나가 되었다 말)하리니, 피태허공이 운하위여하여(저 큰 허공이 어찌 너가 되었다 말하여), 성 동八 부동(이룬 똑같음을 나누어 같지 않다) 하리오. 하황 갱명 시一 비一 (어찌 하물며 다시 이름하여 이것이 하나다 아닌것이 하나다) 이리오. 칙즉 너가 깨달아 안다 하므로, 六수용근이 역부여시 (여섯가지로 받아 쓰는 근도 역시 이와같다) 하니다.

{例合後文由明暗示至見精云~ 卽一六義生也
汝但循不至隨拔云卽本非一六也}

허공이 본來 아니어야 같은 사람이고, 다름으로 비유로깨쳐서 맑고 원만함이 본래 아님이 一하나인 나 十해 六人이라하二니다. 합人 기 제기人(합한 사람인 그릇을 제거한 그릇인 사람)은, 비유로깨치면 一나

六人 의 생 지유야(하나라는 나와 여섯이란 사람의 뜻이 생긴 이유根元 이라)하二니. 큰허공의 같고 다름과 옳다 아니다를 앎이, 了무소립하면 (없음이 선 것임을 깨달으면), 칙즉 一六이 병망하여(아울러 없어져서), 이잠원이 불분土의(이 맑고 원만함이, 아님이 나눈 흙이)리라. 192

癸卯 甲寅 甲午 甲子 千明 

三. 원망(망령의 근원)

一木 六人이 이미 없건대, 나타남으로 六人 근이란 것이 있는 놈이면, 유 점잠 망발이 니(맑음에 붙음으로 말미암아 망령이 발한 귀니), 고로 원推尋기망발지 根원하사(그 망이 발한 근원의 본원을 추심하사), 이시지 ソ二니(이렇게 보는 둘이라 하니). 문七.

一. 원안(눈의 근원)

명암등으로 말미암아 二종이, 서로의 모양이라하여 묘七칠한 원만함 가운데, 점잠하여(맑음에 붙어서), 발견(보는 것을 발)하느니다.

묘잠원명(묘하고 맑은 원만한 밝음)이, 본來 비견각 일새(아님이 보는 깨달음 일새), 붙음으로 말미암아 망령이 참을 잃어서 이에, 발견 (보는 것을 발한다<잃은 참을 보려고 발한다) 하느니다.

견정(보는 정기)이, 영색하여(색을 비추어서), 결색하여(색을 굳혀서), 성근(이름을 근이라)하니, 근의 원眼源은 목이라名이름하는 청정四대午, 원인하여 이름이 안눈인 체니, 여포도타(포도나무와 같다) 하니다,

{上八字根名 子垄也니 坎믈妄也 下五例北 물이 흙을 겹쳤으니坎감 士ㄴ北북이다}

부근四진(근에 떠있는 四{네가지} 티끌)이, 류일분색(색을 따라 유유자적) 하느니다.

{蒲萄 눈자새 두렵고거머검어 蒲萄 갇한시라 朶 드린양재라}

견정은 안식이오{染中說淨非妙明淨}, 색은 안진이니, 二자가 망이 굳어져결, 안근을 이룬다 하느니, 이 근의 根원源은, 람四대로 이성체 하나(네가지 사대를 잡아 가지고 체를 이룬다 하나), 이 미人 犇분土 경十人 고로 (아직사람이 아닌 분의 흙인 경계의 열사람이기 때문에), 명 청정(하다 이름)이니, 방 시지시(바로 이때卽)는, 여포도타 이이 니(포도송이와 같을 뿐이니), 대개 체는 수구하나(비록 갖추었으나), 이식이 미류하니 (아직은 인식이 흐르지 않으니), 소위 단 여경중하여(단지 거울가운데 와 같아서), 무喩 별各別 소지자가(없음이 깨쳐 각각 별개로 아는 것이), 이것이다. 급 호 류일분경十八하면(상호 흘러 경계를 편안하게 달림에 미치면 < 서로 미쳐 흐름을 벗어나 18 계의 경계를 분탕질하면), 칙즉 염(물든다=염병질한다)할새, 고(때문에) 전(굴러바뀌는 것)을 명 부-근 四-진(뜨있는 근인 네가지 티끌)이오, 이 아님을(불) 이름하여 청정한 四-대라 한다 니다.

二. 원이(귀의 근원)

동정 등으로 말미암아, 二종이, 상격하여(서로 부딪쳐서), 묘원중에, 점잠하여(맑음에 붙어서), 발청(들음을 발)하느니, 청정이 영성(듣는 정기가 소리를 반영)하여, 권성하여(소리를 말아서), 근을 이루니, 근원根源을 목名하여, 청정四대라 하고午, 원인하여 명 이체(귀의 몸)이니, 여신권엽(새로 말은 잎 같다)하니다. 부근四진이 류일분성 (뜨있는 근의 네 티끌이 소리를 따라 분주하나 편안하게 유유자적) 하느니다.

자차이하(이로부터 아래는), 대개 다 위의 예로 해석하라, 신권엽은 칙즉 유규이이(새로 말은 잎은 즉 구멍이 있을 뿐이다).

194

三. 원비(코의 근원)

통색등으로 말미암아 二종이, 상발(서로 발)하여, 묘원중에, 점잠하여, 발후(냄새맡음을 발)하느니, 후정이 영향(냄새맡는 정기가 향을 반영)하여, 납향하여(향을 받아들여서), 성근하니, 근의 원源은 목名이름하여 청정四대라 하고午, 원인하여 명 비체이니, 여 쌍수조(쌍으로 드린 손톱같다) 하니다. 부근四진이 류일분향(향을 따라 유유자적) 하느니다.

四. 원설(혀의 근원)

념변(편안하고 변하는)등으로 말미암아 二종이, 상참하여(서로 섞여서), 묘원중에, 점잠 하여, 발상(맛봄을 발)하느니, 상정(맛보는 정기)가 영미(맛을 반영) 하여, 교미하여(맛을 짜내서), 성근하니, 근의 根원源은, 목名이름하여 청정四대라 하고午, 원인을 명하여 설체이니, 여초언월(초승달 같은 언월이라)하니다, 부근四진이 류일분미(맛을따라 유유자적)하느니다.

항상하는 성이 념편안함이午, 분미는 위 변(맛을 따르면 변한다)이니, 초생지월이 언연(초생달이 쓰러진 거같다)하니, 설상이 여지(혀의 상이 그렇다) 하니다. 개 유 무정지물자(대개 정이 없는 물건이라는 놈에 비유하여깨침)은, 명 체 수 구하나 이식 미류야(체는 비록 갖춤이 분명하나 식이 아직 흐르지 않는다) 하니다. 195

五. 원신(몸의 근원)

이합등으로 말미암아 二종이, 상마(서로 마찰)하여, 묘원가운데, 점잠하여(맑음에 붙어서), 발각(깨달음을 발)하느니, 각의 정기가, 영촉(촉을 반영)하여, 박촉하여(촉을 뭉쳐서), 성근하니(근을 이루니), 근의 根원源은 목하여, 청정四대라 하고午, 원인하여 명 신-체 니, 마치 요고상(장구통) 같다하니다. 부질없는 근四진이 류일분촉(촉을 따라 유유자적) 하느니다.

각의 정기는 신식이다. 요고상은, 도유촉체하고(다만 촉의 체만 있고), 미유촉용하니(아직 촉의 작용은 있지 않으니), 유청 정한 근의 根원 야(맑음을 깨친 청정한 근의 근원이라)하二니다. 상을 근을 깨친 根원하二면, 칙즉 고는 부근을 깨침이라하二니, 根원이, 뜸으로 인해 근인 연후에야 흐름이未, 마치 상이 고를 이룸으로 인한 연후에야 촉士七하니다(촉으로 칠함과 같다) 하니다.

六. 원의(뜻의 근원)

생멸등으로 말미암아 二종이, 상속하여, 어묘원중에, 점참하여, 발지(앎을 발)하느니, 지(앎)의 정기가, 법을 반영하여, 람법하여(법을 보아서), 근을 이룬다 하니, 근의 根원은 목하여, 청정四대라 하고午, 인하여 명하여, 의根-사(뜻이란 뿌리근-생각)이니, 여유실견(마치 유령의 집을 보는 것 같다) 하니다. 부근四진(부질없는 근의 네가지 티끌)이니, 유일분법(법을 따라 유유 자적) 하느니다. 196

암실지견(어둠이 보는 집)은, 역시 체만 있을 뿐이午, 식이 아직(土?土) 흐르지 않는다 라.

七. 결현(결론으로 나타냄)

아난아, 이와같이 六근은 유 피각명이 유人 명함은 명각으로(저 각명{밝히려 하는 깨달음}이 있는사람이 밝힘은 밝혀야할 깨달음으로 말미암아), 실피정了하고(저 정밀한 료달함을 잃고), 점망하여(붙은 망령이라하여), 발土 광明(밝은 빛을 발할 흙)이니다.

유人 명 명-각(있는 사람이 밝힌 밝은 깨달음)은, 여 소위 성-각이 필명하여 망리 위하사 명-각 야(성의 깨달음이 필히 밝아서, 망리라 하사 밝힐 깨달음 이라)다. 점망발광은 칙즉 망유견각 야(망령에 붙어 빛을 발함은 즉 망령이란 있는것이 보고 깨닫는다) 다.

시이(이렇듯이=그래서) 너가 지금, 이암 이명하면(어둠을 여의고 밝음을 여의면) 무유견-체(견체{보는 몸}가 있는 것이 아니고<없음이 견의 체라)하고. 이동 이정하면(움직임을 여의고 고요함을 여의면) 원무청질(원來 없음이 듣는 성질이라)하고. 무통 무색하면(없음이 197 통하고 없음이 막히면), 후성불생하고(냄새맡는 성이 생기지 않고). 비변비념하면(아님이 변하고 아님이 편안하면), 상무소출하고(맛봄은 없음이 나오는 것이고), 불이불합(아님이 여위고 아님이 합)하면), 각촉이 본무(촉을 깨달음이 본來 없다)하고, 무멸무생하니(없음이 멸하고 없음이 생기니) 료지가 안기리午(깨달아 앎이 편안하게 맡겨지리오).

석下, 상에七 인하여 망 발고又(위에 칠하므로 인하여 망이 발하기 때문에), 六여섯이 다 허 망 하二니, 만약 이 六人진하면(여섯사람의 찰진흙을 여위면), 실무자체(다 없음이 제가 각각躰근본몸체라) 하리니, 了지 곧 의용 야(깨달아 알아서 곧 뜻이 작용한다) 라.

四. 현원(六根원通을 나타냄) 四

一. 개발(열어서 발함)

너가 단, 불순土(아님이 순환하는 흙이), 동정八 합리와 념변八 통색八 생멸과 명암八(동정을 나눈 합리와, 편안하고 변함을 나누고, 통색을 나눈 생멸과, 명암을 나눈, 이와같은 十 二(열하고 둘)의 모든 유위상(있음이 서로상이라)하면, 수발 一근 하여(따라서 하나를 뽑은 근이라 하여), 탈점 내복 하여(붙은 점을 빼어<붙음에서 탈락시켜, 안으로 항복 시켜서), 복귀 원진十八하여(원래의 참 18계로 복귀시켜서), 발본來 명요(본래의 밝은 빛남을 발하게) 하리니, 요성이 발명(빛나는 성이 밝음을 발)하면, 모든 나머지 五점(다섯가지 붙은 점)이, 응발하여 원탈(응당 뽑혀서 원만하게 벗어질 것이다) 하리다.

저 十二가지 서로상이, 능점六근하여(六근에 붙을 수 있어서), 장심명고(맑고 밝음을 막기 때문에), 발一근하면(뽑혀서 하나라는 근이 되면), 이본來 명 발하리니(본래의 밝음이 발하게 되리니), 198
본명이 一하여 발하면 칙즉 망점이 개탈하여 이원의 리라(본래의 밝음이 하나로 발하면 즉 망령한 붙은점이 다 벗어나서 원만해 진다 < 본래 명(목숨)을 걸고 하나같이(일)하여 즉 밝혀서 어두운 곳이 없어지면 원만하고 태평해 진다 吏讀 千明) 리다.

불 유土 전人 진한 소기亡(흙을 말미암지 않은 앞 사람의 찰진흙의 일어난 것인 망이), 지견하여(본것을 알아서), 명이 불순土 근하고 (밝음이 흙을 따르는 근이 아니고), 기근하여 명발하면(근에 맡겨서假借 밝음을 발하면), 유시하여, 六八 근이 호상위용(六으로 나눈 근이 서로 작용한다)하리다. {叩通妙用}

점六根 망하면(육근에 붙은 망령이면), 칙즉 유전진하여{앞의 찰진흙을 말미암아서}, 순부근고(따라서 뜬 근{근앞을 부옇게 흐리기}이기 때문에), 성격合 애(합해 막혀 장애를 이루)거니와, 탈점하면(붙음을 떨어지면), 칙즉 불 前尘土유 불 六根土순하고(즉 앞의 진흙을 말미암지않고 아님이 육근이란 흙을 따르고), 특기근이이리土이(단지 근을 의지할 뿐이새), 고로 능호용(서로 작용할 수 있다)하리다. {五根叩通}

二. 인증(끌어서 증함)

아난아, 여개부지土ソ乙(너는 어찌하여 흙을알지 못하는가). 지금 이 회중(모인 중생중)에, 아나율타는 무목이대 이견하고(눈이 없는대 보고), 발난타용은 무이대 이청하고(귀가 없는대 듣고), 긍가신녀는 비비로 문향하고(코가 아닌 것으로 냄새를 맡고), 교범바제는 이설로 지미하고(다른 혀로 맛을 알고), 순약다신은 무신이대 각촉하느니(몸이 없는대 촉을 안다) 하느니. 여래匕 광중에 영령잠현(이와같이 와서 칠한 빛 가운데 비치게하여 잠깐 나타남이라) 하나, 기 위풍질(이미 바람이 된 질)일새, 기체가 원來 무(그 체가 원래 없다)하고. 제멸진정하사 득 적 성 문한(모든 멸이 다하도록 선정하사 적멸의 소리와 들음을 득한), 여 차회중에 칠한, 마하가섭은, 구멸의근하대(의근을 없앤지 오래대), 원명了지하音勿로(원만한 밝음을 깨달아 안다함으로), 불인심意根-념

(아님으로 인함을 마음이란 의근이 느낀다)하느니다. 199

나율존자는 정진으로 인하여 실명했으나 능히 볼 수 있고,
현희용왕은 무이하대 능청하고(귀가 없으대 들을 수 있고),
항하지신은 무비하대 문향하고(코가 없으대 향기를 맡고),
교범은 수우초보하니(소를 망보는 보를 받았다하니), 고 왈 이설이다
{교범바제는 보의 보=호루라기=혀를 굴림를 받았기에 다른 혀이다}.
순약다는 주공(공의 주인)신이니, 그 질이 풍과 같고, 능히 각촉 할 수
있느니라. 수 멸진정하여 득 공멸자는 의근이 사죄다 멸하느니, 대가섭
같은 자는 비록 의근을 멸하였으나, 이능료지(능히 깨달아 알 수
있다) 하니. 이것은 다 불유불순(말미암지도 않고 따름도 아니라) 하여,
이발본명요자야(발함이 본來 밝게 빛나는 놈반디불이라) 한다.

三. 결시(결론을 보임)

아난아, 지금 너가, 모든 근을, 약원발이하면(만약 원만하게 이미
뽑았으면), 내영真智發明발광하여(안으로 밝히는 빛을 발하여), 이와
같은 부진八(뜬 티끌을 나눔)과 및 기세간七(에칠한) 모든 변화상이
여탕소빙(마치 더운물에 얼음 녹듯)하여, 응하여 념이 화-성 무상지각
(응하여 느낌이 화하여 위없는 앎의 깨달음을 이룬다) 하리다. 200

실피정了하고(저 정밀한 깨침을 잃고), 유진기견하면(진흙으로 말미암은
일어남이 보면), 칙즉 근木 경木이 성애(근과 경계가 장애를 이룬다)
할새, 고로 탈점원발하여(원만함에 붙은것을 뽑아서 벗어나서), 진實
智광明이 영발(진실로 지혜의 광명이 밝음을 발)하면, 칙즉 부-진
환-상(뜬 진흙의 허깨비같은 상)이, 여탕소빙하여 성 一원융청정보각

하리라(마치 끓는 물에 얼음 녹듯하여 하나의 원만하게 녹은 청정 보각을 이룬다 하라라).

四. 험현(징험이 나타남)

아난아, 마치 저 세七(세에 칠한) 인이 취견世間萬相 어안하여(눈에 보이는 세간만상을 모아집중하여) 약령급합하면(만약 급히 눈을 감게 하면), 암상이 현전하여(어두운 상이 앞에 나타나서), 六근이 암연하여 (육근이 캄캄하여), 두와 족八 상류(머리와 발을나눠도 서로 같은무리라) 하리니, 저 사람이 손으로 순 체외 요하면(순차적으로 몸을 따라 밝을 드듬어 보면), 저가 비록 보지는 못하나, 두와 족乙 一 변(머리와 발을 낱낱이 변설)하여, 지와 각이 시동(앎과 깨달음이 이와 똑같다)하니다. 연한 견은 인 명하고 (연한 봄은 밝음을 인해야 하고), 암한 성去入은 무견(어둠이 이룬것으로 들어가면 없음이 본)거이니와, 불명土 하대 자발은(아님이 밝은 흙이대 제가 발함은), 칙즉 제암상이 영불능혼土 하느니(모든 어두운 서로상이 영원히 어두운 흙일 수 없느니＜魂 일 수 없으니 吏讀＜못해야 능히 어두운 흙일 수 있다 하느니), 근-진이 이미 녹아사라지면, 운하 각-명이 불성원묘 하리午(어찌 밝은 깨달음이 원통한 묘를 이루지 아니 하리오).

취견어안(눈에 보이는 것을 모아집중함)은, 칙즉 연명유견지시야 (밝음을 연하여 있는 것이 본다는 때다). 급합이암(급히 감아 어둠)은, 칙즉 암성무견지시야(어둠이 없음이 보는것을 이루었을 때다). 六 근 두 족(六{사람}의 뿌리인 머리와 발)이, 이미 암연무견去乙(어둠이 그런 없음이 보는 것을), 이촉지(감촉으로)하여 一一능변이未(頭足을 낱낱이 변설할 수 있음이미), 동어명시(밝을 때와 똑같다)하니, 유시 험지

(이로 말미암아 징험)건대, 불명하대 자발(아님이 밝대 제가 발)하여, 암이 불능혼자(어둠이 아님이 어두울 수 있는 놈은<혼자 할 수 있지 못하는 놈 吏讀)는, 인인구유(사람마다 다 갖추고 있다) 하니, 단 탈점을 소진하면 자성원묘 야(다만 붙은점만 빼서없애 티끌이 사라지면 제가스스로 원만한 묘를 이룬다) 하니라.

五. 첩심상성(첩의 항상한 성을 살핌) 二 {一審因心 二審業本來}

一. 문난(어려움을 물음)

아난이 백불언하대. 세존하, 여불설언하사, 인지七 각심으로 욕구土 상주이大(땅에 칠로 원인함을 깨달은 마음으로 항상 머물 흙을 구하기 바라대) 는, 요 여 과위人와 명목八 상응이又土이다(결과인 사람의 위와 이름과 목눈을 나누어 서로 응함이 필요하다 이러사이다). {風水由因也}

첩전하여 기난야(앞의 첩으로 어려움이 일어났다) 하니다.

202

세존하, 마치 과위중에 보리와 열반八(을 나누고) 진여와 불성八(나누고) 엄마라식八(나누고), 공여래장八(나눈), 대원경지와 이七종의 명이 칭위 수별(이름이 비록 특별한 것으로 일러 칭)하나, 청정원만하여, 체성이 견응하여(굳게 응겨서), 마치 금강왕이 상주 불괴土七하리니(항상 머물러 무너지지 않게 흙칠함과 같으리니), 약차견인 청이 이어 명암 동정 통색하면(만약 이 보는 사람의 들음이 밝음 어두움 움직임 고요함 통함 막힘을 여위면), 필경에 무체土(없음이 몸인 흙)일 것이니, 유 여

념-심이 이어전人 진하면 본무소유土七하니(오히려 마치 느끼는 마음이 앞사람의 찰진흙을 여위면 본래 없음이 있는 것인 흙칠한거 같다 하니), 운하 장차 필경 단멸하여 이위수인하여 욕 획여래장七 七상주과 하리이七口(어찌 장차 마침내 끊어 없애어서 닦음으로 인하여 이와 같이 온 장에 칠한 七일곱 상주과를 획득해 칠하기 바란다) 하릿고.

이환 복진(환을 여위고 참을 회복)하여, 상주불괴이未, 명 七상주과라. 견人 청人 六人 용(본사람 듣는사람 등 여섯사람의 작용)은, 이진하면 무체하니(찰진흙을 여위면 없음이 체라 하니), 이것이 단멸(끊어 멸하는) 법이다. 의단멸인(끊음에 의지하여 멸로 인)하여, 상주과를 구하면, 오득상응야이리이七口하니(까마득히 서로 응하게 칠한거 이리니), 203 차 오인연진하여 미실상성야(이것이 잘못 연을 잡아 찰진흙이라 하여 항상한 성을 잃어버리지 않도록 하라). 유실人상성 고又(사람이 항상한 성을 잃어버림으로 말미암았기 때문에), 난계상과이니(항상한 과와 계합하기 어려우니), 실수증十八七 태환(실로 닦아서 18계에 칠함을 증득하기 걱정이라) 할새, 고로 수난명야(오히려 어려워서 밝힌다). 제불소득乙(모든 불이 얻은 것을), 왈 보리午. 적정상락乙 왈 열반이午. 불망불변(아님이 망령이고 아님이 변함)乙 왈 진여이午. 이과절비乙 (과거를 여위고 아님을 끊는것을) 왈 불성이午. 분별一체대 이무염착 (분별하여 하나같이 끊대 없음이 물들고 집착함)乙, 왈 엄마라식이午. 一하나의 법도 흙을 세우지 않는다 하여 번뇌가 탕진함乙 왈 공여래장 이午. 동人 조萬법하대 무분별(통한사람이 만법을 비추대 없음이 분별함) 乙 왈 대원경지다. 엄마라는 이것은 운 무구(없음이 때임을 말함)이니, 곧즉 제九백정식야(차제로 아홉가지 흰 깨끗한 식{아홉가지 白飯(백반) 吏讀}이라}. 이것은 기성지하대(자기가 지혜를 이루었으대), 이명식자

(이름으로 식 이라는 것)는, 이능 분별고(능히 나누어 구별 할 수 있는 때문이다). 능가經에 왈하사 분별은 시식(옳은 인식)이오, 무분별은 시지(없음이 나누어 구별함은 옳은 지혜)라 하二니다. 유공여래장ソ人, 유불공여래장ソ人, 유공ソ人 불공ソ人 여래장하니 (있음이 공인 이와 같이 온 장인 사람하고, 있음이 아닌 공인 이와 같이 온장인 사람하고, 있음이 공인 사람하고 아님이 공인 사람하고 이와 같이 온 장이라 하니). 보적經에 왈하대, 공여래장은 204
이불해탈一체번뇌午(여윔이 아니어야 일체 번뇌를 풀어 벗어남)이오, 불공여래장은 구 사 불 불사의법午(모든 물 모래 불이 생각이나 의논을 하지 않는 법이오). 공 불공한 여래장은, 수위색木 공木(색과 공이라하는 것을 따라)하여, 보응一체ソ乙二다(널리 응해 하나같이 끊은 둘)이다. 후二(뒤에 둘)은, 수용하여 득명하고(쓰임을 따라서 이름을 얻은 것이고), 독 공여래장은 위진체 고로 위 과 호 ソ二니다 (유독 공여래장만 참체라 하기 때문에 과라고 부르는 둘이라 하니다).

세존하, 약이명암(만약 밝음을 여윔이 어둡다)하고, 봄이 필경에 공이未, 여무전진去入은(마치 없음이 앞에 찰진흙에 들어감은), 념느끼면, 자성이 멸土이乙 土이大 진人 퇴人 순人 환하여(자기 성이 없어진 흙이 이을 흙이면 나가는사람 물러나는사람 도는사람이 따라 돌아서), 미세七 추구去大(미세하게 칠해 추측하고 구하건대), 본 무 아-심八 아-심소하니(본래 없음이 나아의 마음을 나눈 아의 마음이라 할 것 이니), 장수립인하여(장차 누구로 원인하여 세워서), 구무상각하리이七구 (위없는 깨달음을 구하게 칠할 것인고). 여래 먼저 설하사대, 잠정(맑은 정기)이, 원상이라 하리入니(원만 항상에 들어간다 하리니), 위월 성언 (어김은 넘고 말은 성실)하여, 종 성희론(마침내 희론을 이루었다)하니,

운하 여래가, 진실어자(진실한 말씀을 하는자)라 하士午리닛가.
유수대자로 개아몽린ソ小立하소서(오직 대자비를 드리워 아의 어리석고 막힘을 열어주소서).
{進思常果退惟修仁乂애 進思常果 退惟斷滅 疑情宛轉 如循環然
阿難胷憶 妄执真常 斷滅之局 進退 前滋 顯如來 處近取諸为远
取諸物 云屯云六根脫處孰 吅常}

복체(다시 헤아리기를), 六人 용(여섯사람의 작용)이, 의하여 약단멸이다하여(의심하여 만약 끊어져 없어졌는가 하여), 이반이불설잠상乙乂(도리어 불이 맑고 항상함을 설함으로), 위불성真實(아님이 진실을 이루었다)하여, 이근호희론하여(희론이라 부르기에 가깝다고하여), 205
부득위土 진실어자(아니어야 흙이라 함을 얻음이 진실한 놈)이다하니다.

二. 여심(함께 살핌) 二

一. 변미(미혹을 변설함) 三

一. 서미(미혹을 서술함)

불고아난하사, 여학다문하고(너가 많이 들음만 배우고), 미진제루하여(모든 루를 아직 다 없애지 못하여), 심중에, 도지전도소인하고(한갓 전도만 알아 인한 것이라하고), 진人 도가 현전去乙(참사람의 전도된 것이 앞에 나타나거늘), 실미능식土(실로 흙을 인식할 수 없다) 하느니, 공 여가 성七且人实人 심에 유미신복(두려운 것은 너가 정성스레 칠해 또 사람이 된 실제 사람인 마음에 오히려 믿고 항복 하지 않을까) 하여, 오금 시 장 진-속에七 제사 하여(깨달은오가 지금 시험삼아 찰진흙에 속되게 칠한 모든 일을 가져다가), 당제여의(당연 너의 의심을 없애 주)리다.

도인(전도로 원인함)은, 곧즉 의망에七 분별야(망에 칠함을 의심하여 분별함이라) 하고, 진도(참 전도)는, 곧즉 집상위단야(항상 끊어야 한다는것을 집착한다) 다.

二. 험도(전도를 징험함) 二

一. 약근험(근을 따라 징험함)

즉시 여래가, 칙 나후라하사(시키사) 격종 一성(종을 쳐 한소리)하二口
문 아난 언(물어 아난이 말하게) 하사대.
여 금 문? 불?(너가 지금 듣느냐? 아니냐?) 206
아난 대중이 구언하대(모두 말하대). 아 문하러이다(우리들은 들어니다).
종 헐 무성 去乙 (종이 쉬니 소리가 없어졌거늘)
불이 又문언 여금 불문?(불이 또 물어말하사대 너가 지금 아님이 듣느냐?)
아난 대중이 구언(모두 말)하대. 불문하러이다(아님이 들어니다).
시에 나후라가 우격 一성 하건大(그제 또 한번 쳐서 소리 내게하건대)
불이 우문언(또 물어말)하사 여금 문불?(너는 지금 들리지 않느냐?)
아난 대중이 우언(또 말)하대. 구문하러이(다 들린다하러이).
불 문아난하사 여운하문하久 운하불문口(너가 어찌듣고 어찌 아님이듣는고)?
아난 대중이 구백불언(모두 백불에게 말)하대. 종성乙 약격하면 칙즉
아가 득문하口, 격구하여 성소하여, 음향이 쌍하여 절하면 칙즉 명하여
무문 이니이다. (종소리를 만약 치면 칙즉 아는 들음을 얻고, 쳐서

오래되어 소리가 사라져서, 음과 향이 둘다 없어져서 칙즉 이름하여 없음이 듣나이다).

이는 단 무성이才丁(없는 소리가 사이를 정함이지), 비위무문이二니다 (아니라 이름은 없음이 들은 둘이니다). 필 재격첩문자는(필히 두번 쳐서 거듭 물은 것은), 욕령심변이유오야 이二니다(살펴서 변설하므로 깨달음이 있게 하고자 바란 둘 이니다).

二. 약진험(티끌을 따라 징험함)

여래가, 또 칙 라후하사 격종(종을 치게)하二口
문 아난 언하사대 여가 금에(너가 지금), 성? 불? (소리냐? 아니냐?)
아난 대중이 구언(모두 말)하대. 유성하이(있는건 소리입니다). 207
소선이午 성소去乙 (조금 있오니 소리가 사라지거늘)
불우문언하사대(불이 또 물어 말하사대)
爾 금 성? 불?(너들이 지금 소리냐? 아니냐?)
아난 대중이 답하여 언하대 무성하러이(없는건 소리라 하러이)
유경午 라후 갱래당종하건대(이윽고 라후가 다시 와서 종을치게 하건大)
불이又또 문언하대 爾금 성? 불?(너들이 지금 소리냐? 아니냐?)
아난 대중이 구언(모두 말)하대. 유성하러이(있는건 소리 하러이).
불 문아난하사대. 여가 운하 성하久? 운하 무성인口?
아난 대중 구 백불언(모두 백불에게 말)하대. 종성乙 약격하면 즉 명 유성 이午, 격구하여 성소하여 음향이 쌍절하면 즉 명 무성이라합니다. (종소리를 만약 치면 칙즉 이름이 있는 소리이오, 쳐서 오래되어 소리가 사라져서 음과 향이 둘다 없어지면 칙즉 이름이 없는 소리라 합니다).

위의 답은 위도(전도)이오. 차(이) 답은 위정(바름)이니, 개성이 유생멸이才丁 문성은 상재하니다(다 소리가 있는 것이 생기고 없어진사이정, 듣는 성은 항상 있다하니다). 미정으로 불了(미혹한 정으로 아님이 료달)하여, 이문으로 동성(들음으로 꼭같은 소리라) 하니, 시가 이상乙乂 위단야 (이것이 항상한 것으로 끊어졌다 하는 것이라) 다.

三. 책혹(미혹을 책함)

불이 아난과 제대중에게 말씀하사. 너희들이 지금 운하(어찌) 자어교란구(혼자 교란을 중얼거리는고)? 208

대중과 아난이 구시문불하士午代(함께 불께 묻사오대). 아 금여하 명위 교란이니이七口(우리가 지금 어떤 것을 이름하여 교란이라 칠하니잇고)? 불 운하사. 아문여문(아가 물언건 너가 들은)去人이, 여칙언문(너는 말을 들었다)하고, 우문여성去人은(또 너에게 소리를 물은거니), 여칙언성(너가 즉 말을 소리라)하여, 유문여성에 보답이 무정 커니 여시 운하 불명교란이리午(오직 들음과 소리에 대해 답이 없음과 정함이거니 이것이 어찌 이름이 아닌 교란이리오).

{聞性離聲 無生無滅 何因擊鍾 而言其聲 无言其聞 何故有擊 又言其聲 是知言聞 不合詞声 言不声合 詞聞目諸 矯乱爲不 誣奕}

二. 정심(바른 살핌) 四

一. 현상(항상함을 나타냄)

아난아, 성소무향去人은 여설무문하느니(소리가 사라지고 없음이 울림에 들어가는건, 너가 없음이 들었다 말하느니), 약실무문이大 문성이

이멸하여 동우고목커니(만약 실로 없음이 들음이면, 듣는 성이 이미 없어져서, 마른 나무와 똑 같거니), 종-성갱격에 여운하지하리 (종소리가 다시 침에 너가 어찌 안다 말하리). 지유하口 지무하未 자시성진하여, 혹시 무久 혹시 유才丁(앎이 있다하고 앎이 없다함이 제가 이 소리의 티끌이라하여, 혹 없고 혹 있는 사이정), 개피문성이 위여 유무하리오(어찌 저 들음의 성이 너로하여 있다 없다 하리오). 문은 실로 운 무이대 수지무자하리午(들음은 실로 말하여 없음이대 누가 없는 놈을 알리오〈누가 앎을 없는 놈이라 하리오)).

성진이 혹유하고 혹무하대(소리의 티끌이 혹있고 혹없다하대), 문성은 미상유무하니(듣는 성은 있고 없는 맛을 보지 못하니), 소위 성 무 (소리가 없다)하여刀, 역비멸이久(역시 아님이 없어진 것이고), 성유이라(소리가 있다)하여刀, 역비생이니(역시 아님이 생긴것이니), 차 곧즉 불생불멸(이것이 곧 나는것도 아니요 없어지는 것도 아니다 〈아님이 생기고 아님이 멸)하느니, 진상성야(참 항상한 성이다). 부지무자刀(무릇 없는놈을 아는 것도), 역인土 문근(역시 흙을 인한 듣는 근)이다. 불가위 무성하면 칙즉 무문야(아님이 없는 소리를 이를 수 있다면 칙즉 없음이 들음이라)이니다. 209

시고로 아난아, 소리가 들음중에 제가 있어 생멸이才丁(살고 없어지는 사이정), 비 위 여 문이 성생하고 성멸이六(아님이 너라 하여 들음이 소리를 내고 소리를 없애는 것이면), 령여문성으로 위유 위무(너가 듣는 성으로 하여금 있었다 없었다 하는 것)이니다.

첩상하사 현상야(위의 첩하사 항상함을 나타냈다) 하二니다.

二. 경발(경계를 발함)

여상전도(너가 오히려 전도)하여, 혹성 위문(소리를 혹하여 들었다)
하느니, 하 괴 혼미하여 이상으로 위단 하리午(어찌 괴이 혼미하여, 이
항상함으로 끊어졌다 하리오). 종불응언 이제 동 정 폐 색 개 통 하고
(마침내 아님이 응당 모든 동 정 폐 색 개 통을 여위었다 말하고),
설하여 문이 무성이니다(말씀하여 들음이 없음이 성이니다).

첩하여 상에, 경戒하여 발하사, 사悟(오)상성야하二다(항상한 성을 깨닫게
했다) 하리다.

三. 험상(항상함을 징험함)

여중수인(마치 무겁게 졸린 사람)이, 면숙 상침(푹 짐든 침상 베개에)
있을새, 기가유인(그 집에 있는 사람)이, 어피수시(저가 잠들었을 때)에,
도 련 춘미하면(두드려 연습(다듬이질)하거나 정미(방아)를 찧으면), 210
그 사람이 몽중에, 문 춘 도 성하고(정미하고 두드리는 소리를 듣고),
별작타물하대(달리 지은 다른 물건이라하대), 혹위격고(혹 북을 쳤다)
하고, 혹위당종(혹 종을 쳤다) 하고, 곧즉 어몽시(곧 꿈꿀 때)에,
자괴기종(자기가 그 종을 괴이하다)하여, 위목석향(나무나 돌의
울림이라)하유? 어시에 홀오하여(때에 홀연 깨어서), 천지저음하고
(몽둥이 소리를 빨리 알고), 자고가인하대(자기가 집사람에게 알리대),
아정몽시 혹차춘음하여 장위고향(아가 바로 꿈꿀때 혹 이 정미 소리
하여 장차 북의 울림이라) 하리니. 아난아, 이사람은 몽중에, 개 억 정
요 개 폐 통 색(어찌 고요하고 요란하고 열고 닫고 통하고 막힘을
기억)하리午. 기형 수 매하나(그 형태는 비록 잠을 자나), 문성은 불혼

(듣는 성은 어둡지 않다) 하니다. 종 여가 형소하여(비록 너의 형태가 사라진다 하여), 명광이 천사(목숨의 빛이 바뀌어 없어진다)한들, 차 성이 운 하 위여하여 소멸(이 성이 어찌 너라 하여 사라져 없어졌다) 하리午.

차 험 노생이 수재 도 망생사하나 상성 불혼 불멸 야(이것은 노고가 많은 인생이 비록 전도에 있어 망령난것이 생-사 하나 항상한 성은 어둡지 않고 없어지지도 않음을 징험했다) 하리다.

四. 결고(결론으로 알림)

이 모든 중생이 종무시래하여(시작 없음으로 부터 와서), 순제색성하여, 축념류전(모든 색과 소리에 순응하여 느낌을 따라 흐르고 구르고) 하고, 승불개오(조금도 거듭을 열어 깨닫지 못)하니, 211
성정묘상을 불순소상하고(성의 청정하고 묘한 항상함을 항상한 것에 돌리지 않고), 축제생멸할새(모두 생멸을 좇을새), 유시又(이로말미암아), 생생 잡염류전 하느니(살고 살아서 섞여 물들어 흘러 구른다 하느니), 약기생멸하고(만약 생멸을 버리고), 수어진상하면(참 항상함을 지키면), 상광이 현전하여(항상한 빛이 앞에 나타나서), 진근식심이 응시소락(티끌인 六근과 六식인 마음이, 응하는 때{시간}에 녹아 떨어진다) 하리다. 상상이 위진이오(생각의 상이 티끌이라 함이오), 식정이 위구이니(인식의 뜻작용이 때라 하니), 二구원리하면(둘을 모두 멀리 떠나면여위면), 칙즉 너의 법안이, 응시청명 하리才니(때에 응해 청명 할것이니), 운하 불성 무상지각(어찌 위없는 아는 깨달음을 이루지 못한다) 하리오.

불오土 성상고(아님이 흙을 깨달은 성의 항상함 때문에), 축제생멸(모두 생멸을 따른다) 하느니, 능수상성하면(능히 항상한 성을 지킬 수 있으면), 상과乙 가기의(항상한 결과를 기대할 수 있으)리라. 앞에서 령심택상성(항상한 성을 살펴 선택하도록) 하여, 위 인지심하리乙(땅으로 인한 심마음으로 할것을), 아난이 첩난고(첩이 어렵다 했기 때문에), 차 결고야(이것을 결론지어 알렸다) 하二니다. 상광이 현전하여 근진이 소락자는(항상한 빛이 앞에 나타나서 근과 진{티끌=찰진흙}이 사라진다는 것은), 위득기상심하면 칙즉 망人 진이 자멸하口(그 항상한 마음을 득하면 즉 망人 진이 제가 없어지고), 망人 진이 기멸하면 법안이 자명 하리니(망人의 찰진흙이 이미 없어지면 법안이 제가 밝아진다 하리니), 212

이차로 위인하면 칙즉 七상주과乙 어시에 가획할새(이것으로 원인하면 즉 (칠한)일곱가지 항상 머무르는 결과를 이에 획득할 수 있다할새), 고又 왈 운하 불성 무상 지각(때문에로 어찌 무상지각을 이루지 못할 것인가<아님이 이룬 없음의 위를 알아 깨달음) 이리오 하二니다.

대불정여래밀인수증료의제보살만행수능엄경

卷第四

可獲故曰云何不減無上知覺

大佛頂如來密因修證了義諸菩薩萬行首楞嚴經

卷第四

逾 羊朱切 蚊蚋 上無分切下儒稅切蚊惡水中孑孑所化嚙人飢膚其聲如雷蚋喜亂飛如蚊而小望之如霧因雨而生楚謂之蚊秦皆謂之虫 潬 蕩旱切江東呼水中沙雲為潬 遞 音第更遞也 倏 音叔犬走疾也俗作倐非 瞖 於罽切目疾也作翳非 鑛 古猛切銅鉄樸石也言銅鐵之生者多連石也 霾 謨皆切風雨土也言如物塵晦之色 映 於慶切明也言明相照映也 邀 伊消切求也 準 之尹切則也 肯綮 上苦等反着骨肉也下苦挺反猶結處也又去声呼 泊 步各切止也息也漂泊流寓也 捐 音緣棄也 汩 音骨濁也 繄 烏奚切 旋 句宣切迴也 劫 訖業切剝掠也

媒 音梅謀也謀合異類使知成也 貿 音茂交互之義 劑 才詣切 替 他計切減也廢也 黏 尼占切相著也

恬 徒兼切 偃 於幰切仰也幰音顯 殑 其證切 黯 烏減切深色也 遄 市緣切疾也駛易也

아리랑 아리랑 아라리요 아리랑 고개로 넘어간다
청천하늘엔 별들도 많고 우리네 가슴엔 꿈도 많다

닦아 익힘에 힘쓰다 보면 智惠를 놓치기 쉽고 지혜를 찾다보면
사마에 물들기 쉬우니 이는 참으로 여래 환거로다.
수행을 먼저내고 이어 지혜를 내보내는데, 눈에 적생이 생겨 서둘렀
거니, 무릇 수행자는 이 둘을 병행하여 왕복하여 보아야 비로소 아
이 우 에 오 의 아와 오가 보일 것이다.
무릇 모든 것은 미쳐야 하는 데 미침은 미처이니 광 은 급 이라
미친다는 정의는 一 자나깨나 생각하고 노력하다 二 꿈을 꾸는
것이오 三 꿈에 잠꼬대를 하는 것이니 수행자는 필히 명심 이행 하면
釋尊이 반드시 훈몽하리다.
학문과 기술은 발전할 수 밖에 없으나 궁극의 끝은 다 여래장으로
귀결되니 심연의 깊음에 맛을 보면 물위의 풍랑에 전혀 흔들리지
않는 고요를 맛보리다. 그것이 止 如來 坐祇陁林기다림也.
화광삼매와 금강삼매를 겸修하면 觀聽으로 탕에 들어가도 녹지않고
칼로 베도 없어지지 않으며 앉아서 천만리를 보고 다녀올 수
있으리다. 다 풀지않고 남겨두니 이것이 證이ᄉᆞ.
불과 불인을 알면 불언을 감히 의역하리오. 한자 한자 그 구결까지
그 진면모를 아는 것이 도 를 洞了하는 길 이니다.

壬寅 甲午 壬寅 甲午

2567. 2. 5

81 ソ亢千八乃　千 明 疎

천명

九星, 六壬, 奇門遁甲, 風水, 符呪術士, 大木匠.

동양오술철학자. 전통침구학자. 불교경전연구가.

불쏙

신침 천금방

고전침구학술(심령치료 신침가)

佛詩

대불정여래밀인수증료의제보살만행수능엄경 一 修

二 智惠 대불정여래밀인수증료의제보살만행수능엄경

三 證 대불정여래밀인수증료의제보살만행수능엄경

二 智惠 대불정여래밀인수증료의제보살만행수능엄경

발행일 檀紀 4356년 佛記 2623년 西紀 2023년 2월 19일 초판

疏 천명

발행인 최금이

발행처 신침연구소

신고번호 제2019-000234호

연락처 010 3005 0059

값 39,400원

유튜브 鍼灸經 OSO 千日月

ISBN 979-11967965-3-2

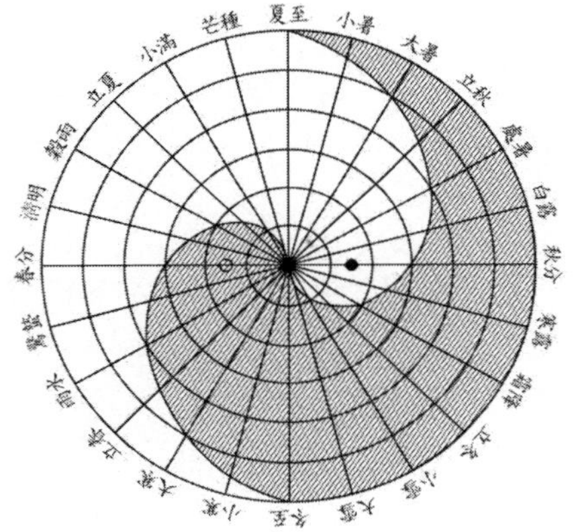
夏至
小暑
大暑
立秋
處暑
白露
秋分
寒露
霜降
立冬
小雪
大雪
冬至
小寒
大寒
立春
雨水
驚蟄
春分
清明
穀雨
立夏
小滿
芒種